CMEC

教育部高等学校机械类专业教学指导委员会规划教材

热工基础与发动机原理

姚胜华　主　编
韩同群　副主编

清华大学出版社
北京

内 容 简 介

本书讲述汽车发动机的基本技术和理论，全书分为三篇，共 20 章。第一篇讲述工程热力学知识，主要包括工程热力学基本概念、热力学第一定律、热力过程、热力学第二定律、气体流动、气体动力循环、理想混合气体以及化学热力学。第二篇讲述传热学的基础理论，包括稳态的热传导、对流传热、热辐射等内容。第三篇讲述汽车发动机的基本概念及原理，包括汽车发动机的性能指标、燃料与燃烧、混合气形成、增压、混合气的燃烧过程、发动机特性、有害排放物及噪声控制。

本书可作为汽车类专业本科生教材，也可供从事汽车及发动机科研的工作人员参考，本书也较适用于初学热工基础及发动机原理的读者自学。

图书在版编目(CIP)数据

热工基础与发动机原理/姚胜华主编.—北京：清华大学出版社，2020.6（2025.2重印）
教育部高等学校机械类专业教学指导委员会规划教材
ISBN 978-7-302-54673-3

Ⅰ.①热… Ⅱ.①姚… Ⅲ.①汽车－发动机－热工学－高等学校－教材 Ⅳ.①U472.43

中国版本图书馆 CIP 数据核字(2020)第 006384 号

责任编辑：许　龙
封面设计：刘艳芝
责任校对：赵丽敏
责任印制：沈　露

出版发行：清华大学出版社
网　　　址：https://www.tup.com.cn，https://www.wqxuetang.com
地　　　址：北京清华大学学研大厦 A 座　　　　　　邮　　编：100084
社 总 机：010-83470000　　　　　　　　　　　　邮　　购：010-62786544
投稿与读者服务：010-62776969，c-service@tup.tsinghua.edu.cn
质量反馈：010-62772015，zhiliang@tup.tsinghua.edu.cn
印 装 者：天津鑫丰华印务有限公司
经　　销：全国新华书店
开　　本：185mm×260mm　　印　张：21　　　　字　　数：512 千字
版　　次：2020 年 6 月第 1 版　　　　　　　　　　印　　次：2025 年 2 月第 5 次印刷
定　　价：59.80 元

产品编号：079548-01

前 言
FOREWORD

近年来,随着汽车工业的发展,社会对汽车类人才需求的增加,设置车辆工程、汽车服务工程、能源与动力工程等专业的院校越来越多。上述专业在学习发动机原理之前,一般开设工程热力学、传热学等课程,由于教学改革的需要,上述课程被压缩学时,有些专业认证也需要开设热流体科学的课程。

本书根据作者多年来对车辆工程、新能源汽车、能源与动力工程、汽车服务工程等专业讲授汽车发动机原理的经验编写而成。本书的编写坚持了实用性原则,并结合作者的科研对汽车发动机技术的发展进行了补充修改。

学习发动机原理,需要工程热力学和传热学方面的知识。目前国内将热力工程基础与发动机原理结合起来的教材偏少,本书主要讲述热功转换的基本规律、燃烧与传热的基本知识,以及经典的汽车发动机知识。汽、柴油机电子控制技术内容多而复杂,涉及混合气形成、点火、可变技术、排放控制等内容,本书主要淡化结构,注重原理。

工程热力学的知识相对成熟,本书工程热力学部分主要参考冯青教授主编的《工程热力学》教材。冯青教授的教材有两个特点:一、内容丰富,知识点全面;二、面向航空航天专业的工程热力学。对于车辆工程专业而言,采众家之长,是应该做的事情。在此向冯青教授表示感谢!

本书适用学时为 60~80 学时(包括实验)。本书由湖北汽车工业学院姚胜华副教授担任主编。本书的读者对象,除车辆工程、汽车服务工程、汽车运用工程等专业的本科生外,也包括其他机械类专业学生,因此,本书可以适应不同专业、不同学时的需要。由于编者水平有限,错误在所难免,欢迎使用本书的广大师生批评指正。

编 者
2019 年 6 月

符 号 说 明

p——压力

v——比容

V——容积

ρ——密度,预胀比

T——热力学温度

U——热力学能

u——比热力学能

H——焓

h——比焓

S——熵

s——比熵

W——功

w——单位质量工质所做功

Q——热量

q——单位质量工质所交换的热量,热

流密度

E——总能量

e——单位质量工质的总能量

t——时间,温度

R——气体常数,导热热阻

R_m——通用摩尔气体常数

μ——相对分子质量或千摩尔质量

n——物质的量,发动机转速

c_p——比定压热容

c_v——比定容热容

x_i——质量成分

γ_i——容积成分

y_i——摩尔成分

φ——相对湿度

d——含湿量

κ——比热比,绝热指数

λ——压力升高比,导热系数

A,F——面积

a——声速

c——工质宏观速度

$\bar{V}$——气体流速

m——质量

$\dot{m}$——质量流量

η_t——理论循环热效率

Δh_f^0——生成焓

T_{ad}——绝热燃烧温度

α——换热系数,吸收率

t_f——流体温度

t_W——壁面温度

l——定性尺度

d——内径

Re——雷诺数

Pr——普朗特数

Nu——努塞尔数

Gr——格拉肖夫数

μ——动力黏度

ν——运动黏度

ρ——密度,反射率

v——流体速度

ε——黑度

E_b——黑体辐射率

$E_{b\lambda}$——黑体单色辐射率

$X_{1,2}$——物体1对物体2的角系数

$X_{2,1}$——物体2对物体1的角系数

$Q_{1,2}$——1、2物体间的辐射换热量

Q_1——物体1的净辐射热量

B——每小时发动机的耗油量

b_e——有效燃油消耗率

b_i——指示燃油消耗率

C_m——活塞平均速度

D——气缸直径,外径

d_k——燃烧室凹坑直径

F_i——示功图面积

K_T——转矩适应性系数

K_n——转速适应性系数

K_a——混合气的空气量比例系数

H_u——燃料低热值

i——气缸数

L——燃烧 1kg 燃油实际供给空气量

L_0——燃烧 1kg 燃油理论供给空气量

m_e——比质量

n_1——压缩多变指数

n_2——膨胀多变指数

P_e——有效功率

P_m——机械损失功率

P_i——指示功率

P_L——升功率

P_p——泵气损失功率

p_a——环境压力

p_{co}——压缩终点压力

p_{ex}——膨胀终点压力

p_{de}——进气终点压力

p_r——排气终了压力

p_{max}——最高燃烧压力

p_{me}——平均有效压力

p_{mi}——平均指示压力

p_{mm}——平均机械损失压力

p_t——循环平均压力

Q_1——循环单缸燃烧发热量

Q_2——循环单缸燃烧散热量

S——活塞行程

T_a, t_a——环境温度

T_{co}, t_{co}——压缩终点温度

T_{de}——进气终点温度

T_{ex}, t_{ex}——膨胀终点温度

T_{max}, t_{max}——最高燃烧温度

T_r, t_r——排气温度

T_{tq}——转矩

V_a——气缸总容积

V_c——燃烧室容积

V_s——气缸工作容积

v_T——湍流火焰传播速度

v_L——层流火焰传播速度

W_i——循环指示功

W_m——实际机械损失功

W_e——循环有效功

α——空燃比

ε_c——压缩比

η_{et}——有效热效率

η_{it}——指示热效率

η_m——机械效率

η_r——燃烧效率

θ_{fj}——喷油提前角

θ_{ig}——点火提前角

θ_H——供油提前角

ρ_0——初始膨胀比

λ_p——压力升高比

π_k——增压比

φ_k——增压度

τ——冲程数，透过率

τ_i——着火落后期

ϕ_a——过量空气系数

ϕ_c——充量系数

φ——曲轴转角

Ω——涡流比

μ——转矩储备系数

γ——残余废气系数

目　录
CONTENTS

第一篇　工程热力学

第1章　热力学基本概念 ················· 3

1.1　绪论 ···································· 3

　　1.1.1　工程热力学的主要内容 ········· 4

　　1.1.2　工程热力学的两种研究方法 ····· 4

1.2　热力系统 ······························ 5

　　1.2.1　系统、边界与外界 ············· 5

　　1.2.2　闭口系统与开口系统 ··········· 6

　　1.2.3　绝热系统与孤立系统 ··········· 7

　　1.2.4　系统的内部状况 ··············· 7

1.3　状态和状态参数 ························ 8

　　1.3.1　热力系统的状态、状态参数和平衡状态 ········· 8

　　1.3.2　基本状态参数 ················· 9

　　1.3.3　状态参数的性质 ·············· 13

1.4　状态方程 ····························· 14

　　1.4.1　状态公理 ···················· 14

　　1.4.2　状态方程 ···················· 14

　　1.4.3　状态参数坐标图 ·············· 15

1.5　热力过程 ····························· 15

　　1.5.1　准静态过程 ·················· 16

　　1.5.2　可逆过程 ···················· 17

1.6　功量和热量 ··························· 18

　　1.6.1　功 ·························· 18

　　1.6.2　热 ·························· 20

习题 ···································· 22

第2章　热力学第一定律与理想气体 ······· 23

2.1　能量转换与守恒定律 ··················· 23

2.2　热力学能与闭口系统能量方程式 ········· 24

2.2.1　热力系统的热力学能 ······················· 24

2.2.2　热力学第一定律的闭口系统表达式 ··········· 25

2.2.3　功 ··· 26

2.3　焓与开口系统能量方程式 ·························· 27

2.3.1　质量守恒方程 ····························· 27

2.3.2　开口系统能量守恒方程 ····················· 27

2.4　能量方程的工程应用 ···························· 32

2.4.1　透平机械 ······························· 32

2.4.2　压缩机械 ······························· 33

2.4.3　喷管和扩压管 ····························· 33

2.4.4　换热器 ································· 34

2.4.5　绝热节流 ······························· 34

2.5　理想气体的热力性质 ···························· 35

2.6　理想气体的比热容、热力学能、焓和熵 ·············· 36

2.6.1　理想气体比热容 ··························· 36

2.6.2　理想气体热力学能和焓的计算 ··············· 39

2.6.3　理想气体熵的计算 ························· 40

2.7　水蒸气的相图和临界点 ·························· 41

习题 ··· 43

第3章　理想气体的热力过程 ······························· 44

3.1　定熵过程和可逆多变过程 ························ 44

3.1.1　定熵过程 ······························· 44

3.1.2　可逆多变过程 ····························· 46

3.2　基本热力过程的综合分析 ························ 47

3.2.1　多变过程的能量转换 ······················· 47

3.2.2　多变过程的 p-v 和 T-s 图及其应用 ············ 49

3.3　变比热容定熵过程 ···························· 52

3.4　热力过程的综合应用 ···························· 53

3.4.1　各种形式的压气机 ························· 54

3.4.2　活塞式压气机压缩过程的热力学分析 ··········· 55

习题 ··· 58

第4章　热力学第二定律 ································· 60

4.1　热力学第二定律的各种说法及实质 ················· 60

4.1.1　克劳修斯说法 ····························· 60

4.1.2　开尔文-普朗克说法 ························· 60

4.1.3　第二类永动机 ····························· 61

4.1.4　热力学第二定律的实质 ····················· 61

4.1.5　两种说法的等效性 ················ 62

4.2　卡诺循环及卡诺定理 ················ 63

4.2.1　卡诺循环 ···················· 63

4.2.2　卡诺定理 ···················· 66

4.2.3　多热源循环分析 ················ 67

4.2.4　卡诺效率对热机的指导意义 ········ 68

4.3　熵及熵方程 ······················ 70

4.3.1　克劳修斯不等式 ················ 70

4.3.2　熵的导出 ···················· 71

4.3.3　不可逆过程中熵的变化 ············ 71

4.3.4　闭口系统的熵方程 ··············· 73

4.3.5　开口系统的熵方程 ··············· 73

4.3.6　关于熵的小结 ·················· 74

4.3.7　熵的物理意义 ·················· 74

4.4　孤立系统的熵增原理 ················ 75

4.4.1　孤立系统熵增原理的表述 ·········· 75

4.4.2　热力学第二定律的数学表达式 ········ 75

习题 ·································· 80

第 5 章　气体的流动 ······················ 81

5.1　稳定流动的基本方程式 ··············· 81

5.1.1　两个基本假设 ·················· 81

5.1.2　一元稳定流动的基本方程 ·········· 81

5.2　声速与马赫数 ····················· 84

5.2.1　声速 ························· 84

5.2.2　马赫数 ······················ 85

5.3　滞止参数与临界参数 ················ 86

5.4　喷管和扩压管 ····················· 89

5.4.1　喷管 ························· 89

5.4.2　扩压管 ······················ 91

5.5　绝热节流及其温度效应 ··············· 92

习题 ·································· 94

第 6 章　气体动力循环 ······················ 95

6.1　活塞式发动机循环 ·················· 95

6.1.1　高速柴油机的实际循环 ············ 95

6.1.2　混合加热循环 ·················· 96

6.1.3　定容加热循环 ·················· 98

6.1.4　定压加热循环 ·················· 99

　　　6.1.5　三种理想循环热效率的比较 ·················· 100

　6.2　米勒循环和斯特林循环 ························· 102

　习题 ··· 103

第 7 章　理想混合气体 ······························ 105

　7.1　混合气体的热力学参数 ························· 105

　　　7.1.1　理想混合气体的成分 ···················· 105

　　　7.1.2　各成分间的关系 ······················· 105

　　　7.1.3　理想混合气体的折合摩尔质量 ············· 106

　　　7.1.4　混合气体的折合气体常数 ················ 106

　7.2　分压力定律和分体积定律 ······················ 107

　　　7.2.1　道尔顿分压定律 ······················· 107

　　　7.2.2　亚美格分体积定律 ····················· 107

　　　7.2.3　混合气体的热力学能、焓、熵 ············· 108

　7.3　湿空气 ···································· 110

　　　7.3.1　湿空气的基本概念 ····················· 110

　　　7.3.2　绝对湿度、相对湿度、含湿量 ············· 110

　　　7.3.3　湿空气的密度、气体常数 ················ 112

　　　7.3.4　湿空气的焓 ·························· 113

　习题 ··· 114

第 8 章　化学热力学基础 ···························· 115

　8.1　概述 ···································· 115

　　　8.1.1　热力学第一定律应用于化学反应 ··········· 115

　　　8.1.2　热效应 ·························· 116

　　　8.1.3　生成焓 ·························· 116

　　　8.1.4　热效应与绝热理论燃烧温度的计算 ········· 117

　8.2　绝热理论燃烧温度 ··························· 118

　　　8.2.1　化学反应速度 ························· 120

　　　8.2.2　质量作用定律 ························· 121

　8.3　化学平衡和平衡常数 ························· 121

　习题 ··· 123

第二篇　传热学及燃烧学

第 9 章　稳态热传导 ······························ 127

　9.1　热传导 ···································· 128

　　　9.1.1　热传递的三种基本方式 ·················· 128

　　　9.1.2　导热现象分析 ························· 128

　　　9.1.3　导热机理 ┄┄┄┄┄┄┄┄┄┄┄┄┄┄┄┄┄┄┄┄┄┄ 129
　9.2　典型一维稳态导热问题 ┄┄┄┄┄┄┄┄┄┄┄┄┄┄┄┄┄ 130
　　　9.2.1　大平壁导热 ┄┄┄┄┄┄┄┄┄┄┄┄┄┄┄┄┄┄┄┄ 131
　　　9.2.2　圆筒壁导热 ┄┄┄┄┄┄┄┄┄┄┄┄┄┄┄┄┄┄┄┄ 135
　习题 ┄┄┄┄┄┄┄┄┄┄┄┄┄┄┄┄┄┄┄┄┄┄┄┄┄┄┄┄┄ 136

第 10 章　对流传热 ┄┄┄┄┄┄┄┄┄┄┄┄┄┄┄┄┄┄┄┄ 137

　10.1　对流传热定律 ┄┄┄┄┄┄┄┄┄┄┄┄┄┄┄┄┄┄┄┄┄ 137
　　　10.1.1　对流换热现象 ┄┄┄┄┄┄┄┄┄┄┄┄┄┄┄┄┄┄ 137
　　　10.1.2　对流换热的计算 ┄┄┄┄┄┄┄┄┄┄┄┄┄┄┄┄ 137
　　　10.1.3　影响对流换热的因素 ┄┄┄┄┄┄┄┄┄┄┄┄┄ 137
　10.2　相似原理及量纲分析 ┄┄┄┄┄┄┄┄┄┄┄┄┄┄┄┄┄ 139
　习题 ┄┄┄┄┄┄┄┄┄┄┄┄┄┄┄┄┄┄┄┄┄┄┄┄┄┄┄┄┄ 141

第 11 章　热辐射 ┄┄┄┄┄┄┄┄┄┄┄┄┄┄┄┄┄┄┄┄┄┄ 143

　11.1　热辐射现象 ┄┄┄┄┄┄┄┄┄┄┄┄┄┄┄┄┄┄┄┄┄┄ 143
　11.2　黑体热辐射基本定律 ┄┄┄┄┄┄┄┄┄┄┄┄┄┄┄┄┄ 144
　11.3　实际物体辐射 ┄┄┄┄┄┄┄┄┄┄┄┄┄┄┄┄┄┄┄┄┄ 146
　　　11.3.1　基尔霍夫定律 ┄┄┄┄┄┄┄┄┄┄┄┄┄┄┄┄┄ 146
　　　11.3.2　两物体间的辐射换热量的计算 ┄┄┄┄┄┄┄ 147
　　　11.3.3　气体辐射 ┄┄┄┄┄┄┄┄┄┄┄┄┄┄┄┄┄┄┄┄ 150
　　　11.3.4　火焰辐射 ┄┄┄┄┄┄┄┄┄┄┄┄┄┄┄┄┄┄┄┄ 152
　11.4　发动机换热分析 ┄┄┄┄┄┄┄┄┄┄┄┄┄┄┄┄┄┄┄ 153
　　　11.4.1　发动机中导热问题的求解方法 ┄┄┄┄┄┄┄ 153
　　　11.4.2　燃气与壁面间的辐射换热 ┄┄┄┄┄┄┄┄┄┄ 153
　　　11.4.3　燃气与壁面间的瞬时综合换热系数 ┄┄┄┄ 155
　习题 ┄┄┄┄┄┄┄┄┄┄┄┄┄┄┄┄┄┄┄┄┄┄┄┄┄┄┄┄┄ 156

第 12 章　燃烧学基础 ┄┄┄┄┄┄┄┄┄┄┄┄┄┄┄┄┄┄┄ 159

　12.1　扩散理论 ┄┄┄┄┄┄┄┄┄┄┄┄┄┄┄┄┄┄┄┄┄┄┄ 159
　　　12.1.1　气体的扩散 ┄┄┄┄┄┄┄┄┄┄┄┄┄┄┄┄┄┄ 159
　　　12.1.2　气体的热传导 ┄┄┄┄┄┄┄┄┄┄┄┄┄┄┄┄┄ 160
　　　12.1.3　气体的黏性 ┄┄┄┄┄┄┄┄┄┄┄┄┄┄┄┄┄┄ 160
　　　12.1.4　三种输运现象间的关系 ┄┄┄┄┄┄┄┄┄┄┄ 161
　12.2　活化碰撞理论 ┄┄┄┄┄┄┄┄┄┄┄┄┄┄┄┄┄┄┄┄┄ 162
　12.3　链锁反应理论 ┄┄┄┄┄┄┄┄┄┄┄┄┄┄┄┄┄┄┄┄┄ 162
　12.4　热着火理论 ┄┄┄┄┄┄┄┄┄┄┄┄┄┄┄┄┄┄┄┄┄┄ 166
　　　12.4.1　自燃和点燃 ┄┄┄┄┄┄┄┄┄┄┄┄┄┄┄┄┄┄ 166
　　　12.4.2　热着火理论基础 ┄┄┄┄┄┄┄┄┄┄┄┄┄┄┄ 167
　习题 ┄┄┄┄┄┄┄┄┄┄┄┄┄┄┄┄┄┄┄┄┄┄┄┄┄┄┄┄┄ 168

第三篇　汽车发动机原理

第13章　发动机性能指标 …………………………………………………… 171

13.1　发动机的示功图 ……………………………………………………… 171

13.2　发动机的指示性能指标 ……………………………………………… 172

13.3　发动机的有效指标 …………………………………………………… 174

13.3.1　动力性指标 …………………………………………………… 175

13.3.2　经济性指标 …………………………………………………… 176

13.3.3　强化指标 ……………………………………………………… 177

13.4　机械损失与机械效率 ………………………………………………… 178

13.4.1　机械效率 ……………………………………………………… 178

13.4.2　机械损失的测定 ……………………………………………… 179

13.4.3　影响机械效率的主要因素 …………………………………… 182

13.5　发动机的热平衡 ……………………………………………………… 183

习题 …………………………………………………………………………… 185

第14章　燃料与燃烧 ……………………………………………………… 187

14.1　发动机的燃料 ………………………………………………………… 187

14.1.1　汽油 …………………………………………………………… 187

14.1.2　柴油 …………………………………………………………… 190

14.1.3　代用燃料 ……………………………………………………… 191

14.1.4　燃料特性引起的发动机工作模式上的差异 ………………… 194

14.2　燃烧热化学 …………………………………………………………… 195

习题 …………………………………………………………………………… 196

第15章　发动机工作循环 ………………………………………………… 197

15.1　四冲程发动机的实际循环 …………………………………………… 197

15.2　发动机实际循环与理论循环的比较 ………………………………… 201

习题 …………………………………………………………………………… 204

第16章　发动机换气过程 ………………………………………………… 205

16.1　换气 …………………………………………………………………… 205

16.1.1　换气过程 ……………………………………………………… 205

16.1.2　换气损失 ……………………………………………………… 207

16.2　充量系数 ……………………………………………………………… 208

16.2.1　充量系数的定义 ……………………………………………… 208

16.2.2　充量系数与发动机功率、扭矩的关系 ……………………… 209

16.2.3　影响充量系数的因素 ………………………………………… 211

16.2.4　提高发动机充量系数措施 ················ 213

16.3　发动机增压 ············· 217

16.3.1　增压的概念 ············· 218

16.3.2　增压发动机的特点 ············· 218

16.3.3　增压的衡量指标 ············· 219

16.3.4　增压的结构形式及分类 ············· 220

习题 ············· 221

第 17 章　发动机特性 ············· 223

17.1　发动机工况 ············· 223

17.2　发动机性能测试 ············· 225

17.2.1　功率和油耗的测量 ············· 226

17.2.2　试验方法及数据处理 ············· 227

17.3　速度特性 ············· 228

17.3.1　发动机的速度特性与汽车动力性匹配 ············· 228

17.3.2　车用柴油机的调速特性 ············· 233

17.4　负荷特性与万有特性 ············· 237

习题 ············· 243

第 18 章　汽油机混合气形成与燃烧 ············· 245

18.1　汽油机燃烧过程 ············· 245

18.1.1　正常燃烧过程 ············· 245

18.1.2　不规则燃烧过程 ············· 248

18.1.3　不正常燃烧过程 ············· 249

18.1.4　运转因素对燃烧的影响 ············· 251

18.2　汽油机混合气制备原理 ············· 254

18.2.1　汽油机理想混合气 ············· 254

18.2.2　电控燃油喷射式供油系统混合气的形成 ············· 254

18.3　汽油机的燃烧室 ············· 255

18.3.1　汽油机对燃烧室的要求 ············· 255

18.3.2　传统汽油机燃烧室 ············· 257

18.3.3　汽油机稀薄燃烧系统 ············· 258

18.4　汽油机电子控制技术 ············· 261

18.5　缸内直喷汽油机 ············· 263

习题 ············· 264

第 19 章　柴油机混合气形成燃烧 ············· 265

19.1　柴油机的燃烧过程 ············· 265

19.2　柴油机燃烧放热规律 ············· 267

19.3　柴油机混合气的形成原理 ·············· 270

19.3.1　燃油的喷射与雾化 ·············· 270

19.3.2　燃烧室与混合气形成 ·············· 273

19.3.3　柴油机的预混合燃烧 ·············· 283

习题 ·············· 285

第 20 章　发动机排放及控制 ·············· 286

20.1　发动机排放的生成机理 ·············· 286

20.1.1　发动机排放污染物的危害 ·············· 286

20.1.2　发动机排放污染物的生成机理 ·············· 289

20.2　影响汽油机有害排放物生成的主要因素及控制 ·············· 295

20.2.1　影响因素 ·············· 295

20.2.2　机内净化技术 ·············· 297

20.2.3　机外净化技术 ·············· 301

20.3　影响柴油机有害排放物生成的主要因素及控制 ·············· 303

20.3.1　柴油机有害排放物生成特点 ·············· 303

20.3.2　影响因素 ·············· 304

20.3.3　机内净化技术 ·············· 305

20.3.4　机外净化技术 ·············· 310

20.4　发动机排放标准与测试 ·············· 311

20.4.1　排放标准 ·············· 311

20.4.2　排放物测定 ·············· 312

20.5　发动机噪声来源与控制 ·············· 315

20.5.1　发动机噪声的来源 ·············· 315

20.5.2　噪声控制措施 ·············· 317

习题 ·············· 319

附录 ·············· 320

参考文献 ·············· 322

第一篇

工程热力学

第 1 章

热力学基本概念

1.1 绪 论

人类享受物质文明和精神文明都是以能源的消耗为代价的。据统计,2017 年美国人均能源消费量 8.166t 标准油,中国人均消费能源 1.61t 标准油,世界人均消费能源 1.92t 标准油。

人类最先掌握的和利用的能源是热能,研究热能及其相互转换规律的学科是热力学,热力学是一门关于能量的普遍学说。由于运动都伴随着能量,而能量是对运动的普遍概括和高度抽象,因此,热力学理论也具有高度的抽象性和概括性,其研究领域几乎涉及所有学科,目前甚至很难对热力学的研究领域划分出一个明确的范围。

热力学(thermodynamics)是从宏观角度研究物质的热运动性质及其规律的学科,简单地说就是研究能量及其相互转换规律的科学。

工程热力学(engineering thermodynamics)是研究热能与机械能相互转换规律的一门工程学科。作为面向工程应用的工程热力学,它所涉及的是工程上应用最广泛的两种能量——机械能和热能。工程热力学是热力学最先发展的一个分支。工程热力学与物理学的关系如图 1-1 所示。

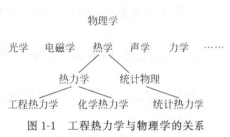

图 1-1 工程热力学与物理学的关系

工程热力学是热力学的一个分支。机械能是工程中应用最多的能量,绝大多数的能量最终都体现到机械能上,如机器运转、汽车行驶、飞机与火箭飞行等都是依赖机械运动;而热能则是大多数能量转换都必须经过的环节,比如汽车行驶、飞机与火箭飞行等的机械运动都是通过发动机由燃料燃烧的热能转换来的。机器运转虽然可以用电动机驱动,但大多数电能也是通过火力发电即热能这个环节的,只有很小比例的电能可以不通过热能得到,如水力发电、太阳能电池、风力发电、潮汐能发电、燃料电池等,即使这些能量转换不经过热能,系统也存在散热问题。至于直接利用热能的室内供暖、空调等,这部分消耗的能量几乎占人类总耗能的 1/4~1/3,生产工艺中直接用热的比例更大。

据统计,全世界每年通过热能这个环节消耗的能量在总能量中约占 70%。因此,工程热力学的研究目的就是提高机械能和热能之间相互转换的效率,以消耗最少的热能获得最多的机械能,或者以花费最少的机械能获得最多的热能。

1.1.1　工程热力学的主要内容

工程热力学的研究对象就是各种能量转换装置,包括各种热力发动机,以及制冷、热泵装置。工程热力学的内容就研究这些装置工作所需要的基本理论。以热力发动机工作原理为例,为使热能变为机械能,必须具备以下几个条件。

(1) 要有传递能量的媒介或载体,通常称为工质,如水蒸气、空气等。因为没有物质就没有能量,能量只能依附于物质而存在。

(2) 同时具备供给热量的高温热源(在发动机中就是高温燃气),以及将低温热放出去的冷源(在发动机中就是环境大气),即热机工作至少要有两个热源。

(3) 需要工质体积膨胀才能做功,这就要求工质具有"可压缩性",即工质的体积随压力变化的性质。只有气体才具有这一特性,因此,工质一般都是气体,如果是液体,就要通过加热变成蒸汽。

(4) 工质需要形成一个循环,来连续实现热功转换。

这四点是所有热机和制冷机所具有的共同特性。这样,工程热力学的主要内容就包括以下几方面:

(1) 工质的热力性质与计算,包括理想气体以及理想气体混合物性质的计算;

(2) 热源和冷源的性质,包括热量的性质与计算;

(3) 工质膨胀过程中功的性质与计算;

(4) 热力循环的性质与计算。

热力学所有的定律、定理和公式都是围绕着上述内容展开的。

1.1.2　工程热力学的两种研究方法

工程热力学的研究方法包括宏观方法和微观方法。

1. 宏观方法

宏观方法把物质视为连续体或者说是一个宏观的整体,并用宏观物理量(如压力、温度、体积、质量等)去描述它,而不考虑物质的微观结构。物质运动的宏观规律只能通过观察的方法得到,即从大量重复出现的现象中总结出自然界一些普遍的、基本的、系统的有关热现象的规律,称为热力学基本定律。然后,以这些基本定律为前提条件,用严谨的数学逻辑方法进行演绎、推理,得出对工程有指导意义并方便使用的推论和公式。这种通过定律→定理→推论→公式建立的整个理论体系称为宏观理论,这种热力学也称为经典热力学。由于这种方法建立的经典热力学的基本定律是无数经验的总结,它的正确性是由无数事实验证的,因而具有高度的可靠性和普遍适用性。任何根据热力学基本定律得到的推论,只要演绎过程中没有加入任何的假设,则它们将和定律本身一样可靠。正因为它的可靠性和普遍适用性,这一方法成为注重工程应用的工程热力学所采用的主要方法。这种方法的不足之处是由于没有考虑物质的微观结构,因而对于所建立的定律和理论不能给予微观解释,而且有可能在用于微观结构时失效。因为实际物质都是由大量不连续的微观粒子组成的,在微观领域,这种不连续性就不能忽略了。但也正是因为与微观结构无关,所以宏观理论不会随着人们对微观世界认识程度的加深而发生变化,具有高度的稳定性。甚至在被证明不完善后也还可能继续使用。

2. 微观方法

微观方法就是在普通物理学中的"分子运动论"的方法。它从物质的原子和分子结构出发,认为物质的宏观性质是大量分子或原子"统计平均"的结果,它要用到统计和概率论等数学工具,因而建立的理论就称为统计热力学。其优点是可以从物质结构出发来解释物质的宏观性质,如物质的比热容理论、涨落现象等,而这些是宏观方法做不到的。微观方法还可以对未知的性质进行预测和推断。例如,当气体被加热到非常高的温度时,分子的特性将要发生变化,经典热力学不可能对其进行解释。特别是要研究气体在几亿摄氏度下的热力性质,这种超高温度的实验目前还没有办法做,宏观方法显然是无能为力的。这时,可以通过各种基本粒子在加速器里以几兆以至几百兆电子伏特能量运动的各种反应,借助微观统计方法推断出几亿摄氏度下热力学的宏观规律。另外,在讨论处于远离大气层的物质时,由于此时气体分子间的距离很大,如果再假定物质是连续的,并使用经典热力学定律,就有可能导致非常大的误差,这时也有必要对分子的特性进行研究。微观方法使用的数学工具较为复杂,结果的准确度也有待实践的检验,特别是由简化模型得出的结果与实际往往有出入,例如理想气体模型与实际气体模型之间是有差距的,导致两者性质的不同。而且,随着人们对微观世界认识程度的加深,微观方法的理论和结果还有可能会发生变化。显然,微观方法不适于有高可靠性要求的工程实际,只能用作宏观理论结果的补充和微观解释。

两种方法各具特色。工程热力学以宏观方法为主,结论简单可靠,并普遍适用。只是在必要时采用微观方法对机理进行解释。如压力的宏观定义:单位面积上作用力的法向分量,用微观方法解释:压力是大量分子作不规则热运动沿某一方向频繁撞击某一表面的结果。温度的宏观定义:温度是用来判断一个系统与另一个系统是否处于热平衡的状态参数;用微观方法解释:温度是表征分子杂乱无章热运动剧烈程度的标志,是分子热运动平均动能的度量。实际上压力和温度的概念早在人们认识其微观机理前就有了。

1.2　热　力　系　统

选取热力系统(thermodynamic system)是热力学分析方法中的首要步骤,选定了热力系统就明确了研究对象所包含的范围和内容,同时也清楚地显示出它与周围事物的相互关系,可以针对热力系统建立定性和定量的关系。

1.2.1　系统、边界与外界

(1) 系统(system):将所要研究的对象与周围环境分隔开来成为研究对象,称为热力系统,简称系统。如图 1-2 所示,研究对象如果是气缸中虚线包围的气体,则气体便是热力系统。

（2）边界（boundary）：分隔系统与外界的分界面，称为边界，其作用是确定研究对象，将系统与外界分隔开来。

系统的边界可以是实际存在的，也可以是假想的；可以是固定不变的，也可以是运动的或可变形的。如图 1-2 中的边界就是气缸壁及活塞端部表面等实物界面相一致的实际边界。又如图 1-3 所示，一个真空的容器，当与外界连接的阀门打开时，外界空气在大气压力作用下将流入容器，直至它们的压力与外界大气压力平衡为止。可以把大气中流入容器的那部分空气用一个假想的边界从大气中划分出来，那么，容器内壁以及假想的边界所包围的空气便是研究的热力系统。当阀门打开后，随着空气流入容器，假想的边界受外界空气压缩，这时边界及整个系统都发生收缩。

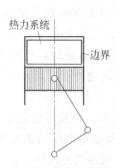

图 1-2　热力系统图

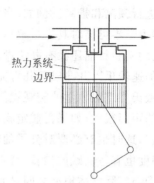

图 1-3　边界可变形系统

（3）外界（environment）：边界以外与系统相互作用的物体，称为外界或环境。系统与外界相互作用通常有 3 种形式，即功、热和物质的交换。于是可以设想外界存在能够分别接受或给予系统热量、功量和质量的热力源或物体。如系统的外界是大气环境，则可看作是热容量为无限大的热源（或冷源）和质量为无限大的质源。

1.2.2　闭口系统与开口系统

在热力过程中，系统与外界之间通过边界可以有能量的传递（例如功或热量），也可以有物质的流入或流出。

没有物质穿过边界的系统称为闭口系统，有时又称为控制质量系统（control mass，CM）。闭口系统的质量保持恒定，取系统时应把所研究的物质都包括在边界内，如图 1-2 及图 1-3 都是闭口系统的实例。

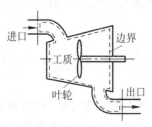

图 1-4　开口系统

有物质流穿过边界的系统称为开口系统。取系统时只需把所要研究的空间范围用边界与外界分隔开来，故又称开口系统为控制体积（control volume，CV），简称控制体，其界面称为控制界面。热力工程中遇到的开口系统多数都有确定的空间界面，界面上可以有一股或多股工质流过。如图 1-4 便是开口系统的实例。

闭口系统与开口系统都可能通过边界与外界发生能量（功

和热)的传递。

　　注：本书中,通过边界与外界发生能量只包括功量和热量两种,不包含电能、磁能、弹性能等其他形式的能量。

1.2.3　绝热系统与孤立系统

　　(1) 绝热系统(adiabatic system)：系统与外界之间没有热量传递的系统,称为绝热系统。事实上,自然界不存在完全隔热的材料,因此,绝热系统只是当系统与外界传递的热量小到可以忽略不计时的一种简化模式。热力工程中有许多系统,如汽轮机、喷管等都可当作绝热系统来分析。

　　(2) 绝功系统：与外界之间没有功量传递的系统,称为绝功系统。

　　(3) 孤立系统(isolated system)：系统与外界之间不发生任何能量传递和物质交换的系统,称为孤立系统。当然,自然界中各种事物之间或多或少都要发生一定的联系,绝对孤立的东西是不能存在的。然而,一切热力现象所涉及的空间范围总是有限的,把研究对象连同与它直接相关的外界用一个新的边界包围起来,这个新的、扩大了的边界就是孤立系统的边界,此时,原系统内部的研究对象及与它相互作用的物体都可以看作孤立系统中的组成部分。由此可见,一切热力系统连同与之相互作用的外界都可以抽象为孤立系统。图 1-5 是闭口系统及其相互作用的外界(热源)构成的孤立系统。

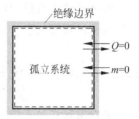

图 1-5　孤立系统

　　绝热系统与孤立系统虽然都是抽象概念,但它们常能表达事物基本的、主要的一面,反映客观事物的本质,与实际事物有很大程度的近似性。这种科学的抽象将给热力系统的研究带来很大的方便。在工程热力学中,还会遇到很多从客观事物中抽象出来的基本概念,如平衡状态、准静态过程和可逆过程等。学习中不应该把这些抽象概念绝对化。而应该把它们看作一种可靠的、科学的研究方法来理解和掌握。

　　还应当指出,系统必须根据实际情况来选择,以能给解决问题带来方便为原则。系统选取方法对研究问题的结果并无影响,仅与解决问题的复杂程度有关,如图 1-3 是作为边界可改变的闭口系统提出,但如取气缸为热力系统,便变成由外界向气缸充气的开口系统了。

1.2.4　系统的内部状况

　　系统内部工质所处的状况通常可有如下不同的形态：

　　(1) 单相系统与复相系统(monophasic system and complex phase system)：系统中工质的物理、化学性质都均匀一致的部分称为一个相,相与相之间有明显的界限。由单一物相组成的系统称为单相系统。由两个相以上组成的系统称为复相系统,如固、液、气组成的三相系统。

　　(2) 单元系统与多元系统：由一种化学成分组成的系统称为单元系统,纯物质就属于单元系统,例如,纯水、纯氧、纯氮等,无论它们是单相还是复相都是单元系统。由两种以上不同化学成分组成的系统称为多元系统,例如,氮气、水和冰组成的混合物属二元系统(即

N_2 和 H_2O)。化学反应系统及溶液等都属多元系统。但是,对于化学稳定的混合物,例如,空气在不发生相变时,其化学组成不变,常可当作纯物质对待。

(3)均匀系统与非均匀系统:成分和相在整个系统空间呈均匀分布的为均匀系统,否则为非均匀系统。例如,微小水滴均匀分布在充满水蒸气的整个容器中,那么,水和水蒸气的混合物为均匀系统,如果水在容器底部而水蒸气在其上部,则为非均匀系统。

(4)可压缩热力系统:是指由可压缩流体组成的热力系统。只有可压缩热力系统才能做容积功,这意味着工程热力学在研究热力学能与机械能转换过程时,只研究可压缩热力系统。

系统性质与其所处的相及成分的数目和系统是否均匀等因素有关。

1.3　状态和状态参数

确定了热力系统以后,就要从热力学的角度去描述它,实际上就是用一些物理参数去描述它的宏观物理状况。

1.3.1　热力系统的状态、状态参数和平衡状态

热力系统在某一瞬间所呈现的宏观物理状况,称为热力系统的状态(state)。描述这个状态的一些宏观物理量称为状态参数(state parameters)。热力系统不是虚无的,它通常由某些工作物质(简称为工质)组成。因此,热力系统的这些状态参数也就通常与物质的状态联系在一起,成为描述物质宏观状况的状态参数,如压力、温度、体积等。

要用一个压力值去描述这个热力系统,这个热力系统必须没有压差存在,压力处处相等,此时可以说这个热力系统处于力平衡。同样,要用一个温度值去描述热力系统,这个热力系统就不能有温差,处于热平衡。压差、温差通常称为不平衡势。其他的不平衡势,如不平衡化学势为零时就处于化学平衡,相不平衡势为零时就处于相平衡。如果一个热力系统所有的不平衡势都为零,那么就可以用所有的状态参数去描述它了,称此时的热力系统处于平衡状态,简称平衡态(equilibrium state)。所以说只有平衡态才能用状态参数来描述,或者说状态参数是表征平衡态的物理量。非平衡态则不能用状态参数表征,或者说非平衡态没有状态参数。

四个不平衡势为零是判断热力系统达到平衡状态的一个充分必要条件。但这样来定义平衡状态判断起来并不方便。物质的分子存在着永不休止的热运动。如果一个热力系统在完全没有外界作用的条件下,即使原来处于不平衡状态,那么最终会由于热力系统分子的热运动而趋于平衡状态。比如力不平衡,存在压差,那么分子必然会由压力高的地方移向压力低的地方,直到压差消失为止。如果存在温差,由于温度较高的地方分子运动平均速度较快,通过分子间的碰撞传递动量可以使整个热力系统分子速度趋于平均化。因此,分子运动的结果使温差消失,达到热平衡。总之,在不受外界影响(重力场除外)的情况下,如果热力系统的状态参数长时间不随时间变化,则该热力系统所处的状态就称为平衡状态。

平衡状态与稳定状态是不同的。稳定状态是指热力系统的状态参数不随时间变化的状

态,但可能有外界作用。比如当通过热源向热力系统传热时就可以在热力系统内长时间维持一个温差不变,这时热力系统处于稳定状态,但绝不是平衡状态,因为存在外界作用。如果取消热源,即取消外界作用,则温差很快就会消失。因此,平衡状态一定是稳定状态,但稳定状态不一定是平衡状态。

此外,平衡状态也不一定是均匀状态。平衡状态是相对时间而言的,而均匀状态是相对于空间而言的。例如处于相平衡的水和水蒸气,虽然压力、温度是均匀的,但液相和气相的比体积或密度却相差很大。当热力系统处于均匀状态时,则一般都是平衡态。

平衡状态的参数不随时间变化,从微观上看,热力系统的分子处于永不停息的运动状态,所以这种平衡本质上仍属于动态平衡。正是由于状态参数只能描述平衡状态,非平衡态不能用状态参数来描述,因而也就无法进行研究,因此工程热力学只能研究平衡状态,严格地说是平衡状态热力学。

1.3.2　基本状态参数

压力、温度和比体积由于可以用仪表直接测出来,称为基本状态参数。

1. 比体积及密度

比体积(specific volume)就是单位质量工质所占的体积,单位为 m^3/kg,也称为质量体积。由于密度(density)表示的是单位体积内所包含的工质的质量,比体积和密度互为倒数,即

$$v = \frac{V}{m} = \frac{1}{\rho} \tag{1-1}$$

比体积和密度都是表征物质分子在空间分布疏密程度的状态参数。

2. 压力

1) 压力(pressure)的定义

流体单位面积上所作用的力的法向分量称为压力或压强,用 p 表示。则

$$p = \frac{F_n}{A} \tag{1-2}$$

式中: F_n 为作用于面积 A 上的力的法向分量。从微观上看,压力是大量分子作不规则热运动沿某一方向频繁撞击某一表面的结果。从宏观上看,压力是表征热力系统力平衡性质的状态参数。流体的真实压力称为绝对压力。

2) 压力的测量

真实压力的数值通常不能用测压表直接测出,而是根据流体静力的概念由绝对压力与大气压间的压力差求出。如图 1-6(a),(b)所示为实验室常用的 U 形管压力计的原理图。图 1-6(a)为流体的绝对压力 p 高于大气压力 p_b 的情况,根据流体静力学,液柱高度与压力的关系为

$$p = p_b + p_g = p_b + \rho g z \tag{1-3}$$

式中: p_b 为大气压力; $p_g = \rho g z$ 为测压表测出的绝对压力高于大气压力的数值,称为表压

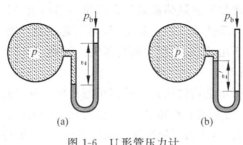

图 1-6　U 形管压力计

(a) $p > p_b$；(b) $p < p_b$

力(gauge pressure)；z 为如图 1-6(a)所示的液柱高度；ρ 为 U 形管内液体的密度。

　　当流体的绝对压力 p 低于大气压力 p_b 时(见图 1-6(b))，则

$$p = p_b - p_v = p_b - \rho g z' \tag{1-4}$$

式中：$p_v = \rho g z'$ 为真空表测出的绝对压力低于大气压力的数值，称为真空度(vacuum pressure)，其值越大，流体的绝对压力就越小，也就越接近真空；z' 为如图 1-6(b)所示的液柱高度。

　　表压力、真空度、绝对压力、大气压力之间的关系如图 1-7 所示。由于外界环境如气候的变化会引起大气压 p_b 的变化，所以即使绝对压力 p 不变，测压仪表的读数 p_g 或 p_v 也会变化。因此表压力和真空度并不是热力学状态的函数，它们不是状态参数。只有绝对压力才是状态参数(本书中如无特殊说明，压力均指绝对压力)。要真正确定压力，必须同时测出表压力(或真空度)和大气压。大气压力由专门的大气压力计来测量。

　　除了 U 形管压力计外，工程上更常用弹簧管式压力表，其原理如图 1-8 所示。弹性弯管一端封闭，另一端与被测工质相连，则管内受到被测压力的作用。在内、外压差作用下弹簧管变形，从而带动指针转动，表针指示的数值只能是内、外压力差，即工质的表压力或真空度。这种压力计简单、坚固、便宜。

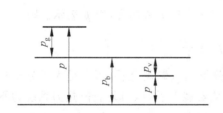

图 1-7　表压力、真空度于大气压力之间的关系图

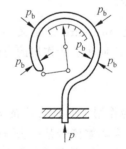

图 1-8　弹簧管式压力表

　　3) 压力的单位

　　在 SI 制中，力的单位是牛[顿](N)，面积的单位是平方米(m^2)，则压力的单位是牛每平方米(N/m^2)。在 1969 年国际计量大会上把这个单位定名为帕斯卡，简称帕，以符号 Pa 表示，即

$$1Pa = 1N/m^2$$

　　但工程上这个单位太小，所以实际上经常采用千帕(kPa)或兆帕(MPa)作为压力的实

用单位。

1993 年我国颁布的法定计量单位完全采纳了 SI 制的单位。非法定计量单位介绍如下。

(1) 巴(bar)：$1bar = 10^5 Pa$。

(2) 液柱高度：根据式(1-3)和式(1-4)，表压力和真空度可统一写为

$$p = \rho g z \tag{1-5}$$

由于液体密度会随温度变化，因此对水取 4℃ 时的密度，汞取 0℃ 时的密度，$\rho_{Hg} = 13\,595 kg/m^3$，则由式(1-5)可得 1mmHg 和 1mmH$_2$O 所代表的压力分别为

$$1mmHg = 0.001 \times 9.806\,65 \times 13\,595 \approx 133.32 Pa$$

$$1mmH_2O = 0.001 \times 9.806\,65 \times 1000 \approx 9.81 Pa$$

(3) 物理大气压或标准大气压(atmospheric pressure, atm)它是以纬度 45°、大气温度为 0℃ 的海平面上的大气常年平均压力的数值为压力单位，其值为 760mmHg。因此，有

$$1atm = 760mmHg = 760 \times 133.32 Pa = 101\,325 Pa = 1.013\,25 bar$$

(4) 工程大气压(at)：在工程制单位中，力的单位是千克力(kgf)，面积的单位是平方米(m^2)，所以压力的单位是千克力每平方米(kgf/m^2)。但在工程实用上这个单位太小，所以取千克力每平方厘米(kgf/cm^2)作为工程大气压(engineering atmospheric pressure, at)单位，则

$$1at = 1\frac{kgf}{cm^2} = 9.806\,65 \times 10^4 Pa = 10^4 mmH_2O = 10mH_2O$$

3. 温度

温度是人类最早使用的状态参数。人们根据感觉和经验已经建立了温度的一些概念，例如物体的冷或热，也可以通过温度计来对其冷热程度进行定量分析。温度严格的定义是建立在热力学第零定律基础之上的。

(1) 热力学第零定律与温度(the zero law of thermodynamics)：如果将两个冷热程度不同的物体相接触，它们之间就会发生热量传递，但这种情况不会一直持续下去。在没有外界影响的条件下，只要经过足够长的时间，它们将达到相同的冷热程度，传热就会停止。两物体的物理状况不再发生变化，根据平衡的定义，把这种状况称为热平衡。

热力学第零定律是由英国物理学家拉尔夫·福勒于 1939 年正式提出，比热力学第一定律和热力学第二定律晚了 80 余年，但是热力学第零定律是后面几个定律的基础，所以叫作热力学第零定律。

最常用的热力学第零定律表述是："若两个热力学系统均与第三个系统处于热平衡状态，此两个系统也必互相处于热平衡。"

根据这个定律，判断两个物体是否处于热平衡不一定非要让它们相接触。只要它们都与第三个物体处于热平衡态，就可以判断它们之间也处于热平衡态。把这个共同的状态参数称为温度。

温度是用来判断一个系统与另一个系统是否处于热平衡的状态参数。温度与别的状态参数相区别的唯一特征就是：它是热平衡的唯一判据。这就是温度的宏观定义，它完全由宏观的热平衡现象总结得到，不依赖于温度的微观意义。从微观上看，温度是表征分子杂乱

无章热运动剧烈程度的标志,是分子热运动平均动能的度量。

(2) 温度的度量——温标(temperature scale):有了温度的定义后,度量它或者说给出某一具体温度的数值,这就要给出温度标尺或称为温标。温度的数值表示法称为温标。如前所述,温度的概念非常抽象,不直观。同样,温标也不能直接获得。通常采用的方法是选定某一测温物质及其某一物理性质,然后依据这一物理性质来定义温标。例如,瑞典科学家安德斯·摄尔修斯(Anders Celsius)于 1742 年发明的摄氏温标,规定在一个物理大气压下纯水结冰的温度(冰点)和沸腾的温度(沸点)分别为 0℃和 100℃,这两个基准温度间的温度则按照温度与测温物质的某种物理性质(如水银的液柱体积或金属的电阻等)随温度变化的线性函数来确定。显然,采用这种方式确定的温标,最后确定的温度值,除了在基准点的温度完全一致不会变化外,其余点的温度都会随所选择的测温物质及其物理性质的不同而有微小的变化。这种依赖于测温物质的某一物理性质建立的温标称为经验温标。经验温标不是一种客观的温标。

因此,需要建立一个完全不依赖于任何测温物质和任何物理性质的完全客观的温标。这就是建立在热力学第二定律基础上的热力学温标。用这种温标确立的温度称为热力学温度,用符号 T 表示,单位为开[尔文],以符号 K 表示。国际计量大会决定,以水的气、液、固三相共存的状态点——三相点——为唯一基准点,并规定其温度为 273.16K,每 1K 的温度为水三相点温度的 1/273.16。

有了热力学温度后,其他温标的温度都是通过与热力学温度的关系建立的。如 1960 年第 11 次国际计量大会定义的新的热力学摄氏温标为

$$t(\text{℃}) = T(\text{K}) - 273.15 \tag{1-6}$$

式(1-6)说明,两种温标的温度间隔相同,而摄氏温度的零点相当于热力学温度的273.15K。这是因为水的三相点(273.16K)比一个大气压下水的冰点(273.15K)高 0.01K 的缘故。

此外,其他常用的温标还有华氏温标和朗肯温标,在西方国家经常使用,单位分别为℉和 R。摄氏温度与华氏温度的换算关系为

$$t(\text{℃}) = \frac{5}{9}[t(\text{℉}) - 32] \tag{1-7}$$

朗肯温度与华氏温度的换算关系为

$$t(\text{R}) = t(\text{℉}) + 460 \tag{1-8}$$

各种温标间的关系参见图 1-9,可见朗肯温标与华氏温标间的关系就和摄氏温度与热力学温度的关系类似。

(3) 温度基准

如果用摄氏温标或华氏温标的方法来标定一支温度计,则在某些情况下会出现严重的问题。因为摄氏温标或华氏温标以一个大气压力下的冰水和沸水作为标定的依据,大气压力会随着天气变化发生较小的变化,而当海拔高度发生变化时,大气压力的变化值相当大。

三相点温度就是一个相当稳定的温度基准。比如水的三相点温度为 0.01℃,人们找到不同物质的三相点温度作为基准,并由此来标定温度测量仪器。例如低温段的温度基准采用氢的三相点温度 13.8033K,高温段的温度基准采用银的凝固点温度为 961.78℃。

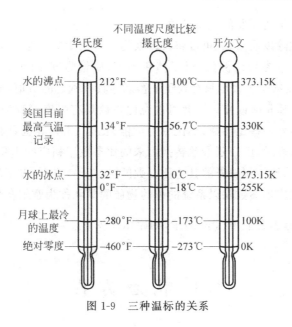

图 1-9　三种温标的关系

1.3.3　状态参数的性质

除了 p,v,T 三个基本状态参数外,状态参数还有很多,状态参数都具有一些共同的特性。

1. 状态参数是点函数

状态参数是用来描述平衡态物理状况的,它与平衡态一一对应,即对于一个完全确定的平衡态,所有的状态参数都有各自确定的唯一数值;当其中任何一个状态参数的数值发生变化时,就表示状态发生了变化。即平衡态下所有状态参数都是状态的单值函数或者说状态参数是点函数。

根据点函数的数学特征,状态参数是全微分,或者说它的封闭积分为零,即对于任意状态参数 z,即

$$\oint dz = 0 \tag{1-9}$$

式(1-9)是用来判断一个函数是否是状态参数的充要条件。

2. 广延参数与强度参数

状态参数分为广延参数与强度参数。在平衡状态下,与系统内所含物质的数量有关的状态参数称为广延参数。这类参数具有可加性,在系统中它的总量等于系统内各部分的同名参数值之和。如体积、能量、质量,以及将要学习的热力学能、焓、熵等,都是广延参数。广延参数可以通过改变热力系统中工质的质量加以改变。

凡与系统中所含物质的数量无关,在热力系统任一点都具有确定数值的物理量称为强度参数。如压力、温度等状态参数即是强度参数。强度参数不具有可加性。强度参数只在平衡态才具有确定的数值,对于非平衡态一般没有确定的数值。从这个意义上来理解,强度

参数才是平衡态热力学所需要的状态参数。

通常将广延参数除以质量,就可以将其转换为具有强度参数性质的质量参数或比参数,即对应单位质量的广延参数。例如,对于体积为 V,质量为 m 的热力系统,其比体积 $v = V/m$ 即为比参数。显然比参数也只有处于平衡态才具有确定的数值,而且也不能够通过改变热力系统中工质的质量来改变。因此可以说比参数具有强度参数的性质,可视为强度参数。以后还要讲到另外一些比参数,如比热力学能、比焓、比熵等也具有这样的性质。通常广延参数用大写字母表示,由广延参数转换而来的比参数用相应的小写字母表示,而且为了书写方便,本书中把除比体积以外的其他比参数的"比"字省略,仅以字母大小写来区分广延参数和比参数。任意广延参数除以系统的总的物质的量就称为摩尔参数,例如摩尔体积、摩尔能量等,用大写字母加右下角标 m 表示,如摩尔体积 $V_m = \dfrac{V}{n}$。

1.4 状态方程

1.4.1 状态公理

热力系统的状态用状态参数来描述。每个状态参数分别从不同的角度描述热力系统某一方面的宏观特性。但是,若要确切地描述热力系统的状态,不必知道所有的状态参数。

如前所述,热力系统中若存在某种不平衡势差,就会引起热力系统与外界之间的能量交换以及闭口系状态的改变。每消除一种不平衡势差,就会使热力系统达到某一种平衡。各种不平衡势差是相互独立的,因而,确定闭口系统平衡态所需的独立自变量的数目应该等于不平衡势差的数目。由于每一种不平衡势差都会引起系统与外界之间某种方式的能量交换,所以这种确定闭口系统平衡态所需的独立变量数目也就应等于系统与外界之间交换能量方式的数目。在热力过程中,除传热外,系统与外界还可以传递不同形式的功。

对于组元一定的闭口系统,当处于平衡态时,可以用与该系统有关的准静态功形式的数目 n 加一个象征传热方式的独立状态参数,即 $(n+1)$ 个独立状态参数来确定,这就是"状态公理"。状态公理也称为吉布斯相律。它是确立热力系统平衡态所需的独立参数数目的经验规则。

由于工质进出热力系统并不会引起热力系统强度参数和比参数的改变,因此,上述状态公理同样适用于开口系统。

1.4.2 状态方程

对于简单可压缩热力系统,与外界交换的功只有容积变化功(膨胀功或压缩功)一种形式,因此简单可压缩热力系统平衡的独立状态参数只有两个。只要确定了任意两个独立的状态参数的值,热力系统的状态就确定了,其余状态参数也就随之确定,而且都可以表示为这两个独立状态参数的函数。对于简单可压缩热力系统,任意三个状态参数间必存在着某种函数关系。在所有状态参数中,又以基本状态参数 p,v,T 最为重要,因此把热力系统处于平衡态时基本状态参数 p,v,T 之间的函数关系称为状态方程。

状态方程反映了工质的物理性质,因此不同的工质具有不同的状态方程。最简单的状态方程是理想气体的状态方程:

$$pv = R_g T \tag{1-10}$$

1.4.3　状态参数坐标图

简单可压缩的平衡热力系统独立的状态参数只有两个,可以利用任意两个独立状态参数组成二维平面坐标图。在这种坐标图中,任意一点代表某一确定的平衡态,如图 1-10 所示,图中 p_1,v_1 表示由这两个独立的状态参数所确定的平衡状态 1。常用的坐标图有 p-v 图、T-s 图等。由于只有平衡态才能用状态参数来表示,因而只有平衡态才能在状态坐标图上用一个点来表示,图上的每一个点对应一个平衡态。而不平衡态由于没有确定的热力状态参数,无法在图上表示。

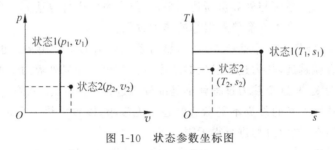

图 1-10　状态参数坐标图

1.5　热　力　过　程

如果一个热力系统一直处于平衡态,不发生状态变化,也就是与外界没有任何相互作用,既不做功,也不传热,这样也就不能进行热功转换。热力学只研究状态不断变化的热力系统。热力系统状态连续的变化称为热力学过程,简称热力过程。热力系统与外界只有通过热力过程才能相互发生作用,即交换热量和功量。

要让热力系统经历热力过程,就必须存在某种不平衡势差,使得热力系统原有的平衡遭到破坏,从而使热力系统的状态发生变化。不平衡势差是热力系统经历热力过程的必要条件。对于简单可压缩系统,不平衡势差只有压力差和温度差两种情况。但这样一来,热力系统经历的实际过程必将是一系列的非平衡态。这些非平衡态实际上已无法用状态参数来描述,这样热力过程就变成无法描述,因而也就无法研究。为了解决这一问题,提出了准静态过程和可逆过程。

1.5.1 准静态过程

在这个热力过程进行中,平衡态的每一次破坏都距离平衡态非常近,因而可以近似地用一系列平衡态来代替或表征这些非常接近平衡态的非平衡态。这个热力过程就可以用一系列平衡态的状态参数来表征。这种由一系列无限接近平衡态的状态所组成的热力过程称为准静态过程或准平衡过程(quasi-static process)。

分析如图 1-11 所示的过程。当活塞及重物的重量和气体压力在活塞两侧达到平衡时,热力系统(气体)和外界(重物及活塞)处于力平衡,热力系统本身也处于平衡状态。当移去一块重物时,活塞两侧出现压差,气体压力推动活塞升起,气缸体积增大,压力下降,活塞两侧压差减少。从热力系统内部来讲,贴近活塞的气体首先膨胀使压力下降,接着这个压力波动逐步向下传播,即热力系统内气体由上至下逐步发生膨胀降压过程,在这个过程中热力系统内是不平衡的,而这个不平衡是由

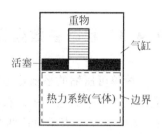

图 1-11   准静态过程的分析

于外界的不平衡势差引起的。当热力系统压力下降到与外界相等,活塞两侧压差减小到零时,活塞停止上升,热力系统与外界重新达到平衡,热力系统内部也达到一个新的平衡状态。这是一个典型的由外界力不平衡势差引起的热力过程。

在这个过程中,外界力不平衡势差越大,热力系统内部力不平衡势差也就越大,热力系统状态偏离平衡态就越远,热力过程发生的速度也会越快。如果外界力不平衡势差太大,热力过程发生的速度太快,这个热力过程就不是准静态过程了。因此,准静态过程成立的条件应该是:让热力系统状态的外界不平衡势差趋于无限小,以致该热力系统在任意时刻均无限接近于某个平衡态,热力过程进行得无限缓慢。

同样的分析可以应用于热力系统的加热或冷却过程,即只要加热或冷却的温差(热不平衡势差)趋于无限小,对热力系统缓慢地加热或冷却,则加热或冷却过程也可以视为准静态过程。

实际上不平衡势的"小"和过程进行得"慢"都是相对的。热力系统状态之所以偏离平衡态,其内因是主要因素,即只要热力系统内部不平衡势差足够小,哪怕外界不平衡势差再大也可以视为准静态过程。而热力系统内部不平衡势差的大小除了有外界不平衡势差的因素外,自身内部反抗和消除不平衡势差的速度是关键。这个速度通常是由弛豫时间来衡量的,把处于非平衡态的热力系统从不平衡态到平衡态所需经历的时间间隔称为弛豫时间。只要热力系统的弛豫时间相对于其状态参数变化所经历的时间较短,也就是说热力系统有足够的时间恢复平衡态,这样的过程就可以近似地看成准静态过程。弛豫时间主要取决于分子热运动的平均速度。由于气体分子热运动的平均速度可达数百米以上,因此,实际中热力系统的弛豫时间很短,即恢复平衡的速度相当快,特别是力平衡的恢复更快。虽然工程上很多热力过程也以相当快的速度进行,但大多数还是可以作为准静态过程处理的。以四冲程发动机的工作为例,发动机的转速为 4000r/min。行程为 100mm,则活塞运动速度为 $8000 \times 0.10/60 = 1\text{m/s}$,而空气在 0℃下传播速度是 340m/s,在 2000℃下传播速度是 896m/s,远大于 16.7m/s,所以可以将发动机气缸内的过程近似地看作准静态过程。

由于准静态过程的每一个状态点都无限接近平衡态,因此在状态变化参数图上,准静态过程可以用一条曲线来表示,这个曲线也称为热力过程的路径。如图 1-12 所示的 $p\text{-}v$ 图,实曲线 1 到 2 表示一个准静态过程,其上的每一个点都可以用状态参数如压力、温度来描述,而且这个压力、温度既是热力系统内部工质的压力和温度,也是热力系统外部,即外界环境的压力和温度,因为在准静态过程中热力系统内部与外界要始终保持平衡的压力和温度。而虚曲线 1-2 表示进行了某一个非准静态过程,其上的每一个点都不能用状态参数如压力、温度来描述,说明这个非准静态过程从热力学角度讲是未知的、不可研究的。

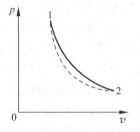

图 1-12　准静态过程和非准静态过程的 $p\text{-}v$ 图

1.5.2　可逆过程

热力系统经历一个热力过程后,如果过程沿原路径逆行而能使热力系统与外界同时恢复到原态,不留下任何痕迹,则此过程称为可逆过程(reverse process)。反之,如果当热力系统沿原路径逆行恢复到原态而外界没有恢复到原态,或外界恢复到原态而热力系统没有恢复到原态,即热力系统和外界没有同时恢复到原态,则原来的热力过程就是一个不可逆过程。

图 1-13 所示为一个由工质(热力系统)、飞轮和热源(外界)组成的系统,工质从热源吸热,并沿 1-3-4-5-6-7-2 途径进行准静态膨胀过程。在这一过程中,工质对活塞做了膨胀功,若过程中没有摩擦损失,则膨胀功通过活塞及连杆机构全部传给并储存在飞轮旋转的动能中。在回程中,飞轮的动能又推动活塞逆行,使工质沿 2-7-6-5-4-3-1 压缩,则飞轮中储存的动能又全部变成压缩工质所消耗的功。在压缩过程中工质又反过来向热源放热,所放的热量也恰与膨胀时所吸收的热量相等。当工质(热力系统)恢复到原态 1 时,飞轮和热源(外界)也全部恢复到原来的状态,没有留下任何痕迹,就好像什么过程都没有发生过一样。说明原过程 1-3-4-5-6-7-2 是一个可逆过程。逆过程 2-7-6-5-4-3-1 也是一个可逆过程。

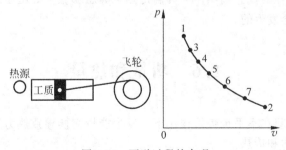

图 1-13　可逆过程的实现

判断热力过程是可逆的条件如下:

首先,它必须是一个准静态过程。如果不是一个准静态过程,例如,工质膨胀时如果是在较大力不平衡势差作用下进行的,工质膨胀的作用力就大于外界的反抗力,则工质所做的膨胀功就会大于飞轮所获得的动能,则在回程中飞轮的动能肯定不足以压缩工质沿原来路径恢复到原始状态。也就是说,在外界恢复原始状态后,热力系统(工质)不能恢复原始状态。如果非要热力系统回到原始状态,则外界(飞轮)必须付出额外的功,又造成外界不能恢复原始状态。总之,热力系统和外界不能全部同时恢复原始状态,必须留下一些不可恢复的后遗效果。同样可以分析热源向工质有温差传热(热不平衡势)的情况。可见,非准静态过程一定是不可逆过程。

其次,必须没有耗散效应存在。摩擦使功和动能转换为热,电阻使电能转换为热。这种通过摩擦、电阻、磁阻等使功变为热的效应称为耗散效应。耗散效应并不影响准静态过程的实现,但它却能使热力过程不可逆。比如,上述系统中如果存在摩擦,则在正向过程中做的膨胀功,一部分会消耗于摩擦而变为热,使飞轮得到的动能减少,而在反向过程中,不仅不能把正向过程中由摩擦变成的热量再转换回来变成功,而且还要再消耗摩擦功变成热量。这样,功就不可逆地减少(耗散)了。热力系统和外界不能全部同时恢复原态。所以,有耗散的过程一定是不可逆过程。

综上所述,实现可逆过程的充分必要条件是在准静态过程的基础上再加上无耗散的条件。如果说工程上大多数热力过程都可以看作是准静态过程,则几乎没有一个实际过程是真正的可逆过程。因为实际过程都或多或少地存在摩擦、温差传热等不可逆因素。

在热力学中提出可逆过程的概念,一是因为这类过程进行的结果不会产生任何能量损失,理论上热功转换效率最大,可以作为实际过程中能量转换效果比较的标准和努力的方向;二是不可逆因素太复杂,不容易直接去研究,而可逆过程比较简单,有助于理论上的分析研究和简化计算;三是在很多情况下的实际过程与可逆过程的偏差不大,所以实际计算中就可以忽略这种偏差而看作是可逆过程,然后再根据经验,利用修正系数或效率,将可逆过程所得到的结果加以修正,得到接近于实际情况的数据。热力学主要研究可逆过程。因此,本书中对于热力过程如果不特别指明的话,都是指的可逆过程。

如果只是热力系统内部存在不可逆因素(例如热力系统内部的摩擦等),称为内部不可逆;反之,如果只是外部存在不可逆因素(例如热力系统与外界之间的摩擦或温差传热等),称为外部不可逆;如果热力系统内部、外部都存在不可逆因素,则称为完全不可逆。

可逆过程是相对不可逆过程的一种理想极限,是一个从实际中抽象出来的极限的理想化模型。有了可逆过程的概念,就有了“等温传热”“等压膨胀”“等压压缩”等说法,因为实际过程,没有势差是不会发生的。

1.6 功量和热量

热力系统与外界间在不平衡势差作用下会发生能量交换导致热力过程。能量交换的方式有两种,分别是做功和传热。

1.6.1 功

1. 功的定义

功(work)是热力系统与外界交换能量的一种方式。在力学中,功的定义为系统所受的力和沿力作用方向所产生的位移的乘积。但是,在热力学中,热力系统与外界之间交换的功量可以多种多样,并不是任何情况下都能容易地确定与功有关的力和位移。因而,需要建立一个更具有普遍意义的热力学定义:功是热力系统与外界在边界上发生的一种相互作用,其唯一效果可归结为举起了一个重物。这里,举起重物实际上是力作用于物体使之产生位移的结果。在功的热力学定义里表示产生的效果相当于重物的举起。这个定义突出了做功与传热的区别,任何形式的功其全部效果可以统一地用举起重物来概括;而传热的全部效果,都不可能与举起重物的效果相当。

热力学中规定,热力系统对外界做功为正值;而外界对热力系统做功为负值。

2. 简单可压缩热力系的功——容积功

热力系统通过体积变化与外界交换的膨胀或压缩功统称体积变化功,简称容积功。它是简单可压缩热力系统与外界交换的唯一一种基本功量。

如图 1-14 所示,选取气缸里质量为 m 的气态工质为热力系统,其压力为 p。该热力系统右端为一活塞构成的可移动边界,热力系统正是通过这一可移动边界膨胀或压缩来完成与外界容积功交换。设活塞面积为 A,则热力系统作用于活塞的总作用力为 pA,而外界通过连杆活塞反作用于热力系统的抗力为 p_sA,其中,p_s 为外界作用于单位活塞面积上的力。则活塞移动 $\mathrm{d}x$ 距离时,热力系统对外界所做微元功就等于外界所得到的功或者说等于反抗外界所做的功,即

$$\delta W = p_s A \mathrm{d}x = p_s \mathrm{d}V \tag{1-11}$$

式中:$\mathrm{d}V$ 为气体体积的微元变化。该式对任何过程都适用(可逆、不可逆、准静态、非准静态等),容积功的定义表明可以通过外界得到多少功来计算热力系统对外做了多少功。

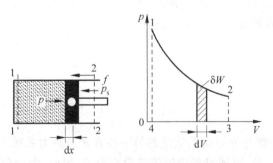

图 1-14　示功图

在更多的情况下,这样做很不方便,因为它需要知道外界的情况(p_s)。因此,需要用热力系统内部的参数来表示这个功。这就需要补充一个条件:热力过程可逆。因为只有在可逆的条件下,有

$$p = p_s \tag{1-12}$$

有人说,只要在准静态过程的条件下,式(1-12)就可以满足,因为只要是准静态过程,力不平衡势差就趋于无限小。实际上,考虑摩擦力的影响,如果只满足准静态过程的条件,则

$$p = p_s + f \tag{1-13}$$

式中:f 为折算在单位活塞面积上的摩擦力。显然,只有在无耗散的情况下式(1-12)才能成立。因此,只有在可逆条件下,才有

$$\delta W = p\,\mathrm{d}V \tag{1-14}$$

若活塞从位置 1 移动到位置 2 时,热力系在整个过程中做功为

$$W = \int_1^2 p\,\mathrm{d}V \tag{1-15}$$

这就是任意可逆过程体积变化功的表达式。它与体积变化密切相关,故称为容积功。当 $\mathrm{d}V>0$,即工质膨胀时,容积功为正,表示热力系统对外做功,又称为膨胀功;反之,当 $\mathrm{d}V<0$,即工质被压缩时,容积功为负,表示外界对热力系统做功,又称为压缩功。可逆功仅通过热力系统内部的参数来描述,而无须考虑外界的情况,只要已知过程的初、终状态,以及描写过程性质的 $p=f(V)$(称为过程方程),就可确定可逆过程的容积功。式(1-14)、式(1-15)的条件就是可逆,$p\,\mathrm{d}V$ 称为可逆功。

在 p-V 图中,$p\,\mathrm{d}V$ 为微元过程线下的微元面积,图中用阴影面积表示。过程 1-2 的体积功 $\int_1^2 p\,\mathrm{d}V$ 就是过程 1-2 下的面积 A_{12341}。因此,p-V 图称为示功图。显然过程 1,2 不同,其下的面积 A_{12341} 也不同,说明容积功不仅和起始点状态 1,2 有关,而且还和过程有关,因此通常说容积功是一个过程量,而不是状态量,与状态参数具有全微分的性质是完全不同的。微元功只能表示为 δW 而不能表示为全微分 $\mathrm{d}W$,$\int_1^2 \delta W$ 只能写为 W_{12},不能写为 W_2-W_1。

对于单位质量气体可逆过程中的比体积变化功可表示为比功的形式,即 1kg 工质的比容积功为

$$\delta w = \frac{\delta W}{m} = p\,\frac{\mathrm{d}V}{m} = p\,\mathrm{d}v \tag{1-16}$$

$$w = \frac{W}{m} = \int p\,\mathrm{d}v \tag{1-17}$$

比容积功简称为容积功。

1.6.2 热

1. 热的定义

热(heat)是热力系统与外界交换能量的另一种方式。热力系统与外界之间依靠温差传递的能量称为热量。但是,可逆过程中的传热没有温差,因此,为避免逻辑矛盾,热力学中对热量的另一个定义是:一个质量不变的热力系统,不做功而通过边界传递的能量称为热量。该定义称为热的热力学定义。

按照定义,热量是热力系统与外界之间传递的能量,而不是热力系统本身具有的能量,其值并不由热力系统的状态确定,而是与传热时所经历的具体过程有关。所以,热量不是热力系统的状态参数,而是一个与过程特征有关的过程量。热量用符号 Q 表示。微元过程中传递的微小热量则用 δQ 表示。此 δQ 不是热量的全微分,只是表示热量的微元量。如将 δQ 对有限过程积分,其结果为 Q_{12}。

热力学中规定:热力系统吸热时热量取正值,放热时取负值。由于热与功一样,是热力系统与外界交换能量的一种方式,都采用焦[耳]作为其单位。

热量还有一个单位称为卡路里(简称卡,记为 cal)。由英文 calorie 音译而来,其定义为

在 1 个标准大气压下，将 1g 水提升 1℃所需要的热量；卡路里（calorie）是能量单位，现在仍被广泛使用在营养计量和健身手册上，作为食物热量的法定单位，在欧洲普遍使用焦耳，美国则采用卡路里。焦耳是我国的法定单位。

单位质量的工质与外界交换的热量，称为比热量，用符号 q 表示，单位为 J/kg。也简称为热量。

2. 熵

热量和功量是能量传递的两种不同方式，两者具有一定的类比性。例如，可逆过程的容积功与传热量，两者均为过程量，与热力系统本身的状态无关，其微元量只能用 δ 表示；又如，实现可逆过程容积功的推动力是无限小的压力势差，而可逆过程传热的推动力为无限小的温度势差；并且压力与温度均为热力系统的强度参数。参照可逆过程体积变化功的计算式(1-17)，可逆过程传热量的计算式为

$$\delta Q_{re} = T dS \tag{1-18}$$

由式(1-18)可得熵 S 的定义式为

$$dS = \frac{\delta Q_{re}}{T} \tag{1-19}$$

式中：δQ_{re} 为微元可逆过程中热力系统与外界交换的热量；T 为传热时热力系统的热力学温度；dS 为此微元可逆过程中熵的增量。也就是说，微元可逆过程中热力系统与外界交换的热量 δQ_{re} 除以热力学温度 T 所得的商，即为熵的微小增量 dS。由于 δQ_{re} 与质量有关，所以 dS 也与质量有关，是一个广延参数。将其除以质量可得到比参数，即比熵或质量熵，用小写 s 表示。比熵的定义式为

$$ds = \frac{dS}{m} = \frac{\delta Q_{re}}{mT} = \frac{\delta q_{re}}{T} \tag{1-20}$$

熵的单位为 J/K，比熵的单位为 J/(kg·K)。

3. $T\text{-}S$ 图

与 $p\text{-}V$ 图类似，可以用热力学温度 T 作为纵坐标，熵 S 作为横坐标构成 $T\text{-}S$ 图，称为温熵图，如图 1-15 所示。图上任何一点表示一个平衡态，任何一个可逆过程可用一条连续的曲线表示，如图中的曲线 1-2。该过程的任一状态若产生一个 dS 的微小变化，则热力系统与外界交换的微元热量 δQ_{re}，相当于图中画剖面线的微小面积。整个可逆过程曲线 1-2 中热力系统与外界交换的热量 Q_{re} 可以用过程线 1-2 下的面积代表。即

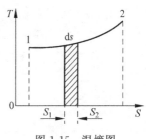

图 1-15　温熵图

$$Q_{re} = \int_1^2 T dS \tag{1-21}$$

或

$$q_{re} = \int_1^2 T ds \tag{1-22}$$

因此，$T\text{-}S$ 图是表示和分析热量的重要工具。由于热力学温度 $T>0$K，如 $T\text{-}S$ 图中沿

可逆过程曲线熵增加,则该过程线下的面积所代表的热量为正值,即热力系统从外界吸热;反之,所代表的热量为负值,即热力系统向外界放热。

习　　题

1. 孤立系统一定是闭口绝热系统,反之是否成立?

2. 铁棒一端浸入冰水混合物中,另一端浸入沸水中,经过一段时间,铁棒各点温度保持恒定,试问,铁棒是否处于平衡状态?

3. 容器内盛有一定质量的理想气体。如果将气体放出一部分后恢复了新的平衡状态,问放气前后两个平衡状态之间能否用 p-V 图表示?

4. 表压力或真空度能否作为状态参数进行热力计算? 若工质的压力不变,问测量其压力的压力表或真空计的读数是否可能变化?

第 2 章

热力学第一定律与理想气体

2.1 能量转换与守恒定律

能量转换与守恒定律是自然科学中最重要的一条普遍规律。它可表述为：在自然现象中能量不能创造，也不能消灭，而只能在总数值不变的原则下，由一种形式转变为另一种形式，或由一物体转给另一物体。这就是说，物质运动的任何一种形式，如机械的、光的、电的、磁的、化学的和生物的等，都能够在一定的条件下，以直接或间接的方式转化为另外一种或几种运动形式，而作为物质运动量度的能量，在转化前后保持不变。

热力学第一定律就是能量转换与守恒定律在热力学上的应用。由于热力学研究的主要是热能和其他形式能量相互转换的规律，因此它反映的是热能和其他形式能量相互转换中的数量关系，即热能在和其他形式的能量转换过程中，能量的总和保持不变。更具体地说就是：热可以转变为功，功也可以转变为热，一定的热量消失时，必然转变为与之数量相当的功，消耗一定量的功时，也必出现相当数量的热。这是英国科学家焦耳（Joule）在通过 400 多次实验得到的结论，用数学表达为

$$W = AQ \tag{2-1}$$

焦耳在 1849 年发表的论文中，热功当量相当于 4.154J/cal，更为精确的数据为 $A = 4.1868$J/cal。

热力学第一定律说明在转换过程中能量的数量保持不变，要获得一部分功，就必须付出一定的能量。在历史上，有些人曾幻想制造一种不花费能量而能源源不断地产生动力的机器，即永动机，但都以失败告终。由于这种永动机明显违反了热力学第一定律，因而被称为第一类永动机。

焦耳在研究热现象的过程中归纳出来的热量和功的等价关系，对建立能量守恒定律作出了重要贡献。人们总结出了能量守恒定律，彻底宣告了永动机的不可能性。

热力学第一定律实际上就是在与第一类永动机和热质说的不断较量中建立起来的。热力学第一定律的建立，从理论上彻底堵死了建立第一类永动机的道路。

对任何热力系统，能量守恒方程都可以表示为

进入热力系统的能量 － 离开热力系统的能量 ＝ 热力系统储存能量的变化　(2-2)

2.2 热力学能与闭口系统能量方程式

2.2.1 热力系统的热力学能

对闭口系统,没有工质流进、流出热力系统,进入热力系统的能量为热力系统吸热量 Q,离开热力系统的能量为热力系统对外做功量 W,闭口系统的总储存能变化为 $\Delta E = E_2 - E_1$。则代入式(2-2)有

$$Q - W = \Delta E$$

即

$$Q = W + \Delta E \tag{2-3}$$

式(2-3)没有任何限制性条件,通常称为热力学第一定律的基本表达式。其中,总储存能 E 为热力系统的内部储存能 U、宏观动能 E_k 和宏观位能 E_p 之和,即

$$\Delta E = \Delta U + \Delta E_k + \Delta E_p \tag{2-4}$$

对闭口系统,工质质量不变,则有

$$\Delta E_k = \frac{1}{2} m \Delta c^2 = \frac{1}{2} m (c_2^2 - c_1^2) \tag{2-5}$$

$$\Delta E_p = mg \Delta z = mg(z_2 - z_1) \tag{2-6}$$

$$\Delta U = U_2 - U_1 = m(u_2 - u_1) \tag{2-7}$$

式中: c 为热力系统的宏观速度; z 为热力系统质量中心的宏观位置高度; m 为热力系统质量。宏观动能 E_k 和宏观位能 E_p 之和代表热力系统作为一个整体由于宏观运动所具有的机械能,它们与热力系统内部的状态参数无关,通常被称为外部储存能或宏观能量。

内部储存能 U 也称为热力学能。从宏观角度看,它是热力系统内部工质的能量;从微观角度看,它代表了储存在热力系统内部的能量,理论上它应包括组成物体的所有微观粒子所具有的能量,它与工质内部粒子的微观运动和空间位置有关,因此有时也称为微观能量。就目前理论所涉及的范围,它包括三个层次的能量:内热能、化学能和原子核能。

热力学能包括分子热运动的动能(分子的平移移动动能、转动动能、分子内部原子的振动动能和位能,以及原子、电子自转和公转的动能)和由于存在分子间力所具有的分子位能。由于温度是大量分子热运动平均动能的度量,因此这一部分的能量变化会引起温度的变化,通常称为显能,显能释放就成为显热;而分子位能不会引起温度的变化,因而通常称为潜能,潜能释放出来就是通常所说的潜热。在物质的气、液、固三态中,固体分子间距最近,液体次之,气体最大,因此分子位能也是按照固、液、气的顺序依次增大。由于固体和液体的体积一般不变化,因此它们的潜能通常情况下也不变化,变化的只是显能,或者说,固体和液体的热力学能可以只包括显能,不包括潜能,则它们的热力学能仅与温度有关,与体积无关,即

$$U = U(T) \tag{2-8}$$

给固体或液体加热,使其分子运动克服分子间力的束缚,分子间距离拉大,相的转变,即相变。这时由于分子间距明显变化,潜能增加,所吸收的热量称为相变潜热,如从固态变为液态时的溶解潜热和液态变气态时的汽化潜热,比如水在一个大气压下沸点为 100℃汽化

潜热是 2257.6kJ/kg。显然,只有在相变的时候才需要考虑固体和液体的分子位能。但对于气体,由于体积通常会有变化,因此一般来讲,气体的热力学能不仅与其温度有关,而且与体积有关,即

$$U = U(T,V) = U(T,p) \tag{2-9}$$

单位质量的比热力学能为

$$u = \frac{U}{m} = u(T,v) = u(T,p) \tag{2-10}$$

比热力学能也简称为热力学能。对于理想气体,由于忽略了分子间力,也就不存在分子位能,则其热力学能仅与温度有关,与体积无关。比热力学能为

$$u = u(T) \tag{2-11}$$

这与固体和液体的性质是一样的,但注意式(2-8)和式(2-11)成立的原因却是不同的。

在日常生活中通常称某物体含有多少热,或含有多少热量。但在热力学中这种说法是错误的。热只能发生在热力系统的边界上,它是一个过程量,进入热力系统后就应该称为热力学能或热能了,热力学能是状态量。就像不能说某个物体含有多少功而只能说含有多少能量一样。

热力学能只取决于热力系统内部的状态,且具有可加性,是一个具有广延性质的状态参数,可以表达为其他状态参数的函数。

当热力过程涉及化学反应时,如燃烧反应,原子间的化学键被打开,原子重新组合成新的分子,从而释放出化学能,这时就应该在热力学能中计入化学能。由于原子间力(化学键)比分子间力大得多,因此化学能也比内热能大得多。化学能是以标准生成焓的形式计入热力学能的。

工程上关心的只是热力学能的变化,而热力学能的变化是可以计算的,通常采用这样的原则来计算热力学能的变化:只计算那些参与了热力过程的能量。因为未参与热力过程的能量在热力过程中就不会有任何变化,也就不会对热力过程产生任何影响。因此,在热力学中就把热力学能的变化而不是热力学能作为系统特有的一种特性加以描述。

内部储存能和外部储存能都是能量的储存方式。外部储存能是热力系统的所有分子向着同一个方向运动所具有的宏观动能与作为一个整体所具有的宏观位能之和,即宏观能量,其特点是所有分子向着同一个方向运动,因此也称为有序能。热力学能是大量分子的微观无序运动所具有的能量(即微观能量),称为无序能。有序能可全部转变为无序能,而无序能只能部分地转变为有序能。分子的无序动能并不能直接做功,必须先转换为有序能后,才能转为机械能。这种转换就是通过各种热力发动机完成的。

2.2.2　热力学第一定律的闭口系统表达式

对于闭口系统,只关注热力系统内部的状况,忽略其外部储存能,把坐标系选择固定在热力系统上,则有

$$\Delta E_k = \Delta E_p = 0$$

当闭口系统的宏观动能、宏观位能变化可忽略不计时,可得

$$Q = \Delta U + W \tag{2-12}$$

式(2-12)称为闭口系统能量方程,或称为热力学第一定律的第一表达式。它说明:闭口系统从外界吸收的热量等于闭口系统热力学能的增加与对外做功之和。可适用于任何工质,任何过程,除了闭口系统外,没有任何附加条件,也不仅仅局限于简单可压缩热力系统,功 W 既可以是容积功,也可以是电功、磁功。

对微元过程,式(2-12)可写为

$$\delta Q = dU + \delta W \tag{2-13}$$

对于 1kg 工质来讲,式(2-12)和式(2-13)可分别写为

$$q = \Delta u + w \tag{2-14}$$

$$\delta q = du + \delta w \tag{2-15}$$

对式(2-15)进行循环积分,则有

$$\oint \delta Q = \oint dU + \oint \delta W$$

当闭口系统经历一个循环时,根据状态参数的性质,$\oint dU = 0$ 则

$$\oint \delta Q = \oint \delta W \tag{2-16}$$

它说明发动机经过一个循环后所吸收热量与对外做功相等,能量不可能凭空产生,热力学第一定律是能量守恒定律在热力学中的应用。

2.2.3 功

对于简单可压缩热力系统,功 W 指的就是容积功,则式(2-12)~式(2-15)可分别表示为

$$Q = \Delta U + \int_1^2 p\,dV \tag{2-17}$$

$$\delta Q = dU + p\,dV \tag{2-18}$$

$$q = \Delta u + \int_1^2 p\,dv \tag{2-19}$$

$$\delta q = du + p\,dv \tag{2-20}$$

式(2-17)~式(2-20)适用条件是简单可压缩热力系统,这可逆过程如果考虑热量的熵表达式,热力学第一定律还可表达为

$$\int_1^2 T\,dS = \Delta U + \int_1^2 p\,dV \tag{2-21}$$

$$T\,dS = dU + p\,dV \tag{2-22}$$

$$\int_1^2 T\,ds = \Delta u + \int_1^2 p\,dv \tag{2-23}$$

$$T\,ds = du + p\,dv \tag{2-24}$$

式(2-21)~式(2-24)反映了状态参数间的关系,只与状态参数有关,与过程性质无关,通常称为热力学第一定律的解析表达式。

2.3　焓与开口系统能量方程式

工程上用的绝大多数设备如发动机、燃气轮机、压气机、锅炉、风机、换热器、管道内流动等,都可以作为开口系统来处理。

在开口系统中,对工质进出口的状态需要用状态参数来描述,因此,要求处于同一截面上的参数相同,即处于平衡态。但只要求同一截面上工质处于平衡态,在垂直于截面的流动方向上状态参数可以变化。同时也不能变化太快,即处于准静态。这正是“准静态过程”在开口系统流动中的具体体现。把这种参数只沿流动方向变化的流动称为一维流动或一元流动。

一维流动虽然是流动研究中最简单的情况,但一维方法简单实用,用来处理工程上大多数流动精度已经足够,而且这种方法很好地体现了工程热力学准静态、可逆的研究方法。

2.3.1　质量守恒方程

对于开口系统来说,由于有工质进出,因此首先要满足质量守恒原理(闭口系统没有连续方程,对闭口系统来说,质量守恒自然成立)。如图 2-1 虚线所示为任意一个开口系统 CV,m_{in} 和 m_{out} 分别为在一定的时间 τ 内即将进入和即将流出 CV 的工质质量,则由质量守恒原理可得

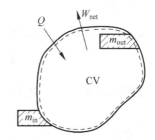

$$m_{in} - m_{out} = \Delta m_{CV} \tag{2-25}$$

式中：Δm_{CV} 表示开口系统 CV 内工质质量的变化。上式对时间 τ 求导得

图 2-1　开口系统的物质与能量守恒

$$q_{m,in} - q_{m,out} = \frac{dm_{CV}}{d\tau} \tag{2-26}$$

$q_{m,in}$ 和 $q_{m,out}$ 分别为进入和流出 CV 的质量流量(或质量流率),即

$$q_{m,in} = \frac{\delta m_{in}}{d\tau} \tag{2-27}$$

$$q_{m,out} = \frac{\delta m_{out}}{d\tau} \tag{2-28}$$

式(2-25)和式(2-26)通常称为质量守恒方程或连续方程。它表明：工质流入开口系统的质量与流出开口系统的质量之差等于开口系统质量的增加,反映了开口系统的质量守恒规律。

2.3.2　开口系统能量守恒方程

1. 流动功

开口系统和闭口系统的重要区别之一就是开口系统的边界上有工质进出,因而就伴随有一个特殊的功——流动功。如图 2-2 所示为一个虚线标示的开口系统 CV,m_1 的工质由

CV 的进口截面 1—1 的外侧移入 CV，同时有 m_2 的工质由 CV 的内部经出口截面 2—2 移至 CV 的外侧，同一工质 m_1 或 m_2 在流入或流出 CV 的前后分别用不同方向的剖面线示出。在 m_1 流入的 1—1 界面上，由于开口系统内部有压力 p_1，会阻碍工质进入，外界要让 m_1 进入 CV，就必须克服该压力做功，该功就是流动功。设进口截面积为 A_1，具有体积 V_1 的工质 m_1 由外界恰好移入热力系统，其平移距离为 x_1，则由图 2-2 所示，流动功为

$$W_{f1} = p_1 A_1 x_1 = p_1 V = m_1 p_1 v_1 \tag{2-29}$$

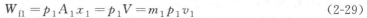

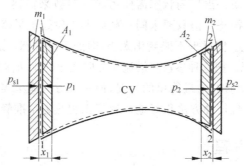

图 2-2　开口系统中流动功的产生

表示为功率的公式，则有

$$\dot{W}_{f1} = \frac{\delta W_{f1}}{d\tau} = \frac{\delta m_1}{d\tau} p_1 v_1 = q_{m1} p_1 v_1 \tag{2-30}$$

或写作比功的形式，则有

$$w_{f1} = \frac{\delta W_{f1}}{dm} = p_1 v_1 \tag{2-31}$$

同理，m_2 的工质在流出热力系统时，外界也具有压力 p_{s2}，则热力系统只有对工质做功才能把它推出热力系统，该流动功为

$$W_{f2} = p_{s2} A_2 x_2 = p_{s2} V_2 = m_2 p_{s2} v_2 \tag{2-32}$$

从对流动功的分析可以看出，流动功是一个与容积功完全不同的功，具体表现如下。

（1）它是工质发生穿越热力系统边界的宏观移动时与外界所交换的功。在移动过程中，工质的状态并没有改变，而容积功发生作用时，工质的宏观位置一般不发生变化，但状态却一定要改变。

（2）它是一个与流动有关的功。如果没有流动，像闭口系统，则因工质没有跨越边界的宏观移动，就没有流动功。虽然对闭口系统也可以计算一个 pv 值，但它不是流动功，是没有物理意义的。

（3）由于开口系统都存在流动，因此，开口系统都伴随有流动功，或者说流动功是开口系统存在的必要条件。

（4）容积功是过程量，流动功只取决于工质进出口的状态，不是过程量。正是这一点使它与一般的功相区别，所以有时也把它称为流动能，或输运能。

（5）流动功随工质进出热力系统，一定程度上具有能量的性质，但却不是工质本身所具有的能量，一般认为它是工质所携带的能量。正是这一点，使它与热力学能、总储存能相区别。

上述特点反映了流动功的特殊性和复杂性，这正是开口系统的特殊性和复杂性的反映。

2. 开口系统能量方程

在已知了开口系统的特殊性后,对于如图 2-1 所示的开口系统 CV,就可以很方便地写出其能量方程了。

进入 CV 的能量为

$$E_{\text{in,CV}} = Q + E_{\text{in}} = Q + m_{\text{in}}(e + w_{\text{f}})_{\text{in}} = Q + m_{\text{in}}\left(u + \frac{c_{\text{f}}^2}{2} + gz + pv\right)_{\text{in}}$$

离开 CV 的能量为

$$E_{\text{out,CV}} = W_{\text{CV}} + E_{\text{out}} = W_{\text{net}} + m_{\text{out}}(e + w_{\text{f}})_{\text{out}} = W_{\text{net}} + m_{\text{out}}\left(u + \frac{c_{\text{f}}^2}{2} + gz + pv\right)_{\text{out}}$$

式中:$E_{\text{in,CV}}$ 和 $E_{\text{out,CV}}$ 分别表示工质进出开口系统 CV 时带进和带出的能量;W_{net} 表示开口系统对外输出的净功。

开口系统 CV 储存能量的变化为

$$\Delta E_{\text{CV}} = E_2 - E_1$$

按照式(2-2)可以写为

$$Q = \Delta E_{\text{CV}} + m_{\text{out}}\left(u + \frac{c_{\text{f}}^2}{2} + gz + pv\right)_{\text{out}} - m_{\text{in}}\left(u + \frac{c_{\text{f}}^2}{2} + gz + pv\right)_{\text{in}} + W_{\text{net}} \qquad (2\text{-}33)$$

或写为

$$Q = \Delta E_{\text{CV}} + \Delta E_{\text{io}} + W_{\text{net}} \qquad (2\text{-}34)$$

式中:工质进出开口系统带进和带出的能量差为

$$\Delta E_{\text{io}} = E_{\text{out}} - E_{\text{in}} = m_{\text{out}}\left(u + \frac{c_{\text{f}}^2}{2} + gz + pv\right)_{\text{out}} - m_{\text{in}}\left(u + \frac{c_{\text{f}}^2}{2} + gz + pv\right)_{\text{in}}$$

$$= \frac{1}{2}(m_{\text{out}}c_{\text{f,out}}^2 - m_{\text{in}}c_{\text{f,in}}^2) + m_{\text{out}}gz_{\text{out}} - m_{\text{in}}gz_{\text{in}} + m_{\text{out}}u_{\text{out}} -$$

$$m_{\text{in}}u_{\text{in}} + m_{\text{out}}(pv)_{\text{out}} - m_{\text{in}}(pv)_{\text{in}} \qquad (2\text{-}35)$$

式(2-34)表明:开口系统从外界吸收的热量,一部分用来使开口系统自身能量增加,一部分用来对外做功,最后一部分等于工质进出开口系统带出和带入能量的差,包括热力学能、流动功、宏观动能和宏观位能。显然,正是由于最后这一部分 ΔE_{in} 使得开口系统不同于闭口系统。

在开口系统能量方程中,进出开口系统流体的热力学能 u 总是和流动功 pv 同时出现,而且它们都是取决于状态的量,为了方便起见,把它们一起定义为一个新的状态参数——焓,即

$$H = U + pV \qquad (2\text{-}36)$$

实际上,更常用的是比焓或质量焓

$$h = \frac{H}{m} = u + pv \qquad (2\text{-}37)$$

代入式(2-33),可得

$$Q = \Delta E_{\text{CV}} + m_{\text{out}}\left(h + \frac{c_{\text{f}}^2}{2} + gz\right)_{\text{out}} - m_{\text{in}}\left(h + \frac{c_{\text{f}}^2}{2} + gz\right)_{\text{in}} + W_{\text{net}} \qquad (2\text{-}38)$$

对上式求微分,可得微分形式的能量方程为

$$\delta Q = \mathrm{d}E_{\mathrm{CV}} + \delta m_{\mathrm{out}}\left(h + \frac{c_{\mathrm{f}}^2}{2} + gz\right)_{\mathrm{out}} - \delta m_{\mathrm{in}}\left(h + \frac{c_{\mathrm{f}}^2}{2} + gz\right)_{\mathrm{in}} + \delta W_{\mathrm{net}} \qquad (2\text{-}39)$$

或将式(2-38)对时间 τ 求导,可得速率形式的能量方程为

$$\dot{Q} = \frac{\mathrm{d}E_{\mathrm{CV}}}{\mathrm{d}\tau} + q_{\mathrm{m,out}}\left(h + \frac{c_{\mathrm{f}}^2}{2} + gz\right)_{\mathrm{out}} - q_{\mathrm{m,in}}\left(h + \frac{c_{\mathrm{f}}^2}{2} + gz\right)_{\mathrm{in}} + \dot{W}_{\mathrm{net}} \qquad (2\text{-}40)$$

式中

$$\dot{Q} = \frac{\delta Q}{\mathrm{d}\tau}(称为加热率) \qquad (2\text{-}41)$$

$$\dot{W}_{\mathrm{net}} = \frac{\delta W_{\mathrm{net}}}{\mathrm{d}\tau}(称为功率) \qquad (2\text{-}42)$$

若对有多股流进出开口系统的情况,则得到

$$\dot{Q} = \frac{\mathrm{d}E_{\mathrm{CV}}}{\mathrm{d}\tau} + \sum_{\mathrm{out}} q_{\mathrm{m,out}}\left(h + \frac{c_{\mathrm{f}}^2}{2} + gz\right)_{\mathrm{out}} - \sum_{\mathrm{in}} q_{\mathrm{m,in}}\left(h + \frac{c_{\mathrm{f}}^2}{2} + gz\right)_{\mathrm{in}} + \dot{W}_{\mathrm{net}} \qquad (2\text{-}43)$$

式(2-38)～式(2-40)和式(2-43)都是不同形式的开口系统一般瞬态能量方程。

3. 焓

焓是由开口系统工质流动的特殊性而产生的一个新的状态参数。它是热力系统的热力学能与流动功之和,具有能量的量纲,因而代表的也是一种能量。由于热力学能是流动工质所具有的能量,流动功是流动工质所携带的能量,因而其物理意义是随工质进出开口系统所转移的能量。因此,虽然对任何热力系统利用式(2-37)都可以算出一个焓值,但如果不是开口系统,焓就没有明确的物理意义。焓在开口系统中的地位与热力学能在闭口系统中的地位类似,它们分别表示了不同热力系统中工质所代表的能量。

4. 开口系统的净功 W_{net}

开口系统的功是指开口系统对外做的功。广义上与闭口系统的功一样,包括各种形式的功。但是,由于要维持开口系统的流动,开口系统就不得不付出一个流动功,同时抵消由于工质流动造成的开口系统进出口宏观动能和位能差。因此开口系统的功一般是指 W 减去流动功和进出口宏观动能和位能差,即

$$W_{\mathrm{net}} = W - \left[m_{\mathrm{out}}(pv)_{\mathrm{out}} - m_{\mathrm{in}}(pv)_{\mathrm{in}}\right] -$$
$$\left[m_{\mathrm{out}}\left(\frac{c_{\mathrm{f}}^2}{2} + gz\right)_{\mathrm{out}} - m_{\mathrm{in}}\left(\frac{c_{\mathrm{f}}^2}{2} + gz\right)_{\mathrm{in}}\right] \qquad (2\text{-}44)$$

因此,W_{net} 实际上是对外输出的净有用功。如果没有流动,则 W_{net} 简化变为闭口系统的功 W。对于简单可压缩热力系统,W_{net} 也来源于容积功 W。如为可逆过程,则

$$W_{\mathrm{net}} = \int p\,\mathrm{d}V - \left[m_{\mathrm{out}}(pv)_{\mathrm{out}} - m_{\mathrm{in}}(pv)_{\mathrm{in}}\right] -$$
$$\left[m_{\mathrm{out}}\left(\frac{c_{\mathrm{f}}^2}{2} + gz\right)_{\mathrm{out}} - m_{\mathrm{in}}\left(\frac{c_{\mathrm{f}}^2}{2} + gz\right)_{\mathrm{in}}\right] \qquad (2\text{-}45)$$

在简单可压缩热力系统中,一般它以推动旋转轴旋转的方式输出,因此通常也称为轴

功,记为 W_s。即

$$W_s = W_{net} \tag{2-46}$$

这样,简单可压缩热力系统开口系统一般瞬态能量方程就可以写为

$$\delta Q = \mathrm{d}E_{CV} + \delta m_{out}\left(h + \frac{c_f^2}{2} + gz\right)_{out} - \delta m_{in}\left(h + \frac{c_f^2}{2} + gz\right)_{in} + \delta W_s \tag{2-47}$$

热力系统吸收的热量一部分用来对外做容积功,一部分用来表示进出口工质带出和带入的热力学能差,并使热力系统内部热力学能升高。该式是用热力学能形式来表示的开口系统一般瞬态能量方程。

对于闭口系统,由于 $\delta m_{out} = \delta m_{in} = 0$ 且 $\mathrm{d}m_{CV} = 0$
可得

$$\delta Q = \mathrm{d}U + \delta W \quad \text{或} \quad q = \Delta u + w \tag{2-48}$$

上两式就是闭口系统能量方程式。可见,开口系统的能量方程和闭口系统的能量方程是可以互相转换的,它们都是热力学第一定律在不同形式热力系统下的表现形式。

5. 热力学第一定律的开口系统表达式

开口系统轴功和进出口宏观动能与宏观位能的变化都属于机械能,从工程技术的角度说它们都是可以百分之百被利用的。因此,把三者放在一起合称为(比)技术功 w_t,即

$$\delta w_t = \mathrm{d}\frac{c_f^2}{2} + g\,\mathrm{d}z + \delta w_s \tag{2-49}$$

或

$$w_t = \frac{1}{2}\Delta c_f^2 + g\Delta z + w_s \tag{2-50}$$

对微元过程,则有

$$\delta q = \mathrm{d}h + \delta w_t \tag{2-51}$$

对积分过程,则有

$$q = \Delta h + w_t \tag{2-52}$$

式(2-52)称为热力学第一定律的第二表达式。但与第一表达式不同的是,它有一个限制条件,即稳定流动。由于稳定流动忽略了开口系统内部状态的变化,使得稳定流动的开口系统能量方程不必考虑开口系统本身热力学能和外部储存能的变化,而只专注于开口系统进出口能量的变化;也正是由于稳定流动忽略了开口系统进出口流量的差异,使得整个方程可以针对单位质量流量写出。实际上,严格说来,充放气问题的热力系统都是半开半闭的热力系统。

将焓的定义式代入式(2-52)开口系统的热力学第一定律表达式,可以得到与闭口系统能量方程相似的表达式,即

$$q = \Delta u + \Delta(pv) + w_t \tag{2-53}$$

$\Delta(pv)$ 就是流动功,得

$$w = \Delta(pv) + w_t \tag{2-54}$$

式(2-54)说明,无论是技术功还是流动功,它们都来自工质膨胀所做的容积功,容积功是简单可压缩热力系统功的唯一来源。如果过程可逆,则

$$w_t = w - \Delta(pv) = \int p\,\mathrm{d}v - \int \mathrm{d}(pv) = -\int v\,\mathrm{d}p \tag{2-55}$$

或写为微分形式,则有

$$\delta w_t = -v\mathrm{d}p \qquad (2\text{-}56)$$

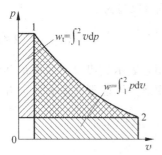

图 2-3 技术功在 $p\text{-}v$ 图上的表示

与容积功不同的是,技术功是因压力变化而做的功,压力下降,对外做功;压力上升,外界对热力系统做功,因此通常也称为"压力功"。可见,开口系统对外输出的技术功是压力功而非容积功,两者相差一个流动功。在 $p\text{-}v$ 图上二者分别为过程线与 p 轴和 v 轴所夹的面积(见图 2-3)。

式(2-56)还说明:工质的比体积越小,为提高工质压力所消耗的技术功就越小;而工质的比体积越大,在同样的压差下工质膨胀对外所做的技术功就越大。这可以解释用泵提升液体压力一般消耗的功较少而用压气机压缩气体时消耗的功较大的现象。根据这一原理,当需要消耗功压缩工质的时候,应尽量使工质处于液体状态;当需要工质膨胀对外做功的时候,应尽量使工质处于气体状态。

过程可逆时的开口系统稳定流动热力学第一定律表达式如下:

微元过程,则有

$$\delta q = \mathrm{d}h - v\mathrm{d}p \qquad (2\text{-}57)$$

积分过程,则有

$$q = \Delta h - \int v\mathrm{d}p \qquad (2\text{-}58)$$

对定压过程,无论是开口系统还是闭口系统,都有 $q_p = \Delta h$,焓的变化等于热力系统在定压过程中与外界交换的热量。有时也把这一点作为热力系统(特别是闭口系统)中焓的物理意义。

2.4 能量方程的工程应用

热力学第一定律的不同表达式的实质都是能量转换与守恒定律,只是在不同的情况下为使用方便而采用不同的形式。为了加深对热力学第一定律的理解,下面举几个工程上常见的例子。

2.4.1 透平机械

透平机械(turbine machinery)是将热能转变为机械功并向外输出的旋转机械设备,也简称透平或涡轮,工程上常用的蒸汽轮机、燃气轮机、航空(喷气)发动机等都是典型的透平机械。如图 2-4 所示为一个蒸汽轮机或燃气轮机的示意图。进入气缸的蒸汽由于高温会向环境散热,但一般发动机都采取一定的保温措施,而且这点散热量与发动机所做功相比要小得多,故可近似视为绝热,$q \approx 0$;从进口状态 1 膨胀到出口状态 2,压力下降,对外做技术功 w_t,有

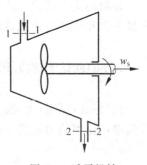

图 2-4 透平机械

$$w_t = -\Delta h = h_1 - h_2$$

即 1kg 工质(如水蒸气或燃气)所做技术功等于 1kg 工质的焓降。由于进出口的位置高度和流动速度差异不大,$g\Delta z \approx 0$,$\frac{1}{2}\Delta c_f^2 \approx 0$,因此实际真正输出的只有轴功,即

$$w_s = w_t = h_1 - h_2$$

这是一个典型的将工质(如水蒸气或燃气)焓(h)转变为对外输出功(w_s)的热力过程,这就是废气涡轮增压器的热力学原理。

2.4.2 压缩机械

压缩机械是用来压缩气体使气体压力升高的设备。如空气压缩机(简称压气机)、冰箱

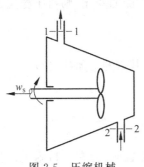

图 2-5 压缩机械

(空调)的压缩机等都是常用的压缩机械。由于气体压力升高,显然要消耗外界功,热力过程与热力发动机正好相反。以叶轮式空气压缩机为例,如图 2-5 所示,工质(空气)进出口正好与图 2-4 相反。工质进出口宏观动能和宏观位能也由于进出口的位置高度和流动速度差异不大而忽略不计,但对外散热量与热力发动机有所不同,为了减少压气机耗功需要尽量向外散热,包括采取冷却措施,至少也不会对压气机进行保温,因此大多数压气机散热量不可忽略。这样,由能量方程式可得

$$-w_s = \Delta h - q = (h_2 - h_1) - q$$

这里将轴功写作 $-w_s$,是表示压气机消耗外功为负,使得工质(空气)内热能(h)增加,同时散热量也增加。这是一个典型的将外界输入功 $-w_s$ 转变为工质(空气)焓(h)的热力过程,与发动机正好相反。

$$\int v\mathrm{d}p = (h_2 - h_1) - q$$

显然,工质焓增加的结果是导致压力增加,这就是涡轮增压器的增压原理。

2.4.3 喷管和扩压管

喷管和扩压管都是一种变截面管道,如图 2-6 所示,它们的共同特点是散热较小,几乎可以忽略不计;没有转轴,因而没有轴功输入与输出。因此,通常称它们为绝热与绝(轴)功流动,或简称为绝能流动,表明在流动过程中热力系统与外界没有任何能量交换,若再忽略进出口位置高度的变化,其能量方程为

$$\frac{1}{2}(c_{f2}^2 - c_{f1}^2) = -\Delta h = h_1 - h_2$$

换句话说,其能量转换仅在热力系统内部工质自身上进行,即在热力系统内部热能 h 与自身宏观动能 $\frac{1}{2}c_f^2$ 之间转换。喷管与扩压管的区别就在于能量转换的方向正好相反,工质在喷管内流动中会以自身的焓降使宏观动能增加,

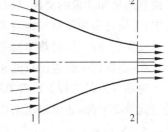

图 2-6 变截面管道流动

以获得较高的出口速度,而扩压管则是以自身速度的下降使焓增加。在可逆情况下,有

$$\int_1^2 v \mathrm{d}p = h_1 - h_2 = \frac{1}{2}(c_{f2}^2 - c_{f1}^2)$$

由上式可知,扩压管或压气机焓增,或宏观动能下降的结果会导致压力的增加,这就是扩压管的扩压原理。当然,也可以由此判断,喷管速度的增加会导致压力和焓的下降。

离心式压气机中利用扩压管原理来进行增压。

2.4.4　换热器

换热器是利用冷热流体的温差将热量由热流体传递给冷流体的设备。换热器的特点是:无轴功输入输出热力系统,若再忽略工质进出口宏观动能、位能的变化,则对于稳定工作的换热器,有

$$q = h_2 - h_1$$

它说明:工质在被加热(冷却)过程中得到(失去)的热量等于其焓的增加(减少)。

2.4.5　绝热节流

工质在管内流过阀门、孔板、小孔等使流通截面突然缩小的装置时,会在缩口附近产生强烈的旋涡,从而产生"局部阻力",使压力下降,这种现象称为节流。由于节流过程进行得很快,工质的散热量与其所携带的能量相比很小,通常予以忽略,因而称之为绝热节流,而且也无轴功输出,也是一个绝能流动。

绝热节流的一个主要特征是:它是一个典型的非准静态过程或非平衡过程。因为在缩孔附近强烈的旋涡使得流动不是一维流动了,即状态参数不仅仅沿流动方向变化,还可能在垂直于流动方向的截面变化。这样,在同一截面上状态参数不一致,是非平衡态,不能用状态参数描述。

为了用热力学方法来研究这一问题,可以把上游进口截面和下游出口截面设置在远离缩孔的地方。在这些位置,流动受到的缩孔影响较小,可以忽略,即认为这样选择的开口系统就可以应用能量方程了。

忽略换热、做功以及进出口宏观动能和位能的变化,则有

$$\Delta h = 0 \quad 或 \quad h_2 = h_1$$

上式表明:绝热节流前后工质的焓不变。这也很容易理解:在这一过程中,因为工质与外界没有热量和功量的交换,只有保持自身的能量不变。而在忽略宏观动能和位能的开口系统中,工质自身的能量是由焓来代表的。

需要注意的是,绝热节流并不是一个定焓过程,因为在这个过程中焓并没有一直保持恒定不变,而仅仅是在进出口处相等。在靠近缩孔的地方,工质甚至是不平衡的。

绝热节流是工程上最常见的热力过程之一,除了在工程上经常用来调节管道的流量和进行流量测量外,还可以用来调节发动机的功率。

2.5　理想气体的热力性质

理想气体是所有工质中具有最简单热力性质的工质,本节只介绍理想气体物理模型与数学模型。

在普通物理中,理想气体状态方程形式如下:

对 $m\,\mathrm{kg}$ 气体,则有

$$pV = mR_{\mathrm{g}}T \tag{2-59}$$

对 $1\,\mathrm{kg}$ 气体,则有

$$pv = R_{\mathrm{g}}T \tag{2-60}$$

对 $n\,\mathrm{mol}$ 气体,则有

$$pV = nRT \tag{2-61}$$

对 $1\,\mathrm{mol}$ 气体,则有

$$pV_{\mathrm{m}} = RT \tag{2-62}$$

式中: m 为气体的质量,单位是 kg; n 是物质的量,单位是摩尔(mol)或千摩尔(kmol); R 为摩尔气体常数,其数值与气体种类无关,因此也称为通用气体常数,可以利用阿伏伽德罗定律得到。阿伏伽德罗定律(1811 年)指出:在同温同压下,各种理想气体的摩尔体积都相同。特别是在标准状态($T_0 = 273.15\mathrm{K}$, $p = 1.013\,25\mathrm{Pa}$)下,各种理想气体的摩尔体积 V_{m} 都是 $22.413\,83 \times 10^{-3}\,\mathrm{m^3/mol}$,可得

$$R = \frac{p_0 V_{\mathrm{m}}}{T_0} = \frac{1.013\,25 \times 10^5 \times 22.413\,83 \times 10^{-3}}{273.15} = 8.314\,411 \approx 8.314\mathrm{J/(mol \cdot K)}$$

由式(2-59)和式(2-60)可以很容易得到气体常数 R_{g} 和摩尔气体常数 R 之间的关系为

$$R_{\mathrm{g}} = \frac{n}{m}R = \frac{R}{\dfrac{m}{n}} = \frac{R}{M} = \frac{8.314}{M}\mathrm{J/(mol \cdot K)} \tag{2-63}$$

式中: M 为摩尔质量,即 $1\mathrm{mol}$ 或 $1\mathrm{kmol}$ 物质的质量,单位是 $\mathrm{kg/mol}$ 或 $\mathrm{kg/kmol}$,对于以气体分子微粒为单元的物质的量,其数值上就等于各气体的相对分子质量 M_{r},如氧气为 32.00,氮气为 28.02,空气为 28.96,等等。这样,不同的气体就具有不同的气体常数 R_{g},只要知道了气体的摩尔质量就可以由式计算出 R_{g}。

把遵守理想气体状态方程式的气体称为理想气体。理想气体分子模型主要有以下三点假设:

(1) 气体分子之间的平均距离要比分子本身的直径大得多,因此可以忽略分子大小,认为理想气体分子不占有体积。

(2) 由于分子之间间距很大,分子之间相互影响较小,可以忽略不计,认为除了碰撞以外,分子之间没有相互作用力存在。这样,分子只能沿着直线运动,只有在发生碰撞时,才能改变方向。

(3) 分子与分子之间、分子与器壁之间的碰撞都是弹性的,器壁表面完全光滑。因此,碰撞时动量完全守恒,不会发生能量损耗。

依据上述模型完全可以从理论上导出理想气体状态方程式,并且可以得到摩尔气体常数 R 与阿伏伽德罗常数 N_A 和玻耳兹曼常数 k 之间的关系,即

$$R = kN_A \tag{2-64}$$

若将 $N_A = 6.022\,14 \times 10^{23}\,\text{mol}^{-1}$,$k = 1.380\,66 \times 10^{23}\,\text{J/K}$ 代入式(2-64),即可得到 R 的值,与宏观测定是完全一致的,说明了宏观方法和微观方法的一致性。

2.6　理想气体的比热容、热力学能、焓和熵

2.6.1　理想气体比热容

热力系统温度升高或下降 1K(或 1℃)时需要吸收或放出的热量称为该热力系统的热容量,简称热容。常用的热容有三种:质量热容、摩尔热容和体积热容,分别为 1kg,1mol 和 1m³(标准状况下)热力系统的热容。即

质量热容为

$$c = \frac{\delta Q}{m\,dT} = \frac{\delta q}{dT}\,(\text{J}/(\text{kg} \cdot \text{K})) \tag{2-65}$$

摩尔热容为

$$C_m = \frac{\delta Q}{n\,dT}\,(\text{J}/(\text{mol} \cdot \text{K})) \tag{2-66}$$

体积热容为

$$C_v = \frac{\delta Q}{V\,dT}\,(\text{J}/(\text{m}^3 \cdot \text{K})) \tag{2-67}$$

三者中以质量热容最为常用,一般称其为比热容。以上三式很容易导出三个热容间的关系

$$C_m = Mc = 22.414C_v \tag{2-68}$$

实际上,由于热量是过程量,温度是状态量,热容也是一个过程量。因此,要确定热容的值,不仅要确定工质的种类,还要确定热力过程。这样一来,用式(2-68)计算热量显得更不可行。因为比热容经常处于未知状况,要确定比热容首先要确定热力过程。

工程上最常用的是比定容热容与比定压热容,分别为工质在定容过程和定压过程中的比热容。其定义式分别为

$$c_V = \left(\frac{\delta q}{dT}\right)_V \tag{2-69}$$

$$c_p = \left(\frac{\delta q}{dT}\right)_p \tag{2-70}$$

上两式分别代入热力学第一定律在可逆时的两个表达式,并分别代入定容条件 $dv = 0$ 和定压条件 $dp = 0$,可得

$$c_V = \left(\frac{du + p\,dv}{dT}\right)_v = \left(\frac{\partial u}{\partial T}\right)_v \tag{2-71}$$

$$c_p = \left(\frac{\mathrm{d}h - v\mathrm{d}p}{\mathrm{d}T}\right)_p = \left(\frac{\partial h}{\partial T}\right)_p \tag{2-72}$$

可见,比定容热容就是在定容条件下工质的比热力学能对温度的偏导数;比定压热容就是在定压条件下工质的比焓对温度的偏导数。

实际上,式(2-71)～式(2-72)是比定容热容和比定压热容的普遍关系式。它与工质种类无关,无论是理想气体还是非理想气体都适用。在推导过程中虽然加入了"可逆"的条件,但该式中"定容""定压"的条件自然保障了这一条件必然成立。经典热力学无法研究不可逆的定容、定压过程。而且,由于热力学能、焓、温度都是状态量,这些状态量之间的偏导数也一定是状态量。因此,对简单可压缩热力系统,若以(p,T)为自变量,则比定容热容和比定压热容可以表述为

$$c_V = c_V(p,T), \quad c_p = c_p(p,T) \tag{2-73}$$

比定容热容和比定压热容是只与工质性质有关的物性参数。上式是对所有工质都适用的一般表达式。

理想气体的热力学能与体积和压力无关,理想气体的热力学能只与温度有关。

理想气体的焓为

$$h = u + pv = u + R_g T = h(T) \tag{2-74}$$

说明理想气体的焓也只与温度有关,是温度的单值函数,另外有

$$c_V = \frac{\mathrm{d}u}{\mathrm{d}T} = c_V(T) \tag{2-75}$$

$$c_p = \frac{\mathrm{d}h}{\mathrm{d}T} = c_p(T) \tag{2-76}$$

即理想气体比定容热容和比定压热容分别是热力学能和焓对温度的全导数,并且都只是温度的单值函数。这里理想气体的比定容热容和比定压热容完全与热力过程无关,更无所谓可逆还是不可逆了,而成为一个状态参数或者说是物性参数。

将焓的定义式两边对温度求导,可得

$$\frac{\mathrm{d}h}{\mathrm{d}T} = \frac{\mathrm{d}u}{\mathrm{d}T} + R_g$$

并整理得

$$c_p - c_V = R_g \tag{2-77}$$

两边各乘以摩尔质量 M,得

$$C_{p,m} - C_{V,m} = R \tag{2-78}$$

上两式称为迈尔(Mayer)公式,是一个反映理想气体比定容热容和比定压热容之间关系的重要公式。它说明:①理想气体的$(c_p - c_V)$不仅与压力或比体积无关,而且也与温度无关,恒等于气体常数。但要注意的是:c_p 和 c_V 本身是与温度有关的,只是随温度同步变化;②只要知道 c_p 和 c_V 中的任一个,就可以利用迈尔公式求出另外一个,这也是实验室求比热容的方法。由于 c_V 较难测定,通常是测定 c_p,求取 c_V;③由于 c_p 表示定压下升高 1K 时所加热量,c_V 表示定压下升高 1K 热力学能的增量,故 $c_p - c_V$ 表示 1kg 理想气体在定压下温度升高 1K 时对外所做的功。通常把这一点当作理想气体的气体常数 R_g 的物理意义。

根据气体分子运动理论,分子运动的动能是按照其运动的自由度均分的(能均分定理),

每一个自由度所拥有的能量为 $\frac{1}{2}R_gT$,则 i 个自由度的分子具有的能量为即 $\frac{i}{2}R_gT$,即比热力学能为

$$u = \frac{i}{2}R_gT \tag{2-79}$$

则得比定容热容为

$$c_V = \frac{\mathrm{d}u}{\mathrm{d}T} = \frac{i}{2}R_g \tag{2-80}$$

则由迈尔公式,得比定压热容为

$$c_p = c_V + R_g = \frac{i}{2}R_g + R_g = \frac{i+2}{2}R_g \tag{2-81}$$

比热比 γ 的定义为

$$\gamma = \frac{c_p}{c_V} = \frac{i+2}{i} \tag{2-82}$$

比定容热容和比定压热容仅与分子运动的自由度有关,是一个常量,这与宏观方法得到的比定容热容和比定压热容随温度变化的结论是不一致的。这种不一致来自对分子运动模型的认识,具体来说就来自分子运动自由度的数目 i 到底是多少。按照分子运动模型,分子有平移移动、转动、振动三种方式。对单原子气体分子,只有三个方向的平移,没有转动(无转轴)和振动,因此自由度 $i=3$;对双原子气体分子,除了三个方向的平移外,还有两个转动运动(两个转轴)和两个振动运动,因此自由度 $i=7$;对三原子气体分子,有三个方向的平移,三个转动运动(三个转轴)和三个振动运动,因此自由度 $i=9$。对其他多原子气体,依此类推。但通过实验发现,真实情况与理论模型有一些差距,主要差距就表现在振动运动的自由度上。单原子由于根本没有振动,因此,单原子气体比热容与分子运动理论符合得最好。具体表现在实验得到的值与理论值 $\gamma = \frac{5}{3} = 1.667$ 符合得最好;双原子在温度低时,只有平动,常温时开始转动,高温时才有振动。这样,双原子气体比热比 γ 在低温下为 $\frac{5}{3}$ 左右,在常温下减少到 $\frac{7}{5}$ 左右,高温下向 $\frac{9}{7}$ 趋近。实际上,比热比是随温度变化的,表明比热容也是随温度变化的。如果按定比热容计算的话,一般常温下,取 $\gamma = \frac{7}{5} = 1.40$;三原子及三原子以上多原子气体的自由度虽多,但振动一般也不可能全部激发出来,比热比也随温度增加而增加,在常温下,一般取 $i=7$,这样 $\gamma = \frac{9}{7} = 1.29$。

若比热比为常数,则比热容也为常数。可得

$$c_p = \frac{\gamma}{\gamma-1}R_g \tag{2-83}$$

$$c_V = \frac{1}{\gamma-1}R_g \tag{2-84}$$

前面的分析和实验都表明,在一定温度范围内,上式对单原子和双原子气体还是比较符合的,但对三原子及多原子气体在实际中应采用实验数据,即随温度变化的真实比热容或变

比热容,可写为多项式形式,即

$$c_p = a_0 + a_1 T + a_2 T^2 + a_3 T^3 + \cdots \tag{2-85}$$

如果考虑到实际上只是自由度 i 在随温度变化,结合式(2-81)也可以得到

$$c_p = (a + bT + cT^2 + dT^3 + \cdots)R_g \tag{2-86}$$

由于比定压热容 c_p 与气体常数 R_g 具有相同的量纲,因此上式带来的好处就是整个关系式与比定压热容的量纲无关,相当于一个无量纲关系式。式(2-86)的系数值列在附录中。

2.6.2　理想气体热力学能和焓的计算

理想气体的热力学能与焓的计算式如下

$$\Delta u = \int_1^2 c_V \mathrm{d}T \tag{2-87}$$

$$\Delta h = \int_1^2 c_p \mathrm{d}T \tag{2-88}$$

如果已知比定容热容和比定压热容,就可以计算出热力学能和焓的变化。可见已知物性参数 c_V 和 c_p 的目的是为了求取热力学能和焓,并不能直接求取热量。工程上一般有以下几种解法。

(1) 按定比热容计算。可以按照某一个选定的值计算,是最简单的方法。

$$\Delta u = c_V (T_2 - T_1) \tag{2-89}$$

$$\Delta h = c_p (T_2 - T_1) \tag{2-90}$$

(2) 按真实比热容或者说变比热容计算。这是最准确的方法,但也最为烦琐,需要知道工质的比热容。

(3) 按平均比热容计算。平均比热容就是在某一温度间隔内真实比热容的平均值。温度 T_1 和 T_2 之间的平均比定压热容 $\overline{c_p}\Big|_{T_1}^{T_2}$ 可写为

$$\overline{c_p}\Big|_{T_1}^{T_2} = \frac{\int_{T_1}^{T_2} c_p \mathrm{d}T}{T_2 - T_1} \tag{2-91}$$

由于 T_1 和 T_2 有无穷多种组合,因此必须固定一个参考温度 T_0,只让一个温度变化来确定平均比定压热容 $\overline{c_p}\Big|_{T_1}^{T_2}$。这时焓差(变)可表示为

$$\Delta h_{12} = \int_1^2 c_p \mathrm{d}T = \int_{T_1}^{T_2} c_p \mathrm{d}T = \int_{T_0}^{T_2} c_p \mathrm{d}T - \int_{T_0}^{T_1} c_p \mathrm{d}T$$

$$= \overline{c_p}\Big|_{T_0}^{T_2}(T_2 - T_0) - \overline{c_p}\Big|_{T_0}^{T_1}(T_1 - T_0) \tag{2-92}$$

附录中有各种气体的平均比定压热容。则上式可写为

$$\Delta h_{12} = \overline{c_p}\Big|_{t_0}^{t_2} t_2 - \overline{c_p}\Big|_{t_0}^{t_1} t_1 \tag{2-93}$$

同理,可得

$$\Delta u_{12} = \overline{c_V}\Big|_{t_0}^{t_2} t_2 - \overline{c_V}\Big|_{t_0}^{t_1} t_1 \tag{2-94}$$

但 $\overline{c_V}\,\big|_{t_1}^{t_2}$ 需要重新列表,因为迈尔公式对平均比热容也是成立的,即有

$$\overline{c_p}\,\big|_0^t - \overline{c_V}\,\big|_0^t = R_g \tag{2-95}$$

可由 $\overline{c_p}\,\big|_0^t$ 求得 $\overline{c_V}\,\big|_0^t$。

(4) 按焓温表计算。按真实比热容积分计算出焓和热力学能随温度变化关系,制成焓温表,按温度直接查出焓值进行计算。这种方法既简单又准确,但需要相应工质的热力性质表。

此外,值得注意的是焓和热力学能零点的选择问题。由于热力学关心的只是焓和热力学能的变化,而对差值计算是无须规定零点的,因此上述方法(1)、(2)就没有规定零点。第(3)种方法规定以 0℃ 为参考点,实际指的是平均比热容的参考点,并不是焓和热力学能的零点。在制作焓温表过程中,由于涉及焓和热力学能值的大小,就必须给出零点。原则上说,焓和热力学能零点的选择是任意的,差值与零点无关,但是,在焓和热力学能同时出现的场合,就需要正确反映焓和热力学能之间的关系。焓和热力学能的共同零点是 0K。

选择绝对零度作为焓和热力学能的零点也符合焓和热力学能的微观意义:在绝对零度时分子停止了热运动,作为工质能量标志的焓和热力学能也就等于零了。

2.6.3 理想气体熵的计算

熵是一个状态参数在这里,对于理想气体将证明这一点。

热力学第一定律无论是否可逆都适用。对理想气体代入热力学能表达式和状态方程式,得

$$ds = \frac{du + p\,dv}{T} = c_V \frac{dT}{T} + R_g \frac{dv}{v} \tag{2-96}$$

则熵增为

$$\Delta s_{12} = s_2 - s_1 = \int_{T_1}^{T_2} c_V \frac{dT}{T} + R_g \int_{v_1}^{v_2} \frac{dv}{v} = \int_{T_1}^{T_2} c_V \frac{dT}{T} + R_g \ln \frac{v_2}{v_1} \tag{2-97}$$

若按定比热容计算,则有

$$\Delta s_{12} = s_2 - s_1 = c_V \int_{T_1}^{T_2} \frac{dT}{T} + R_g \int_{v_1}^{v_2} \frac{dv}{v} = c_V \ln \frac{T_2}{T_1} + R_g \ln \frac{v_2}{v_1} \tag{2-98}$$

由上式可知,理想气体的熵仅与状态有关,而与过程无关,是一个状态参数。

熵的微分表达式为

$$ds = \frac{dh + v\,dp}{T} = c_p \frac{dT}{T} + R_g \frac{dp}{p} \tag{2-99}$$

$$ds = c_V \frac{dp}{p} + c_p \frac{dv}{v} \tag{2-100}$$

按变比热容计算熵增,则有

$$\Delta s_{12} = s_2 - s_1 = \int_{T_1}^{T_2} c_V \frac{dT}{T} - R_g \ln \frac{p_2}{p_1} \tag{2-101}$$

$$\Delta s_{12} = s_2 - s_1 = \int_{p_1}^{p_2} c_V \frac{\mathrm{d}p}{p} + \int_{v_1}^{v_2} c_p \frac{\mathrm{d}v}{v} \tag{2-102}$$

若按定比热容计算熵增,则有

$$\Delta s_{12} = s_2 - s_1 = c_V \ln \frac{T_2}{T_1} - R_g \ln \frac{p_2}{p_1} \tag{2-103}$$

$$\Delta s_{12} = s_2 - s_1 = c_V \ln \frac{p_2}{p_1} + c_p \ln \frac{v_2}{v_1} \tag{2-104}$$

对于变比热容的情况,可以将真实定比热容代入直接积分计算,但这样比较烦琐。比较简便的方法是制作一个表来取代积分运算。将式(2-103)改写如下:

$$\Delta s_{12} = \int_{T_0}^{T_2} c_p \frac{\mathrm{d}T}{T} - \int_{T_0}^{T_1} c_p \frac{\mathrm{d}T}{T} - R_g \ln \frac{p_2}{p_1} = s_{T_2}^{\theta} - s_{T_1}^{\theta} - R_g \ln \frac{p_2}{p_1} \tag{2-105}$$

式中

$$s_{T_1}^{\theta} = \int_{\tau_0}^{\tau} c_p \frac{\mathrm{d}T}{T} \tag{2-106}$$

显然,只要作出 s_T-T 的表,就可以利用查表求出熵增。附录中给出了空气及其他理想气体在不同温度下的 s_T 值。查表实际上就是查预先作出来的积分。这和平均比热容表、熵温表的道理是完全一样的。

这里仍存在一个熵值零点问题。与焓和热力学能一样,热力学中关心的是熵的变化量,并不关心其绝对值是多少。因此,上述所有表达式都是熵增表达式,不需要选择熵的零点。但是,在附录中作出的 s_T-T 表中则必须给出熵值的大小,若只计算熵增变化量,零点的选择是任意的。但若考虑不同工质的熵增必须有一个共同的起点,就只能选择绝对零度作为熵的零点,这样计算出来的熵称为绝对熵。因此,附录中仍选择 $T_0 = 0\mathrm{K}$ 作为熵的零点,与焓和热力学能的零点是一样的。

2.7　水蒸气的相图和临界点

自然界中大多数纯物质都以三种聚集态存在:固相、液相和气相。例如水、制冷剂中的氨、氟利昂、二氧化碳等。

下面以水为例来分析纯物质的三态变化。

在一定压力下,对固态冰加热,冰逐渐被加热至融点温度,开始融化为液态水,在全部融化之前保持融点温度不变,此过程称为融解过程。对水继续加热升温至沸点温度,水开始汽化,直至全部变为水蒸气,温度始终不变;再进一步加热,温度逐渐升高变为过热水蒸气。上述过程在 p-T 图上由水平线 a-b-e-l 表示,如图 2-7 所示。线段 a-b,b-e 和 e-l 相应为冰、水和汽的定压加热过程。当压力提高时,对应的 b,e 点位置将相应发生变化:点 b 的位置由于冰的融点降低而向左移动(向纵坐标轴靠近);e 点的位置由于饱和温度的升高而向右移动。

连接 b,b' 诸点得曲线 AB。在 AB 线上存在着固、液两相。AB 线显示了熔点与压力的关系,并在 p-T 图上划分了固态与液态的区域,称为融解曲线。对于凝固时体积缩小的物质(如 CO_2),融解曲线斜率为正(如图 2-8 所示)。对于凝固时体积增大的物质(如水),融解曲线斜率为负(如图 2-7 所示),表明压力升高时,熔点降低。因此滑冰时冰刀与冰面接触,在很小作用面上受到很大的压力,使凝固点降低,冰被熔化为水产生润滑作用而使冰刀滑动。

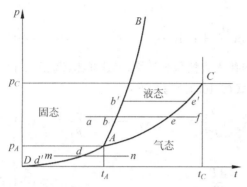

图 2-7　凝固时体积膨胀的物质的 p-t 图

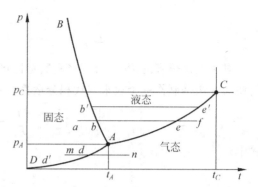

图 2-8　凝固时体积缩小的物质的 p-t 图

连接 e,e' 诸点得曲线 AC。在曲线 AC 上存在液、气两相。AC 线上方端点 C 是临界点,AC 线显示了沸点与压力的关系,并在 p-T 图上划分了液态与气态的区域,称为汽化曲线。所有纯物质的汽化曲线斜率均为正,说明饱和压力随饱和温度升高而增大。

当压力降低时,AB 与 AC 两线逐渐接近,并交于 A 点。A 点是固、液、气三态共存的状态,叫作三相态。三相态是气液共存曲线的最低点也称三相点。每种物质的三相点的压力和温度是定值。

例如　　　　　　　　水　　$p_A = 611.2\text{Pa}$,　$t_A = 0.01℃$

　　　　　　　　　　H_2　$p_A = 719.4\text{Pa}$,　$t_A = -259.4℃$

　　　　　　　　　　O_2　$p_A = 12\,534\text{Pa}$,　$t_A = -210℃$

若在低于三相点的压力下对水定压加热,则当冰的温度升高到点 d 时,由固态直接变为气态,这个过程称为升华。由气态直接变为固态称为凝华。将不同压力下对应的升华过程 d,d' 诸点连接起来,得曲线 AD,称为升华曲线。在 AD 线上存在着固、气两态,它表示升华温度与压力的关系,并在 p-T 图上划分了固态与气态的区域。

p-T 图中,AB、AC 和 AD 称为相平衡曲线。在曲线上两相平衡共存,曲线划分成的三区都是单相区。

热力工程所使用的水主要处于液相、气相和液气共存区,即 p-T 曲线图 AC 及两侧区域,在 AC 线上某点进行的加热过程,是使水由液相转变的气相的过程,称为汽化,而相反的过程叫作凝结。汽化有蒸发和沸腾两种形式。蒸发是指液体表面的汽化过程,通常在任何温度下都可以发生,沸腾是指液体内部的汽化过程,它只能在达到沸点温度时才会发生。

日常遇到的蒸发现象都是在自由空间中进行的,液面上空间中不仅有蒸汽分子还有大量其他气体。蒸汽分子密度很小,因而分压力低,其汽化速度往往大于凝结速度。宏观上呈现汽化过程。若提高液体温度,增加蒸发表面积和加速液面通风都将提高蒸发速度。

对于在封闭容器中进行的蒸发过程,情况有所不同,随着蒸发的进行,气相空间蒸汽分子的浓度不断增大,返回液体的分子也不断增多,当汽化分子数和凝结分子数处于动态平衡时,宏观上蒸发现象将停止。这种汽化和凝结的动态平衡状况称为饱和状态。饱和状态的压力称为饱和压力,温度称为饱和温度。处于饱和状态下的蒸汽和液体分别称为饱和蒸汽和饱和水。饱和蒸汽和饱和水的混合物称为湿饱和蒸汽,简称湿蒸汽;不含饱和水的饱和蒸汽称为干饱和蒸汽。从 p-t 图可见,饱和温度和饱和压力必存在单值的对应关系:

$$t_s = f(p_s) \tag{2-107}$$

式中:t_s 既是饱和液体温度也是饱和蒸汽温度;p_s 为饱和蒸汽压力,当气相空间有多种气体时,p_s 是该液体的饱和蒸汽分压力。

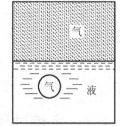

图 2-9　水的沸腾

在一定压力 p 下,液体加热到压力 p 所对应的饱和温度时,在液体内部和器壁上涌现大量气泡。这种在液体内部进行的汽化过程称为沸腾(如图 2-9 所示)。因为沸腾时在液体内部产生气泡,气泡必须承受住液面压力与气泡上面液柱压力的总和才能存在,并长大上升进入气相空间。如果忽略液柱的压力,则当液体达到液面上总压力所对应的饱和温度时,就会发生沸腾过程。所以这个饱和温度也称为该压力下液体的沸点。

习　题

下列说法是否正确,并说明原因。

(1) 气体吸热后一定膨胀,热力学能一定增加。

(2) 气体膨胀时一定对外做功。

(3) 气体压缩时一定消耗外功。

(4) 发动机排气系统带走的热量无法利用。

(5) 给理想气体加热,其热力学能总是增加的。

(6) 在开口系统中,进、出口截面状态参数不变,而单位时间内流入与流出的质量相等,单位时间内交换的热量与功量不变,则该系统处在平衡状态。

(7) 热力系统经过任意可逆过程后,终态 B 的比容为 v_B 大于初态 A 的比容 v_A,外界一定获得了技术功。

第3章

理想气体的热力过程

3.1 定熵过程和可逆多变过程

3.1.1 定熵过程

1. 可逆绝热过程

热力系统与外界在任一瞬间都没有热量交换的热力过程称为绝热过程,即过程中 $\delta q = 0$ 或 $q = 0$,如果过程可逆,则有

$$ds = \frac{\delta q}{T} = 0 \quad 或 \quad \Delta s \equiv 0 \tag{3-1}$$

说明可逆绝热过程中熵保持不变,即为定熵过程。需要注意的是,定熵过程却不一定是可逆绝热过程,定熵过程的外延要比可逆绝热过程大。

在实际工程中,完全绝热的过程是不可能存在的,只是保温好坏而已。但在很多热力设备中,当过程进行得很快时,工质与外界根本来不及换热,或者说换热量与工质所做功或本身焓的变化相比很小,可以忽略换热损失,这时就可以把它们近似作为绝热过程来处理。如果再忽略摩擦等不可逆因素,则可逆绝热过程或者说是定熵过程就是这样一类工程实际过程的近似。

2. 定熵过程的过程方程

由于熵不能直接测量,所以采用式(3-1)作为定熵过程的过程方程既不直观也不方便,希望用可测参数 p,v,T 表示过程方程。对理想气体,有

$$ds = c_V \frac{\mathrm{d}p}{p} + c_p \frac{\mathrm{d}v}{v} = 0 \quad 或 \quad \frac{\mathrm{d}p}{p} + \gamma \frac{\mathrm{d}v}{v} = 0 \tag{3-2}$$

对其积分,则有

$$\int \frac{\mathrm{d}p}{p} + \int \gamma \frac{\mathrm{d}v}{v} = 0$$

若为定比热容,则 γ 为常数,则有

$$\ln p + \gamma \ln v = C' \quad 或 \quad \ln p v^{\gamma} = C'$$

整理得

$$p v^{\gamma} = C$$

可见,在理想气体定比热容条件下,定熵过程的过程方程是一个以常数比热比 γ 为指数的方程,因此也称 γ 为定熵指数,或希腊字母 κ。则定熵过程的过程方程可写为

$$pv^{\kappa} = C_1 \tag{3-3}$$

过程方程式(3-3)为单元函数,只有一个独立变量,表示一条线。推导过程中 C' 或 C_1 都是常数,表示对过程线上的任意状态点,其等式左端计算值保持不变,或可写为

$$p_1 v_1^{\kappa} = p_2 v_2^{\kappa} = C_1 \tag{3-4}$$

将理想气体状态方程式与上面的过程方程联立,分别消去压力和比体积,可分别得到用温度-压力和温度-比体积表示的定熵过程的过程方程,即

$$\frac{T}{p^{\frac{\kappa-1}{\kappa}}} = C_2 \quad 或 \quad \frac{T_1}{p^{\frac{\kappa-1}{\kappa}}} = \frac{T_2}{p^{\frac{\kappa-1}{\kappa}}} = C_2 \tag{3-5}$$

$$Tv^{\kappa-1} = C_3 \quad 或 \quad T_1 v_1^{\kappa-1} = T_2 v_2^{\kappa-1} = C_3 \tag{3-6}$$

式中: C_1, C_2 和 C_3 分别为不同的常数。式(3-3)~式(3-6)的适用条件是:可逆、理想气体和定比热容。式(3-2)是微分形式的定熵绝热方程,可用于变比热容。也就是说,只有在理想气体的可逆和定比热容条件下,比热比 γ 才等于定熵指数 κ。

3. 定熵过程的 *p-v* 图和 *T-s* 图

显然,在 *T-s* 图上,定熵过程曲线为一垂直于 s 轴的直线,如图 3-1(b)所示。定熵过程曲线在 *p-v* 图上的走向需借助该曲线在 *p-v* 图上的斜率。

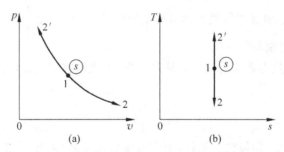

图 3-1　定熵过程的图示

由式(3-2)整理,可得

$$\left(\frac{\partial p}{\partial v}\right)_s = -\kappa \frac{p}{v} \tag{3-7}$$

式(3-7)说明该曲线在 *p-v* 图上是一斜率为负值的曲线,且随 p 增大、v 减小,$\left|\left(\frac{\partial p}{\partial v}\right)_s\right|$ 增大,说明是一凹曲线。如图 3-1(a)所示,1 为初始状态,可分别向 2 和 2′ 两个方向变化,分别代表膨胀和压缩。

4. 定熵过程中的能量转换

将 $q=0$ 代入热力学第一定律式,可以得到绝热过程中热力系统所做的膨胀功和技术功分别为

$$w_{12} = -\Delta u_{12} = u_1 - u_2 \tag{3-8}$$

$$w_{t\,12} = -\Delta h_{12} = h_1 - h_2 \tag{3-9}$$

式(3-9)说明,热力系统在绝热过程中所做膨胀功等于热力学能的减少,所做技术功等于焓的减少。注意该式可适用于任何工质,对过程可逆、不可逆也没有限制。唯一的要求就是:绝热过程。

对于理想气体,应用定比热容条件式,得

$$w_{12} = c_V(T_1 - T_2) = \frac{R_g}{\kappa - 1}(T_1 - T_2)$$

$$= \frac{R_g T_1}{\kappa - 1}\left(1 - \frac{T_2}{T_1}\right) = \frac{1}{\kappa - 1}(p_1 v_1 - p_2 v_2) \tag{3-10}$$

$$w_{t\,12} = c_p(T_1 - T_2) = \frac{\kappa R_g}{\kappa - 1}(T_1 - T_2)$$

$$= \frac{\kappa R_g T_1}{\kappa - 1}\left(1 - \frac{T_2}{T_1}\right) = \frac{\kappa}{\kappa - 1}(p_1 v_1 - p_2 v_2) \tag{3-11}$$

再加入可逆条件,将定熵过程的过程方程式(3-3)代入,得

$$w_{12} = \frac{R_g T_1}{\kappa - 1}\left[1 - \left(\frac{p_2}{p_1}\right)^{\frac{\kappa-1}{\kappa}}\right] \tag{3-12}$$

$$w_{t\,12} = \frac{\kappa R_g T_1}{\kappa - 1}\left[1 - \left(\frac{p_2}{p_1}\right)^{\frac{\kappa-1}{\kappa}}\right] = \kappa w_{12} \tag{3-13}$$

式(3-13)说明:定熵过程所做的功与初始温度 T_1 和压力比 $\frac{p_2}{p_1}$ 有关,T_1 越高,$\frac{p_2}{p_1}$ 越小,功越大,且技术功是容积功的 κ 倍。

由于绝热过程中热力系统与外界无热量交换,由比热容定义式知,绝热过程的比热容为零,即

$$c_s = \frac{\delta q}{dT} = 0 \tag{3-14}$$

说明在绝热过程中,即使没有加热,工质温度也能升高(绝热压缩)或下降(绝热膨胀),再一次说明比热容是一个过程量。

3.1.2　可逆多变过程

如果热力过程的过程方程为

$$pv^n = C \tag{3-15}$$

其中 n 为一定值,该热力过程就称为多变过程。n 称为多变指数,当 n 取不同的定值时,多变过程将会是一系列具有不同性质的过程。因此,多变过程是一系列热力过程的总称。尤其是当 n 取以下几种数值时,将代表理想气体的四个典型热力过程:

当 $n = 0$ 时,$pv^0 = p = C$,即为定压过程;

当 $n = 1$ 时,$pv = C$ 或 $T = C$,即为定温过程;

当 $n = \kappa$ 时,$pv^\kappa = C$,即为定熵过程,但注意是在定比热容条件下;

当 $n \to \pm\infty$ 时,$p^{\frac{1}{n}} v = p^0 v = \sqrt[n]{C}$,即为定容过程。

　　实际工程中遇到的过程都没有这么典型，n 不可能严格地取上述数值，如压缩过程既不能完全绝热（定熵过程），也不能充分散热（等温过程），只能介于两者之间，反映在指数上就是 $1 < n < \kappa$。但只要在整个热力过程中 n 保持为一个常数，就是多变过程。

　　仿照式（3-5）和式（3-6），将理想气体状态方程式代入式（3-15），可得其他基本状态参数间的关系为

$$\frac{T}{p^{\frac{n-1}{n}}} = C \quad 或 \quad \frac{T_1}{p_1^{\frac{n-1}{n}}} = \frac{T_2}{p_2^{\frac{n-1}{n}}} \tag{3-16}$$

$$Tv^{n-1} = C \quad 或 \quad T_1 v_1^{n-1} = T_2 v_2^{n-1} \tag{3-17}$$

若已知多变过程线上两点 (p_1, v_1) 和 (p_2, v_2)，代入式（3-15），取对数并整理，可得

$$n = \frac{\ln\dfrac{p_2}{p_1}}{\ln\dfrac{v_1}{v_2}} = \frac{\ln p_2 - \ln p_1}{\ln v_1 - \ln v_2} \tag{3-18}$$

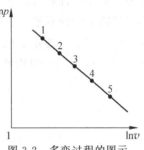

图 3-2　多变过程的图示

　　由式（3-18）可知，当 n 为常数时，$\ln p$ 和 $\ln v$ 呈线性关系。若把过程线上的各点都画在 $\ln p$-$\ln v$ 图上时，它们会在一条直线上，如图 3-2 所示，此直线的斜率即为多变指数 n。如果各点没有在一条直线上，说明该过程不是多变过程。这时也可以画一条接近于该过程的直线来近似地把它看作多变过程，过程线上的点偏离该直线的远近就反映了该过程对多变过程的近似程度，该直线的斜率也就是该过程多变指数 n 的平均值。通过热力学的方法求解多变指数是内燃机在测试压力燃烧曲线确定上止点位置的一种有效方法。

3.2　基本热力过程的综合分析

3.2.1　多变过程的能量转换

　　在一般的多变过程中，热量和功量都不确定，将过程方程式和状态方程式代入容积功定义式，积分得容积功为

$$\begin{aligned}
w_{12} &= \int_1^2 p\,\mathrm{d}v = \int_1^2 \frac{C}{v^n}\mathrm{d}v = \int_1^2 p_1 v_1^n \frac{\mathrm{d}v}{v^n} = p_1 v_1^n \frac{1}{n-1}\left(\frac{1}{v_1^{n-1}} - \frac{1}{v_2^{n-1}}\right) \\
&= \frac{p_1 v_1}{n-1}\left[1 - \left(\frac{v_1}{v_2}\right)^{n-1}\right] = \frac{R_g T_1}{n-1}\left[1 - \left(\frac{p_2}{p_1}\right)^{\frac{n-1}{n}}\right] = \frac{R_g}{n-1}(T_1 - T_2) \\
&= \frac{1}{n-1}(p_1 v_1 - p_2 v_2)
\end{aligned} \tag{3-19}$$

　　显然，式（3-19）与式（3-10）和式（3-12）非常相似，只是以多变指数 n 代替了定熵指数 κ。因此也可以类似地将过程方程式和状态方程式代入技术功定义式积分得到技术功。但这里

通过另一种方法得到技术功，即一般性地证明：多变过程的技术功是容积功的 n 倍。

将过程方程式微分得

$$v^n \mathrm{d}p + npv^{n-1}\mathrm{d}v = 0$$

整理得

$$-v\mathrm{d}p = np\mathrm{d}v \tag{3-20}$$

或写为

$$\delta w_t = n\delta w \tag{3-21}$$

积分式为

$$w_t = nw \tag{3-22}$$

或写为

$$n = \frac{\delta w_t}{\delta w} = \frac{w_t}{w} = \frac{A_1}{A_2} \tag{3-23}$$

可见，多变指数 n 等于多变过程的技术功和容积功之比，即为 p-v 图上面积 A_1 和 A_2 之比（见图 3-3）。这也可以作为多变指数 n 的物理意义。当热力过程近似为多变过程时，该式也是在式(3-18)之外求取多变指数 n 平均值的又一种方法。

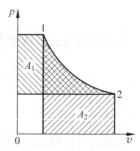

图 3-3　技术功与容积功的图示

这样，结合式(3-19)可得技术功为

$$w_{t12} = -\int_1^2 v\mathrm{d}p = \frac{nR_g T_1}{n-1}\left[1 - \left(\frac{p_2}{p_1}\right)^{\frac{n-1}{n}}\right]$$

$$= \frac{nR_g}{n-1}(T_1 - T_2) = \frac{n}{n-1}(p_1 v_1 - p_2 v_2) \tag{3-24}$$

由热力学第一定律表达式得多变过程的热量为

$$q = \Delta u + w = c_V(T_2 - T_1) + \frac{R_g}{n-1}(T_1 - T_2) = \left(c_V - \frac{R_g}{n-1}\right)(T_2 - T_1)$$

$$= \left[c_V - \frac{(\kappa-1)c_V}{n-1}\right](T_2 - T_1) = \frac{n-\kappa}{n-1}c_V(T_2 - T_1) = c_n(T_2 - T_1) \tag{3-25}$$

根据比热容定义式知，式(3-25)中的 c_n 为多变过程的比热容，即

$$c_n = \frac{n-\kappa}{n-1}c_V \tag{3-26}$$

特别地，当 $n=0$ 时，$c = \kappa c_V = c_p$，即为定压过程比热容，称为比定压热容；当 $n=1$ 时，$c \to \pm\infty$，即为定温过程比热容，无论加(放)多少热量温度都不变；当 $n=\kappa$ 时，$c=0$，即为定熵过程比热容，温度的升高或下降不是靠加(放)热，而是靠做功；当 $n \to \infty$ 时，$c = c_V$，即为定容过程比热容，称为比定容热容。

式(3-26)说明，比热容 c_n 不仅取决于物性参数(c_V 和 κ)，而且取决于热力过程(n)。正如 2.5 节所述的那样是一个过程量，不同的热力过程具有不同的比热容。从式(3-25)吸热量的构成来看，吸收的热量中一部分用来使工质热力学能升高($c_V(T_2 - T_1)$)，另一部分对外做功消耗了 $\frac{R_g}{n-1}(T_1 - T_2)$，这个做功量是一个过程量，因而比热容也必然是过程量。如果说吸热全部用来使热力系统工质热力学能升高的话，只有定容过程是这样的，即 c_V 是全部用来使工质热力学能升高的吸热量,因而也就是仅仅取决于工质物性的"真正的比热容"。而其他热力过程的比热容 c_n 与 c_V 之比 $\dfrac{n-\kappa}{n-1}$ 实际上反映了多变过程中总吸热量与工质的热力学能升高所吸热量之比。

式(3-19)、式(3-24)和式(3-25)都不适用于 $n=1$ 的定温过程。对定温过程,应用热力学第一定律式,并将过程方程 $pv=C$ 和状态方程式代入容积功表达式积分,可得

$$q_{t12}=w_{t12}=\int_1^2 p\,\mathrm{d}v=R_g T\int_1^2 \frac{\mathrm{d}v}{v}=R_g T\ln\frac{v_2}{v_1}=R_g T\ln\frac{p_2}{p_1} \tag{3-27}$$

3.2.2 多变过程的 p-v 和 T-s 图及其应用

要确定各个多变过程曲线在 p-v 和 T-s 图上的走向,仍然要知道一阶导数 $\dfrac{\mathrm{d}T}{\mathrm{d}s}$ 和 $\dfrac{\mathrm{d}p}{\mathrm{d}v}$。由式(3-20)得

$$\left(\frac{\partial p}{\partial v}\right)_n=-n\frac{p}{v} \tag{3-28}$$

由式(3-25)得

$$\mathrm{d}s=\frac{\delta q}{T}=\frac{c_n\mathrm{d}T}{T}\mathrm{d}s=\frac{\delta q}{T}=\frac{c_n\mathrm{d}T}{T}$$

整理得

$$\left(\frac{\partial T}{\partial s}\right)_n=\frac{T}{c_n} \tag{3-29}$$

由式(3-28)和式(3-29)可知:

对定压过程线,$n=0$,$\left(\dfrac{\partial p}{\partial v}\right)_p=0$,$\left(\dfrac{\partial T}{\partial s}\right)_p=\dfrac{T}{c_p}>0$,$p$-$v$ 图上为一水平线,在 T-s 图上为一递增曲线,且随 T 增加,$\left(\dfrac{\partial p}{\partial v}\right)_p$ 也增加,为一凹曲线。

对定温过程线,$n=1$,$\left(\dfrac{\partial p}{\partial v}\right)_T=-\dfrac{p}{v}<0$,$\left(\dfrac{\partial T}{\partial s}\right)_T=0$,$p$-$v$ 图上为一递减曲线,且随 v 增加,p 增加,$\left|\left(\dfrac{\partial p}{\partial v}\right)_T\right|$ 减少,为一凹曲线。T-s 图上为一水平线。

对定熵过程线,$n=\kappa$,$\left(\dfrac{\partial p}{\partial v}\right)_s=-\kappa\dfrac{p}{v}<\left(\dfrac{\partial p}{\partial v}\right)_T$,$p$-$v$ 图上为一斜率比定温线陡的递减曲线,且随 v 增加,p 下降,$\left|\left(\dfrac{\partial p}{\partial v}\right)_s\right|$ 下降,为一凹曲线。$\left(\dfrac{\partial T}{\partial s}\right)_s\rightarrow\infty$,$T$-$s$ 图上为一垂线。

对定容过程,$n\rightarrow\pm\infty$,$\left|\left(\dfrac{\partial p}{\partial v}\right)_v\right|\rightarrow\infty$,$p$-$v$ 图上为一垂线。$\left(\dfrac{\partial T}{\partial s}\right)_v=\dfrac{T}{c_v}>\dfrac{T}{c_p}\left(\dfrac{\partial T}{\partial s}\right)_p>0$,$T$-$s$ 图上为一斜率比定压线陡的递增曲线,且随 T 增加,$\left(\dfrac{\partial T}{\partial s}\right)_n$ 增加,为一凹曲线。

四个典型热力过程如图 3-4 所示。并且可以证明:同温度下,在 T-s 图上各同类曲线之间相互平行。同类曲线是指具有相同多变指数的过程曲线。

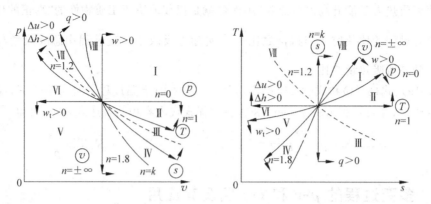

图 3-4　典型热力过程的图示

如图 3-5 所示,对定压曲线 p_1 和 p_2 上 1,2 两点,因为 $T_1=T_2$,由式(3-29)得 $\left(\dfrac{\partial T}{\partial s}\right)_{p_1}=$

$\dfrac{T_1}{c_p}=\dfrac{T_2}{c_p}=\left(\dfrac{\partial T}{\partial s}\right)_{p_2}$;同理 $\left(\dfrac{\partial T}{\partial s}\right)_{p_3}=\left(\dfrac{\partial T}{\partial s}\right)_{p_4}$,所以曲线 13 和曲线 24 平行。

但注意在 $p\text{-}v$ 图上各同类曲线却不平行。如图 3-6 所示,对定温曲线 T_1 和 T_2 上 1,2

两点,由于 $p_1=p_2$,但 $v_1<v_2$,由式(3-28)得 $\left(\dfrac{\partial p}{\partial v}\right)_{T_1}=-\dfrac{p_1}{v_1}<-\dfrac{p_2}{v_2}=\left(\dfrac{\partial p}{\partial v}\right)_{T_2}$,同理,

$\left(\dfrac{\partial p}{\partial v}\right)_{T_3}<\left(\dfrac{\partial p}{\partial v}\right)_{T_4}$。

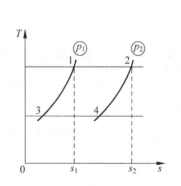

图 3-5　定压过程在 $T\text{-}s$ 图上的表示

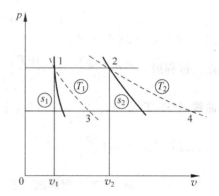

图 3-6　定温过程在 $p\text{-}v$ 图上的表示

所以曲线 24 比曲线 13 更平坦。因此,在 $p\text{-}v$ 图上各同类曲线的变化趋势是:随 v 增大,愈发平坦。

此外,在 $T\text{-}s$ 图上(见图 3-5),因为 $T_1=T_2$,所以 $s_2-s_1=c_p\ln\dfrac{T_2}{T_1}-R_g\ln\dfrac{p_2}{p_1}=$

$-R_g\ln\dfrac{p_2}{p_1}$,又因为 $s_1<s_2$,所以 $p_1>p_2$,即定压线向左上方 p 增加。同理可证:定容线向左上方 v 下降。

在 p-v 图上(见图 3-6),由于 $p_1=p_2$,所以 $s_2-s_1=c_p\ln\dfrac{v_2}{v_1}+c_V\ln\dfrac{p_2}{p_1}=c_p\ln\dfrac{v_2}{v_1}$,又因为 $v_1<v_2$,所以 $s_1<s_2$,即定熵线向右上方 s 增加。同理可证:定温线向右上方 T 增加。

在熟悉了四个典型热力过程在 p-v 图和 T-s 图上的位置后,就可以确定任意一个多变过程在 p-v 图和 T-s 图上的位置。由于在图中各过程的值是随 n 值增大,从定压线($n=0$)沿顺时针方向逐渐增大的,因此,不难理解如下规律:

当 $-\infty<n<0$ 时,多变曲线位于定容线与定压线之间,即 Ⅰ,Ⅴ 区间(见图 3-4);

当 $0<n<1$ 时,多变曲线位于定压线与定温线之间,即 Ⅱ,Ⅳ 区间;

当 $1<n<\kappa$ 时,多变曲线位于定温线与定熵线之间,即 Ⅲ,Ⅶ 区间;

当 $\kappa<n<+\infty$ 时,多变曲线位于定熵线与定容线之间,即 Ⅳ,Ⅷ 区间;

图 3-4 中分别画出了 $n=1.2$ 和 $n=1.8$ 的过程线,分别位于 Ⅲ,Ⅶ 区间和 Ⅳ,Ⅷ 区间。

此外,四个典型热力过程还分别代表了不同参数的正负分界线。如定压过程是压力功(技术功)的分界线,当多变过程由起点开始向 p 减小的 Ⅱ～Ⅴ 区间进行时(见图 3-4),热力系统对外界做技术功;反之,由起点开始向 p 增大的 Ⅰ 及 Ⅵ～Ⅷ 区间进行时,外界对热力系统做技术功。同理,定温过程是理想气体热力学能和焓的分界线,定熵过程是热量的分界线,定容过程是容积功的分界线,图 3-4 中用箭头分别表示各参数大于零的方向。这样,对任意一个多变过程,根据它在 p-v 图和 T-s 图上的位置和走向,就可以判断过程中能量转换的方向和状态变化的方向。如对 $n=1.8$ 的过程,当它向 Ⅷ 区间方向进行时,工质受到压缩,压力升高,即外界对热力系统做容积功和技术功,同时又从外界吸热,故温度升高,热力学能和焓升高,且升速很快,甚至比绝热过程还快。

理论上,多变指数 n 可以在 $-\infty\sim+\infty$ 范围内变化,但由过程方程式(3-15)可知,当 $-\infty<n<0$ 时,随 p 增加,v 也增加,这在工程上很少见。因此,图 3-4 中 Ⅰ,Ⅴ 区间一般空缺。对压缩过程,如前所述,$n=1.8$ 的过程工程上也很少见,因为一般不可能在压缩时还加热。常见的情况是随压缩温升向外散热,或随膨胀温降从外界吸热,即 $1<n<\kappa$。

例 3.1 温度为 1100K,压力为 0.785MPa 的空气,按 $n=1.25$ 的多变过程膨胀至外界大气压力为 0.1MPa,试将这个过程表示在 p-v 图和 T-s 图上,并求终态的温度、膨胀功、技术功、过程的热量及过程的熵增。

解 物理模型:选择膨胀的空气为热力系统。由于 $1<n<\kappa$,故热力过程介于定温和定熵过程之间,如图 3-7 所示。

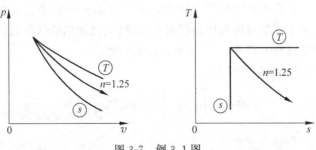

图 3-7 例 3.1 图

数学模型及求解：对该热力系统列过程方程式(3-16)，可直接解得

$$T_2 = T_1 \left(\frac{p_2}{p_1} \right)^{\frac{n-1}{n}} = 1100 \times \left(\frac{0.1}{0.785} \right)^{\frac{1.25-1}{1.25}} = 728.5 \text{K}$$

直接由式(3-19)得容积功为

$$w_{12} = \frac{R_g}{n-1} \left[1 - \left(\frac{p_2}{p_1} \right)^{\frac{n-1}{n}} \right] = \frac{0.287 \times 1100}{1.25-1} \times \left[1 - \left(\frac{0.1}{0.785} \right)^{\frac{1.25-1}{1.25}} \right] = 426.5 \text{kJ/kg}$$

由式(3-22)得技术功为

$$w_{t12} = n w_{12} = 1.25 \times 426.5 = 533.1 \text{kJ/kg}$$

由热力学第一定律表达式，得多变过程的热量为

$$q_{12} = \Delta u_{12} + w_{12} = c_V (T_2 - T_1) + w_{12}$$
$$= \frac{0.287}{1.40-1} \times (728.5 - 1100) + 426.5 = 159.59 \text{kJ/kg}$$

或直接由式(3-25)得

$$q_{12} = c_n (T_2 - T_1) = \frac{n-\kappa}{n-1} c_V (T_2 - T_1)$$
$$= \frac{1.25-1.40}{1.25-1} \times \frac{0.287}{1.40-1} \times (728.5 - 1100) = 159.93 \text{kJ/kg}$$

过程的熵增为

$$\Delta s_{12} = s_2 - s_1 = c_p \ln \frac{T_2}{T_1} - R_g \ln \frac{p_2}{p_1} = R_g \left(\frac{\kappa}{\kappa-1} \ln \frac{T_2}{T_1} - \ln \frac{p_2}{p_1} \right)$$
$$= 0.287 \times \left(\frac{1.40}{1.40-1} \times \ln \frac{728.5}{1100} - \ln \frac{0.1}{0.785} \right) = 0.1774 \text{kJ/(kg · K)}$$

讨论及结论：热量为正表示该过程是一个加热过程，同时导致熵增加。但加热反而使气体的温度下降，说明该过程比热容为负值，这是因为该过程中膨胀功(或技术功)大于加热量从而使气体热力学能(或焓)减少。比热容是一个过程量，温度不是热量传递的标志，熵才是热量传递的唯一标志。

3.3 变比热容定熵过程

在以下两种情况下，比热容随温度变化的累计误差不能忽略不计：一是比热容本身随温度变化比较大；二是温度变化范围比较大。如果考虑比热容随温度变化，3.2节中的表达式就不适用了。关于理想气体变比热容时热力学能、焓和熵的计算，这里要关注的主要是变比热容条件下定熵过程方程式(3-2)如何描述的问题。

变比热容条件下定熵过程方程为

$$\Delta s_{12} = \int_{T_1}^{T_2} c_p \frac{\mathrm{d}T}{T} - R_g \ln \frac{p_2}{p_1} = 0 \tag{3-30}$$

整理可得

$$\ln \frac{p_2}{p_1} = \ln \frac{p_2/p_0}{p_1/p_0} = \ln \frac{p_{r2}}{p_{r1}} = \frac{1}{R_g} \int_{T_1}^{T_2} c_p \frac{\mathrm{d}T}{T}$$

$$= \frac{1}{R_g}\left(\int_{T_0}^{T_2} c_p \frac{\mathrm{d}T}{T} - \int_{T_0}^{T_1} c_p \frac{\mathrm{d}T}{T}\right) = \frac{1}{R_g}(s_{T_2}^{\ominus} - s_{T_1}^{\ominus})$$

即

$$\ln \frac{p_{r2}}{p_{r1}} = \frac{1}{R_g}(s_{T_2}^{\ominus} - s_{T_1}^{\ominus}) \tag{3-31}$$

式中：p_0，T_0 是任意选定的参考压力和参考温度；p_r 称为相对压力；$s_T^{\ominus}$ 称为定熵函数，它们都仅仅是温度的函数。由上面推导可知：

$$p_r = \frac{p}{p_0} \tag{3-32}$$

$$\frac{p_2}{p_1} = \frac{p_{r2}}{p_{r1}} \tag{3-33}$$

$$s_T^{\ominus} = \int_{T_0}^{T} c_p \frac{\mathrm{d}T}{T} \tag{3-34}$$

实际上，$s_T^{\ominus}$ 就被用来对变比热容过程的熵进行计算。$s_T^{\ominus}$ 就是熵的一部分，是由于温度变化引起的熵增，具有熵的量纲。式(3-30)～式(3-34)也可以直接由变比热容熵表达式得到。由式(3-31)还可以得到 p_T-T 变化的关系。这样，若已知初始条件(p_1，T_1)，以及终态的一个参数 T_2 或 p_2，则由式(3-31)就可解得终态的另一个参数 p_2 或 T_2，具体来说，就是直接由附录查得 p_{r2} 或 T_2，再由式(3-33)得到 p_2。显然，在这里，式(3-31)或者附录就代替了定比热容时的定熵过程方程式(3-5)。因此，变比热容时的定熵过程方程就是式(3-31)。需要注意的是：选取 p_0，T_0，p_r 和 $s_T^{\ominus}$ 的具体值会有所不同，但不会影响结果。查表时要保持一致性，使用同一个表，知道了 p_2，T_2 后，可以直接用状态方程计算得到 v_2，但也同样可以定义一个相对比体积或相对体积

$$v_r = \frac{v}{v_0} \tag{3-35}$$

同理可证：v_r 也仅仅是温度的函数。因此在附录中同样列出了 v_r 随温度 T 的变化，可直接由 T 或 p_r 查取。

对于变比热容可逆绝热过程中功的计算，由热力学第一定律，仍然可用式(3-8)和式(3-9)计算，其中，热力学能、焓的变化按照变比热容方法进行。

3.4　热力过程的综合应用

压缩气体在工程实际中具有广泛的用途。压缩空气作为动力，可以驱动各种风动机械、风动工具，如气钻、气锤等。可用于控制仪表及其自动化装置。压缩气体还常用于车辆制动，门窗启闭，大、中型柴油机的启动。此外，在各种热能动力装置如发动机、燃气轮机、航空发动机中也需要高压空气进行强化燃烧和做功。压缩空气还用于制冷和气体分离，气体经压缩、冷却、膨胀而液化，用于人工制冷(冷冻、冷藏及空气调节)，如氨或氟利昂的压缩。另外，液化的气体若为混合气时，可在分离装置中将各组分分离出来，得到纯度合格的各种气体。如空气液化分离后，能得到纯氧、纯氮和纯的其他稀有气体。可以说，压缩气体是工业

生产中的一种重要的二次能源。压气机就是生产压缩气体的设备。

3.4.1　各种形式的压气机

按照所生产压缩气体的压力,压气机可分为通风机(表压力<0.015MPa),鼓风机(表压力0.015~0.35MPa)和压缩机(表压力>0.35MPa)三类。按结构与工作原理可分为容积式和速度式两大类,具体如下:

$$压气机\begin{cases}容积式\begin{cases}活塞式(往复式)\\转子式\\螺杆式\end{cases}\\速度式\begin{cases}叶轮式(叶片式、透平式)\begin{cases}离心式\\轴流式\end{cases}\\喷射式\end{cases}\end{cases}$$

容积式压气机就是靠气体体积的减小来使压力上升的压气机。这种形式的压气机的特点是增压比大,效率高,但通常排量较小,适用于中、小流量及压力较高的情况。容积式压气机又分三种,其中活塞式压气机是依靠活塞在气缸内作往复运动实现气体体积的周期性变化来达到增压和输送的目的,故也称为往复式压气机,图3-8(a)所示是最早期的压缩机形式。它输气不连续,出口压力脉动大,运行中有振动,且外形尺寸和重量大,结构复杂,易损件多,维修工作量大。

目前在我国,往复活塞式压气机仍然是应用得最广泛的。转子式压气机是借助于转子在缸内作回转运动来实现工作容积的周期性变化,如图3-8(b)所示的转子式压气机就是靠偏心转子旋转造成容积的周期性变化。螺杆式压气机是靠螺杆转动形成的间隙变化造成容积的周期性变化,具有噪声低、压力脉动小、体积小、结构简单、易损件少、连续运转时间长等优点。自20世纪80年代末由发达国家和地区传入我国以来,迅速引起国内企业的高度重视,目前在我国发展势头迅猛。

速度式压气机是利用速度和压力之间的关系将流体的速度转换为压力,利用叶轮的旋转将机械能传递给工质并转换成流体的动能。根据工质在叶轮内的流动方向,主要分为离心式压气机(工质沿径向流动,见图3-8(c))和轴流式压气机(工质沿轴向流动,见图3-8(d)),也统称为叶轮(片)式压气机。这种压气机的特点是转速高,排量大,可连续输气,出口压力脉动很小,运行平稳无振动,结构紧凑、尺寸小,占地面积及重量都比同一排气量的活塞式压气机小得多,易损件少,维修方便,而且气体不与机器润滑系统的油接触,可以做到完全不带油,是真正的无油压气机。正是由于这些优点,使得它们特别适合于长距离输气及大型石油化工厂的气体压缩,而且容易与高速旋转的燃气涡轮配合,在现代燃气轮机系统和航空发动机中都得到了普遍应用。这种压气机的主要问题是增压比小,因此为了达到大的增压比需要多级组合,这就增加了压气机的体积和重量。而且轴流式压气机中气流速度很大,形成较大的摩擦损耗,因此其效率较低。在设计和制造方面要求很高。喷射式压气机也可认为属于速度式,它没有叶轮,是利用一种工质(称为工作介质)的压力来输送另一种工质(称为引射介质),最后得到一股具有中间压力的工质,从而提高引射介质的压力,如图3-8(e)所示。这种形式的压气机结构简单,无运动部件,几乎不用维修,但工作压力范围有限,在混合加热、喷射制冷、供热通风、物料输送等领域得到了广泛的应用。

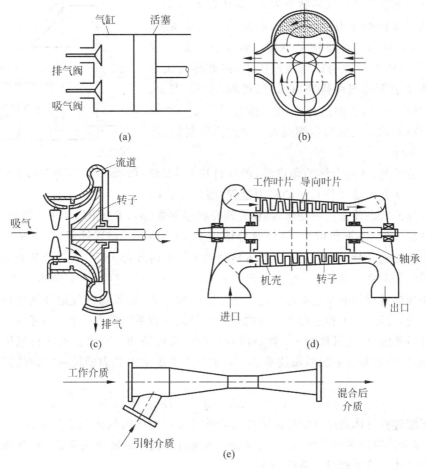

图 3-8　各种形式压气机的示意图

(a) 往复式活塞压气机;(b) 转子式压气机;(c) 离心式压气机;
(d) 轴流式压气机;(e) 喷射式压气机

3.4.2　活塞式压气机压缩过程的热力学分析

尽管各种形式的压气机结构不同,升压原理不同,但从热力学的角度看,它们又都是相同的,具有相同的热力学本质,即气体体积受到压缩,导致压力上升。因此以最能表现这一过程的活塞式压气机的压缩过程为例对气体的压缩过程进行分析,以了解压缩过程中的功-热转换的关系和规律。

如图 3-9 所示为一单级活塞式压气机的简图及其气缸中的压力随活塞位置变化的曲线。压气机由气缸和作往复运动的活塞组成,在气缸盖上有吸气门和排气门,它们的开启和关闭会受气缸内气体压力变化的自动控制。活塞在左极端时,气缸内没有气体,活塞开始向右端移动时,进气门自动开启,空气进入气缸,气缸内压力 p_1 近似与外界 p_0 相等。当活塞运行到右端点时,气缸中充满了气体,其状态为 1。此时,活塞开始向左移动,进气门关闭,气缸内被封闭的气体按多变过程曲线 $1—2_n$ 进行压缩。

当活塞行至点 2_n 时，气体状态为 2_n，其压力 p_{2_n} 等于或略大于储气罐内的压力，这样当活塞开始向左移动后，排气门打开，将缸内气体排向储气罐。假设储气罐足够大，以至所排气体不会影响储气罐内压力，因此排气压力保持 p_{2_n} 不变直至将气体排完，以排气过程 $2_n—3$ 表示。这样，吸气过程 $0—1$，压缩过程 $1—2_n$，排气过程 $2_n—3$ 就组成了整个活塞式压气机的压缩过程。如此周而复始，连续生产压缩气体。

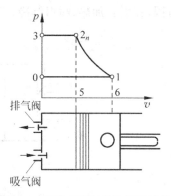

图 3-9   活塞式压气机的压缩过程

值得注意的是，从热力学的角度看，吸气过程 $0—1$ 和排气过程 $2_n—3$ 并不能算是真正的热力过程，因为在这两个过程中气体的状态并未发生变化，具体表现在状态参数 (p_1, T_1) 和 (p_2, T_2) 均未变化，只是在吸气时总体积 V_1 不断增大，排气时总体积 V_3 不断减小，但比体积 v_1 和 v_{2_n} 保持不变。总体积的变化只能说是将气体从外界转移到了气缸内或者相反。在这个质量转移的过程中气体的状态不变。只有 $1—2_n$ 才是真正的压缩过程，吸气过程 $0—1$ 和排气过程 $2_n—3$ 的作用是使压缩过程能够连续不断地进行下去。换句话说，如果选择气缸和活塞封闭的空间为热力系统，过程 $0—1$ 和过程 $2_n—3$ 的存在使得该热力系统成为一个开口系统。

作为开口系统，压气机耗功 w_c 就是该开口系统所做轴功。若略去进出口气体的宏观动能和位能，即为该开口系统所做技术功。对该开口系统应用热力学第一定律的第二表达式得

$$w_c = w_s = w_t = -\Delta h + q = -(h_2 - h_1) + q \tag{3-36}$$

由于压缩过程气体通过气缸壁向外界环境散热，$q < 0$，同时气体温度升高，$h_2 - h_1 > 0$，故 $w_c < 0$，即为外界向热力系统输入功。因此，压缩过程的能量转换关系是：压气机所耗功全部转变为气体的焓增和对外散热损失。

若 $1—2_n$ 是定比热容多变过程，将式(3-25)代入式(3-36)，得

$$w_c = \frac{nR_gT_1}{n-1}\left[1 - \left(\frac{p_2}{p_1}\right)^{\frac{n-1}{n}}\right] = -\frac{nR_gT_1}{n-1}(\pi^{\frac{n-1}{n}} - 1) \tag{3-37}$$

式中

$$\pi = \frac{p_2}{p_1} \tag{3-38}$$

称为压力比或增压比。式(3-37)实际上就是式(3-24)，这里写成与增压比 π 的关系能更清楚地反映压气机耗功与增压比的关系，即：由于 $\pi > 1$，故 $w_c < 0$，且增压比 π 越大，w_c 的绝对值越大，压气机耗功越大。这也符合人们的感性认识：要想得到更高压力的气体，就必须付出更大的代价。

另外，从式(3-37)还可以知道，在进气初始温度 T_1 一定的前提条件下，压气机耗功除了与增压比 π 有关外，还与多变指数 n 有关。选择压缩路径对压气机耗功具有很大影响。

如图 3-10 所示为多变压缩过程的 $p\text{-}v$ 图和 $T\text{-}s$ 图，图中在画出了一般的过程 $1—2_n$ 外，还画出了两个极端情况：一个过程进行得太快，来不及散热，或散热量很小可以忽略不计，近似为绝热过程，因而压缩过程中气体温度升高很快。再加上可逆的假设，则为可逆绝

热过程或定熵过程,即 $n=\kappa$,图中为过程 $1—2_s$;另一种情况是过程进行得十分缓慢,或者冷却非常充分,热量随时都可以从气缸壁传出,使气体温度随时与外界保持相等,即为一定温压缩过程,$n=1$,图中为过程 $1—2_T$。但实际上压气机中所进行的过程通常总是介于这两个极限过程之间,因此多变指数 n 的范围是 $1\leqslant n\leqslant\kappa$。

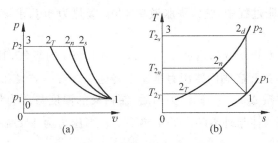

图 3-10　不同压缩过程的比较

由图 3-10(a)可以看出,在压缩过程的所有可选择的路径中,以定温过程 $1—2_T$ 所耗的压气机功(技术功)最小(面积 A_{012_T30} 最小),而定熵过程 $1—2_s$ 所耗的压气机功最大(面积 A_{012_s30} 最大)。式(3-37)适用于 $n\neq1$ 的所有多变过程。对定温压缩过程,$n=1$,则采用式(3-27),即压气机耗功和散热相等,即

$$q_{\mathrm{C}}=w_{\mathrm{C}}=R_{\mathrm{g}}T_1\ln\frac{v_2}{v_1}=R_{\mathrm{g}}T_1\ln\frac{p_1}{p_2}=-R_{\mathrm{g}}T_1\ln\pi \tag{3-39}$$

式(3-39)表明,定温过程中气体把接收外界的功全部变成了热向外散失,从而保持了温度不变。而绝热过程正相反,气体把接收外界的功全部变成了自身的内热能(焓),对外散热为零,因而温升最大。可见,为了达到一定的状态变化指标,不同的热力过程所付出的代价(过程量)可以是完全不同的,能量转换也可以是不同的。因此,就可以在确定的条件下对热力过程进行选择,以达到优化的目的。对于压缩过程来说,目的是为了得到某个确定的增压比,并不需要将能量变为气体的内热能,因而绝热过程企图通过提高气体温度来提高压力的功是白费的,浪费了能量。实际上,从式(3-37)和式(3-39)中耗功与气体初温 T_1 的关系就可以看出,气体温度的升高对压力的升高是不利的,会增加压气机耗功,温度越高的气体越难压缩。而定温过程一直保持低温,把全部的功用来压缩气体的体积,提高气体的压力,效能是最高的。其余多变压缩过程则介于两者之间。

综上所述,从减少压缩过程消耗功的角度看,定温过程是最有利的,而定熵过程是最不利的。因此,设计压气机时,应尽量减少 n,使其尽量接近于1。采取的措施通常是在压气机气缸周围制作水套,让冷却水在其中流过,带走一部分热量,以使得压缩过程尽量接近定温过程。在冷却非常充分的理想情况下,气体吸收的功量全部变成热量散发出去,温度保持不变,就是最有利的等温压缩过程。但实际中这是不可能实现的,因为传热必须要有温差,实际被压缩的气体温度肯定要比环境温度高。因此,实际气体压缩消耗的功总要比理想的定温过程多。

温度的升高除了使耗功增加外,还对气体润滑和安全运行不利,如图 3-10(b)所示,在相同的增压比下,$T_{2_s}>T_{2_n}>T_{2_T}=T_1$,在高温下润滑油的润滑效果将恶化,甚至发生爆炸。因此,从这一角度看对压缩过程进行冷却也是必要的。

习　题

1. 在发动机的膨胀过程中,气体膨胀做功 420J,吸热为 50J,求该过程中气体热力学能的变化。

2. 一氧气瓶容量为 $0.04\mathrm{m}^3$,内盛 $p_1=147.1\times10^5\mathrm{Pa}$ 的氧气,其温度与室温相同,即 $t_1=t_0=20℃$,求:(1)如开启阀门使压力迅速下降到 $p_2=73.55\times10^5\mathrm{Pa}$,求此时氧的温度 T_2 和所放出的氧的质量 Δm;(2)阀门关闭后,瓶内氧的温度与压力将怎样变化;(3)如放气极为缓慢,以致瓶内气体与外界随时处于热平衡。当压力为 $147.1\times10^5\mathrm{Pa}$ 时,所放出的氧应较(1)的多还是少?

3. 柴油机的气缸吸入温度为 50℃的空气 $0.025\mathrm{m}^3$,经过绝热压缩,空气的温度应该升到远超过燃料的着火温度,以便喷入柴油时能随喷随燃烧。如果要求喷入柴油时气缸内温度为 720℃,问空气必须被压缩到多大的体积?

4. 图 3-11 所示的两室,由活塞隔开。开始时两室的体积均为 $0.1\mathrm{m}^3$,分别储有空气和 H_2,压力都为 $0.9807\times10^5\mathrm{Pa}$,温度都为 15℃,若对空气侧壁加热,直到两室内气体压力升高到 $1.9614\times10^5\mathrm{Pa}$ 为止,求空气终温及外界加入的热量 Q,已知空气的 $c_V=715.94\mathrm{J/(kg\cdot K)}$,$k_{\mathrm{H}_2}=1.41$,活塞不导热,且与气缸间无摩擦。

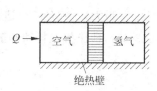

图 3-11　题 4 示意图

5. 6kg 空气由初态 $p_1=0.3\mathrm{MPa}$,$t_1=30℃$,经下列不同过程膨胀到同一终压 $p_2=0.1\mathrm{MPa}$:(1)定温;(2)定熵;(3)$n=1.2$。试比较不同过程中空气对外做功,交换的热量和终温。

6. 容量为 $0.027\mathrm{m}^3$ 的刚性储气筒,装有 $7\times10^5\mathrm{Pa}$,20℃的空气,筒上装有一排气阀,压力达到 $8.75\times10^5\mathrm{Pa}$ 时就开启,压力降为 $8.4\times10^5\mathrm{Pa}$ 时才关闭。若由于外界加热的原因造成阀门的开启。问:(1)当阀门开启时,筒内温度为多少?(2)因加热而失掉多少空气?设筒内空气温度在排气过程中保持不变。

7. 压气机在大气压为 $1\times10^5\mathrm{Pa}$,温度为 20℃时,每分钟吸入空气为 $3\mathrm{m}^3$。如经此压气机压缩后的空气送入体积为 $8\mathrm{m}^3$ 的储气筒,问需多少时间才能使筒内压力升高到 $7.8456\times10^5\mathrm{Pa}$,设筒内空气的初温、初压与压气机的吸气状态相同。筒内空气温度在空气压入前后并无变化。

8. 有一台发动机,设其膨胀过程是多变指数 $n=1.3$ 的多变过程,其工质为空气。若开始时气体的体积为 $12\mathrm{cm}^3$,压力为 6.5MPa,温度为 1800℃,经膨胀过程其体积增到原来的 8 倍,试求气体做功及气体熵的变化。

9. 有 5g 氩气(Ar),经历一热力学能不变的过程,初态为 $p_1=6.0\times10^5\mathrm{Pa}$,$t_1=600\mathrm{K}$,膨胀了的体积 $V_2=3V_1$,Ar 可视为理想气体,且假定比热容为定值,求终温、终压及总熵变量,已知 Ar 的 $R=0.208\mathrm{kJ/(kg\cdot K)}$。

10. 体积为 $1\mathrm{m}^3$ 的容器中充满 N_2,其温度为 20℃,表压力为 1000mmHg,为了确定其质量,分别采用下列几种计算式并得出结果,请判断它们是否正确?若有错请改正。(设大

气压力为 1atm,1mmHg=133.322Pa)

(1) $m=\dfrac{pV\mu}{R_m T}=\dfrac{1000\times1.0\times28}{8.1343\times20}=168.4\text{kg}$

(2) $m=\dfrac{pV\mu}{R_m T}=\dfrac{\dfrac{1000}{735.6}\times0.980\,665\times10^5\times1.0\times28}{8.3143\times293.15}=1531.5\text{kg}$

(3) $m=\dfrac{pV\mu}{R_m T}=\dfrac{\left(\dfrac{1000}{735.6}+1\right)\times0.980\,665\times10^5\times1.0\times28}{8.3143\times293.15}=2.658\times10^3\text{kg}$

11. 热力学第一定律的数学表达式可写成

$$q=\Delta u+w \quad \text{或} \quad q=c_V\Delta T+\int_1^2 p\,\mathrm{d}v$$

两者有何不同?

12. 2kg 某种理想气体按可逆多变过程膨胀到原有体积的三倍,温度从 300℃ 降到 60℃,膨胀期间做膨胀功 418.68kJ,吸热 83.78kJ,求 c_p 和 c_V。

13. 设刚性容器中原有压力为 p_1,温度为 T_1 的 m_1(kg)第一种理想气体,当第二种理想气体充入后使混合气体的温度仍维持不变,但压力升高到 p,试确定第二种气体的充入量。

14. 试导出理想气体定比热容多变过程熵差的计算式为

$$s_2-s_1=\frac{n-k}{n(k-1)}R\ln\frac{p_2}{p_1} \quad \text{及} \quad s_2-s_1=\frac{n-k}{(n-1)(k-1)}R\ln\frac{T_2}{T_1}(n\neq1)$$

15. 试证理想气体在 $T\text{-}s$ 图上任意两条定压线(或定容线)之间的水平距离相等。

16. 气缸中空气的压力为 0.09MPa,温度为 17℃,体积为 0.1m³,若经压缩过程后其压力升高到 0.72MPa,体积变为 0.0177m³,试求压缩过程的多变指数。

17. 将满足下列要求的多变过程表示在 $p\text{-}v$ 图和 $T\text{-}s$ 图上(工质为空气):

(1) 工质又升压,又升温,又放热;

(2) 工质又膨胀,又降温,又放热;

(3) $n=1.6$ 的膨胀过程,判断 $q,w,\Delta u$ 的正负;

(4) $n=1.3$ 的膨胀过程,判断 $q,w,\Delta u$ 的正负。

第4章

热力学第二定律

　　热力学第一定律揭示了能量在转换与传递过程中数量守恒的客观规律。然而,该定律没有考虑到不同类型能量在做功能力上的差别,例如,同样数量的机械能与热能其价值并不相等,机械能具有直接可用性,属优质能,可以无条件地转换为热能;而热能属低质能,必须在一定的条件下才可能部分地转换为机械能。另外,热力学第一定律不能判断热力过程的方向性,例如,一块烧红的铁板,在空气中自然冷却,经过一段时间后,铁板与空气达到了热平衡,但是,反过来,铁板不可能自动从空气中获得散失在空气中的能量使自身重新热起来,虽然这并不违反热力学第一定律。事实表明任何热力过程都具有方向性——可以自发进行的热力过程,而其反向过程则不能自发进行。

　　热力学第二定律揭示了能量在转换与传递过程中具有方向性及能质不守恒的客观规律。所有热力过程都必须同时遵守热力学第一定律和热力学第二定律。

4.1　热力学第二定律的各种说法及实质

　　热力学第二定律的提出正是从两个典型不可逆自发过程入手的。

4.1.1　克劳修斯说法

　　1850年,德国物理学家鲁道夫,克劳修斯(Rudolf Clausius)提出下述定律:不可能不付代价地把热量从一个低温物体传给另一个高温物体,或表述为,不可能把热量从一个低温物体传至高温物体而不可引起其他的变化。

　　显然,这里的"付代价"和"引起其他的变化"都是指外界需要付出一定的代价和发生一定的变化,这正是热量由高温传向低温自发过程的不可逆特征。因此,热力学第二定律的克劳修斯说法的实质是:热量由高温传向低温是不可逆的自发过程。

　　注意,不能说"热不能由低温传向高温",因为如果允许外界发生一定的变化或者说是提供一定的帮助,热是可以由低温传向高温的,制冷机和热泵的逆向循环就是这样工作的。克劳修斯说法实质上是对不需做功就能制冷的机器的否定。

4.1.2　开尔文-普朗克说法

　　1851年,开尔文(Lord Kelvin)和普朗克提出了下述定律,称为热力学第二定律的开尔文-普朗克说法:不可能建造这样一个机器,这机器除了从单一热源吸热和举起重物(做功)

外,不引起其他的变化。

同样,这里"引起其他的变化"是指外界需要付出一定的代价和发生一定的变化,这正是功变热自发过程的不可逆特征。因此,热力学第二定律的开尔文-普朗克说法的实质是:功变热是不可逆的自发过程。

注意,"功可以全部变成热,而热不能全部变成功"是错误的。因为如果允许产生"其他的变化",热是可以全部变成功的。比如,理想气体在定温膨胀过程中,$\Delta u = 0$,根据热力学第一定律,$Q = W$,吸热量全部转变为功。但此时气体的状态发生了变化,这就是"其他的变化",是热百分之百转变为功所付出的代价。如果不让气体的状态发生变化,就一定要构成循环。只有循环才能在气体状态不发生变化的情况下连续不断地将热能转换为机械能,但正向循环的热效率不可能大于或等于 1。开尔文-普朗克说法实际上是对热效率为 100% 的机器的否定,说明热机的热效率只能小于 100%。

4.1.3　第二类永动机

在历史上,曾有人想制造一种不消耗任何能量而能不断做功的"第一类永动机",也出现过违反热力学第二定律——开尔文-普朗克说法的永动机,这种永动机只从一个热源吸热并将热量全部变成功而不产生其他影响。显然它并不违反热力学第一定律,但却是一个热效率为 100% 的机器,违反了热力学第二定律的开尔文-普朗克说法,因而被称为"第二类永动机"。

热效率从小于 100% 到等于 100% 并不仅仅是量的不同,而是质的差异。如果这种永动机能够成功,就意味着可以利用周围环境的大气、海洋、土壤做热源,从这个单一热源吸取无穷无尽的热量并转化为功。这样,大气、海洋、土壤什么都没有损失,永动机可以继续从中取热—做功—耗散为热—散于环境—再取热,周而复始,以至无穷。这正是"永动"意义之所在。热力学第二定律的建立,从理论上彻底堵死了建立"第二类永动机"的道路,所以热力学第二定律的开尔文-普朗克说法还可以表述为:第二类永动机是不可能制造成功的。

4.1.4　热力学第二定律的实质

由于存在着不可逆因素,使得自然界过程的进行都具有方向性,区分为自发过程和非自发过程。"可逆""不可逆""自发""非自发""方向性"等概念都反映了自然界过程具有不可逆性这样一个客观属性,这一客观属性在不同的具体过程中表现不同,就形成了千变万化、丰富多彩的现象。比如,在传热上,表现为温差传热的不可逆;在热功转换上,表现为功变热的不可逆;在不同物质混合上,表现为混合过程不可逆,等等。要让这些不可逆过程的逆过程进行,必须"付代价"或发生"其他的变化"。热力学第二定律正是反映自然界过程不可逆性和方向性这一客观属性的。不管是什么过程,都要遵循"自发过程不可逆"的规律,热力学第二定律的实质就是"自发过程不可逆"。

热力学第二定律并不是直接抽象地就本质论本质,比如直接说:"自发过程不可逆",这样做会不容易理解。热力学第二定律是从现象入手,用现象来描述本质。具体来说,就是通过对两个具体的不可逆自发过程——温差传热和功变热过程的不可逆性的描述来反映自然界过程的本质规律的。对于像热力学第二定律这么抽象的问题,就显得更容易理解。从这里可以看到,对于事物的深刻本质由表及里的认识过程在热力学第二定律中反映得非常充分。

4.1.5 两种说法的等效性

既然从不同侧面描述的是同一事实,同一本质,那么这两种描述必然是等效的,仅仅是描述角度的不同而已。两种说法等效指的是从其中任何一种说法都能够导致另外一种说法。其实对不可逆循环的分析,已经发现从任意一个不可逆因素都会导致"热量由高温传向低温"或"功变热"的任何一种结果,这就已经说明了这种等效性。为了在逻辑上更加严密,下面具体证明。

1. 由开尔文-普朗克说法推出克劳修斯说法

应用数学逻辑上的反证法来证明。假设克劳修斯说法不成立,即热可以由低温传向高温而不产生任何其他变化。如果在高温热源和低温冷源之间运行一个可逆的正向循环热机R,它从高温热源吸热 Q,向外界做功 W,并向低温热源放热;即 $Q-W$ 并且在可逆热机 R 完成循环后让冷源和热源直接接触,使热量 Q 自发地从低温传向高温(见图 4-1(a)中的虚线)。则这台装置运行的总效果是:热源无任何变化;工质经过循环无任何变化;冷源净失热 $Q=W$;功源净得功 W。实际上就是机器从单一热源(冷源)吸热,并将所吸热量全部转换为功而未产生任何其他变化,这显然违反了开尔文-普朗克说法。说明原假设不成立,即克劳修斯说法成立。这样就由开尔文-普朗克说法推出了克劳修斯说法。

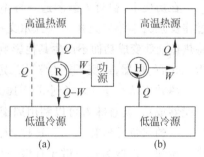

图 4-1 热力学第二定律两种
说法等效性的证明

2. 由克劳修斯说法推出开尔文-普朗克说法

仍用反证法证明。假设开尔文-普朗克说法不成立,即可以从单一热源(冷源)吸热,并将所吸热量全部转换为功而不产生任何其他变化。若以此为热机 H,则如图 4.1(b)所示,热机 H 从低温热源吸热 Q,并把它全部转化为功 W,即有 $Q=W$。由于功可以百分之百变为热,则将功 W 全部变为热 Q 后传向高温热源。则最后的总效果是:工质经过循环无任何变化;功源无任何变化;热源净得热 $Q=W$;冷源净失热 $Q=W$。实际上就是将热量 Q 由低温传向高温而未产生任何其他变化,违反了克劳修斯说法。说明原假设不成立,即开尔文-普朗克说法成立。这样就由克劳修斯说法推出了开尔文-普朗克说法。

据此可知,热力学第二定律的两种说法是等效的,而且,由上面的阐述还可以断言:热力学第二定律可以有更多不同的说法。凡能够正确地描述各种自发过程不可逆现象的表述都从不同的角度阐明了热力学第二定律的本质,也就都可以作为热力学第二定律的说法。不论何种说法都是等效的,违背一种说法必定违背其他说法。如果以某一种说法作为最基本的原始公理,则其他说法都可以看作是它的推论。在工程热力学中,一般就把克劳修斯说法和开尔文-普朗克说法作为热力学第二定律的最原始的表述。

4.2　卡诺循环及卡诺定理

　　热力学第二定律可以从很多不同的现象去描述,卡诺定理实际上就是从热机循环热效率的角度描述的热力学第二定律,它是由法国工程师萨迪·卡诺(Sadi Carnot)于 1824 年发现的,从时间上要早于热力学第二定律的克劳修斯说法和开尔文-普朗克说法。在 1824 年发表的《论火的动力》一文中,卡诺提出了著名的卡诺循环和卡诺定理,指出了影响热机循环热效率最本质的东西,即热机必须工作在两个热源之间,热要从高温热源流向低温热源才能做功。热机做功的数值与什么工作物质无关,而仅仅决定于两个热源间的温度差。虽然卡诺定理本身是正确的,但卡诺应用了“热质说”理论对它进行证明。卡诺认为:热机所做的功是由于热质从高温热源流向低温热源的结果,热质的量并没有减少,就像水从高处流向低处推动水车做功而水的总量保持不变一样。与水流的类比使卡诺得到了一个有益的见解,即至少要有两个热源才能工作,但把热作为热质已经被热力学第一定律所否定。因此,对卡诺定理的严格证明是在 1850 年建立了热力学第二定律后由克劳修斯完成的。人们通常说卡诺定理是历史上热力学第二定律的出发点,在目前的热力学理论中它通常都是以热力学第二定律推论的形式出现的。从发现的时间来看,最先发现的是热力学第二定律,其次是热力学第一定律,最后才是热力学第零定律。

　　正像热力学第二定律与热力循环的关系一样,为了更清楚地了解卡诺定理,要先介绍卡诺循环。

4.2.1　卡诺循环

　　既然热机循环至少需要两个热源(吸热的热源和放热的冷源),那么可以设想一个热机 C,它只有两个定温热源,温度分别为 T_1 和 T_2(见图 4-2)。工质在循环中只与这两个热源接触,进行定温吸热和定温放热。为了避免温差传热造成的不可逆性,假定工质吸热和放热时分别与热源和冷源的温度相等,也分别为 T_1 和 T_2,即进行一个可逆的等温吸热 A-B 过程和可逆的等温放热过程 C-D,除此两过程外,工质不再与外界任何其他热源接触。由于这两个定温线不可能相交(否则在交点上会同时拥有两个温度值),因而连接这两个定温过程的就只能是绝热过程,再加上可逆的假设,就是可逆绝热即定熵过程,需要两个定熵过程线才能与两个定温过程构成循环,就是定熵膨胀过程 B-C 和定熵压缩过程 D-A。这样,由两个定温过程和两个定熵过程组成的可逆循环称为卡诺循环。按照卡诺循环工作的热机称为卡诺热机。显然,卡诺循环是所有循环中最简单的循环,其 p-v 图和 T-s 图如图 4-3 所示。由图可知,在循环中经过定温吸热过程 A-B 的吸热量为

$$Q_{1c} = T_1(S_B - S_A) \tag{4-1}$$

　　在循环中经过定温放热过程 C-D 的放热量为

$$Q_{2c} = T_2(S_C - S_D) = T_2(S_B - S_A) \tag{4-2}$$

　　则卡诺循环的循环功为

$$W_{0c} = Q_{1c} - Q_{2c} = (T_1 - T_2)(S_B - S_A) \tag{4-3}$$

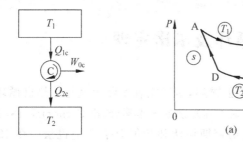

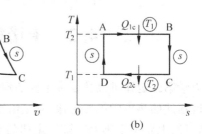

图 4-2　卡诺热机简图　　　　图 4-3　正向卡诺循环示意图

卡诺循环的热效率(称为卡诺效率)为

$$\eta_{t,c} = 1 - \frac{Q_c}{Q_{1c}} = 1 - \frac{T_2(S_B - S_A)}{T_1(S_B - S_A)} = 1 - \frac{T_2}{T_1} \tag{4-4}$$

注意,上述推导中并未假设卡诺循环工质的性质,卡诺效率与工质性质无关,只与热源和冷源的温度有关,具有普遍意义。

从上面的推导中,可以得到如下结论:

(1) 卡诺效率只与热源温度 T_1 和冷源的温度 T_2 有关,且 T_1 越高,T_2 越低,热效率就越高。因此提高高温热源温度、降低低温冷源温度是提高卡诺机热效率的关键。

(2) 由于 $T_1 \to \infty$ 和 $T_2 = 0$ 都是不可能的,因此必有 $\eta_{t,c} < 1$,即卡诺循环的热效率不可能达到 100%。

(3) 若只有单一热源,即 $T_1 = T_2$,则 $\eta_{t,c} = 0$。说明具有单一热源的第二类永动机是不可能制造成功的。

上述结论实际上都是由热力学第二定律得出的。这里又一次在具体的卡诺循环分析中得到了验证,说明卡诺循环与热力学第二定律是完全一致的。实际上,式(4-1)就是由开尔文用热力学第二定律证明的。

如果将卡诺循环逆向进行,就构成逆向卡诺循环。采用这个理想制冷循环或热泵循环的机器称为卡诺制冷机或卡诺热泵,如图 4-4 所示。其 p-v 图和 T-s 图与正向卡诺循环完全相同,只是方向相反,如图 4-5 所示。向高温热源的放热量、从低温热源的吸热量及循环功仍如式(4-1)所示。由于循环目的不同,其经济性指标也不同。若为卡诺制冷机,其制冷因数为

$$\varepsilon_{c,c} = \frac{Q_{2c}}{W_{0c}} = \frac{Q_{2c}}{Q_{1c} - Q_{2c}} = \frac{T_2}{T_1 - T_2} = \frac{1}{\dfrac{T_1}{T_2} - 1} \tag{4-5}$$

若为卡诺热泵,其供暖因数为

$$\varepsilon_{w,c} = \frac{Q_{1c}}{W_{0c}} = \frac{Q_{1c}}{Q_{1c} - Q_{2c}} = \frac{T_1}{T_1 - T_2} = \frac{1}{1 - \dfrac{T_2}{T_1}} \tag{4-6}$$

可见 $\varepsilon_{c,c}$、$\varepsilon_{w,c}$ 也仅取决于两热源的温度,且与两热源温度的比值有关。即两热源温差越小,$\varepsilon_{c,c}$ 上升,$\varepsilon_{w,c}$ 上升,特别当 $\dfrac{T_2}{T} \to 1$ 时,$\varepsilon_{c,c} \to \infty$,$\varepsilon_{w,c} \to \infty$。这也很好理解:温差小了,为了从低温热源取出一部分热量 Q_{2c}(制冷机),或者为了向高温热源输送一部分热量 Q_{1c}

（热泵）所需付出的代价 W_{0c} 将减少；如果没有温差，则不必付出代价，实际上也就不必制冷或供暖了。因此，和热机一样，制冷机或热泵也需要温差才能工作，即最少要有两个热源，逆向卡诺循环是最简单的制冷循环或热泵循环。

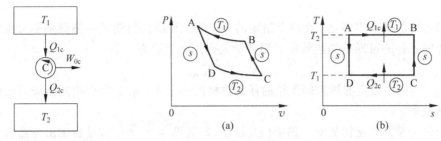

图 4-4　卡诺制冷机简图　　　　　　　图 4-5　逆向卡诺循环示意图

制冷循环和热泵循环在热力学原理上没有任何区别，只是二者的工作温度范围不同：制冷循环以大气环境作为高温热源向它放热，而热泵循环以大气环境作为低温热源从中吸热，分别如图 4-6(a)(b) 所示。若大气温度为 T_0，则对制冷机 $T_1 = T_0$，对热泵，$T_2 = T_0$，分别代入式(4-5)和式(4-6)得

$$\varepsilon_{c,c} = \frac{T_2}{T_0 - T_2} \tag{4-7}$$

$$\varepsilon_{w,c} = \frac{T_1}{T_1 - T_0} \tag{4-8}$$

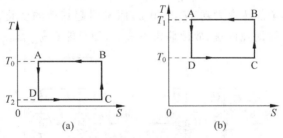

图 4-6　制冷循环和热泵循环的 $T\text{-}S$ 图

（a）制冷循环；（b）热泵循环

例 4.1　冬天室外温度为 $-10\,\text{℃}$，若要维持室内 $18\,\text{℃}$ 的温度，采用逆向卡诺循环的热泵的供暖因数是多少？

解　由题意知，环境温度 $T_0 = -10 + 273 = 263\text{K}$，高温热源温度 $T_0 = 18 + 273 = 291\text{K}$，由式(4-8)得

$$\varepsilon_{w,c} = \frac{T_1}{T_1 - T_0} = \frac{291}{291 - 263} = 10.39$$

即
$$\frac{Q_1}{W_0} = 10.39 \quad \text{或} \quad Q_1 = 10.39W_0$$

室内所获热量 Q_1 是所消耗功的 10.39 倍。由图 4-4 可知，所增加的 $Q_2 = -9.39W_0$ 来自外界环境，而如果采用电加热直接加热，则 $Q_1 = W_0$ 完全来自所耗电功。说明采用热

泵供热要比电加热直接供热经济得多,热泵在节能工程中具有重要价值。

4.2.2 卡诺定理

卡诺定理的基本内容是:在两个给定的热源间工作的任何热机的热效率不可能大于在相同热源间工作的可逆机的热效率。用数学表达式可表达为

$$\eta_{t,H} \leqslant \eta_{t,R}$$

式中:$\eta_{t,H}$为两个给定的热源间工作的任意热机的热效率;$\eta_{t,R}$为在相同热源间工作的可逆机的热效率。

采用热力学第二定律证明。仍采用反证法,即假设$\eta_{t,H} > \eta_{t,R}$,最后推出与热力学第二定律相矛盾的结论。

如图4-7(a)所示,由于任意热机的热效率$\eta_{t,H}$大于可逆机的热效率$\eta_{t,R}$,当它们从相同的高温热源取得相同的热量Q_1时,必有$W_H > W_R$,$Q_{2H} < Q_{2R}$。

现令可逆机R倒转,即可逆机R内的工质进行一个逆向可逆循环,如图4-7(b)所示。由于R是可逆,所以逆向循环的各个参数与正向循环大小相等,方向相反。这时若取H热机输出功W_H的一部分W_R推动可逆机R运转,由于$W_H > W_R$,故还有多余的功$W_H - W_R$对外输出。此时若把H和R当作一整体看待(如图4.7(b)中虚线所示),则两台机器联合工作的总效果是:工质经过两个循环,状态不变;热源失去Q_1,又得到Q_1,不变;冷源得到热量Q_{2H},又失去Q_{2R},由于$Q_{2H} < Q_{2R}$,故净失热为$Q_{2R} - Q_{2H}$;功源得到功W_H,又失去功W_R,由于$W_H > W_R$,故净得功为$W_H - W_R$,即机器(H+R)工作的结果是从单一热源取热$Q_{2R} - Q_{2H}$,并将其全部转变为功$W_H - W_R$,而未引起其他的变化。这显然违反了热力学第二定律的开尔文-普朗克说法,故原假设不成立,即只能有$\eta_{t,H} \leqslant \eta_{t,R}$。

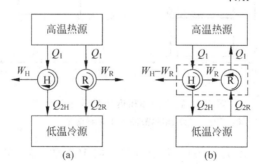

图4-7 卡诺定理的证明

卡诺定理用起来还不是很方便,一般更常用的是如下两个推论。

推论一:在两个相同热源间工作的所有可逆机的热效率均相等。

证明 在两个热源间设置任意两个可逆热机R_I和R_{II}。则根据卡诺定理知:

因为R_I是可逆机,所以根据卡诺定理,有

$$\eta_{t,RI} \geqslant \eta_{t,RII}$$

又因为R_{II}也是可逆机,所以根据卡诺定理,也有

$$\eta_{t,RI} \leqslant \eta_{t,RII}$$

要同时满足上面两不等式,必有

$$\eta_{\mathrm{t,RI}} = \eta_{\mathrm{t,RII}}$$

卡诺热机是工作于两个定温热源间的可逆热机,因此,根据卡诺定理的推论,工作于两个相同的定温热源(温度为 T_1 和 T_2)间的所有可逆机的热效率都相等,且都等于卡诺机的热效率,即

$$\eta_{\mathrm{t,RI}} = \eta_{\mathrm{t,RII}} = \cdots = \eta_{\mathrm{t,R}} = \eta_{\mathrm{t,c}} = 1 - \frac{T_2}{T_1} \tag{4-9}$$

推论二:在两个相同热源间工作的所有不可逆的热效率必小于可逆机的热效率。

证明　如图 4-8(a)所示,在两个热源间设置一个不可逆机 IR 和一个可逆热机 R。

由卡诺定理知 $\eta_{\mathrm{t,IR}} \leqslant \eta_{\mathrm{t,R}}$。采用反证法,设 $\eta_{\mathrm{1,IR}} = \eta_{\mathrm{t,R}}$,则 $W_{\mathrm{1R}} = W_{\mathrm{R}}$,$Q_{\mathrm{2IR}} = Q_{\mathrm{2R}}$。

将 R 倒转,并用 IR 输出的功带动 R 倒转,则如图 4-8 所示,IR 和 R 作为一整体联合工作的总效果是工质、热源、冷源、功源均恢复原状而未留下任何变化。说明机器(IR+R)是完全可逆的,根据可逆的定义,IR 中进行的也必然是可逆循环,即 IR 是一个可逆机。这显然与原条件不符,说明原假设错误,只能有 $\eta_{\mathrm{t,IR}} \neq \eta_{\mathrm{t,R}}$,结合卡诺定理,只能有 $\eta_{\mathrm{t,IR}} \leqslant \eta_{\mathrm{t,R}}$。

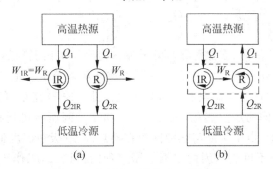

图 4-8　卡诺定理的推论二的证明

注意,卡诺定理中比较热效率的前提条件是"相同热源间","相同"指的是反映热源性质的唯一参数——温度——相同,不处于相同热源间的热机热效率则不具备可比性。处于相同热源间的所有热机以可逆机热效率最高。如果热源是定温热源——热源温度恒定不变,则最高效率就是卡诺效率。

4.2.3　多热源循环分析

实际热机中进行的循环都很难像卡诺循环那样是定温吸热和定温放热。如图 4-9 所示的循环 ABCD,其中 A-B-C 过程为吸热过程,但不是定温吸热,而是与高温热源 T_1 间有温差的吸热,显然是一个不可逆过程;放热过程 C-D-A 也同样是一个与低温热源之间有温差的不可逆放热过程。由于不可逆过程不容易分析,这时可以把热力过程认为是可逆的,即把吸热过程 A-B-C 当作工质与无数个不同温度的定温热源接触,定温热源温度由 T_A 升到 T_B,又降到 T_C,把放热过程 C-D-A 也看作工质与无数个温度由 T_C 至 T_D,再到 T_A 的不同温度的定温热源接触,把热放给了它们。所以称这种变温循环为多热源循环。实际上这种分析方法就是把热力过程的内部视为完全可逆的,称为内部可逆;而把所有的不可逆性都归结到外部温差中,称为外部不可逆。对分析热力过程来说,通常内部可逆的假设就足够了,已经可以保证用可逆的方法分析可逆的热力过程。因此,本教材分析中所说的可逆实际

上大多数都是指内部可逆。实际过程中根本不存在内部和外部均可逆的完全可逆的过程，因此通常将不可逆性归结到外部。这是"可逆"概念在工程实际中得以贯彻实施的重要方法。

与多热源循环相比，卡诺循环只有一个高温热源和一个低温热源，是满足热力学第二定律最简单的循环。如图 4-9 所示，多热源循环的外切矩形是与多热源循环具有相同极限温度（高温 T_1，低温 T_2）的卡诺循环，多热源循环热效率小于卡诺循环热效率。

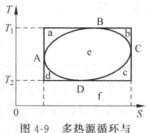

图 4-9　多热源循环与
卡诺循环比较

在图 4-9 中，a，b，c，d，e，f 分别表示所在位置的图形，图形的面积 A_a，A_b，A_c，A_d，A_e，A_f，分别表示各个过程对应的热量。在多热源循环 ABCD 中，工质吸热量 $Q_1 = A_c + A_d + A_e + A_f$，放热量 $Q_2 = A_c + A_d + A_f$；而在相同的温度极限范围内的卡诺循环，工质吸热量 $Q_{1,c} = A_a + A_b + A_c + A_d + A_e + A_f$，放热量 $Q_{2,c} = A_f$。显然，$Q_{1,c} > Q_1$，$Q_{2,c} < Q_2$，所以有

$$\eta_t = 1 - \frac{Q_2}{Q_1} < 1 - \frac{Q_{2,c}}{Q_{1,c}} = 1 - \frac{T_2}{T_1} \qquad (4-10)$$

即在相同的温度极限范围内，多热源循环热效率一定小于卡诺循环热效率。

其实，也可以将循环 ABCD 当作真实的不可逆循环来分析。把外部高温热源视为定温热源 T_1，外部低温热源视为定温热源 T_2，如果该循环 ABCD 完全可逆，则根据卡诺定理的推论一，工作于两个相同的定温热源（温度为 T_1 和 T_2）间所有可逆机的热效率都相等，都等于卡诺效率。实际上，由于工质与热源间存在换热温差（吸热温度低于 T_1，放热温度高于 T_2），具有不可逆性（外不可逆），因此根据卡诺定理的推论二，工作于两个相同的定温热源间所有不可逆机的热效率必小于卡诺效率。

4.2.4　卡诺效率对热机的指导意义

由上面的分析可以看出，在相同热源间工作的所有热机中，可逆机的热效率最高，而在相同的温度极限范围内的循环，最简单的卡诺循环的热效率最高。因此，卡诺效率是在给定的温度极限范围内（$T_{min} < T < T_{max}$）的最大热效率，即

$$\eta_t \leqslant \eta_{t,c} = \eta_{t,max} = 1 - \frac{T_{min}}{T_{max}} \qquad (4-11)$$

因此，卡诺循环既是最简单、最理想的循环，也是最佳的循环。虽然它距离实际热机较远，但对实际热机的设计具有指导意义。具体表现在以下几方面：

（1）使热机经历的循环尽可能接近卡诺循环。如图 4-10 所示，多热源循环对其外切的卡诺循环充满度越大，就越接近卡诺循环，热效率就越高。

（2）尽量减少循环的不可逆性，包括内不可逆性和外不可逆性。不可逆性越小，热效率越高。前述使循环尽可能接近卡诺循环，实际上也可以理解为尽量减少外不可逆性。此外，还应尽量减少过程的内不可逆性，如减少摩擦、泄漏、掺混等。

（3）尽量扩大循环的极限温度范围，即提高最高温度 T_{max}，降低最低温度 T_{min}。一般来说，T_{max} 受材料高温性能的限制，而 T_{min} 受环境，如大气及江、河、湖、海温度的限制。提

高热机热效率应该从改善材料的性能和改进对自然界环境的放热过程两方面着手。

（4）卡诺循环热效率表明影响热效率的本质因素是温差，而不是吸热量和放热量。虽然热效率经常被写为式（4-7）的形式，但那只是形式上的，热效率的本质是式（4-11）。在分析循环热效率时采用式（4-11）。如对图 4-11 的多热源循环，可以把循环热效率写为

$$\eta_\text{t} = 1 - \frac{Q_2}{Q_1} = 1 - \frac{T_\text{m2}}{T_\text{m1}} \tag{4-12}$$

式中：T_m1，T_m2 分别为平均吸热温度和平均放热温度。其具体定义为

$$T_\text{m1} = \frac{Q_1}{S_\text{c} - S_\text{a}} = \frac{\int_\text{abc} T\,\mathrm{d}S}{S_\text{c} - S_\text{a}} \tag{4-13}$$

$$T_\text{m2} = \frac{Q_2}{S_\text{c} - S_\text{a}} = \frac{\int_\text{adc} T\,\mathrm{d}S}{S_\text{c} - S_\text{a}} \tag{4-14}$$

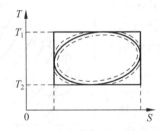

图 4-10　相同温度极限范围内，实际循环
　　　　　与卡诺循环之间的关系

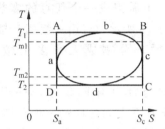

图 4-11　多热源循环的 $T\text{-}S$ 图

实际上，就是把实际的多热源循环等效为一个以平均吸热温度和平均放热温度进行定温吸热过程和定温放热过程的卡诺循环。由于 $T_\text{m1} < T_1$，$T_\text{m2} > T_2$，实际多热源循环的热效率小于其相同温度极限范围的外切卡诺循环的热效率，但等于其等效卡诺循环的热效率。这样就可以更清楚地看出：直接决定实际循环热效率的是平均吸热温度和平均放热温度。提高实际循环热效率的主要措施应该是提高平均吸热温度和降低其平均放热温度。这样的分析方法称为温度法，而对应的以热量来分析热效率的方法称为热量法。热量法是基于热力学第一定律的方法，反映的只是热效率的形式；而温度法是基于卡诺定理或热力学第二定律的方法，反映了热效率的本质。

（5）对逆向卡诺循环的分析将得出与卡诺循环类似的结论，即制冷机（或热泵）的制冷因数（或供暖因数）也仅取决于循环的温度，影响制冷因数（或供暖因数）的本质因素是温差而不是吸热量和放热量。前述的温度法和热量法也同样适用于实际逆向循环的分析。只是温差越小。制冷因数（或供暖因数）越大（见式（4-5）或式（4-6））。在相同热源间的所有制冷机（或热泵）中以逆向可逆机的制冷因数（或供暖因数）最高，在相同的温度极限范围内的循环又以最简单的逆向卡诺循环的温差最小，因而制冷因数（或供暖因数）最高。卡诺制冷因数（或供暖因数）是在给定的温度极限范围内的最大制冷因数（或供暖因数），是所有实际制冷机（或热泵）努力的方向。

4.3 熵及熵方程

熵是热力学第二定律的一个非常重要的概念,就像"热力学能""焓"是热力学第一定律的重要概念一样。在第 1 章就给出了熵的定义,并不加证明地指出熵是一个状态参数。根据这一定义及理想气体的性质,推出了理想气体熵的表达式,说明理想气体的熵的确是一个状态参数。在本节中,将从热力学第二定律引出熵的概念,并将证明,任何工质的熵都是一个状态参数。

4.3.1 克劳修斯不等式

设任一工质完成一个任意的多热源循环(可逆或不可逆),如图 4-12 所示。现用一组相互接近的可逆绝热线 AB,CD,… 将循环分割成无穷多个微元循环,如 ABDCA,CDFEC,…

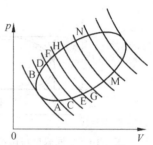

图 4-12   任意的多热源循环

由于 B 与 D,D 与 F,A 与 C,…相邻两点无限接近,所以可以近似把这两点间的换热过程看作是定温换热过程,这样每个微元循环都可以近似看作是具有两个定温热源的循环。但并不一定是卡诺循环,因为 B-D,C-A,D-F 等定温吸热过程不一定可逆。根据卡诺定理,对任意一个微元循环如 ABDCA 有

$$\eta_t = 1 - \frac{\delta Q_2}{\delta Q_1} \leqslant \eta_{t,c} = 1 - \frac{T_2}{T_1}$$

式中:等号适用于可逆循环、小于号适用于不可逆循环;T_1 和 T_2 分别为 B-D 和 C-A 过程工质的温度;δQ_1 和 δQ_2 分别为 B-D 和 C-A 过程的吸热量和放热量的绝对值。由于 δQ_2 是放热,应为负值,如果把负号包含在 δQ_2 之内,即让 δQ_1 和 δQ_2 表示为按符号规则取正负号的代数值,代入上式并整理,可得

$$\frac{\delta Q_1}{T_1} + \frac{\delta Q_2}{T_2} \leqslant 0$$

其他微元循环也有类似的关系式,把这些不等式全部相加,有

$$\sum \frac{\delta Q_1}{T_1} + \sum \frac{\delta Q_2}{T_2} \leqslant 0$$

考虑到所增加的可逆绝热线 AB,CD 等没有热量进出($\delta Q = 0$),或者说每一条可逆绝热线都要向两个相反的方向各积分一次,相互抵消,当所划分的微元循环数目趋向于无穷大时,上述加和式实际上就演变为沿多热源循环路径的循环积分式,即

$$\oint \frac{\delta Q}{T} \leqslant 0 \tag{4-15}$$

式(4-15)即为克劳修斯不等式。它表明:任意工质在可逆循环中的微元换热量与换热时的温度之比的循环积分等于零;任意工质在不可逆循环中的微元换热量与换热时的温度

之比的循环积分小于零。

这样，就可以利用克劳修斯不等式来判断循环是否为可逆循环，这比前面判断循环的方法更简便、明确和通用。但它的意义并不在此，而在于熵的导出。

4.3.2 熵的导出

由克劳修斯不等式可知，对可逆循环有

$$\oint \frac{\delta Q_{re}}{T} = 0 \tag{4-16}$$

显然 $\frac{\delta Q_{re}}{T}$ 满足状态参数的特征（见式(1-10)），即对于任意可逆循环，$\frac{\delta Q_{re}}{T}$ 是一个状态参数，克劳修斯把这个参数称为熵，用大写 S 表示，即

$$dS = \frac{\delta Q_{re}}{T} = \frac{m \delta q_{re}}{T} \tag{4-17}$$

显然熵也与热力系统的质量有关，是一个广延参数，具有可加性。将其除以质量，可得到比参数比熵或质量熵，用小写 s 表示。其定义式为

$$ds = \frac{dS}{m} = \frac{\delta Q_{re}}{mT} = \frac{\delta q_{re}}{T} \tag{4-18}$$

$$\Delta s_{12} = s_2 - s_1 = \int_1^2 \frac{\delta q_{re}}{T} \tag{4-19}$$

需要注意的是：只有在可逆过程中 $\frac{\delta Q}{T}$ 才是熵，而对不可逆过程，$\oint \frac{\delta Q}{T} < 0$，$\frac{\delta Q}{T}$ 不是状态参数，也就不能定义为熵。但由于熵是状态参数，所以只要过程的始态和终态两个状态确定了，熵的变化也就确定了，与经历的过程（如是否可逆）无关。

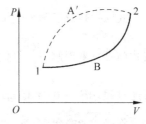

图 4-13 可逆与不可逆过程中熵的积分

如图 4-13 所示，工质由状态 1 变化到状态 2，无论是经过可逆过程 1-B-2 还是经过不可逆过程 1-A'-2，其熵变均相等，均为

$$\Delta s_{12} = s_2 - s_1 = \int_{1-B}^2 \frac{\delta q_{re}}{T} \neq \int_{1-A'}^2 \frac{\delta q_{ir}}{T}$$

可见，对不可逆过程的熵的变化，应设想一条可逆的路径来计算。

4.3.3 不可逆过程中熵的变化

由于图 4-14 中的循环 1A'2B1 为不可逆循环，对该循环求克劳修斯积分，有

$$\oint_{1A'2B1} \frac{\delta Q}{T} = \int_{1-A'}^2 \left(\frac{\delta Q}{T}\right)_{ir} + \int_{2-B}^1 \left(\frac{\delta Q}{T}\right)_{re} < 0$$

或写为

$$\int_{1-A'}^2 \left(\frac{\delta Q}{T}\right)_{ir} < -\int_{2-B'}^1 \left(\frac{\delta Q}{T}\right)_{re} = -(S_1 - S_2)$$

即

$$S_2 - S_1 > \int_{1-A'}^{2} \left(\frac{\delta Q}{T} \right)_{ir} \tag{4-20}$$

可见,两状态间不可逆过程中,$\left(\frac{\delta Q}{T} \right)_{ir}$ 的积分并不等于而是小于两状态间熵的变化。

通常把由于热量流进、流出热力系统造成的熵增称为熵流$\left(即\frac{\delta Q}{T}部分\right)$,记为 S_f,即

$$dS_f = \frac{\delta Q}{T} \tag{4-21}$$

注意式(4-21)没有限定可逆的条件,即无论可逆或不可逆,$\frac{\delta Q}{T}$ 都是熵流。若过程可逆,

则熵流就是总熵,$dS = dS_f = \frac{\delta Q}{T}$,实际上就是式(4-17);若过程不可逆,按式(4-20)熵流小

于总熵,是总熵的一部分,即

$$dS > dS_f = \frac{\delta Q}{T} \tag{4-22}$$

式(4-22)说明:对于不可逆过程,除了有热量流进、流出热力系统造成的熵增(熵流)
外,还有其他因素造成的熵增。由于不可逆过程与可逆过程相比就是多了一个不可逆因素,
因此,这个熵增一定是由不可逆因素造成的,这个由不可逆因素造成的熵增,就称为熵产,记
为 S_g。这样,式(4-22)就可以写为

$$dS = dS_f + dS_g \tag{4-23}$$

式(4-23)对于理解熵增过程具有非常重要的意义。对于不可逆过程,$\frac{\delta Q}{T}$ 不代表熵增,

按式(4-23)来理解,$\frac{\delta Q}{T}$ 只代表熵流,还有熵产 dS_g 未考虑在内,因此不代表总熵增,只有对

可逆过程,$dS_g = 0$,才有 $dS = dS_f = \frac{\delta Q}{T}$。

将式(4-23)代入式(4-22),可得

$$dS_g > 0 \tag{4-24}$$

即熵产永远大于零,不可逆因素只能造成熵增,不能造成熵减。这是熵产与熵流的不同
之处。而且熵产越大,表明过程偏离可逆过程越远,即不可逆性越大。不可逆过程的熵产可
以作为过程不可逆性大小的度量。由于热量可正可负,所以熵流可正可负。总熵增则会随
熵流和熵产的相对大小,可正可负。

与熵相仿,熵流和熵产也有比熵的形式,式(4-20)～式(4-24)都可以写成比熵的形式。
"熵"是由热力学第二定律引出的一个物理量,孤立体系熵增原理是热力学第二定律的数学
表达式,应用热力学第二定律实际上就是应用孤立体系熵增原理进行求解。但孤立体系熵
增原理是一个不等式(见式(4-41)),有时并不太好用。像热力学第一定律对"热力学能"
"焓"列出等式方程那样,对熵也列出等式方程,以搞清楚熵在热力系统中的来龙去脉。这就
是熵方程。

4.3.4　闭口系统的熵方程

对闭口系统,由于与外界没有质量交换,所以熵的变化只由两个原因引起:熵流和熵产。因此,对于在闭口系统内进行的微元过程有

$$dS = dS_f + dS_g \tag{4-25}$$

或写为

$$dS = \frac{\delta Q}{T} + dS_g \tag{4-26}$$

也可写为比熵的形式,即

$$dS = dS_f + dS_g = \frac{\delta q}{T} + dS_g \tag{4-27}$$

即闭口系统的熵增等于闭口系统与外界进行热交换引起的熵流和闭口系统内不可逆因素造成的熵产之和。

4.3.5　开口系统的熵方程

由于开口系统与外界有质量交换,因此除了上述熵流和熵产外,还多了一个由于质量进、出热力系统引起的熵增。即

$$dS_{cv} = dS_f + dS_g + \delta m_{in} s_{in} - \delta m_{out} s_{out} \tag{4-28}$$

或写为

$$dS_{cv} = \frac{\delta Q}{T} + dS_g + \delta m_{in} s_{in} - \delta m_{out} s_{out} \tag{4-29}$$

将式(4-28)对时间 τ 求导,可写为流量的形式,即

$$\frac{dS_{cv}}{d\tau} = \frac{\dot{Q}}{T} + \frac{dS_g}{d\tau} + q_{m,in} s_{in} - q_{m,out} s_{out} \tag{4-30}$$

式中: $\dot{Q}$, $q_{m,in}$ 和 $q_{m,out}$ 分别为加热率和工质进、出口质量流量。若开口系统有多个热源,多个进、出口,则有

$$\frac{dS_{cv}}{d\tau} = \sum \frac{\dot{Q}}{T} + \frac{dS_g}{d\tau} + \sum_{in} q_{m,in} s_{in} - \sum_{out} q_{m,out} s_{out} \tag{4-31}$$

对于单热源、单股流体的稳定流动,有

$$\frac{dS_{cv}}{d\tau} = 0, \quad q_{m,in} = q_{m,out} = q_m$$

代入式(4-30)得

$$q_m (s_{out} - s_{in}) = \frac{\dot{Q}}{T} + \frac{dS_g}{d\tau} \tag{4-32}$$

或写为

$$dS = \frac{\delta q}{T} + dS_g \tag{4-33}$$

　　即稳定流动开口系统的熵增（熵流和熵产）等于进出口工质所带熵之差，换句话说，稳定流动开口系统的熵增（熵流和熵产）全部被进、出口工质带走。其实式(4-33)与闭口系熵方程式(4-23)或式(4-21)形式上是完全一样的，只是 $\mathrm{d}s$ 的意义有所不同，这里 $\mathrm{d}s$ 指进、出口工质所带熵之差，而且式(4-36)只适用于稳定流动系统。

　　闭口系统和开口系统的熵平衡方程都说明：系统的熵增来自于外界的熵流和自身的熵产。正是这个系统自身内部造成的熵产使得熵方程不像能量方程那样表现为与外界交换的量的守恒律，对熵来说，只有加上这部分熵产后才能平衡方程两端，否则就表现为不等式。

4.3.6　关于熵的小结

　　"熵"是热力学中最抽象、最难理解的物理量。

1. 熵是一种具有广延性质的状态参数

　　无论什么工质，只要是平衡态都可以计算熵参数，但不同工质的熵差计算公式是不同的；无论经历什么过程（可逆或不可逆）都可以计算状态参数，如果是不可逆过程可以设想一个可逆过程来计算熵差，只要始态和终态相同，熵差一定相同；循环的熵差一定为零，与工质种类、路径、过程的性质无关；系统的熵差等于组成整个系统的各部分的熵差之和，即 $\mathrm{d}S = \sum \mathrm{d}S_i$。

2. 熵是由熵流和熵产组成的，即 $\mathrm{d}S = \mathrm{d}S_\mathrm{f} + \mathrm{d}S_\mathrm{g}$

　　这一点意味着，$\dfrac{\delta Q}{T}$ 只是熵的一部分，即熵流 $\mathrm{d}S_\mathrm{f} = \dfrac{\delta Q}{T}$。一般情况下，$\mathrm{d}S \geqslant \dfrac{\delta Q}{T}$，只有可逆时熵产 $\mathrm{d}S_\mathrm{g}$ 为零，才有 $\mathrm{d}S = \dfrac{\delta Q}{T}$；要用 $\dfrac{\delta Q}{T}$ 计算熵，就必须设想一个可逆路径进行积分运算，$\dfrac{\delta Q}{T}$ 的循环积分小于或等于零，即 $\oint \dfrac{\delta Q}{T} \leqslant 0$，等号只在可逆时成立。一般情况下，$\dfrac{\delta Q}{T}$ 不是状态参数，只有可逆时才是。熵产永远大于等于零，不可能小于零，即 $\mathrm{d}S_\mathrm{g} \geqslant 0$。熵流的方向则不定，随热量的变化熵流可大于、等于或小于零。熵增的数值取决于熵流和熵产的相对大小，可大于、等于或小于零。

3. 除了熵流和熵产外，开口系统的熵还取决于进、出开口系统的工质所带进带出的熵

　　这一点意味着：开口系统的熵增可大于、等于或小于零；只有对孤立系统，熵增才全部是熵产，因而永远大于等于零，不可能小于零，即 $\mathrm{d}S_\mathrm{iso} \geqslant 0$。

4.3.7　熵的物理意义

　　熵是用宏观方法导出的一个概念，它不能被直接测量，只能计算出来。但它的物理意义不像热力学能、焓那么直接和明显。

　　结合熵增原理,熵与热力学概率之间的函数关系式为

$$S = k \ln \Omega \tag{4-34}$$

式(4-34)称为玻耳兹曼关系式。其中,k 为玻耳兹曼常数,$k = 1.380649 \times 10^{-23} \text{J/K}$。可见,热力系统的熵与热力学概率的对数成正比。

4.4　孤立系统的熵增原理

4.4.1　孤立系统熵增原理的表述

　　由熵的广延参数性质(见式(4-17)),可知孤立体系的熵增为

$$S_{iso} = m s_{iso}$$

式中:下角标"iso"表示"孤立体系"。孤立体系是指与外界既无质量交换($dm = 0$)又无能量(包括功量和热量)交换($ds_{f,iso} = 0$)的热力系统。因此,孤立体系的熵增为

$$dS_{iso} = m \, ds_{iso} + s_{iso} \, dm = m(ds_{f,iso} + ds_{g,iso}) = m \, ds_{g,iso} \tag{4-35}$$

　　即孤立体系的熵增全部都是由不可逆因素引起的熵产 $ds_{g,iso} = m \, ds_{g,iso}$。对于可逆过程,其熵产为零,对于不可逆过程,其熵产永远大于零(见式(4-24))。因此必有

$$dS_{iso} \geqslant 0 \tag{4-36}$$

　　式(4-36)即为孤立体系熵增原理,用文字表述为:在孤立体系中,熵的值只能增加,极限情况下(可逆过程)保持不变,但不可能减少。换句话说,任何使孤立体系熵减少的过程是不可能发生的。自然界和工程上很少见到真正的孤立体系,因此在分析中通常会把热力系统和外界环境放在一起组成"孤立体系",如图 4-14 所示。"热力系统"和"外界"之间有功和热的交换,但它们组成的"孤立体系"整体与其他任何物体再无任何关系。若设热力系统熵增为 dS,外界环境熵增为 dS_0,则式(4-36)变为

$$dS_{iso} = dS + dS_0 \geqslant 0 \tag{4-37}$$

　　将式(4-23)代入式(4-37),并考虑到孤立体系的总熵流为零,可得

图 4-14　孤立系统的构成

$$dS_{iso} = dS_f + dS_{f0} + dS_g + dS_{g0} = dS_g + dS_{g0} \tag{4-38}$$

　　前面在实际循环的分析中将不可逆性分为"内"和"外",从熵的角度来理解,实际上就是将总熵产分为热力系统与外界环境的熵产。如果 $dS_g > 0$,说明"内部不可逆";如果 $dS_{g0} > 0$,说明"外部不可逆"。而孤立体系的总熵增则代表了总熵产,不分"内"和"外",是对总不可逆性的描述。

4.4.2　热力学第二定律的数学表达式

　　前面介绍过,由于热力学第二定律的深刻而抽象的本质,因此采用了通过现象描述本质

的方法,从而导致了众多的说法。如克劳修斯说法从温差传热的角度,开尔文-普朗克说法从功变热的角度,卡诺定理从热机循环热效率的角度,等等,都描述了热力学第二定律。自然现象是多种多样的,不可能让每一种现象都去找一种说法。所以说"自发过程不可逆"是一种最根本、最本质的说法。但这种表述仍然只是文字上的,缺乏具体的、精确的量化。数学是一种定量研究和描述自然的科学方法,"一门科学只有当它充分利用了数学之后,才能成为一门精确的科学。"这是马克思关于数学作用的精辟论述。如果能用数学来描述热力学第二定律,将是热力学第二定律最通用和最完美的说法。这个数学概念在 1868 年被克劳修斯找到了,就是"熵",孤立体系熵增原理(见式(4-36))就是热力学第二定律的数学表达式之一,也是最常用和最通用的表达式。

作为热力学第二定律的数学表达式,孤立体系熵增原理概括了热力学第二定律的所有说法,列举如下。

1. 温差传热

在某一微元过程中,高温物体 1 传出热量 δQ,低温物体 2 获得热量 δQ,取 1,2 物体组成孤立体系,则由于 $T_1 > T_2$,在此微元过程中该孤立体系熵增为

$$dS_{iso} = dS_1 + dS_2 = \frac{-|\delta Q|}{T_1} + \frac{|\delta Q|}{T_2} = |\delta Q| \left(\frac{1}{T_2} - \frac{1}{T_1} \right) > 0$$

满足孤立体系熵增原理,说明热量可以由高温物体 1 传向低温物体 2,同时由于孤立体系的熵增不等于零,说明该过程是一个不可逆过程,且传热量越大,温差越大,孤立体系的熵增就越大,说明不可逆性越大。其逆过程,即热量由低温物体 2 传向高温物体 1 是不可能自发进行的,它将导致 $dS_{iso} < 0$。

但孤立体系的熵也不可能永远增大,当 $dS_{iso} = 0$ 时,熵达到极大值,传热过程将终止,此时有 $T_1 = T_2$,即两物体温度相等,达到热平衡。

可见,用孤立体系熵增原理对温差传热过程的分析与克劳修斯说法是完全一致的。

2. 摩擦生热过程

取整个装置(搅拌器、液体、搅拌轮、重物等)及温度为 T_0 的外界环境为孤立系统,在摩擦生热的过程中,只有外界环境作为热源得到热量 $Q = W$,因此,孤立体系熵增为

$$\Delta S_{iso} = \frac{Q}{T_0} = \frac{W}{T_0} > 0$$

满足孤立体系熵增原理,说明功可以通过摩擦直接变成热,这是一个不可逆的自发过程,造成不可逆熵增,而且功变热越多,熵增越大,不可逆性越大。其逆过程,即外界环境给装置加热 Q 并将其全部转化为功是不可能自发进行的,它将导致 $\Delta S_{iso} = \frac{-Q}{T_0} < 0$。

可见,用孤立体系熵增原理对摩擦生热过程的分析与开尔文-普朗克说法是完全一致的。

3. 热机最大热效率

如图 4-15 所示两个定温热源间工作着一个任意热机 H,取热机、热源、冷源和功源为孤立体系(图中虚线所示),则该孤立体系的熵增为热机、热源、冷源和功源的熵增之和,且根据

孤立体系熵增原理,该孤立体系的熵增应大于等于零,即

$$\Delta S_{iso} = \Delta S_1 + \Delta S_2 + \Delta S_H + \Delta S_w = \frac{-Q_1}{T_1} + \frac{Q_2}{T_2} + 0 + 0 \geqslant 0$$

式中,由于热机进行的是一个循环,所以熵增 ΔS_H 为零。而功的进出对熵没有影响,故功源的熵增 ΔS_w 永远为零。

由上式得

$$\frac{Q_2}{Q_1} \geqslant \frac{T_2}{T_1}$$

则

$$1 - \frac{Q_2}{Q_1} \leqslant 1 - \frac{T_2}{T_1}$$

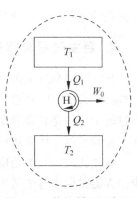

图 4-15　热机循环示意图

即任意热机的热效率为

$$\eta_t \leqslant 1 - \frac{T_2}{T_1}$$

这是与卡诺定理完全一致的。又因为

$$\Delta S_{iso} = -\frac{Q_1}{T_1} + \frac{Q_2}{T_2}$$

所以

$$\frac{Q_2}{Q_1} = \frac{T_2}{T_1}\left(1 + \frac{T_1 \Delta S_{iso}}{Q_1}\right)$$

则

$$\eta_t = 1 - \frac{Q_2}{Q_1} = 1 - \frac{T_2}{T_1} - \frac{T_2 \Delta S_{iso}}{Q_1} = \eta_{t,c} - \frac{T_2 \Delta S_{iso}}{Q_1} \tag{4-39}$$

不可逆性导致的功的损失为

$$W_t = W_{0c} - W_0 - Q_1 \eta_{t,c} - Q_1 \eta_t = T_2 \Delta S_{iso} \tag{4-40}$$

对热机来说,低温热源一般就是环境,即 $T_2 = T_0$,则上式可写为

$$W_t = T_0 \Delta S_{iso} \tag{4-41}$$

由式(4-35)知,孤立体系的熵增实际上就是总熵产,代表了过程中的不可逆性的大小。则热机的不可逆性越大,ΔS_{iso} 增大,W_t 增大,η_t 减小,表明热机不可逆性的增大或熵产的增加将直接导致热机做功能力的下降。虽然能量在总量上并没有损失,但做功能力下降了,或者说热变功的能力下降了,这种现象称为能量贬值或功的耗散。只有当热机完全可逆时,$\Delta S_{iso} = 0, W_t = 0, \eta_t = \eta_{t,c}$,即达到最大的卡诺热机效率,或者说热机的做功能力最大。可见,可逆过程不会造成能量贬值。

造成熵增或者能量贬值的原因很多,如前述的温差传热过程、功通过摩擦生成热的过程。高温热变为低温热、功变热等都是能量贬值,说明能量是分等级的,高温热的等级高于低温热的等级,功的等级高于热的等级。高温热变为低温热,功变热等虽然能量的总量没有变(能量守恒),但能量的质变了,导致做功能力下降,或者直接把功耗散成热。因此,孤立体系熵增原理也称为能量贬值原理,它可表述为:一切实际过程,总是朝着使总的能量品质下降的方向进行;只有在完全可逆的理想条件下总的能量品质保持不变;使孤立系统总的能

质提高的过程是不可能发生的。热力学第二定律就是一个描写能量品质的定律。

4. 自发过程和非自发过程

从"熵"的角度来理解，自发过程就是一个使熵增大的过程，这样就能满足过程进行的"方向性"条件，从而"自动地、无条件地进行"。显然，这里"无条件"实际上仍是"有条件"，只不过这个条件是自动满足的。非自发过程是自发过程的逆过程，因此，它必然使熵减少，从而不能满足孤立体系熵增原理自动地进行。

这样就从"熵"的角度理解了自发过程和非自发过程的实质，前者使熵增大，后者使熵减少。人类在生产与生活中需要自发过程，如暖气散热、电加热器取暖、摩擦制动、把两种物质混合以进行化学反应，等等；但另一方面，人类更需要非自发过程，如热能转变为机械能、电冰箱制冷、热泵供暖、空调降温、物质分离，等等。那么，怎样才能使非自发过程进行呢？或者说，非自发过程进行的条件是什么呢？

如图 4-16 所示，要使体系 I 中的非自发过程进行，就必须让它与体系 II 连接起来，使体系 II 中自发过程产生的熵增大于体系 I 中的非自发过程产生的熵减。使体系 I 和体系 II 共同组成的孤立体系 III 的总熵增大于零，即 $\Delta S_{III} - |\Delta S_{II}| - |\Delta S_{I}| > 0$，这样就满足了孤立体系熵增原理。可见，自发过程在这里起了一个"补偿"的作用，"补偿"非自发过程造成的熵减，使得总熵增大于零，因此自发过程就叫非自发过程的"补偿条件"。没有这个"补偿条件"，非自发过程是不能进行的，所以说非自发过程必然伴随着自发过程。比如，热机在工作过程中，从高温热源吸热转化为功是一个非自发过程，就必然伴随有向冷源放热这

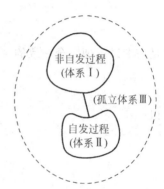

图 4-16　自发过程与非自发过程

个自发过程；制冷机将热量从低温冷库取出并放给环境，这是一个将热量由低温传向高温的非自发过程，必然伴随一个功变热的自发过程。总之，非自发过程进行的条件就是要有一个"补偿条件"以满足孤立体系熵增原理。

运用孤立体系熵增原理对各个不可逆自发过程进行的分析说明，孤立体系熵增原理不仅可以完全概况热力学第二定律的各种说法，而且可以量化地阐明自发过程进行的深度和非自发过程进行的条件，更深刻、更细致地描述各种自发过程的"方向性"的实质。普朗克称之为热力学第二定律最通用的说法。

例 4.2　将 2kg 温度为 300℃ 的铅，投入装有 4kg 温度为 15℃ 的水的绝热容器中，最后达到温度平衡。试求：此过程中系统熵的变化。铅和水的比热容分别为 $c_{Pb} = 0.13 kJ/(kg \cdot K)$，$c_{H_2O} = 4.1868 kJ/(kg \cdot K)$。

解　物理模型：这是一个混合问题，由于绝热容器与外界无关，就相当于一个孤立体系。取绝热容器中铅和水为热力系，应用热力学第一定律和热力学第二定律进行分析。

数学模型及求解：设混合后该热力系温度为 t_m。该热力系与外界绝热绝功，则由热力学第一定律得

$$m_{Pb} c_{Pb}(t_m - t_{Pb}) + m_{H_2O} c_{H_2O}(t_m - t_{H_2O}) = 0$$

解得

$$t_m = \frac{m_{Pb}c_{Pb}t_{Pb} + m_{H_2O}c_{H_2O}t_{H_2O}}{m_{Pb}c_{Pb} + m_{H_2O}c_{H_2O}} = \frac{2 \times 0.13 \times 300 + 4 \times 4.1868 \times 15}{2 \times 0.13 + 4 \times 4.1868} = 19.36℃$$

按式(4-17),得水的熵增为

$$\Delta S_{H_2O} = \int_{T_{H_2O}}^{T_m} \frac{\delta Q}{T} = \int_{T_{H_2O}}^{T_m} \frac{m_{H_2O}c_{H_2O}dT}{T} = m_{H_2O}c_{H_2O}\ln\frac{T_m}{T_{H_2O}}$$

$$= 4 \times 4.1868 \times \ln\frac{19.36 + 273.15}{15 + 278.15} = 0.2515 kJ/K$$

同理,可得

$$\Delta S_{Pb} = \int_{T_{Pb}}^{T_m} \frac{\delta Q}{T} = \int_{T_{Pb}}^{T_m} \frac{m_{Pb}c_{Pb}dT}{T} = m_{Pb}c_{Pb}\ln\frac{T_m}{T_{Pb}}$$

$$= 2 \times 0.13 \times \ln\frac{19.36 + 273.15}{300 + 278.15} = -0.174\,89 kJ/K$$

热力系总熵增为

$$\Delta S = \Delta S_{H_2O} + \Delta S_{Pb} = 0.2515 - 0.174\,89 = 0.0766 kJ/K$$

讨论及结论:

(1) 由于热力系统与外界熵流为零,故总熵增 $\Delta S > 0$,说明熵产大于零,混合过程不可逆,这是由于铅和水之间的不等温传热引起的。

(2) 由于把水吸热和铅放热的过程当作"内部可逆"的过程,把不可逆性全部归于外部,所以水和铅的熵增 ΔS_{H_2O} 和 ΔS_{Pb} 中只有熵流,没有熵产。实际上,熵产或者说不可逆性就是在水和铅之间温差下的传热产生的,具体就产生于二者熵流的不同,只有把水和铅当作一个整体才能计算出来。

例 4.3　如图 4-17 所示,已知三个热源 1,2,3 的温度分别为 500K,400K 和 300K,有可逆机在这三个热源间工作。若可逆机从热源 1 吸入了 2000kJ 的热量,输出净功为 100kJ。试求:可逆机与 2,3 两热源间交换的热量,并指明其方向。

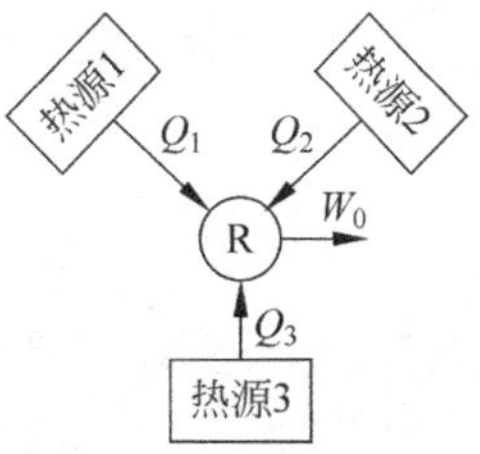

解　物理模型:本题涉及三个热源与热机之间的换热,很难使用卡诺定理。可选可逆热机 R 为热力系,该热力系与三个热泵和功源一起组成孤立体系。可应用热力学第一定律和热力学第二定律进行分析。

图 4-17　三个热源的热机

数学模型:假设可逆机 R 从三热源分别吸热 Q_1,Q_2 和 Q_3,如图 4-17 所示,对此热机 R,由热力学第一定律,有

$$Q_1 + Q_2 + Q_3 = W_0$$

对热机 R 与三个热源和功源组成的孤立体系、由热力学第二定律方程(孤立体系熵增原理)。有

$$\Delta S_{iso} = \frac{-Q_1}{T_1} + \frac{-Q_2}{T_2} + \frac{-Q_3}{T_3} = 0$$

式中,热量前正负号表明按照图 4-17 中假设的热量传递方向均为离开熟源,故熵为负值,若解出的值为正值,说明与假设的方向相同。若解出的值为负值,说明与假设的方向相反。将 $Q_1 = 2000kJ$,$W_0 = 100kJ$ 及各个温度代入上两式,有

$$2000 + Q_2 + Q_3 = 100 \tag{1}$$

$$-\frac{2000}{500} - \frac{Q_2}{400} - \frac{Q_3}{300} = 0 \tag{2}$$

方程求解：显然，式(1)、式(2)组成的方程组有两个未知数，可解得

$$Q_2 = 2800 \text{kJ}, \quad Q_3 = 900 \text{kJ}$$

讨论及结论：

(1) 结果说明：可逆机向热源 2 放热 2800kJ，从热源 3 吸热 900kJ。

(2) 本例说明，应用孤立体系熵增原理写热力学第二定律的方程是很方便的，比卡诺定理更具有通用性。

习   题

1. 热力学第二定律可否表示为：机械能能完全转换为热能，而热能不能全部转换为机械能，见图 4-18。

2. 有人说"不可逆过程工质的熵总是增加的，而可逆过程工质的熵总是不变的。"请问这种说法是否正确，并说明原因。

3. 一无压缩的发动机定容加热理想循环，如图 4-18 所示。已知 $p_1 = 1 \text{bar}$，$t_1 = 25℃$，$t_2 = 1200℃$，$v_3 = 2v_2$。工质视为空气，比热为定值，试求此循环热效率，并将此循环表示在 $T\text{-}s$ 图上。

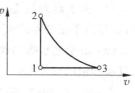

图 4-18   题 1 图

第 5 章

气体的流动

5.1　稳定流动的基本方程式

在开口系统能量方程中,可以看到进出热力系统的工质的能量除了焓外还有宏观动能和宏观位能,在稳定流动情况下,后两项又归并到技术功中,并未详细展开,而且在前面所讨论的情况下基本忽略了工质宏观动能和宏观位能的变化,这样 w_t 就是轴功 w_s。但作为技术功一部分的工质流动所具有的宏观动能在工程上占有非常重要的地位。如航空喷气发动机、火箭发动机等就是利用喷管产生的强大动能推动飞机和火箭运动的;在叶轮式压气机中,外界输入的功先使工质动能提高,然后再依靠扩压管作用把动能转变为压力,称为速度式压气机。本章研究以速度为主要状态参数的喷管和扩压管中流动的能量转换规律。

研究的基本方法是,首先找出流动过程遵循的基本方程,探讨气体流动的特性和规律,然后结合不同流动过程的外部条件,得到工程上常见的流动过程的特殊规律。

5.1.1　两个基本假设

本章讨论的流动首先假定是稳定流动。气体在经过开口系统(控制体积)内的任何指定点时,其所有参数都有一个确定数值,不随时间变化。如图 5-1 中截面 1—1 和截面 4—4 之间的控制体积内,任一截面 2—2,截面 3—3 上的压力、温度、比体积、速度等都不随时间变化。当然不同截面熵参数会有不同。工质的各参数只沿流动方向才有变化,而在垂直于流动方向的横截面上各参数都是均匀分布,没有变化。因而用一个数字就可以代表整个截面的参数。

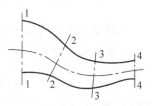

图 5-1　一元稳定流动

一元稳定流动的假设大大降低了流动问题的复杂性,便于进行研究。而且许多工程设备在正常运行时的情况可以近似按一元稳定流动的假设进行处理。

5.1.2　一元稳定流动的基本方程

1. 质量守恒——连续方程式

对如图 5-1 所示的任意截面,可以写为

$$q_{m,1} = q_{m,2} = q_{m,3} = \cdots = q_m = 常数 \tag{5-1}$$

式中：q_m 为任意截面上的质量流量。对一维稳定流动，沿流动方向任一截面上的质量流量为

$$q_m = A\rho c_f = \frac{Ac_f}{v} = 常数 \tag{5-2}$$

式中：c_f 为截面上的流速。对于任意两个截面，写出上述的连续方程为

$$A_1\rho_1 c_{f,1} = A_2\rho_2 c_{f,2} \tag{5-3}$$

或写为

$$\frac{A_1 c_{f,1}}{v_1} = \frac{A_2 c_{f,2}}{v_2} \tag{5-4}$$

式(5-1)～式(5-4)都是稳定流动连续方程式的表达式，表达式表明：一维稳定流动沿流动方向各截面上的质量流量都相等。若将式(5-2)求微分，可得微分形式的连续方程为

$$\frac{dA}{A} + \frac{dc_f}{c_f} + \frac{d\rho}{\rho} = 0 \tag{5-5}$$

或写为

$$\frac{dA}{A} + \frac{dc_f}{c_f} - \frac{dv}{v} = 0 \tag{5-6}$$

式(5-5)～式(5-6)稳定流动微分连续方程式表明：一维稳定流动沿流动方向各截面的面积、速度和密度的相对变化率之和为零，或者说一维稳定流动沿流动方向各截面面积与速度的相对变化率之和等于比体积的相对变化率。

连续方程式(5-6)是质量守恒原理在一维稳定流动开口系统的具体表现形式，它说明了流速 c_f、流道截面积 A 与比体积 v(或密度 ρ)之间的相互制约关系。而且由推导过程可知，方程与流体和过程的性质均无关，只要是一维稳定流动都适用。

2. 能量守恒——一维稳定流动能量方程式

一维稳定流动能量方程式如下：

对微元过程，则有

$$\delta q = dh + d\frac{c_f^2}{2} + g\,dz + \delta w_s \tag{5-7}$$

对积分过程，则有

$$q = \Delta h + \frac{1}{2}\Delta c_f^2 + g\Delta z + w_s \tag{5-8}$$

或将右端后三项归并为技术功 w_t，改写如下：

对微元过程，则有

$$\delta q = dh + \delta w_t \tag{5-9}$$

对积分过程，则有

$$q = \Delta h + w_t \tag{5-10}$$

式(5-9)～式(5-10)也称为热力学第一定律的第二表达式。

3. 机械能守恒——伯努利方程

可逆一维稳定流动的伯努利方程如下：

$$-v\mathrm{d}p = \mathrm{d}\frac{c_f^2}{2} + g\,\mathrm{d}z + \delta w_s \tag{5-11}$$

或写为动量方程或牛顿第二定律的形式,即

$$-\mathrm{d}p - \rho g\,\mathrm{d}z = \rho c_f \mathrm{d}c_f + \rho \delta w_s \tag{5-12}$$

伯努利方程反映了工质流动过程中机械能之间的守恒关系,或者说是动量方程或牛顿第二定律,其应用条件是一维稳定流动和可逆。式(5-7)～式(5-12)中只有两个是独立的,应用时最多只能同时使用其中两个方程。

4. 热力学第二定律——熵方程

热力学第二定律对流体的流动过程也有很大影响。如第 4 章所述,热力学第二定律说法多样,表达式众多,其中最通用的就是孤立体系熵增原理,即

$$\mathrm{d}S_{\mathrm{iso}} \geqslant 0 \tag{5-13}$$

或写为稳定流动的开口系统熵方程,即

$$\mathrm{d}s = \frac{\delta q}{T} + \mathrm{d}s_g \tag{5-14}$$

5. 物性方程

参与流动工质的物性对流动有很大影响,物性包括状态方程、热力学能和焓的表达式、熵的表达式、比热容的表达式,等等。2.5 节中推出了理想气体的所有方程,列出如下:

状态方程为

$$pv = R_g T \tag{5-15}$$

热力学能的表达式为

$$\Delta u = \int_1^2 c_v \mathrm{d}T \tag{5-16}$$

焓的表达式为

$$\Delta h = \int_1^2 c_p \mathrm{d}T \tag{5-17}$$

熵的表达式为

$$\mathrm{d}s = c_v \frac{\mathrm{d}T}{T} + R_g \frac{\mathrm{d}v}{v} \tag{5-18}$$

$$\mathrm{d}s = c_p \frac{\mathrm{d}T}{T} - R_g \frac{\mathrm{d}p}{p} \tag{5-19}$$

$$\mathrm{d}s = c_v \frac{\mathrm{d}p}{p} + c_p \frac{\mathrm{d}v}{v} \tag{5-20}$$

若比热容为常数,则比热容的表达式为

$$c_p = \frac{\kappa}{\kappa - 1} R_g \tag{5-21}$$

$$c_v = \frac{1}{\kappa - 1} R_g \tag{5-22}$$

若为变比热容,则也可以按真实定比热容、焓温表或平均比热容来处理。

上面仅列出了理想气体的物性方程,若不是理想气体,则只要用相对应的方程(或图、

表)替代即可。

6. 过程方程

过程方程即反映具体流动过程特征的方程。本章的流动都是既绝功又绝热的绝能流动,再加上可逆的假设,按式(5-14)的流动过程即为定熵过程,其特征方程为

$$ds = \frac{\delta q}{T} = 0 \quad 或 \quad \Delta s \equiv 0 \tag{5-23}$$

对理想气体,将式(5-20)代入式(5-23),得

$$\frac{dp}{p} + \gamma \frac{dv}{v} = 0 \tag{5-24}$$

对定比热容理想气体,比热比 γ 就等于定熵指数 κ,可整理得

$$pv^\kappa = C_1 \tag{5-25}$$

求解上述 6 个方程,就可以确定流动初、终态的状态参数,如 p, v, T, u, h, s, c_f 和过程量功和热等。其实,这与研究热力过程的方法是完全一样的,只是方程由 3 个变为 6 个,其中,多出的 3 个方程中,连续方程和伯努利方程直接与流动有关(方程中有变量 c_f),而实际上热力学第二定律对热力过程也是有作用的。总之,这种由物理模型(机理或定律)来建立数学模型(方程),进而求解的方法是热力学采用的基本方法。

5.2   声速与马赫数

5.2.1   声速

在气体介质中,压力波的传播,实质上就是在气体中交替发生的膨胀和压缩过程。由于此膨胀和压缩过程进行得如此迅速,以致气体中发生压力波的部分与其他部分来不及发生热交换,故压力波通过气体时的状态变化过程可视为绝热过程。又由于压力波通过气体时,其状态变化微弱,内摩擦小到可以忽略,所以压力波的传播过程可视为可逆绝热,即定熵过程。

声速公式为

$$c = \sqrt{\frac{\partial p}{\partial \rho}} \tag{5-26}$$

如前所述,声波传播过程是一个定熵过程,可得声速公式的一般形式为

$$c = \sqrt{\left(\frac{\partial p}{\partial \rho}\right)_s} = \sqrt{\frac{1}{\left(\frac{\partial \rho}{\partial p}\right)_s}} = \sqrt{\frac{-v^2}{\left(\frac{\partial v}{\partial p}\right)_s}} \tag{5-27}$$

式中: $\left(\frac{\partial \rho}{\partial p}\right)_s$ 或 $\left(\frac{\partial v}{\partial p}\right)_s$ 都反映了工质的可压缩性,其绝对值越大,说明工质越容易压缩,而可压缩性越强,声音在工质中的传播速度就越小。在固体、液体和气体三种形态中,以固体的可压缩性最小,气体最大。因此,声音在固体中的传播速度最大,在气体中最小。比如在

25℃海水中声速可达 1531m/s,在钢铁中声速可达 5200m/s,而在常温(20℃)的空气中声速仅为 343.2m/s。除了受物性影响外,式(5-27)还说明,声速是其传播介质(工质)状态的函数,因而也是一个状态参数,会随介质状态的变化而变化。如果流场中各点状态参数不同,其声速也会不同,把流场内某一点的声速称为当地声速。显然,当地声速的大小与当地工质的状态密切相关。

对于理想气体,由过程方程式(5-24)~式(5-25),可得

$$\left(\frac{\partial p}{\partial \rho}\right)_s = -\frac{v}{\kappa p} \tag{5-28}$$

式(5-27)中代入式(5-28)及理想气体状态方程式,可得

$$c = \sqrt{\kappa p v} = \sqrt{\kappa R_g T} \tag{5-29}$$

可见理想气体中声速不仅是气体的状态参数,而且还仅仅是温度的单值函数。因此,理想气体的声速可以视为气体内热能或焓的度量。在海平面上,若大气温度为 288K,则声速为 340m/s,在离地 11 000m 的对流层内,每升高 1km,温度下降 6.5K,声速也就相应减小。而在 11 000~25 000m 的高空,大气温度降为恒定的 216.5K,这就是同温层,在这里,声速恒为 295m/s。

5.2.2　马赫数

气流中任一指定点的速度与当地声速之比称为该点气流的马赫数(Mach number),即

$$Ma = \frac{c_f}{c} \tag{5-30}$$

马赫数是以奥地利物理学家马赫的名字命名的。按 Ma 的大小可以把气流分为特性完全不同的几种类型的流动。若 $Ma<1$,称为亚声速流动;$Ma=1$,称为声速流动或临界流动;$Ma≈1$,称为跨声速流动;$Ma>1$,称为超声速流动。

例 5.1　某飞机在海平面和在 10 000m 高空均以速度 1000km/h 飞行,问这架飞机在海平面和在 11 000m 高空的飞行马赫数是否相同?

解　物理模型:该飞机虽然在海平面和在 10 000m 高空均以同样的速度飞行,但由于不同高度大气的状态不同,当地声速也不同,因此按式(5-30)计算得到的马赫数也是不同的。

数学模型及求解:

飞机的飞行速度为

$$c_f = 1000 \times \frac{1000}{3600} = 277.8 \text{m/s}$$

在海平面上的飞行马赫数为

$$Ma = \frac{277.8}{340} = 0.817$$

即为亚声速飞行。

在 10 000m 高空的飞行马赫数为

$$Ma = \frac{277.8}{290} = 0.958$$

即为超声速飞行。

由本例可见,同样的速度,Ma 却不同。这完全是由于不同的当地声速引起的。10 000米高空属于平流层,1000km/h 接近音速飞行。更特殊的情况是:如果当地声速不存在,则马赫数也不存在。

5.3 滞止参数与临界参数

1. 滞止参数

气体在管内流动时,如果与外界既无热量交换,又无轴功交换,这种流动称为绝能流动。对绝能流动,再忽略重力位能的变化,则能量方程式可重新写为

$$\mathrm{d}h + \mathrm{d}\frac{c_\mathrm{f}^2}{2} = 0 \tag{5-31}$$

设管道进口压力为 p_1、温度为 T_1、速度为 $c_{\mathrm{f}1}$,管道出口压力为 p_2、温度为 T_2、速度为 $c_{\mathrm{f}2}$。则式(5-31)积分后写为

$$h_1 + \frac{c_{\mathrm{f}1}^2}{2} = h_2 + \frac{c_{\mathrm{f}2}^2}{2} = 常数 \tag{5-32}$$

式(5-32)表明:在绝能流动中,沿流动方向任意截面上的焓与动能之和保持为一常数。因此,若流动中气流速度增加则焓减小,若流动中气流速度减小则焓增加,实际这正是绝能流动中气体的热力学能(内热能)与宏观动能之间相互转换的关系。当气流速度减小到零时,焓会达到最大值。把气体可逆绝能阻滞到速度为零时的状态称为定熵滞止状态,简称滞止状态,如图 5-2 所示的“1”状态就是状态 1 的滞止状态,滞止状态的参数称为滞止参数或总参数,如滞止状态的焓、温度和压力分别称为滞止焓或总焓,滞止温度或总温,滞止压力或总压力(简称总压),用右上角带“ * ”的参数表示,如 h^*,T^* 和 p^* 等。这样,式(5-32)又可表示为

$$h_1^* = h_1 + \frac{c_{\mathrm{f}1}^2}{2} = h_2 + \frac{c_{\mathrm{f}2}^2}{2} = h_2^* = 常数 \tag{5-33}$$

或写为

$$h^* = h + \frac{c_\mathrm{f}^2}{2} = 常数 \tag{5-34}$$

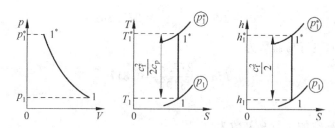

图 5-2 滞止状态与状态的关系

即在绝能流动中,沿流动方向任意截面上的总焓不变。显然,总焓的概念使能量方程得到了简化。有时也把$\dfrac{c_f^2}{2}$称为动焓,相应地 h 则称为静焓。则由式(5-34)知,总焓等于静焓和动焓之和,代表气流的总能量。对于绝能流动,总能量当然会保持不变。

对于理想气体,且为定比热容,将式(5-17)代入式(5-34)得

$$c_p T^* = c_p T + \frac{c_f^2}{2} \tag{5-35}$$

滞止温度或总温为

$$T^* = T + \frac{c_f^2}{2c_p} \tag{5-36}$$

注意式(5-36)中$\dfrac{c_f^2}{2c_p}$也具有温度的量纲,称为动温。相应地 T 称为静温。实际上,静温才是气体的真实温度,代表了气体的焓或内热能;动温则代表了气体动能的大小,是可以转化为工质焓的部分。在绝能流动中,定比热容理想气体的总温等于静温与动温之和。这实际上就是能量方程的另外一种表达方式。将式(5-21)和式(5-29)~式(5-30)依次代入式(5-36),可得

$$T^* = T + \frac{c_f^2}{2\dfrac{\kappa R_g}{\kappa-1}} = T\left[1 + \frac{(\kappa-1)c_f^2}{2\kappa R_g T}\right] = T\left[1 + \frac{\kappa-1}{2}\frac{c_f^2}{c^2}\right] = T\left[1 + \frac{\kappa-1}{2}Ma^2\right]$$

即

$$\frac{T^*}{T} = 1 + \frac{\kappa-1}{2}Ma^2 \tag{5-37}$$

对可逆定熵流动,利用定熵过程方程式(5-24)~式(5-25)可得

$$\frac{p^*}{p} = \left(\frac{T^*}{T}\right)^{\frac{\kappa}{\kappa-1}} = \left[1 + \frac{\kappa-1}{2}Ma^2\right]^{\frac{\kappa}{\kappa-1}} \tag{5-38}$$

$$\frac{v^*}{v} = \left(\frac{T^*}{T}\right)^{\frac{1}{\kappa-1}} = \left[1 + \frac{\kappa-1}{2}Ma^2\right]^{\frac{1}{\kappa-1}} \tag{5-39}$$

利用声速式(5-29),可得

$$\frac{c^*}{c} = \left(\frac{T^*}{T}\right)^{\frac{1}{2}} = \left[1 + \frac{\kappa-1}{2}Ma^2\right]^{\frac{1}{2}} \tag{5-40}$$

上述方程表明:气体绝能流动中的滞止状态参数或总参数与其真实状态参数(称为静参数)的比值是当地马赫数 Ma 和气体定熵指数 κ 的函数。且 Ma 越大,总参数与静参数比值就越大,总参数与静参数之差的动参数就越大;反之,当 Ma 很小时,总参数与静参数差别很小,即动参数很小。

滞止状态在工程上具有现实意义。首光,滞止状态是工程上常见的一种真实状态。如图 5-3 所示,当气体绕流钝体表面时,在钝体表而迎风面正对气流的点上,气流速度将阻滞为零,该点称为驻点或滞止点,该点的状态参数即为滞止

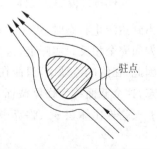

驻点

图 5-3　流体在钝体迎风面阻滞

参数。

例 5.2 燃气在管内流动,若管道截面积为 0.04m^2,测定某截面处的总压 $p^* = 1.5 \text{MPa}$,总温 $T^* = 1500\text{K}$,静压 $p = 0.5 \text{MPa}$,试求燃气在该截面的温度、流速和质量流量。已知燃气 $\kappa = 1.33$,$R_g = 287 \text{J}/(\text{kg} \cdot \text{K})$。

解 由式(5-38)解得该截面处马赫数为

$$Ma = \sqrt{\frac{2}{\kappa - 1}\left[\left(\frac{p^*}{p}\right)^{\frac{\kappa-1}{\kappa}} - 1\right]} = \sqrt{\frac{2}{1.33 - 1}\left[\left(\frac{1.5}{0.5}\right)^{\frac{1.33-1}{1.33}} - 1\right]} = 1.378$$

代入式(5-37),得该截面处燃气静温为

$$T = \frac{T^*}{1 + \frac{\kappa - 1}{2}Ma^2} = \frac{1500}{1 + \frac{1.33 - 1}{2} \times 1.378^2} = 1142.1\text{K}$$

由式(5-29),得截面处声速为

$$c = \sqrt{\kappa R_g T} = \sqrt{1.33 \times 287 \times 1142.1} = 660.3 \text{m/s}$$

该截面处流速为

$$c_f = Mac = 1.378 \times 660.3 = 909.9 \text{m/s}$$

由理想气体状态方程式(5-15),得该截面处比体积为

$$v = \frac{R_g T}{p} = \frac{287 \times 1142.1}{0.5 \times 10^6} = 0.6556 \text{m}^2/\text{kg}$$

故质量流量为

$$q_m = \frac{A c_f}{v} = \frac{0.04 \times 909.9}{0.6556} = 55.52 \text{kg/s}$$

2. 临界参数

将定比热容式(5-21)代入定比热容绝能流动能量方程式(5-35),得

$$\frac{\kappa R_g T}{\kappa - 1} + \frac{c_f^2}{2} = \frac{\kappa R_g T^*}{\kappa - 1}$$

并将理想气体声速式(5-29)代入上式,得

$$\frac{c^2}{\kappa - 1} + \frac{c_f^2}{2} = \frac{c^{*2}}{\kappa - 1} \tag{5-41}$$

式(5-41)说明:气体在绝能流动中,速度增大,则声速将减小;速度减小,声速将增大;当到达滞止状态时,声速达到最大的滞止声速 $c^* = \sqrt{\kappa R_g T^*}$。也就是说,声速和流速变化方向完全相反。实际上,这是由声速和流速分别代表了工质的热能和动能的实质所决定的。因此,在绝能流动中,只能在一个截面处达到声速 c 或 $Ma = 1$ 的状态,这个状态称为临界状态,这个截面称为临界截面,其状态参数相应地称为临界参数,如临界压力 p_{cr}、临界温度 T_{cr}、临界比体积 v_{cr}、临界声速 c_{cr} 等。由于 $c_{f,cr} = c_{cr}$,代入式(5-41)可解得临界声速为

$$c_{f,cr} = c_{cr} = \sqrt{\frac{2\kappa R_g T^*}{\kappa + 1}} \tag{5-42}$$

可见,气流的临界速度取决于气流的总温,总温越高,临界速度也越大。换句话说,理想

气体的临界声速是气体总能量(焓与机械能之和)的度量。

考虑到 $c^* = \sqrt{\kappa R_g T^*}$，由式(5-42)得

$$\frac{c_{cr}}{c^*} = \sqrt{\frac{2}{\kappa + 1}} \qquad (5\text{-}43)$$

式(5-43)也可根据式(5-40)并令 $Ma = 1$ 得到。同理，将 $Ma = 1$ 代入式(5-37)~式(5-39)可分别得

$$\frac{T_{cr}}{T^*} = \frac{2}{\kappa + 1} \qquad (5\text{-}44)$$

$$\frac{p_{cr}}{p^*} = \left(\frac{2}{\kappa + 1}\right)^{\frac{\kappa}{\kappa - 1}} \qquad (5\text{-}45)$$

$$\frac{v_{cr}}{v^*} = \left(\frac{\kappa + 1}{2}\right)^{\frac{1}{\kappa - 1}} \qquad (5\text{-}46)$$

由上述三式可见，绝能流动中气流的临界参数与总参数成正比，其比值分别为临界温度比、临界压力比、临界比体积比，它们仅与气体的定熵指数有关。对空气，$\kappa = 1.40$，则 $\dfrac{T_{cr}}{T^*} = \dfrac{2}{\kappa + 1} = 0.8333$，$\dfrac{p_{cr}}{p^*} = \left(\dfrac{2}{\kappa + 1}\right)^{\frac{\kappa}{\kappa - 1}} = 0.5283$，$\dfrac{v_{cr}}{v^*} = \left(\dfrac{\kappa + 1}{2}\right)^{\kappa - 1} = 1.58$。对燃气，$\kappa = 1.33$，则 $\dfrac{T_{cr}}{T^*} = 0.8584$，$\dfrac{p_{cr}}{p^*} = 0.5404$，$\dfrac{v_{cr}}{v^*} = 1.59$。

这些临界参数比常常用来判断流动是否达到或超过临界状态；当压力比、温度比小于或比体积大于它们相应的临界比时，就表明达到了临界状态。

5.4　喷管和扩压管

5.4.1　喷管

喷管在工程上主要用于需要增速或需要降压的场合。

如图 5-4 所示为收缩喷管，设喷管进口总压 p_1^* 和进口总温 T_1^* 不变，喷管出口参数为 p_2，T_2，c_{f2}，则喷管出口速度 c_{f2} 可以用能量方程式求出。但此时出口背压 p_b 起着重要的作用。当 $p_b = p_1^*$ 时，相当于整个喷管都处于滞止状态，压力均布，$p_1 = p_2 = p_b = p_1^*$，喷管进出口速度均为零，即 $c_{f2} = c_{f1} = 0$，喷管中压力沿轴向距离 x 的分布如图 5-4 中水平线 1 所示；然后随 p_b 减小，出口截面压力 p_2 也随之减小，保持 $p_2 = p_b$，则按式(5-25)，c_{f1} 和 c_{f2} 均增加，称喷管处于亚临界工作状态，喷管中压力分布如图 5-4 中曲线 2 所示；当 p_b 降到 $p_b = p_{cr}$ 时，出口达到临界速度，即 $c_{f2} = c_{f,cr} = \sqrt{\dfrac{2\kappa R_g T^*}{\kappa + 1}}$，压力也达临界压力，$p_2 = p_b = p_{cr} = \left(\dfrac{2}{\kappa + 1}\right)^{\frac{\kappa}{\kappa - 1}} p^*$，这时整个出口截面处于临界状态，称喷管处于临界工作状态，喷管

中压力沿轴向长度的分布如图 5-4 中曲线 3 所示；此时若继续使 p_b 下降，按式(5-25)，若 p_2 也跟随 p_b 继续减小，则气体会继续膨胀加速。但由于收缩喷管没有扩张段，不满足使气体继续膨胀加速的截面积变化条件，故此时出口截面压力 p_2 不再跟随 p_b 下降，而保持 $p_2 = p_{cr} > p_b$ 不变，喷管中压力分布如图 5-4 中曲线 4 所示，实际上，这时喷管内整个流动与出口背压 p_b 无关，出口截面一直保持在临界状态，称喷管处于超临界工作状态；即使背压 p_b 降为零，即气体向真空膨胀，出口截面上的状态仍维持不变，这时喷管中压力分布如图 5-4 中曲线 5 所示。

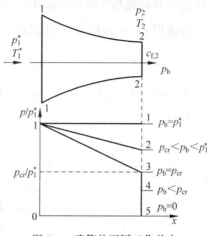

图 5-4　喷管的不同工作状态

显然，收缩喷管出口外部环境背压 p_b 对喷管内部流场的影响只限于亚临界工作状态，当喷管处于临界和超临界工作状态时，p_b 对喷管内部流场没有任何影响。因此，在使用式(5-23)~式(5-25)计算喷管出口速度前，首先应判断喷管处于何种工作状态，实际上就是确定 p_2 是大于还是等于 p_b，或者大于还是等于 p_{cr}。只有 p_2 正确了，才能利用式(5-23)~式(5-25)正确地计算喷管出口的速度。

在得到喷管出口截面上的所有参数后，利用连续方程式(5-1)求得喷管内气体流量为

$$q_m = A_2 \rho_2 c_{f2} = \frac{A_2 c_{f2}}{v_2} = \frac{A_2}{v_2} \sqrt{\frac{2\kappa p_1^* v_1^*}{\kappa - 1} \left[1 - \left(\frac{p_2}{p_1^*} \right)^{\frac{\kappa - 1}{\kappa}} \right]} \tag{5-47}$$

再利用定熵过程方程式(5-25)得

$$v_2 = v_1 \left(\frac{p_1^*}{p_2} \right)^{\frac{1}{\kappa}} \tag{5-48}$$

代入式(5-48)并整理得

$$q_m = A_2 \sqrt{\frac{2\kappa}{\kappa - 1} \frac{p_1^*}{v_1^*} \left[\left(\frac{p_2}{p_1^*} \right)^{\frac{2}{\kappa}} - \left(\frac{p_2}{p_1^*} \right)^{\frac{\kappa + 1}{\kappa}} \right]} \tag{5-49}$$

与 p_2 降低必然引起速度增加不同，式(5-49)表明，p_2 对喷管流量的影响是双重的，随 p_2 减小，$\left(\frac{p_2}{p_1^*} \right)^{\frac{2}{\kappa}}$ 使流量减小，而 $\left(\frac{p_2}{p_1^*} \right)^{\frac{\kappa+1}{\kappa}}$ 使流量增大。综合效果如何，取决于 $\frac{dq_m}{dq_2}$ 是大于、等于还是小于零。式(5-37)对 p_2 求导并令其为零后，当 $p_2 = \left(\frac{2}{\kappa + 1} \right)^{\frac{\kappa}{\kappa - 1}} p_1^*$ 时，流量取得最大值。对比式(5-49)，此值正是喷管的临界压力 p_{cr}，则有

当 $p_2 > p_{cr}$ 时，$\frac{dq_m}{dq_2} < 0$，即随 p_2 减小，喷管流量增大；

当 $p_2 = p_{cr}$ 时，$\frac{dq_m}{dq_2} = 0$，即随 p_2 减小，喷管流量不变，流量达到最大值；

当 $p_2 < p_{cr}$ 时，$\frac{dq_m}{dq_2} > 0$，即随 p_2 减小，喷管流量减小。

但是,收缩喷管 p_2 不可能减小到临界压力 p_{cr} 以下,因此,即使在背压 p_b 小于 p_{cr} 的超临界工况下,p_2 会一直保持 p_{cr} 不变,喷管流量也就一直保持最大值不变。将 $p_2 = p_{cr} = \left(\dfrac{2}{\kappa+1}\right)^{\frac{\kappa}{\kappa+1}} p_1^*$ 代入式(5-49),得喷管的最大流量为

$$q_{m,\max} = A_2 \sqrt{\frac{2\kappa}{\kappa+1}\left(\frac{2}{\kappa+1}\right)^{\frac{\kappa}{\kappa-1}} \frac{p_1^*}{v_1^*}} \tag{5-50}$$

如图 5-5 所示为收缩喷管流量随背压与总压之比 $\dfrac{p_b}{p_1^*}$ 的变

化曲线。当 $\dfrac{p_b}{p_1^*} = 0$ 时,流量为 0,随 $\dfrac{p_b}{p_1^*}$ 减小,流量逐渐增大,

并且按式(5-49),当 $\dfrac{p_b}{p_1^*} = \dfrac{p_{cr}}{p_1^*}$ 时,流量达到最大,此后随 $\dfrac{p_b}{p_1^*}$ 的

减小而减至 0,如图 5-5 中虚线所示。但图中虚线这一段在实

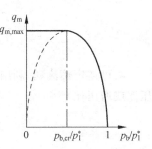

图 5-5　收缩喷管流量随背压与
总压之比的变化曲线

际中不会出现,不仅在收缩喷管中不会出现,即使在拉伐尔喷管中也不会出现。因为即使 $p_b < p_{cr}$,在喉部已经达到临界状态,根据式(5-28),在 $\dfrac{\mathrm{d}A}{A} = 0$ 的几何条件下,喷管喉部只能保持 $Ma = 1$ 的临界状态,不会改变。因此流量沿水平线保持最大流量不变。所以,如果把截面 2 视为喷管的最小截面即喉部截面,式(5-31)不仅可以用来计算收缩喷管的流量,也可以用来计算拉伐尔喷管的流量,因为它们喉部的流量是一样的。这样,图 5-5 所示的喷管流量随 $\dfrac{p_b}{p_1^*}$ 的变化曲线也同样可用于拉伐尔喷管。若拉伐尔喷管设计得合适,气体能够在其中充分膨胀使得出口截面压力 $p_e = p_b < p_{cr}$,令 $p_2 = p_e$,代入式(5-25)可以得到拉伐尔喷管出口速度 $c_{f,e}$,而且显然 $c_{f,e} > c_{cr}$,即出口达到超声速状态,$Ma_e > 1$。但速度的增加或者说压力的下降却并不能使流量增加。可见,在总温总压一定的超临界状态下,喷管的流量被喷管的最小截面即喉部限制了,有一个最大值,不能再继续增加,这种现象称为壅塞。

当 $p_b \leqslant p_{cr}$,即喷管处于临界和超临界状态时,喷管出口的背压 p_b 不再对其上游喷管内的流动(包括速度和压力)造成影响的物理机理是:p_b 下降造成的扰动是以声速传播的,而在收缩喷管的出口,或者拉伐尔喷管的扩张段,工质是以声速或者超声速向下游流动的,因此 p_b 下降造成的扰动不可能逆流向上,越过已经是超声速流动的扩张段和声速区的喉部传播到喷管的上游,即 p_b 对上游流场不能产生任何影响,而稳定流动中各个截面上流量是相等的(见式(5-1)),因而这时 p_b 也就不可能对喷管流量产生任何影响。

5.4.2　扩压管

扩压管的作用与喷管正好相反。当亚声速气流流入扩张形管道时,气流速度沿流程不断下降,同时压力不断升高,温度也相应升高。涡轮喷气发动机所采用的扩张形进气道就是很典型的扩压管。

设扩压管进、出口分别为截面 0—0 和截面 1—1，由绝能流动能量方程式(5-32)得

$$h_0 + \frac{c_{f0}^2}{2} = h_1 + \frac{c_{f1}^2}{2} = 常数$$

上述方程经式(5-35)~式(5-37)的变换，对定比热容理想气体，有

$$T_0\left(1 + \frac{\kappa-1}{2}Ma_0^2\right) = T_1\left(1 + \frac{\kappa-1}{2}Ma_1^2\right) \tag{5-51}$$

$$\frac{T_1}{T_0} = \frac{1 + \dfrac{\kappa-1}{2}Ma_0^2}{1 + \dfrac{\kappa-1}{2}Ma_1^2} \tag{5-52}$$

对可逆定熵流动，利用定熵过程方程式式(5-24)~式(5-25)，可得扩压管的压力比(扩压比或增压比)为

$$\frac{p_1}{p_0} = \left(\frac{T_1}{T_0}\right)^{\frac{\kappa}{\kappa-1}} = \left(\frac{1 + \dfrac{\kappa-1}{2}Ma_0^2}{1 + \dfrac{\kappa-1}{2}Ma_1^2}\right)^{\frac{\kappa}{\kappa-1}} \tag{5-53}$$

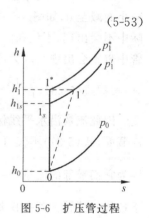

图 5-6　扩压管过程

可见，亚声速气流经过扩张形管道的扩压比 $\dfrac{p_1}{p_0}$ 取决于气体进、出口的马赫数 Ma_0 和 Ma_1。Ma_0 越大或 Ma_1 越小，则扩压比越大。当出口速度降为零，即 $Ma_1 = 0$ 时，式(5-53)将退化为式(5-14)，即最大出口压力将达到最大的滞止压力，$p_{1max} = p_1^*$，如图 5-6 所示 0—1* 过程。显然，扩压管中理想的可逆绝能流动过程就是一个定熵阻滞过程。

5.5　绝热节流及其温度效应

流体在管道中流动，遇到管道突然收缩，由于旋涡、绕流等引起局部阻力使流体压力降低，这种现象称为节流现象。如果节流过程中流体与外界没有热量交换，就称为绝热节流，简称为节流。绝热节流具有以下特点：

(1) 它是一个非准静态过程。因为在节流收缩截面附近扰动强烈，在节流过程中任一截面上的流体都不处于平衡状态，因此不能用状态参数描述。要研究节流前后流体状态的变化需在远离收缩截面的上游和下游分别选择截面 1—1 和截面 2—2(见图 5-7)，在这里流体处于平衡状态，可以用状态参数描述。

(2) 根据流体流动的能量方程式，对于绝热 $Q = 0$、绝功 $W_s = 0$，并忽略流体宏观动能、位能变化的情况下，可得

$$h_1 = h_2 \tag{5-54}$$

但式(5-54)并不是一个过程方程，它并不能说明绝热节流过程是一个等焓过程，因为在收缩截面附近的焓是不能确定的，只能说明节流前后的焓相等。

(3) 由于截面收缩带来的局部阻力与流动方向相反，必须有一个沿流动方向的压力差

$p_1 - p_2$ 与阻力平衡,才能保持流体流动,因此有 $p_1 > p_2$。

(4) 经过绝热节流过程,熵变 $ds = \dfrac{dh - vdp}{T} = \dfrac{-vdp}{T} > 0$。根据孤立体系熵增原理,绝热节流过程是一个不可逆的熵增过程。其不可逆熵增产生的根源是收缩截面附近强烈扰动造成的不平衡,以及旋涡、绕流引起的耗散效应。从宏观上看,压降是熵增产生的直接原因,且压降越大,熵增越大,做功能力减少。其 h-s 图如图 5-8 所示,虚线表示过程 1—2 是一个非准静态过程,也是不可逆过程。对于理想气体,代入状态方程式(5-15)得

$$\Delta s_{12} = \int_{p_1}^{p_2} \frac{R_g}{p} dp = -R_g \ln \frac{p_2}{p_1} \tag{5-55}$$

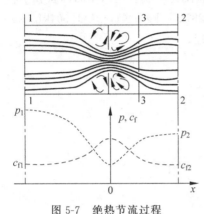

图 5-7 绝热节流过程

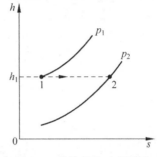

图 5-8 绝热节流过程图示

(5) 经过绝热节流过程,流体的温度是否变化取决于流体的物性。如果是理想气体,由于焓仅仅是温度的函数,且 $h_1 = h_2$,故有 $T_1 = T_2$,即理想气体绝热节流前后温度不变。但对其他非理想气体,焓是温度和压力的函数,绝热节流前后温度有可能升高或者下降,称为绝热的温度效应,它反映了工质的物性。因此可以利用此效应来进行工质物性的研究。

绝热节流是工程上常见的现象。除了可用它来研究物性外,还可利用流体流过孔板时压降随流速和流量增大的现象测量流速和流量,利用阀门的节流效应来调节流量。

可逆绝热膨胀过程的焓降最大,对外做功最大,做功能力没有损失;不可逆绝热膨胀过程焓降次之,对外做功次之,做功能力损失也次之;而绝热节流过程焓降为零,对外不做功,做功能力损失最大。绝热节流过程只降压、不做功的特性决定了其损失必然最大。因此,不可逆性是绝热节流的最主要的特性,节流过程就是典型的不可逆过程。

工程上,需要可逆过程以便最大限度地获取效益,但同样也需要不可逆甚至完全不可逆的、类于节流的耗散过程,主要用于测量、调节等,因为它具有反应速度快、结构简单、价格便宜等优点。如汽车的刹车、制冷设备中制冷量的调节等。实际上正是不可逆的耗散过程产生了不可恢复的"变化",使过程具有了方向性,而不可能在两个或几个状态之间无休止地来回变化,使得自然界的运动能够逐渐地平息下来,具有了平衡态。因此,一个没有耗散的世界实际上就不可能存在平衡态,是不可想象的。当然,在测量和调节中也应想办法尽量减少不可逆性。如利用电机转速调节水泵(或风机)的供水(或风)压力,来调节水(或风)的流量,利用汽车的刹车把一部分动能转化为电能在电池中储存起来,这些都可以减少不可逆损耗,节省能源,因而具有更好的效果。

习　题

1. 下列说法是否正确，并说明原因。

（1）稳定流动能量方程不能用于有摩擦的情况。

（2）在增压比相同的情况下，有余隙与无余隙的压气机在压缩 1kg 气体时耗功必相同。

（3）工质流体在开口绝热系统中作不可逆稳定流动，则系统熵变大于零。

2. 压力 $p_1 = 1.5\text{MPa}$，温度 $T_1 = 27℃$ 的空气，流经一喷管进入压力保持在 $p_b = 0.6\text{MPa}$ 的某装置中，若流过喷管的流量为 3kg/s，$R_g = 0.287\text{kJ/(kg · K)}$，$c_p = 1.004\text{kJ/(kg · K)}$，求：喷管的形状、出口截面积、最小截面及出口处的流速。

第 6 章

气体动力循环

热力循环是实现连续的功热转换的基本条件和手段。因此,所有的热力发动机和其他输出动力的装置都采用的是正向循环,即动力循环或热机循环,它利用燃料燃烧释放出的热能转化为机械能或电能。在两个相同的温度极限范围内进行的所有循环,卡诺循环的热效率 $\eta_{t,c}$ 最高。但是,卡诺循环是一个最理想的循环,其循环参数甚至与工质性质无关,在实际工程中几乎是不可能实现的。本章将对实际工程中使用的活塞式发动机循环、燃气轮机循环、空气喷气发动机循环等进行研究,计算和分析它们的吸热量 Q_1、放热量 Q_2、循环功 W_c、热效率 η_t 等循环参数及其影响因素,并对米勒循环和斯特林循环进行介绍。这些循环都可以看作工质是理想气体的循环,即气体动力循环。

6.1　活塞式发动机循环

6.1.1　高速柴油机的实际循环

高速柴油机是相对于早期的低速柴油机而言的,其实际工作过程如图 6-1 所示,为示功器绘出的 $p\text{-}V$ 图。0-1 为活塞右移时的吸气行程,进气门在上止点时打开,由于进气门的节流作用,气缸内的空气压力 p 比大气压力 p_b 略低一些。吸气过程中空气的热力学状态并无变化,只是数量增大。活塞右行到下止点 1,进气门关闭。活塞开始左行,进行 1-2 压缩过程,到达上止点 2,温度升高。压缩终点 2 的气体温度应超过柴油的自燃温度(约 335℃),一般可达 600～700℃,压力可达 3～5MPa。为保护气缸不过热,气缸壁夹层之间有水冷却,因此此压缩过程实际为多变过程。通常在上止点 2 之前,柴油便全部被喷油器喷入气缸,到达点 2 开始燃烧,此时活塞处于由左行转向右行的上止点 2

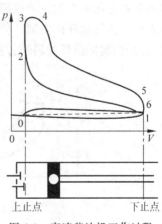

图 6-1　高速柴油机工作过程

附近,在此位置持续时间较长,气缸内燃烧又比较剧烈,因此燃烧几乎是在定容下进行的,压力骤然增大至 5～9MPa,上升至点 3。当活塞继续右行时,燃烧继续进行,但由于气体体积不断增大,此时的燃烧几乎在定压下进行,到达点 4 时燃烧终止,温度可达 1700～1800℃,燃烧终止后,活塞继续右行时气体利用其高温高压对外膨胀做功,同时向气缸冷却水放热。因此该膨胀过程 4-5 也是一个多变过程。膨胀终了的废气压力一般为 0.3～0.5MPa,温度为

500℃左右。到达点 5 时排气门打开,缸内压力骤降至略高于大气压。5-6 几乎为定容过程。最后活塞左行进行 6-0 排气过程,将废气排至大气环境。排气过程中气体状态不变,数量减少。

综上所述,实际高速柴油机在一个循环中经过以下四个行程:进气行程 0-1;压缩行程 1-2;燃烧与膨胀行程 2-3-4-5;排气行程 5-6-0。然后开始下一个循环的进气行程,周而复始。

为了方便进行理论分析,必须对实际循环进行一些简化,抽象和概括为理想化的循环,以突出主要矛盾。主要有以下 5 个简化条件:

(1) 忽略燃油和燃烧对工质性质的影响,认为工质自始至终都是空气,且空气的性质为定比热容理想气体。

(2) 以外部热源向空气的加热过程代替实际的燃烧过程,即 2-3 为定容加热过程,3-4 为定压加热过程。以向外界的放热过程代替实际的排气过程,即 5-6-1 为定容放热过程。

(3) 忽略实际进排气过程中的阻力,即认为进排气的压力都等于大气压,这样 6-0 排气过程就与 0-1 进气过程重合而方向相反,进气得到的流动功和排气所耗的流动功大小相等,相互抵消。这样在循环中就可以不考虑进排气的影响,再结合(1)、(2)假设,就把实际的开式循环简化为一个封闭的循环,循环工质的质量和成分自始至终保持不变。同时由于点 6 和点 1 重合,则 5-6-1 过程即为 5-1 定容放热过程。

(4) 由于 1-2 压缩过程和 4-5 膨胀过程中向气缸冷却水的散热量与其做功量相比很小,可以忽略,即认为 1-2 和 4-5 分别为绝热压缩过程和绝热膨胀过程。

(5) 组成循环的所有过程均为可逆过程(指内部可逆),分别为定熵压缩过程和定熵膨胀过程。

由上述假设得到的高速发动机的理想循环如图 6-2 所示,称为混合加热循环,即包括定容加热和定压加热的发动机循环。还特地把满足上述 5 个假设的循环称为空气标准循环,以表示与实际循环的差别。但空气标准循环考虑了发动机循环的主要特点,突出了主要矛盾,是研究实际循环的科学方法。

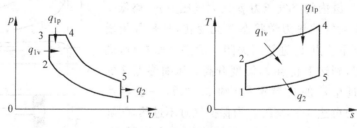

图 6-2　混合加热循环

6.1.2　混合加热循环

混合加热循环如图 6-2 所示,图中曲线 1-2 为绝热压缩过程;曲线 2-3 为定容加热过程;曲线 3-4 为定压加热过程;曲线 4-5 为绝热膨胀过程;曲线 5-1 为定容放热过程。由热力学第一定律及在理想气体定比热容条件下,热力学能、焓的表达式得定容加热量为

$$q_{1v} = u_3 - u_2 = c_v(T_3 - T_2)$$

定压加热量为

$$q_{1p} = h_4 - h_3 = c_p(T_4 - T_3)$$

总加热量为

$$q_1 = q_{1v} + q_{1p} = c_v(T_3 - T_2) + c_p(T_4 - T_3) \tag{6-1}$$

放热量为

$$q_2 = q_{2v} = c_v(T_5 - T_1) \tag{6-2}$$

由式(4-7),得混合加热循环的热效率为

$$\eta_{t,pv} = 1 - \frac{q_2}{q_1} = 1 - \frac{c_v(T_5 - T_1)}{c_v(T_3 - T_2) + c_p(T_4 - T_3)} = 1 - \frac{T_5 - T_1}{(T_3 - T_2) + \gamma(T_4 - T_3)} \tag{6-3}$$

式中: γ 为比热比。由式(4-5)得混合加热循环的循环功为

$$w_0 = q_1 - q_2 = c_v(T_3 - T_2) + c_p(T_4 - T_3) - c_v(T_5 - T_1) \tag{6-4}$$

将迈尔公式、理想气体状态方程式和热力学第一定律表达式代入式(6-4),可得

$$\begin{aligned}
w_0 &= (c_v - c_p)T_3 - c_v T_2 + c_p T_4 - c_v T_5 + c_v T_1 \\
&= (c_v - c_p)T_3 - c_v T_2 + c_p T_4 - c_v T_4 + c_v T_4 - c_v T_5 + c_v T_1 \\
&= (c_v - c_p)(T_3 - T_4) + c_v(T_4 - T_5) - c_v(T_2 - T_1) \\
&= R_g(T_4 - T_3) + c_v(T_4 - T_5) - c_v(T_2 - T_1) \\
&= p_3(v_4 - v_3) + (u_4 - u_5) - (u_2 - u_1) \\
&= w_{34} + w_{45} + w_{12} = w_{34} + w_{45} - |w_{12}|
\end{aligned}$$

即循环功也等于各过程容积功之代数和,由于两个定容过程的容积功为零,所以具体来说,发动机的循环功就等于在定压燃烧和绝热膨胀行程中所做的功减去压缩行程中消耗的功。

式(6-3)和式(6-4)说明,只要确定了循环各转折点的温度,就可以确定循环热效率和循环功。由热力学第二定律或卡诺定理得到结论:循环热效率的本质是温度,即吸热温度和放热温度,而不是热量的数量。式(6-3)再次重申了这样一个事实:决定循环热效率的是温度。

1—2 为定熵压缩过程。由式(3-2)得

$$T_2 = T_1\left(\frac{v_1}{v_2}\right)^{\kappa-1} = T_1 \varepsilon^{\kappa-1}$$

2—3 为定容加热过程,由式(3-18)得

$$T_3 = T_2\left(\frac{P_3}{P_2}\right) = T_2 \lambda = T_1 \lambda \varepsilon^{\kappa-1}$$

3—4 为定压加热过程,由式(3-18)得

$$T_4 = T_3\left(\frac{v_4}{v_3}\right) = T_3 \rho = T_1 \lambda \rho \varepsilon^{\kappa-1}$$

4—5 为定熵膨胀过程,由式(3-2)得

$$T_5 = T_1\left(\frac{v_4}{v_5}\right)^{\kappa-1} = T_4\left(\frac{v_4}{v_3}\frac{v_3}{v_2}\frac{v_2}{v_1}\frac{v_1}{v_5}\right)^{\kappa-1} = T_1 \lambda \rho \varepsilon^{\kappa-1}\left(\rho \times 1 \times \frac{1}{\varepsilon} \times 1\right)^{\kappa-1} = T_1 \lambda \rho^{\kappa}$$

式中: $\dfrac{v_1}{v_2} = \varepsilon$,称为压缩比; $\dfrac{P_3}{P_2} = \lambda$,称为定容增压比; $\dfrac{v_4}{v_3} = \rho$,称为预胀比。只有这三个参数

确定以后,循环的各个转折点才能确定,这三个参数称为混合加热循环的特性参数。将它们代入式(6-3)和式(6-4),整理后得

$$\eta_{t,pv} = 1 - \frac{\lambda\rho^{\kappa} - 1}{\varepsilon^{\kappa-1}\left[(\lambda-1) + \kappa\lambda(\rho-1)\right]} \tag{6-5}$$

$$w_{0,pv} = \frac{R_g T_1}{\kappa-1}\left\{\varepsilon^{\kappa-1}\left[(\lambda-1) + \kappa\lambda(\rho-1)\right] - (\lambda\rho^{\kappa}-1)\right\} \tag{6-6}$$

由此可知,混合加热循环的热效率主要随压缩比的增大而增大;定容增压比在式(6-5)中既出现在分子中,也出现在分母中,虽然随定容增压比 λ 增大,$\eta_{t,pv}$ 也增大,但影响较小;而随预胀比 ρ 的增大,$\eta_{t,pv}$ 减小。图 6-3 示出了当 $\varepsilon=22$ 时,$\eta_{t,pv}$ 随 λ 和 ρ 的变化,可见 λ 的影响较小。从热力学第二定律的角度分析(见图 6-2 的 T-s 图),压缩比 ε 和定容增压比 λ 越大,循环的点 4 的温度 T_4 越高,因而整个吸热过程 2—3—4 的平均吸热温度就越高,循环热效率将提高,其中,ε 的提高将使点 2、点 3、点 4 的温度同时提高,即提高了整个吸热过程的温度,因此,对 $\eta_{t,pv}$ 影响最大;而 λ 的提高只提高了

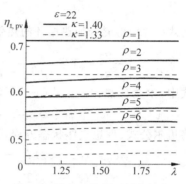

图 6-3 混合加热循环的热效率

3-4 段的温度,影响较小。在实际循环中,循环的最高温度 T_4 会受到金属耐温极限的限制,因而热效率 $\eta_{t,pv}$ 不能无限升高,会对 ε 和 λ 有一个限制。而预胀比 ρ 的增大仅会使 T_4 点的温度升高,但它同时也使得点 5 的温度 T_5 升高,且 T_5 升高的速度比 T_4 还快(定容线 1—5 比定压线 3—4 更陡),从而使放热过程 5—1 的平均放热温度升高,导致 $\eta_{t,pv}$ 下降。图 6-3 中还显示定熵指数 κ 对 $\eta_{t,pv}$ 有较大的影响,随 κ 增大,$\eta_{t,pv}$ 增大。这是由于在 ε 和 λ 一定的条件下,κ 增大可以使气体的温度升高得更快。由图 6-3 可见,采用燃气($\kappa=1.33$,虚线曲线)比采用空气($\kappa=1.40$,实线曲线)效率低约 10%。需要注意的是,虽然 ε、λ 和 ρ 影响热效率,但这只是表面现象。决定循环热效率的仍然是温度,ε、λ 和 ρ 只是反映温度的参数。

由图 6-3 还可以看出,当 ρ 降到最小值 1 后,$\eta_{t,pv}$ 不仅与 ρ 无关,与 λ 也没有关系了,这就是定容加热循环。

6.1.3 定容加热循环

仅有定容加热过程的发动机循环称为定容加热循环。如图 6-4 所示,只要将 $\rho=1$ 代入式(6-5)和式(6-6),并考虑在定比热容理想气体条件下,比热比 γ 与定熵指数 κ 相等,即可得定容加热循环的热效率和循环功分别为

$$\eta_{t,v} = 1 - \frac{1}{\varepsilon^{\kappa-1}} \tag{6-7}$$

$$w_{0,v} = \frac{R_g T_1}{\kappa-1}(\varepsilon^{\kappa-1}-1)(\lambda-1) \tag{6-8}$$

可见,虽然热效率 $\eta_{t,v}$ 只与压缩比 ε 有关,但循环功 $w_{0,v}$ 则与 ε 和 λ 有关,随 ε 和 λ 的增加,循环功也增加。

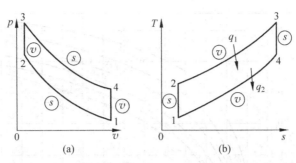

图 6-4　定容加热循环示意图

该循环是德国人奥托(Nikolaus August Otto)于 1876 年制成的第一台可供实用的四行程发动机所采用的循环,故又称奥托循环。该发动机最早烧的是煤气,考虑到液体燃油的能量密度较大,在解决了液体燃油的"气化"问题及点火问题后,于 1886 年研制出作为汽车动力的快速、轻型的汽油机。汽油机、煤气机与柴油机的不同之处在于:气缸内吸入的是汽油(或煤气)与空气的混合物,经压缩后用电火花点燃,油气混合物的燃烧非常剧烈,以致燃烧过程中活塞移动很小,几乎可视为定容燃烧。当活塞从上止点开始向右移动时燃烧已经结束,紧接着就是绝热膨胀过程。

6.1.4　定压加热循环

仅有定压加热过程的发动机循环称为定压加热循环,如图 6-5 所示。实际上就是混合加热循环在 $\lambda=1$ 时的特例。故其热效率和循环功为

$$\eta_{t,p} = 1 - \frac{1}{\varepsilon^{\kappa-1}} \left[\frac{\rho^{\kappa}-1}{\kappa(\rho-1)} \right] \tag{6-9}$$

$$w_{0,p} = \frac{R_g T_1}{\kappa-1} \left[\kappa \varepsilon^{\kappa-1}(\rho-1) - (\rho^{\kappa}-1) \right] \tag{6-10}$$

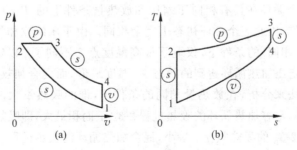

图 6-5　定压加热循环示意图

该循环是德国工程师狄塞尔(Rudalf Diesel)于 1892 年设计制造的第一台四行程柴油机所采用的循环,故又称狄塞尔循环,柴油机也就称为狄塞尔机。这种柴油机由于转速低,活塞移动速度慢,活塞到达上止点开始向右移动时才喷入燃油,边喷边燃烧,因此只有定压燃烧过程。显然,这种柴油机功率越大,吸热量越大,定压燃烧过程就越长。即预胀比 ρ 的增大,会使热效率下降。但不可能为提高效率使 ρ 很小,当 $\rho \to 1$ 时,循环功 $w_{0,p} \to 0$。图 6-6示出了热效率 $\eta_{t,p}$ 随压缩比 ε、预胀比 ρ 和定熵指数 κ 变化的情况,与前面的分析完全一致。

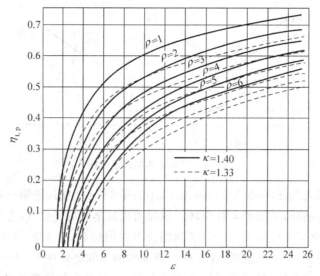

图 6-6 定压加热循环热效率随 ε,ρ,κ 的变化

柴油机的发明一开始是为了解决汽油机的"爆震"问题而将燃料与空气分开,使吸气过程与压缩过程都是空气,这样就没有汽油机中的爆震问题,从而大大提高压缩比,其典型的 ε 值可达 $12\sim24$,实际热效率可达 $35\%\sim50\%$。

6.1.5 三种理想循环热效率的比较

比较循环热效率有两种方法——热量法和温度法。当用这两种方法来比较前述三个循环热效率的大小时,在不同的前提条件下,比较得到的结果是不同的。

1. 具有相同压缩比和放热量条件下的比较

图 6-7(a)为三个循环在具有相同压缩比和放热量条件下的 $T\text{-}s$ 图。由于三个循环都是从大气中吸取空气,因此三个循环初态 1 完全相同。由于压缩比相等,点 2 也完全相同。在放热量相同(点 4 相同)的条件下,仅剩下最高温度点 3 不同了:以定容加热循环达到的状态 3_{v} 温度最高,定压加热循环达到的状态 3_{p} 温度最低,而混合加热循环达到的状态 3_{pv} 温度居中。用热量法来分析,在放热量相同的条件下,谁的吸热量大,谁的热效率就高,显然,由图 6-7(a)可知,定容加热循环的吸热过程 $2\text{-}3_{\text{v}}$ 下面积最大,即吸热量 $q_{1\text{v}}$ 最大,定压加热循环的吸热过程 $2\text{-}3_{\text{p}}$ 的吸热量 $q_{1\text{p}}$ 最小,混合加热循环的吸热过程 $q_{1,\text{pv}}$ 居中,即有

$$q_{1\text{v}} < q_{1,\text{pv}} < q_{1\text{p}}$$

因此有

$$\eta_{\text{t,v}} < \eta_{\text{t,pv}} < \eta_{\text{t,p}}$$

若用温度法分析,在平均放热温度相同的条件下,谁的平均吸热温度大,谁的热效率就高。由图 6-7(a)可以明显看出,定容加热循环的吸热过程 $2\text{-}3_{\text{v}}$ 下的平均温度 $T_{\text{m,1v}}$ 最大,定压加热循环的吸热过程 $2\text{-}3$ 的平均温度 $T_{\text{m,1p}}$ 最小,混合加热循环的吸热过程 $2\text{-}5\text{-}3_{\text{pv}}$ 的平均温度 $T_{\text{m,1pv}}$ 居中,即有

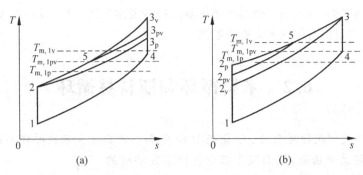

图 6-7 不同条件下,三个加热循环的比较

(a) 相同压缩比和放热量条件下,三个加热循环的比较;(b) 在相同的热力强度和机械强
度条件下,三个加热循环的比较

$$T_{\mathrm{m,1v}} > T_{\mathrm{m,1pv}} > T_{\mathrm{m,1p}}$$

因此,同样有

$$\eta_{\mathrm{t,v}} < \eta_{\mathrm{t,pv}} < \eta_{\mathrm{t,p}}$$

除了上述两种分析循环热效率的方法外,通过分析公式也可以比较循环热效率,即称之为公式法。如比较式(6-7)和式(6-9)可知,二者差别仅在于系数 $\dfrac{\rho^{\kappa}-1}{\kappa(\rho-1)}$,而该系数总是大于 1,因此,在压缩比相同的条件下,总有 $\eta_{\mathrm{t,v}} < \eta_{\mathrm{t,p}}$。同样可以证明,式(6-5)的系数 $1 < \dfrac{\lambda\rho^{\kappa}-1}{(\lambda+1)+\kappa\lambda(\rho-1)} < \dfrac{\rho^{\kappa}-1}{\kappa(\rho-1)}$,因此在压缩比相同的条件下,有 $\eta_{\mathrm{t,v}} < \eta_{\mathrm{t,pv}} < \eta_{\mathrm{t,p}}$。可见公式法的分析中并不需要放热量相同的条件,该条件完全是为了观察图的方便而附加的,这也说明用公式法分析热效率更加精确,可进行定量分析,而 $T\text{-}s$ 图只用于定性分析,但更加方便、快捷。

上述结论其实与实际情况并不相符,因为它考虑的是压缩比相同的情况。由于汽油机的压缩比比柴油机的压缩比小得多,因此实际的结论正相反。当不能采用很大的压缩比时,定容加热循环是比较有利的。

2. 最高压力和最高温度相同条件下的比较

在初态点 1 和具有最高压力、温度的点 3 相同条件下,三个循环的 $T\text{-}s$ 图如图 6-7(b)所示。同样采用热量法和温度法分析。由于放热过程相同,即放热量或平均放热温度均相等,谁的吸热量大或平均吸热温度高,谁的热效率就高。由图 6-7 明显看出

$$q_{\mathrm{1v}} < q_{\mathrm{1,pv}} < q_{\mathrm{1,p}} \quad \text{或} \quad T_{\mathrm{m,1v}} < T_{\mathrm{m,1pv}} < T_{\mathrm{m,1p}}$$

则有

$$\eta_{\mathrm{t,v}} < \eta_{\mathrm{t,pv}} < \eta_{\mathrm{t,p}}$$

即在最高压力和最高温度相同的条件下,定压加热循环的热效率最高,定容加热循环的热效率最低,而混合加热循环的热效率居中。这个结论实际上是在相同的热力强度和机械强度条件下的比较,反映了汽油机压缩比较低的情况,是符合实际的。

由图 6-7(b)可以看出,该条件下的比较实际上也是在相同温度极限范围内三个循环的比较,由于定压线 2_{p}-3 过程比定容线 2_{v}-3 过程要平坦,因此定压加热循环比定容加热循环更接近相同温度极限范围内的卡诺循环,故其热效率最高。但点 2_{p} 具有最高温度是以压缩

比最大的代价换来的,高压缩比使得狄塞尔柴油机需要附带压气机,设备庞大笨重,因已基本被淘汰,而代之以混合加热的高速柴油机。

6.2　米勒循环和斯特林循环

米勒循环由美国工程师 R. H. 米勒在 1947 年第一次提出。米勒循环通过改变进气门关闭角度控制发动机负荷,从而减少部分负荷下发动机的泵气损失。解决采用节气门负荷控制奥拓循环时,发动机泵气损失大、经济性差等一系列问题。发动机的膨胀比大于压缩比,在膨胀行程中可最大限度地将热能转化为机械能,达到改善发动机热效率,降低燃油消耗的目的。循环示意图如图 6-8 所示。

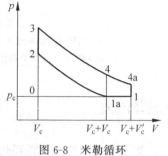

图 6-8　米勒循环

斯特林循环和卡诺循环一样,是一个理想化循环,其 p-v 图和 T-s 图如图 6-9 所示。与卡诺循环不同的是,它用两个定容回热过程 2-3 和 4-1 代替了卡诺循环的两个定熵过程,在理想回热过程中,工质恰好将 4-1 过程的放热量全部加给了 2-3 过程,因此工质在两个定容过程中并未与外部热源接触,而只在 3-4 过程中从温度为 T_3 的外界热源吸热,在 1-2 过程中向温度为 T_1 的外界热源放热,这样其热效率为

$$\eta_t = 1 - \frac{q_2}{q_1} = 1 - \frac{T_1(s_1 - s_2)}{T_3(s_4 - s_3)}$$

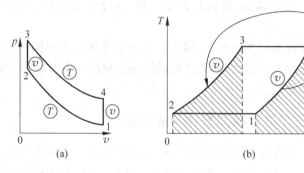

(a)　　　　　　　　　　　　(b)

图 6-9　斯特林循环示意图

对理想气体,定温过程 1-2 和过程 3-4 的熵增

$$s_2 - s_1 = R_g \ln \frac{v_2}{v_1} = R_g \ln \frac{v_3}{v_4} = s_3 - s_4$$

则

$$\eta_t = 1 - \frac{T_1}{T_3} \tag{6-11}$$

式(6-11)说明:在温度 T_3 和 T_1 间的斯特林循环的热效率就等于相同热源间卡诺循环的热效率。实际上,由于斯特林循环是两定温热源间进行的可逆循环,该结论可以由卡诺

定理的推论一直接得出。所有在相同热源间进行的概括性卡诺循环的热效率都等于卡诺循环的热效率,而斯特林循环就是概括性卡诺循环中的一个。

与卡诺循环及其他概括性卡诺循环不同的是:斯特林循环是可以通过热机实现的。这种热机就称为斯特林发动机。如图 6-9 所示,它有两个活塞,1 为动力活塞,2 为配气活塞,3 为蓄热式回热器。其四个过程如下:

(1) 定温压缩过程 1-2,如图 6-9 所示。该过程中,配气活塞 2 停留在气缸中上止点位置不动,动力活塞 1 由其下止点移至上止点,在两个活塞之间的气体受到压缩而压力升高,同时由于压缩腔的气缸壁有冷却水冷却,而压缩过程也进行得比较缓慢,冷却比较充分,因而可近似认为是定温压缩过程。

(2) 定容预热过程 2-3,如图 6-9 所示。动力活塞 1 停留在其上止点不动,配气活塞 2 从其上止点向下移动,迫使气缸压缩腔内气体经气缸外连通管流入配气活塞上方的气缸膨胀腔。在该过程中气体的体积没有改变,但在流经蓄热式回热器 3 时,由于吸收了回热器所蓄的热能而使温度升高。当配气活塞下降到与动力活塞相接触时,气体全部进入膨胀腔,过程结束。

(3) 定温膨胀过程 3-4,如图 6-9(a)所示。这时外部燃烧系统通过气缸顶部向膨胀腔内气体加热,气体同时膨胀推动配气活塞 2 和动力活塞 1 一起向下移动,输出容积功,由于吸热量和输出功量相等,气体在该过程中温度保持不变。当配气活塞 1 和动力活塞 1 都到达其各自的下止点时,定温膨胀过程结束。

(4) 定容回热过程 4-1,如图 6-9(b)所示。这时动力活塞 1 停留在其下止点不动,配气活塞 2 从其下止点向上移动,迫使膨胀腔内气体经气缸外连通管流入两活塞间的气缸压缩腔。在该过程中气体的体积没有改变,但在流经蓄热式回热器 3 时向回热器放热,温度下降,而回热器 3 由于蓄积了热能而使温度升高。当配气活塞 2 上升到其上止点时,气体全部进入气缸压缩腔,过程结束。然后又开始新一轮循环。

采用斯特林循环的斯特林发动机是苏格兰人罗伯特·斯特林(Robert Stirling)于 1816 年发明的。这种发动机与内燃机的区别是:它把工作气体密封在气缸内,燃烧在气缸外进行,燃气再向缸内气体加热,引起气体膨胀,产生动力,属于外燃式热机。缸内气体进行封闭循环,因此斯特林发动机也被称为热气发动机,简称为热气机。它可以像蒸汽机一样使用煤、太阳能等能源,而不必使用从石油中提炼的燃料。

习　　题

1. 发动机定容加热循环,如图 6-10 所示。如果绝热膨胀不在点 4 停止,而使其继续进行到点 5,使 $p_5 = p_1$。已知 $p_1 = 1\text{bar}, t_1 = 60℃, \varepsilon = 6$,循环中吸热量 $q_1 = 880\text{kJ/kg}$。工质视为空气,比热为定值。试求此两循环的热效率,并将此两循环表示在 $T\text{-}s$ 图上。

2. 采用定容加热循环的四行程发动机,如图 6-11 所示,工质为 0.01kg 的空气。已知 $p_1 = 1\text{bar}, t_1 = 27℃$,压缩比 $\varepsilon = 6$,每个循环加入热量 4.1868kJ,机轴转速为 1600r/min,试求:(1)循环最高温度及最高压力;(2)循环热效率;(3)循环的理论功率。

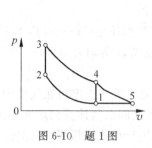

图 6-10 题 1 图

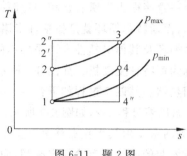

图 6-11 题 2 图

3. 以空气为工质的理想循环,空气的初态为 $p_1 = 34.5\text{bar}$, $t_1 = 230℃$,定温膨胀到 $p_2 = 20\text{bar}$,再绝热膨胀到 $p_3 = 1.4\text{bar}$。经过定压冷却后,再绝热压缩回复到初态。求循环净功量和循环热效率,并将此循环表示在 $p\text{-}v$ 图及 $T\text{-}s$ 图上。设空气比热为定值,$c_{p0} = 1.006\text{kJ/(kg·K)}$, $\kappa = 1.4$。

4. 某理想气体动力循环由下列过程组成:

1-2 定温压缩过程,压缩比为 ε;

2-3 定压膨胀过程,定压预胀比为 ρ;

3-4 绝热膨胀过程,$V_4 = V_1$;

4-1 定容放热过程。

试:(1) 绘出循环的 $p\text{-}V$ 图及 $T\text{-}s$ 图;

(2) 证明循环热效率

$$\eta_t = 1 - \frac{(\kappa - 1)\ln\varepsilon + \left(\dfrac{\rho^{\kappa}}{\varepsilon^{\kappa-1}} - 1\right)}{\kappa(\rho - 1)}$$

第 7 章

理想混合气体

7.1 混合气体的热力学参数

在实际热力工程应用中经常遇到混合气体,如空气,它是由 O_2、N_2 及其他一些气体组成,这里 O_2、N_2 等称为组成气体。另外燃气、烟气、湿空气也是混合气体。

如果混合气体中各组成气体均视为理想气体,则该混合气体就是理想混合气体,它具有理想气体的性质,即在平衡状态下,它的压力、温度和比体积间的关系遵守理想气体状态方程式。理想混合气体的计算除了与各组成气体的性质有关,还要取决于各组成气体的成分。

7.1.1 理想混合气体的成分

气体的计量单位一般有质量、体积、物质的量,如某混合气体中各组成气体的质量为 $m_{O_2} = 8\text{kg}$,$m_{N_2} = 10\text{kg}$,$m_{H_2O} = 2\text{kg}$。总质量则为:$m = m_{O_2} + m_{N_2} + m_{H_2O} = 20\text{kg}$。

用体积和物质的量同理也可表示相应的组成成分,各组成成分除了这种绝对成分外,更常用的是相对成分,即各分量与总量之比。根据不同计量方式,相应地可以得出三种相应成分。

质量成分:

$$x_i = \frac{m_i}{\sum_{i=1}^{n} m_i} = \frac{m_i}{m_{\text{mix}}} \tag{7-1}$$

体积成分:

$$r_i = \frac{V_i}{\sum_{i=1}^{n} V_i} = \frac{V_i}{V_{\text{mix}}} \tag{7-2}$$

摩尔成分:

$$y_i = \frac{n_i}{\sum_{i=1}^{n} n_i} = \frac{n_i}{n_{\text{mix}}} \tag{7-3}$$

7.1.2 各成分间的关系

混合气体成分的各种表示方法之间存在一定的关系,如果对混合气体及组成气体分别地写出状态方程式：

$$pV = nR_{\mathrm{m}}T, \quad pV_i = n_iR_{\mathrm{m}}T$$

则

$$\frac{V_i}{V} = \frac{n_i}{n} \Rightarrow r_i = y_i \tag{7-4}$$

即混合气体的体积成分与摩尔成分是相等的。

同理可求得质量成分与体积成分间的关系。

对混合气及某种组成 i 列出下面等式：

$$m = n\mu = \rho V, \quad m_i = n_i\mu_i = \rho_iV_i$$

式中：μ、ρ 为混合气体的摩尔质量和密度，μ_i、ρ_i 为第 i 种组成气体的摩尔质量和密度。

将上两式相除得

$$x_i = y_i\frac{\mu_i}{\mu} = r_i\frac{\rho_i}{\rho} \tag{7-5}$$

7.1.3　理想混合气体的折合摩尔质量

混合气体折合摩尔质量可以根据各组成气体的相对分子质量和相对成分来计算。

(1) 当已知质量成分时，由于 $n = n_1 + n_2 + \cdots + n_n$，即混合气体的总的物质的量为各组成气体分物质的量之和。又由摩尔质量定义：$\mu = \dfrac{m}{n}, \mu_i = \dfrac{m_i}{n_i}$，则

$$\frac{m}{\mu} = \frac{m_1}{\mu_1} + \frac{m_2}{\mu_2} + \cdots + \frac{m_n}{\mu_n}\mu$$

则混合气体的折合摩尔质量为

$$\mu = \frac{1}{\dfrac{x_1}{\mu_1} + \dfrac{x_2}{\mu_2} + \cdots + \dfrac{x_n}{\mu_n}} = \frac{1}{\sum \dfrac{x_i}{\mu_i}} \tag{7-6}$$

(2) 当已知混合气体的体积成分时，根据：$m = m_1 + m_2 + \cdots + m_n$，即混合气体的总质量为各组成气体分质量之和。有：$n\mu = n_1\mu_1 + n_2\mu_2 + \cdots + n_n\mu_n$，

$$\mu = \mu_1r_1 + \mu_2r_2 + \cdots + \mu_nr_n \tag{7-7}$$

例如：空气中已知 $r_{N_2} = 0.79, r_{O_2} = 0.21$（忽略其他成分），则空气的折合摩尔质量：

$$\mu = \mu_{N_2}r_{N_2} + \mu_{O_2}r_{O_2} = 28 \times 0.79 + 32 \times 0.21 = 29(\mathrm{kg/kmol})$$

7.1.4　混合气体的折合气体常数

按气体常数和通用气体常数的关系：

$$R = R_{\mathrm{m}}\mu, \quad R_{\mathrm{m}} = \frac{R}{\mu} \tag{7-8}$$

当已知混合气体的折合摩尔质量 μ 时，就可求得混合气体的折合气体常数，如空气的折合气体常数为

$$R_{\mathrm{m}} = \frac{R}{\mu} = \frac{8314.5 \mathrm{J/(kmol \cdot K)}}{29 \mathrm{kg/kmol}} = 287 \mathrm{J/(kg \cdot K)}$$

7.2 分压力定律和分体积定律

7.2.1 道尔顿分压定律

道尔顿(Dalton)分压定律指出：理想混合气体的总压力(p_{mix})等于各组成气体分压力(p_i)的总和：

$$p_{\mathrm{mix}} = \sum_{i=1}^{n} p_i \tag{7-9}$$

分压力是指各组成气体单独存在并且有与混合气体相同的温度和体积时的压力。如图 7-1 所示，容器中有若干气体时，总压力为 p_{mix}，当各气体单独置于容器中且保持温度和压力不变时，各分压力分别为 p_1、p_2、…。

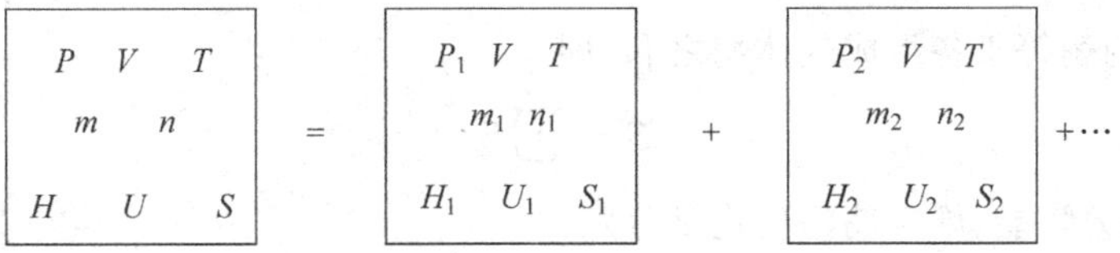

图 7-1 分压力与总压力示意图

混合气体是理想气体，各组成气体混合在一起并不相互影响，因此混合气体全部分子碰撞容器壁的效果，必等于各组成气体各自碰撞容器壁的效果的总和，即总压力等于分压力之和。

当已知总压力 p 时，各组成气体的分压力 p_i 可以通过摩尔成分计算求得。由

$$\frac{p_i}{p_{\mathrm{mix}}} = \frac{m_i R_i T_i / V_i}{m_{\mathrm{mix}} R T_{\mathrm{mix}} / V} = \frac{m_i R_{\mathrm{m}} T_i / (\mu_i V_i)}{m R_{\mathrm{m}} T_{\mathrm{mix}} / (\mu V)} = \frac{m_i T_i / (\mu_i V_i)}{m T / (\mu_{\mathrm{mix}} V_{\mathrm{mix}})}$$

由于混合时，因为 $T_i = T_{\mathrm{mix}}$，$V_i = V$，所以，

$$\frac{p_i}{p} = \frac{n_i}{n} = y_i \quad \text{或} \quad p_i = p y_i \tag{7-10}$$

7.2.2 亚美格分体积定律

亚美格(Amagat)分体积定律指出：理想混合气体总体积(V_{mix})等于各组成气体分体积(V_i)总和。即：

$$V_{\mathrm{mix}} = \sum_{i=1}^{n} V_i \tag{7-11}$$

分体积是指相同温度和压力下，当某种组成气体单独存在所具有的体积。总体积与分体积的定义如图 7-2 所示。

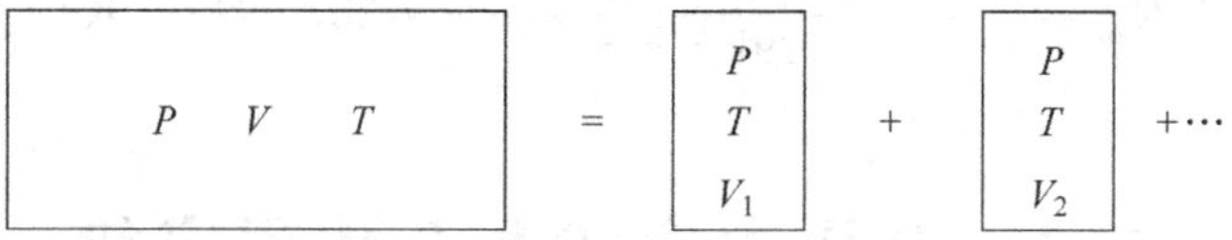

图 7-2　总体积与分体积示意图

7.2.3　混合气体的热力学能、焓、熵

理想气体混合物的分子满足理想气体的两点假设,各组成气体分子的运动不因存在其他气体而受影响,混合气体的热力学能、焓和熵都是广延参数,具有可加性,因此混合气体的热力学能等于各组成气体热力学能之和,即有

$$U = \sum U_i \tag{7-12}$$

同理,混合气体的焓应等于各组成气体焓之和,即有

$$H = \sum H_i \tag{7-13}$$

混合气体的熵等于各组成气体熵之和,即

$$S = \sum S_i \tag{7-14}$$

相应地,热力学能、焓及熵的变化量分别为

$$\Delta U = \sum \Delta U_i \tag{7-15}$$

$$\Delta H = \sum \Delta H_i \tag{7-16}$$

$$\Delta S = \sum \Delta S_i \tag{7-17}$$

例 7.1　在温度为 27℃时,对某发动机的排气进行取样分析,其各种组成的体积成分大概如下:$r_{N_2} = 0.73, r_{H_2O} = 0.13, r_{CO_2} = 0.12, r_{O_2} = 0.02$,试确定排气的(1)折合摩尔质量;(2)质量成分;(3)折合气体常数;(4)0.5kg 混合气的体积(设压力 $p = 1\text{bar} = 10^5\text{Pa}$);(5)各组成气体的分压力。

解　(1)已知体积成分求折合摩尔质量可用式(7-7)计算:

$$\begin{aligned}
\mu &= \mu_{N_2} r_{N_2} + \mu_{H_2O} r_{H_2O} + \mu_{CO_2} r_{CO_2} + \mu_{O_2} r_{O_2} \\
&= 0.73 \times 28 + 0.13 \times 18 + 0.12 \times 44 + 0.02 \times 32 \\
&= 20.44 + 2.34 + 5.28 + 0.64 = 28.70
\end{aligned}$$

(2)由式(7-5)可计算出各组成质量成分:

$$x_i = y_i \cdot \frac{\mu_1}{\mu} = r_i \cdot \frac{\mu_1}{\mu}$$

则

$$x_{N_2} = r_{N_2} \cdot \frac{\mu_{N_2}}{\mu} = 0.73 \times \frac{28}{28.70} = 0.7122$$

$$x_{H_2O} = r_{H_2O} \cdot \frac{\mu_{H_2O}}{\mu} = 0.13 \times \frac{18}{28.70} = 0.0815$$

$$x_{CO_2} = r_{CO_2} \cdot \frac{\mu_{CO_2}}{\mu} = 0.12 \times \frac{44}{28.70} = 0.184$$

$$x_{O_2} = r_{O_2} \cdot \frac{\mu_{O_2}}{\mu} = 0.02 \times \frac{32}{28.70} = 0.0223$$

（3）由式(7-8)得混合气折合气体常数：

$$R_m = \frac{R}{\mu} = \left(\frac{8314.5}{28.70}\right) J/(kg \cdot K) = 289.7 J/(kg \cdot K)$$

（4）由状态方程式 $pV = mR_mT$，得

$$V_1 = \frac{mR_mT}{p} = \frac{0.5kg \times 289.7 J/(kg \cdot K) \times (273+27)K}{1 \times 10^5 Pa} = 0.434 m^3$$

（5）由式(7-10)推导，各组成气体的分压力：

$$p_{N_2} = r_{N_2}p = 0.73 \times 1 = 0.73 bar$$

$$p_{H_2O} = r_{H_2O}p = 0.13 \times 1 = 0.13 bar$$

$$p_{CO_2} = r_{CO_2}p = 0.12 \times 1 = 0.12 bar$$

$$p_{O_2} = r_{O_2}p = 0.02 \times 1 = 0.02 bar$$

例 7.2　某种气体发动机在排气过程开始时(假设活塞位于下止点)，测得气缸内燃气的压力为 5bar。温度为 1300K。排气终了时(假设活塞位于上止点)，如图 7-3 所示，测得气缸内残余燃气压力为 1.2bar，温度为 700K，设燃烧室容积为 $80cm^3$，气缸容积为 $500cm^3$，在整个排气过程中燃气的成分保持不变。试问排气过程中排出的燃气质量为多少？

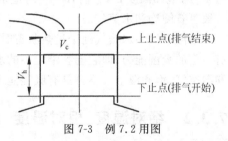

图 7-3　例 7.2 用图

解　已知：排气开始时燃气参数为：$p_1 = 5bar$，$T_1 = 1300K$。

这时燃气所占体积为

$$V_1 = V_h + V_c = 500cm^3 + 80cm^3 = 580cm^3$$

故这时燃气的质量由状态方程式 $pV = mR_mT$，得

$$m_1 = \frac{p_1V_1}{R_mT_1} = \frac{5 \times 10^5 Pa \times 580 \times 10^{-6} m^3}{289.7 J/(kg \cdot K) \times 1300K} = 7.7 \times 10^{-4} kg$$

又已知排气终了时燃气温度 $T_2 = 700K$，压力 $p_2 = 1.2bar$。

燃气所占体积 $V_2 = V_c = 80cm^2$，燃气的质量为

$$m_2 = \frac{p_2V_2}{R_mT_2} = \frac{1.2 \times 10^5 Pa \times 80 \times 10^{-6} m^3}{289.7 J/(kg \cdot K) \times 700K} = 4.73 \times 10^{-5} kg$$

故排气过程中排出的燃气量为

$$m = m_1 - m_2 = 7.7 \times 10^{-4} kg - 4.73 \times 10^{-5} kg = 7.227 \times 10^{-4} kg$$

7.3   湿   空   气

7.3.1   湿空气的基本概念

湿空气是干空气和水蒸气组成的混合气体。完全不含水蒸气的空气称为干空气。大气中的空气或多或少都含有水蒸气,所以环境中的空气应是湿空气,只是由于其中水蒸气的含量不大,有时在计算精度要求不高时就按干空气计算,这时可将干空气视为理想混合气体,其热力性质可按前面介绍的方法计算。但是当空气中水蒸气对某些场合的计算结果有显著影响时就必须按湿空气对待。例如,发动机实验数据在进行修正时就要考虑空气中的水蒸气含量。

在湿空气中,由于一般情况下水蒸气的分压力很低,体积很大,水蒸气离液态较远可按理想气体进行计算,故整个湿空气也可以按理想混合气体进行计算。

按道尔顿分压定律,湿空气的压力等于水蒸气和干空气分压力之和 $p = p_A + p_w$。

根据水蒸气的性质:如果水蒸气的温度正好等于当时水蒸气压力对应下的饱和温度,则这时的水蒸气称为饱和水蒸气;例如,1atm 下水蒸气温度为 100℃时就是饱和水蒸气;如果水蒸气的温度大于当时水蒸气压力对应下的饱和温度,则这时的水蒸气称为过热水蒸气,如 1atm 下水蒸气温度大于 100℃时就是过热水蒸气;这里 1atm 和 100℃分别是饱和压力 p_s 与饱和温度 t_s,它们有一一对应的关系。水蒸气的饱和温度与饱和压力的对应关系一般可查阅饱和水蒸气表。

当湿空气中水蒸气处于过热状态时,这种湿空气称为未饱和湿空气。未饱和湿空气具有一定的吸湿能力,即它能容纳更多的水蒸气。当湿空气中的水蒸气处于饱和状态时称饱和湿空气,饱和湿空气不再具有吸湿能力,如果再加入水蒸气,就会凝结出水珠。

7.3.2   绝对湿度、相对湿度、含湿量

绝对湿度、相对湿度和含湿量都用来表示湿空气中水蒸气的含量。

1.   绝对湿度

绝对湿度是指单位体积的湿空气中所含水蒸气的质量,用 $\rho_w (\mathrm{kg/m^3})$ 表示:

$$\rho_w = \frac{m_w}{V} = \frac{1}{v_w} \tag{7-18}$$

式中: m_w 为水蒸气质量; V 为湿空气体积; v_w 为水蒸气比体积。所以绝对湿度也就是湿空气中水蒸气的密度。

绝对湿度并不能完全说明湿空气的潮湿程度(或干燥程度)和吸湿能力,因为同样的绝对湿度,如 $\rho_w = 0.009 \mathrm{kg/m^3}$,如果空气温度较高,对应的水蒸气饱和压力 p_s 也越高,则这时水蒸气离饱和状态较远,说明空气比较干燥,还具有一定的吸湿能力,但如果空气温度较低,则这时水蒸气离饱和状态较近,说明空气比较潮湿,空气吸湿能力差。

因此,为了表示空气的干燥程度和吸湿能力,还需引入相对湿度的概念。

2. 相对湿度

在一定空气温度下,饱和湿空气中所含水蒸气量最大,故其绝对湿度 ρ_s 必大于未饱和湿空气的绝对湿度 ρ_w。相对湿度则是指湿空气的实际绝对湿度 ρ_w 与相同温度下饱和湿空气的绝对湿度 ρ_s 的比值,用 φ 表示,即

$$\varphi = \frac{\rho_w}{\rho_s} \tag{7-19}$$

如 ρ_s 和 ρ_w 按理想气体计算,则

$$\varphi = \frac{\rho_w}{\rho_s} = \frac{\dfrac{p_w}{R_w T}}{\dfrac{p_s}{R_w T}} = \frac{p_w}{p_s} \tag{7-20}$$

式中:p_w 为水蒸气实际分压力;p_s 为同温度下水蒸气的饱和压力;R_w 为水蒸气的气体质量常数,$R_w = 461.92\text{J}/(\text{kmol} \cdot \text{K})$。

相对湿度表示湿空气离开饱和湿空气的远近程度,既反映了湿空气的饱和程度,也同时说明了湿空气吸收水蒸气能力的大小。若相对湿度越小,则湿空气吸收水蒸气的能力就越大,即湿空气离饱和状态越远。显然,饱和湿空气的相对湿度 φ 应为 100%,其吸收水蒸气能力为零。

湿空气的相对湿度可以用干湿球温度计测定。干湿球温度计由两个温度计组成,一为干球温度计,即普通温度计,另一为湿球温度计,它是一个在水银球上包有湿纱布的普通温度计,如图 7-4(a)所示。

干球温度计测得的温度就是湿空气的温度。湿球温度计有湿布包着,如果周围的空气是未饱和的,那么湿纱布表面的水分就会不断蒸发。由于水蒸发时吸收了热量,从而使贴近湿纱布的周围一层空气的温度降低,因而湿球温度计测得的温度低于空气温度,称为湿球温度 t_w,即 $t_w < t$。显然,空气的相对湿度 φ 越小,水蒸发得越多,湿球温度 t_w 比干球温度 t 低得越多,故 φ、t_w、t 存在着一定的关系,通常将相对湿度与干、湿球温度的数值画成线图,如图 7-4(b)所示。利用此图可按干、湿球温度计的读数查取湿空气的相对湿度。值得注意的是,该图一般是在大气压力为 1atm 的条件下制取的,故用于其他大气压下时,还需适当校正。

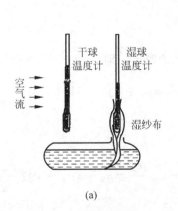

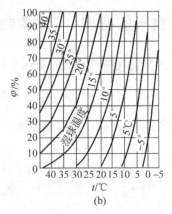

(a)   (b)

图 7-4 干湿球温度计及应用曲线

(a) 干、湿球温度计;(b) 干球温度、湿球温度及相对湿度的关系

3. 含湿量

在空气调节及干燥过程中,湿空气被加湿或去湿,其中水蒸气的质量是变化的(如干燥过程中水蒸气量减少),但其中干空气的质量是不变的,因而以 1kg 干空气的质量为计量单位显然比较方便,故在分析这类过程水蒸气湿度的变化时,常采用另外一个参数——含湿量。

湿空气中 1kg 干空气所含有的水蒸气的质量(g)称为湿空气的含湿量,用符号 d(g/kg) 表示。

$$d = 1000 \frac{m_w}{m_a} = 1000 \frac{\rho_w}{\rho_a} \quad (干空气) \tag{7-21}$$

式中: m_w 为湿空气中水蒸气的质量,kg; m_a 为湿空气中干空气的质量,kg。

式(7-21)也表示含湿量 d 与湿空气绝对湿度 ρ_w 的关系。

根据含湿量的定义,可以建立含湿量与相对湿度的关系。根据理想气体状态方程式,对干空气与水蒸气可以分别写出:

$$p_A V = m_a R_a T$$

$$p_w V = m_w R_w T$$

两式相除得

$$\frac{m_w}{m_a} = \frac{p_w R_a}{p_a R_w}$$

将空气的气体常数及水蒸气的气体常数代入上式可得

$$\frac{m_w}{m_a} = 0.622 \frac{p_w}{p_a}$$

$$d = 0.622 \frac{p_w}{p_a} (干空气) \tag{7-22}$$

又湿空气的总压力: $p_b = p_w + p_a$,故:

$$d = 622 \frac{p_w}{p_b - P_w} = 622 \frac{\varphi p_s}{p_b - \varphi p_s} (干空气) \tag{7-23}$$

式(7-23)即为含湿量与相对湿度的关系。

7.3.3 湿空气的密度、气体常数

单位体积的湿空气所具有的质量称为湿空气的密度。即

$$\rho = \frac{m}{V} = \frac{m_a + m_w}{V} = \rho_a + \rho_w \tag{7-24}$$

湿空气是理想气体,故其折合摩尔质量为

$$\mu = \mu_a y_a + \mu_w y_w$$

$$= \mu_a \frac{p_a}{p_b} + \mu_w \frac{p_w}{p_b} = \mu_a \frac{p_b - p_w}{p_b} + \mu_w \frac{p_w}{p_b} = \mu_a - (\mu_a - \mu_w) \frac{p_w}{p_b}$$

$$= 28.96 - 10.94 \frac{p_w}{p_b} \tag{7-25}$$

因而,湿空气的折合摩尔质量随水蒸气分压力 p_w 的增大而减少,并且总小于干空气的相对分子质量。

已知湿空气的折合摩尔质量 μ 后,湿空气的折合气体常数 R 即为

$$R = \mu R_m \tag{7-26}$$

7.3.4 湿空气的焓

湿空气为理想混合气体,焓为广延量,故其焓等于干空气的焓与水蒸气的焓之和。

对含有 1kg 干空气的湿空气,水蒸气质量为 $0.001d$,故湿空气焓为

$$h = h_a + 0.001 d h_w \text{(干空气)} \tag{7-27}$$

一般水蒸气的焓可以用经验公式:$h_w = 2501 + 1.86t$,空气 $h_a = 1.004t$,代入上式得

$$h = 1.004t + 0.001d(2501 + 1.86t) \text{(干空气)} \tag{7-28}$$

例 7.3 在发动机性能试验中,大气状况对试验结果有较大影响。为了便于性能的比较,实测的功率值需要进行修正,即将实际大气状态下测得的结果修正到标准大气状态,即 $T = 298K$,$p_a = 99kPa$,$p_w = 1kPa$,$p_b = 100kPa$。按照这种修正方法可得到一个修正系数 α_a,然后将实测实验结果乘以修正系数即可。如 $p_{eo} = p_e \cdot \alpha_a$,其中,$p_{eo}$ 为修正功率,p_e 为实测功率,α_a 为修正系数。

修正系数的计算方法较多,其中一种为

$$\alpha_a = \left(\frac{99}{p_A}\right)^{1.2} \cdot \left(\frac{T}{298}\right)^{0.6}$$

p_a 为干空气分压力,T 为大气温度。现如果测得干球温度 $t = 15℃$,湿球温度 $t_w = 12℃$,大气压力 $p_b = 98.68kPa$,试计算修正系数。

解 修正系数公式为

$$\alpha_a = \left(\frac{99}{p_a}\right)^{1.2} \cdot \left(\frac{T}{298}\right)^{0.6}$$

公式中需要代入两个参数:T 及 p_a;

大气温度是 $T = 17 + 273 = 290K$,而干空气分压力是待求的。

根据:$p_a = p_b - p_w$;公式中大气压力 p_b 已知,故首先需计算水蒸气分压力 p_w。

由已知的干、湿球温度,查图 7-3(b)得 $\varphi = 80\%$(为简化计算,这里结果 φ 值不进行修正)。

根据空气温度 15℃,查饱和水蒸气表得饱和压力 $p_s = 0.017bar$。

故由 $\varphi = \dfrac{p_w}{p_s} \Rightarrow p_w = \varphi \cdot p_s = 0.8 \times 0.017kPa = 1.36kPa$

$$p_a = p_b - p_w = 98.68kPa - 1.36kPa = 97.32kPa$$

因此:$\alpha_a = \left(\dfrac{99}{p_a}\right)^{1.2} \cdot \left(\dfrac{T}{298}\right)^{0.6} = 1.004$。

例 7.4 已知空气温度为 30℃,压力为 1bar,相对湿度为 60%。试求湿空气的含湿量 d、水蒸气分压 p_v 及比焓 h。

解　根据湿空气温度 $t=30℃$，查饱和空气表，得饱和压力 $p_s=42.41\text{mbar}$。因此

$$p_w=\varphi\cdot p_s=0.60\times42.41\text{mbar}=25.446\text{mbar}$$

含湿量：

$$d=622\frac{p_w}{p_b-p_w}=622\times\frac{25.446\text{mbar}}{1000\text{mbar}-25.446\text{mbar}}=16.24\text{g/kg}(\text{干空气})$$

湿空气的比焓 $h=1.004t+0.001d(2501+1.86t)$

$$=1.004\times30\text{kJ/kg}+0.001\times16.24\times(2501+1.86\times30)\text{kJ/kg}$$

$$=30.15\text{kJ/kg}+41.52\text{kJ/kg}$$

$$=71.6\text{kJ/kg}(\text{干空气})$$

习　题

1. 解释一下为什么深秋的早晨会结露？

2. 向充满相对湿度为 φ 的湿空气的刚性容器内充入干空气，若平衡后容器内温度不变，则相对湿度、含湿量和水蒸气分压力怎么变化？

3. 未饱和空气的干球温度、湿球温度、露点中哪一个比较大？饱和空气的干球温度、湿球温度、露点中哪一个比较大？

第 8 章

化学热力学基础

8.1 概　　述

8.1.1 热力学第一定律应用于化学反应

发生化学反应的物系(即参与化学反应的各物质的总和)在反应中可以向周围介质吸入或放出热量 Q,可以对外做出电功(如电池)或对磁力以及其他性质的力做功,称为非容积功。在化学热力学的习惯上这些功叫做有用功,用 W_e 表示。此外,如果反应前后物系的总体积增大时,物系也对周围介质做膨胀功 W(也叫做容积功),与热机中的过程相反,以化学反应为主要目的的过程中膨胀功不被利用。

在化学反应中物系所做的非容积功 W_e 与膨胀功 W 的总和为反应的总功,用 W_{tot} 表示,即

$$W_{tot} = W_e + W$$

最后,在化学反应前后,物系的热力学能 U(包括内热能与化学能)发生变化,通常主要是化学能发生变化。物系的内热能是物系中全部分子动能与分子位能的总和,用 U_{th} 表示。对于反应物系中所有物质都为理想气体的化学反应,内热能为物系全部分子的动能,只随物系的温度而定。物系的化学能只随物系中各种物质的分子构造与各种物质的量而定,与物系的温度无关。物系的化学能用 U_{ch} 表示。这样,

$$U = U_{th} + U_{ch}$$

这时,热力学第一定律解析式可以表述成如下形式,对于整个物系,

$$Q = U_2 - U_1 + W_{tot} \tag{8-1}$$

或

$$Q = U_2 - U_1 + W_e + W \tag{8-2}$$

对于微元反应过程

$$dQ = dU + dW_e + dW \tag{8-3}$$

与前面各章一样,在化学热力学中也以物系吸收的热量为正值,以物系放出的热量为负值,即对于吸热反应,上面式子中反应热 Q 取正值;对于放热反应,则 Q 取负值。在功方面(包括有用功与容积功),仍以物系对外做功为正。

对于定温-定容下的反应,在反应中物系的容积 V 不变,所以物质对周围介质不做容积功,即 $W = 0$,这时式(8-2)成为

$$Q = U_2 - U_1 + W_{ev}$$

W_{ev} 表示定温-定容反应时所得到的非容积功。

对于定温-定压下的反应,设反应前后物系的容积为 V_1 与 V_2,则物系所做的容积功为 $W = p(V_2 - V_1)$,又设这时所得到的非容积功为 W_{ep},则式(8-2)可写成

$$Q = U_2 - U_1 + W_{ep} + p(V_2 - V_1)$$

或

$$Q = H_2 - H_1 + W_{ep}$$

式中:$H = U + pV$,为整个物系的焓值;H_1、H_2 分别为整个物系在反应前后的焓值;U 中包括化学能,所以 H 也包括化学能。

对于微元反应过程,$dQ = dH + dW_{ep}$,以上公式是根据热力学第一定律得出,对于可逆与不可逆反应都是适用的。

8.1.2 热效应

物系发生化学反应(包括燃料的燃烧反应)时物系不做有用功,这时反应吸收或放出的热量,称为化学反应的热效应。摩尔燃料完全燃烧时的热效应称为燃料的燃烧热。燃料燃烧热的绝对值称为燃料的热值 HV(Heat Value)。对于反应产物可以存在于气态或液态的那些化学反应,反应的热效应(或热值)有高低之分。燃烧产物为气态得到低热值,用符号 LHV(low heat value)表示;为液态时则得到高热值,用 HHV(high heat value)表示。

在定温、定容条件称为定容热效应,用符号 Q_V 表示。则

$$Q_V = U_2 - U_1 \tag{8-4}$$

在定温、定压条件称为定压热效应,用符号 Q_P 表示

$$Q_P = H_2 - H_1 \tag{8-5}$$

单位反应:按化学式计量式中各反应组分的计量系数所示的物质的量进行反应,称为发生了"单位反应"。

如:$a\mathrm{A} + b\mathrm{B} \longrightarrow e\mathrm{E} + f\mathrm{F}$,$a$ 摩尔的 A 与 b 摩尔的 B 反应生成 e 摩尔的 E 和 f 摩尔的 F。

8.1.3 生成焓

稳定单质或化学元素在定压下化合成 1mol 化合物时的反应热效应,称为该化合物的生成焓(enthalpy of formation)。反之,1mol 化合物分解成单质时的反应热效应称为化合物的分解焓。

通常将 $P_0 = 0.010\,13\mathrm{MPa}(1\mathrm{atm})$,$t_0 = 298.15\mathrm{K}$ 时的状态称为标准态。在标准状态下的生成焓称为"标准生成焓"(standard enthalpy of formation),生成焓单位为 kJ/mol。稳定单质或化学元素的生成焓规定为零。

例:$\mathrm{C(s)} + \dfrac{1}{2}\mathrm{O_2(g)} \longrightarrow \mathrm{CO(g)} - 110.52\mathrm{kJ}$

CO 的标准生成焓为 $\Delta h^0_{f,298} = -110.52\mathrm{kJ/mol}$,负号表示对外放热(上式中,s 表示固体,g 表示气体,后同)。

8.1.4 热效应与绝热理论燃烧温度的计算

某些化合物或元素在任意温度下进行单位反应,定压反应热效应等于反应前后产物的焓差,这个焓差称为反应焓 ΔH。

$$Q = H_{Pr} - H_{Re} = \Delta H \qquad (8-6)$$

式中:H_{Re} 是反应物的总焓;H_{Pr} 是生成物的总焓。式(8-6)是定压反应热效应计算的基本方程式,如图 8-1 所示。

对于燃烧反应,式(8-6)中的热效应 Q 就是燃烧热,这时 ΔH 也称为燃烧焓。

热效应和反应焓的数值,随反应物和生成物品种的不同而异。对于同一种反应,也随反应时反应物系的温度和压力的不同而有所不同,但主要随温度而变,压力的影响很小,通常可不予考虑。如果反应物的生成物都是气体,且都可以作为理想气体,则 Q 和 ΔH 只随温度而定。图 8-2 表达了标准反应焓与生成物和反应物的焓之间的关系

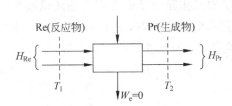

图 8-1　定压反应热效应示意图

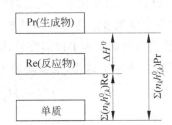

图 8-2　标准反应焓与生成物和
反应物的焓之间的关系

通常规定化学反应在 $T_0 = 298\mathrm{K}(25℃)$、$p_0 = 1\mathrm{atm}$ 下进行的热效应为标准热效应,以 Q^0 表示。标准热效应称为标准反应热,其反应焓称为标准反应焓,以 ΔH^0 表示,如图 8-2 所示。

这时式(8-6)可以写成

$$Q^0 = H_{Pr}^0 - H_{Re}^0 = \Delta H^0 \qquad (8-7)$$

H_{Pr}^0、H_{Re}^0 分别为所有生成物和所有反应物在 T_0、P_0 下的总焓。

通常利用标准生成焓和标准反应焓来计算标准燃烧焓,具体公式为

$$Q^0 = \Delta H^0 = \sum (n_k h_{f,k}^0)_{Re} - \sum (n_k h_{f,k}^0)_{Pr} \qquad (8-8)$$

例如:利用标准生成焓数据,试计算下述反应的标准反应热效应。

$$C_6 H_6 (g) + 7.5 O_2 \longrightarrow 6CO_2 + 3H_2O(g)$$

查得 $h_{f,CO_2}^0 = -393\ 791\mathrm{kJ/kmol}$,$h_{f,H_2O}^0 (g) = -241\ 997\mathrm{kJ/kmol}$,$h_{f,C_6H_6}^0 (g) = 82\ 982\mathrm{kJ/kmol}$,$h_{f,O_2}^0 = 0$,所以

$$Q^0 = \Delta H^0 = \sum (n_k h_{f,k}^0)_{Re} - \sum (n_k h_{f,k}^0)_{Pr} = -6 \times 39\ 3791 - 3 \times 241\ 997 - 82\ 982$$
$$= -3\ 171\ 719(\mathrm{kJ/kmol})$$

实际的化学反应和燃烧反应通常不是刚好在 $T_0 = 298\mathrm{K}$ 的温度下进行的,但各种物质的反应焓 ΔH^0 都是在 T_0 下测定的。根据 ΔH^0,并应用定压比热求得的焓值,就可以求出

任意温度 T 时的定压热效应和定压燃烧热 Q_T。

如图 8-3 所示,一个物系在温度 T 下反应或燃烧时,其热效应为

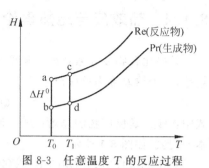

图 8-3　任意温度 T 的反应过程

$$Q_T = \Delta H_T = H_d - H_c = H_{Pr,T} - H_{Re,T} \quad (8\text{-}9)$$

根据热力学第一定律,如果将反应物系从图上状态 c 沿定压冷却过程线 c-a 冷却到温度 T_0,再在 T_0 下进行定压反应(这时反应热效应为 Q^0),然后再使生成物系沿定压过程线 b-d 加热到原来的温度 T。包括放热、加热和化学反应在内的总热效应也应等于 Q_T,

$$Q_T = \Delta H_T = H_{Pr,T} - H_{Re,T} = H_d - H_c = (H_d - H_b) + (H_b - H_a) + (H_a - H_c)$$

即

$$Q_T = \Delta H^0 + (H_d - H_b) - (H_c - H_a) \quad (8\text{-}10)$$

式中:$(H_d - H_b)$ 是化学反应后的生成物系被定压加热时焓的变化;$(H_a - H_c)$ 是化学反应前的反应物系被定压冷却时焓的变化。这些焓的变化完全是由于定压加热或放热所引起,这样的焓也就是本书以前在论述物理的热力过程时所说的焓,为了特别标明,现称之为热焓,用 h_T 表示。这样,根据附表 11 中的热焓值可以进行计算。

$$H_d - H_b = \left[\sum n_k (h_{T,k} - h_{0,k}) \right] P_r$$

$$H_a - H_c = \left[\sum n_k (h_{0,k} - h_{T,k}) \right] R_e$$

所以

$$Q_T = \Delta H^0 + \left[\sum n_k (h_{T,k} - h_{0,k}) \right] P_r - \left[\sum n_k (h_{0,k} - h_{T,k}) \right] R_e \quad (8\text{-}11)$$

如果应用比热值进行计算,则上式可以写成:

$$Q_T - \Delta H^0 = \left[\sum n_k \bar{c}_k (T - T_0) \right] P_r - \left[\sum n_k \bar{c}_k (T - T_0) \right] R_e \quad (8\text{-}12)$$

式中:$\bar{c}_k$ 为某种组分的摩尔平均比热。

8.2　绝热理论燃烧温度

在某些情况下,化学反应或燃烧反应是在接近绝热的条件下进行的,即假定燃料在燃烧时所放出的热量并未外传,散热损失可以略去不计,即为理想完全的绝热燃烧,则燃烧所产生的热量全部用于加热燃烧产物本身,用以提高其温度。这时燃烧产物最后达到的温度称为绝热理论燃烧温度,用 T_{ad} 表示。

在定容下的理论绝热燃烧,燃烧物系热力学能的增大等于燃料在原来温度下的定容热值。在定压下的理论绝热燃烧,燃烧物系焓的增大等于燃料在原来温度下的定压热值。

定压绝热燃烧时,如图 8-4 所示,反应不是等温进行,又由于 $Q=0$,根据式(8-9)可得 $H_m = H_c$,反应终点 d 变成点 m,产物温度由 T_1 变成 T_{ad},这时,又根据式(8-10)有

$$0 = \Delta H^0 + (H_m - H_b) - (H_c - H_a)$$

即

$$-\Delta H^0 = (H_m - H_b) - (H_c - H_a) \qquad (8\text{-}13)$$

当 T_1 与 T_0 差别不大时,式(8-13)中 $(H_c - H_a)$ 这一项也可以略去不计。

当 T_1 为已知时,则可求得 H_m。如果生成物包含几种不同的化合物,则可应用试算法,假定一个 T_{ad} 的数值,求得 H_m,看与式(8-13)所求得的 H_m 数值是否符合,一直计算到差不多符合为止。

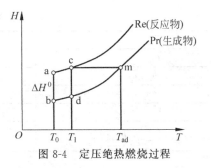

图 8-4 定压绝热燃烧过程

如果根据比热值进行计算,则式(8-13)可写成

$$-\Delta H^0 = \left[\sum n_k \bar{c}_k (T_{ad} - T_0)\right] P_r - \left[\sum n_k \bar{c}_k (T_1 - T_0)\right] R_e \qquad (8\text{-}14)$$

由于不可能完全绝热、化学反应也不可能完全理想、化合物在高温时要分解等原因,实际上所能达到的绝热燃烧温度多少总是低于计算所得到的绝热理论燃烧温度。

例 8.1 甲烷在一个大气压下与 2 倍于理论空气量的空气完全燃烧,设燃烧前燃料和空气都为 298K,试求绝热理论燃烧温度 T。

解 该燃烧反应的化学反应方程式为:

$$CH_4 + 4O_2 + 4 \times 3.76N_2 \rightarrow CO_2 + 2H_2O(g) + 2O_2 + 4 \times 3.76N_2$$

查表得生成焓数值代入,得

$$\Delta H^0 = h^0_{f,CO_2} + 2h^0_{f,H_2O(g)} + 2h^0_{f,O_2} + 4 \times 3.76 h^0_{f,N_2} - h^0_{f,CH_4} - 4h^0_{f,O_2} - 4 \times 3.76 h^0_{f,N_2}$$

$$= -393\ 800 + 2(-242\ 000) + 2(0) + 15.04(0) - (-74\ 920) - 4(0) - 15.04(0)$$

$$= -802\ 880\text{(kJ)} \qquad\qquad (a)$$

因为 $T_1 = T_0$,故 $-\Delta H^0 = H_m - H_b$

查表得热焓值计算 H_m 和 H_b,得

$$-\Delta H^0 = (h_T - h_0)_{CO_2} + 2(h_T - h_0)_{H_2O} + 2(h_T - h_0)_{O_2} + 15.04(h_T - h_0)_{N_2}$$

$$= h_{T,CO_2} - 9364 + 2(h_{T,H_2O} - 9904) + 2(h_{T,O_2} - 8682) + 15.04(h_{T,N_2} - 8669)$$

$$= h_{T,CO_2} + 2h_{T,H_2O} + 2h_{T,O_2} + 15.04h_{T,N_2} - 176\ 917 \qquad\qquad (b)$$

合并式(a)和式(b),整理得

$$h_{T,CO_2} + 2h_{T,H_2O} + 2h_{T,O_2} + 15.04h_{T,N_2} = 979\ 798\text{kJ} \qquad\qquad (c)$$

最后用试算法确定绝热理论燃烧温度 T。因为燃烧产物中氮气比例最大,占了约 75%,所以第一个试算值可按全部燃烧产物都是氮气来估算,这时

$$20.04 h_{T,N_2} = 979\ 798\text{kJ}$$

即 $h_{T,N_2} = 48\ 892\text{kJ/kmol}$。

按此值查表,$T \approx 1550K$,但因为燃烧产物中有三原子气体 H_2O 和 CO_2,热焓值都比氮气大,故就以 1500K 来试算。结果式(c)等号左边为 993 639kJ(见表 8-1),比右边大;再用 1480K 试算,式(c)的等号左边为 978 727kJ,与右边近似相等。可见绝热理论燃烧温度为 1480K。

表 8-1　绝热燃烧温度计算表

T	1500K	1480K
h_{T,CO_2}	71 078	69 916
$2h_{T,H_2O}$	116 000	114 139
$2h_{T,O_2}$	98 584	97 126
$15.04h_{T,O_2}$	707 977	697 546
$\left(\sum n_k h_{T,k}\right)_{P_r}$	993 639	978 728

8.2.1　化学反应速度

在不同情况下,反应速度可以有不同的定义。在均相反应中,一般以单位时间、单位体积中反应物组分的减少或生成物组分的增加来定义反应速率。

$$\omega_i = \frac{\pm \Delta n_i}{V \Delta t} = \frac{\pm dc_i}{dt} \tag{8-15}$$

式中:n_i 为反应物质 i 的物质的量(取负号)或生成物 i 的物质的量(取正号);V 为反应体系的容积;c_i 为该物质的摩尔浓度。即:$c = \dfrac{n}{V}$。表 8-2 为几种主要液体燃料的成分、热值及理论空气量。

表 8-2　几种主要液体燃料的成分、热值及理论空气量

名称	密度	质量成分 kg			相对分子质量	低热值	理论空气量		
		g_C	g_H	g_O		kJ/kg	kg/kg	m³/kg	kmol/kg
汽油	0.70~0.75	0.855	0.145	—	114	44 000	14.9	11.54	0.515
轻柴油	0.82~0.88	0.87	0.126	0.004	170	42 500	14.5	11.22	0.50
甲醇 (CH₃OH)	0.78	0.375	0.125	0.50	32	20 260	6.46	5	0.223
乙醇 (C₂H₅OH)	0.80	0.522	0.130	0.348	46	27 200	9.0	6.95	0.310

反应速度 ω_i 即体系的单位容积内该物质的摩尔数随时间的变化率。由定义可知,反应速度是一强度量,与体系的大小无关。对于化学反应:

$$aA + bB \longrightarrow eE + fF$$

式中:A、B、E、F 为组分的化学符号;a,b,e,f 为化学计量系数。

根据反应速率的定义可知:

$$\omega_A = -\frac{dc_A}{dt}, \quad \omega_B = -\frac{dc_B}{dt}$$

$$\omega_E = \frac{dc_E}{dt}, \quad \omega_F = \frac{dc_F}{dt} \tag{8-16}$$

为了书写方便,有时将化学符号加方括号来代表该物质的浓度,如[A],[B],[E],[F],这时反应速率也表示成:

$$\omega_A = -\frac{d[A]}{dt}, \quad \omega_B = -\frac{d[B]}{dt}$$

$$\omega_E = \frac{d[E]}{dt}, \quad \omega_F = \frac{d[F]}{dt} \tag{8-17}$$

对于定量系统,物质浓度的变化与其化学计量系数成正比:

$$-\frac{1}{a}\frac{d[A]}{dt} = -\frac{1}{b}\frac{d[B]}{dt} = \frac{1}{e}\frac{d[E]}{dt} = \frac{1}{f}\frac{d[F]}{dt}$$

$$\frac{\omega_A}{a} = \frac{\omega_B}{b} = \frac{\omega_E}{e} = \frac{\omega_F}{f} = \omega \tag{8-18}$$

式中:ω 代表系统的化学反应速率,其数值是唯一的。

8.2.2　质量作用定律

化学反应分基元反应和复杂反应:

(1) 基元反应:反应物分子在碰撞中一步转化为产物分子的反应。

(2) 复杂反应:实际反应往往不是反应分子经简单的碰撞即能发生的,而是经过若干简单反应(基元反应)步骤最后转化为产物分子,这种反应称为复杂反应。通常的化学反应式只表示了化学计量关系,并不代表反应的真实历程。

(3) 质量作用定律。

对于单相基元反应,反应速度与反应物浓度的幂乘积成正比,其中各浓度的幂为反应方程中各组成成分的化学计量系数。

$$a A + b B \underset{k_2}{\overset{k_1}{\rightleftharpoons}} e E + f F$$

式中:k_1 为正向反应速率常数;k_2 为逆向反应速率常数。按质量作用定律:

正向反应速度为

$$\omega_{正} = k_1 [A]^a [B]^b \tag{8-19}$$

逆向反应速度为

$$\omega_{逆} = k_2 [E]^e [F]^f \tag{8-20}$$

(4) 净反应速率。

$$3H \overset{k}{\longrightarrow} H_2 + H$$

此反应式中,反应物和生成物都有 H,首先按质量作用定律:$\omega_{正} = k[H]^3$;H 的生成率:$\omega_{生} = 1\omega = k[H]^3$;H 的消耗率:$\omega_{消} = 3\omega = 3k[H]^3$;H 的净反应率:$\omega_{净} = \omega_{生} - \omega_{消} = -2k[H]^3$;$\omega_{净} < 0$ 表示净消耗。$\omega_{净} > 0$ 表示净生成。

8.3　化学平衡和平衡常数

在一定温度压力条件下,化学反应中的反应物一般不能完全变为产物,而是有一定限度。实际上,在反应物相互作用生成产物的同时,发生着产物相互作用生成原来反应物的过程。当这两种相反的过程达到平衡时，从总体上看，反应体系的状态不再随时间变化，即达到化学平衡状态。

化学平衡常数：化学反应达到平衡时，反应物和生成物浓度（或分压）之间存在一定的比例关系，称为化学平衡常数。对于

$$aA + bB \underset{k_2}{\overset{k_1}{\Longleftrightarrow}} eE + fF \tag{8-21}$$

正向反应速率为

$$\omega_{正} = k_1 c_A^a c_B^b \tag{8-22}$$

逆向反应速率为

$$\omega_{逆} = k_2 c_E^e c_F^f \tag{8-23}$$

化学平衡时：　　　　　$$\omega_{正} = \omega_{逆}$$

即　　　　　$$k_1 c_A^a c_B^b = k_2 c_E^e c_F^f$$

浓度表示的化学平衡常数：

$$K_c = \frac{c_E^e c_F^f}{c_A^a c_B^b} = \frac{k_1}{k_2} = 常数$$

对于理想混合气体，对任意组分有：

$$p_i V = n_i R_m T$$

则　　　　　$$C_i = \frac{n_i}{V} = \frac{p_i}{R_m T}$$

所以

$$K_c = \frac{p_E^e p_F^f}{p_A^a p_B^b} (R_m T)^{-(e+f-a-b)} \tag{8-24}$$

令

$$K_p = \frac{p_E^e p_F^f}{p_A^a p_B^b} \tag{8-25}$$

$$\Delta n = e + f - a - b$$

式中：K_p 为用分压力表示的平衡常数；Δn 为反应前后物质的量的变化。

因为　　　　　$$K_c = K_p (R_m T)^{-\Delta n}$$

根据气体分压 p_i 和总压 p 的关系：

$$p_i = \frac{n_i}{n} p$$

$$K_p = \frac{p_E^e p_F^f}{p_A^a p_B^b} = \frac{n_E^e n_F^f}{n_A^a n_B^b} \left(\frac{p}{n}\right)^{(e+f-a-b)} = \frac{n_E^e n_F^f}{n_A^a n_B^b} \left(\frac{p}{n}\right)^{\Delta n} \tag{8-26}$$

例 8.2　H_2 和过剩 100% 的空气进行下列燃烧反应，$H_2 + \frac{1}{2} O_2 \longrightarrow H_2O$，已知此反应在 $p = 1\text{atm}$，$T = 2000\text{K}$ 时的平衡常数 $K_p = 3.495$，试求此时平衡混合物的组成。

解　由　　　　　$$H_2 + \frac{1}{2} O_2 \longrightarrow H_2O$$

可知
$$K_p = \frac{p_{H_2O}^1}{p_{H_2}^1 p_{O_2}^{\frac{1}{2}}} = \frac{n_{H_2O}}{n_{H_2} n_{O_2}^{\frac{1}{2}}} \left(\frac{p}{n}\right)^{1-1-\frac{1}{2}} = \frac{n_{H_2O}}{n_{H_2} n_{O_2}^{\frac{1}{2}}} \left(\frac{p}{n}\right)^{-\frac{1}{2}}$$

式中：n_{H_2O}、n_{H_2}、n_{O_2} 分别为平衡时 H_2O、H_2、O_2 总的物质的量。

由于空气中含有 N_2，同时考虑空气的过剩，实际的反应式为
$$H_2 + O_2 + 3.76N_2 \longrightarrow x H_2 + y O_2 + z H_2O + 3.76 N_2$$

$\left(\text{空气中氮气与氧气的摩尔成分约为} \frac{0.79}{0.21} = 3.76\right)$

根据 H 和 O 原子系数平衡条件，即

方程两边氢原子系数相等：$2 = 2x + 2z$

方程两边氧原子系数相等：$2 = 2y + z = 2y + (1-x)$

即
$$z = 1 - x, \quad y = \frac{1+x}{2}$$

可以得出平衡时的反应物和生成物的物质的量为

$n_{H_2O} = z = 1 - x, \quad n_{H_2} = x$

$n_{O_2} = y = \dfrac{1+x}{2}, \quad n_{N_2} = 3.76$

$n = z + x + y + 3.76 = 1 - x + \dfrac{1+x}{2} + x + 3.76 = \dfrac{3+x}{2} + 3.76$

代入 K_p 的表达式：
$$K_p = \frac{1+x}{x \cdot \left(\dfrac{1+x}{2}\right)^{\frac{1}{2}}} \left(\frac{1}{\dfrac{3+x}{2} + 3.76}\right)^{-\frac{1}{2}} = 3.495$$

利用试凑法（或用计算机数值求根）可求得
$$x = 0.38, \quad y = 0.69, \quad z = 0.62$$

所以，实际的反应式为
$$H_2 + O_2 + 3.76N_2 \longrightarrow 0.38 H_2 + 0.69 O_2 + 0.62 H_2O + 3.76 N_2$$

习　　题

1. 反应 $C + \dfrac{1}{2}CO_2 \longrightarrow CO$ 的标准定压热效应为 $-110\ 603 J/mol$，试求反应的标准定容热效应。

2. 甲烷和理论空气量进行绝热定压燃烧，若忽略生成物的分解，试求最高燃烧温度为多少？假定反应物的初始温度为(1)298K；(2)500K。

第二篇

传热学及燃烧学

第 9 章

稳态热传导

当一个物体内部存在温差或两个物体之间存在温差时就会发生热量从物体某一部分传至另一部分或热量从一个物体传至另一个物体的现象,这就是热传递现象。这时并不存在热量与其他形式能量的转换,而仅表现为热量的转移。研究热量转移过程中的规律,是传热学的主要内容。学习和掌握各种热传递过程的规律,是分析计算一些实际传热现象中传热量及物体内温度分布的基础。

工程中需要利用传热知识解决的应用很多,例如在能源、化工、动力机械中采用的换热器都是以传热为主要功能的。此外,机械制造中工件的加热、冷却、熔化、凝固等过程中温度的测算以及建筑工程中建筑物的保暖、保温和空调等问题的处理都需要用到传热学的知识。发动机是一种热动力装置,它是通过将燃料燃烧的热能转变成机械能而获得动力的。在燃烧室中燃气的最高燃烧温度可达 2000K 以上。图 9-1 所示为汽油机和柴油机气缸内燃气平均温度随曲轴转角变化的情况。

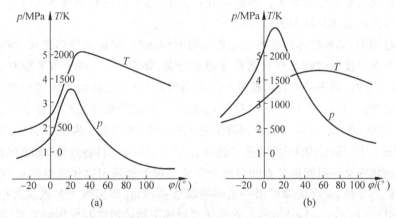

图 9-1 汽油机和柴油机缸内燃气平均温度随曲轴转角变化的情况
(a) 汽油机;(b) 柴油机

由此可见,在汽车发动机中,与燃气接触的各零件,如燃烧室壁面、气缸壁面、进排气门、活塞等都要承受很大的热负荷,这些零件的温度会升得很高。此外,这些零件内部还进行传热过程,使得各零件之间产生温差。由此带来的后果有:

(1) 零件材料强度降低,长期在高温下工作的零件会出现永久变形、断裂;

(2) 由于高温使润滑条件变差,引起零件表面的拉伤、咬死或者过度磨损;

(3) 零件各部分的温度不均匀会引起零件的变形不均匀,使零件中产生很大的热应力,或者造成各零件配合表面的几何形状改变,产生非正常的漏气或磨损。

这些后果都将使汽车发动机的可靠性和耐久性下降。因此,汽车发动机设计者为了详细了解汽车发动机工作中的温度状况,预测这种状况对零件的工作可靠性可能产生的危害,从而选择更合理的零件形式和结构,使发动机在运行中避免出现严重的问题,必须深入掌握传热的机理及有关计算方法。

9.1　热　传　导

9.1.1　热传递的三种基本方式

热传递现象是一种复杂的现象,在不同条件下具有不同的机理及不同的传递规律。为了便于分析,一般将自然界中的热传递分为三种基本方式:导热、对流和辐射。学习和掌握三种基本热传递过程的计算是分析所有热传递问题的基础。下面将以热传递三种方式的基本理论为基础,讨论各种热传递方式的机理及分析计算方法,简述汽车发动机中三种热传递方式的具体表现形式。

9.1.2　导热现象分析

物体各部分之间不发生相对位移,仅依靠分子、原子及自由电子等微观粒子的热运动而产生的热量传递的现象称为导热。如图 9-2(a)所示,当平壁左右温度不等,$t_{w1} > t_{w2}$ 时,则有热量通过导热的方式从左壁面传到右壁面。

在导热过程中,如果物体内部各点温度不随时间而变,则称该导热过程为稳态导热,而当物体内部各点温度随时间而变时则称非稳态导热,如图 9-2(a)中,当平壁左右两侧壁温 t_{w1}、t_{w2} 维持不变时,则平壁内各点温度必定不随时间而变,这时物体内部的热传递过程为一稳态导热过程。而当一个具有均匀温度 t_0 的任一形状的固体突然放置于温度为 $t_f (t_f < t_0)$ 的流体中(空气、水、油等)时,物体内部发生的导热过程为非稳态导热过程,首先物体表面的温度达到 t_f,经过若干时间后物体内部温度才达到 t_f,这段时间里物体各处温度随时间而变。

通常将物体内某一瞬间的各点的温度分布情况称为该瞬间物体的温度场,对图 9-2(a)所示的平壁稳态导热,温度场即可用一系列等温线描述,在等温线上各点具有相同的温度。温度场也可用 $t = f(x, y, z)$ 曲线来示,它描述了导热中物体温度与坐标的关系,如图 9-2(b)所示。相反,对非稳态导热过程,由于其内部温度时刻变化,故温度场的等温线及 $t = f(x, y, z)$ 也是随时间而变的。

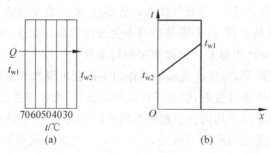

图 9-2　稳态导热

　　无论稳态导热及非稳态导热,均有一维、二维、三维问题,当物体内部温度在 x,y,z 三个方向均有变化时则称该温度场为三维温度场,三维稳态温度场可表示为 $t=f(x,y,z)$,三维非稳态温度场则表示为 $t=f(x,y,z,\tau)$;同理,$t=f(x,y)$ 表示二维稳态温度场,$t=f(x,y,\tau)$ 表示二维非稳态温度场;$t=f(x)$ 表示一维稳态温度场,$t=f(x,\tau)$ 表示一维非稳态温度场。

　　实际工程中存在各种各样的导热现象。例如在汽车发动机中,气缸内燃气燃烧后最高温度可达 2000K 左右,而汽车发动机起动时活塞、气缸壁、缸盖、气门等零件的温度为环境温度,故此阶段由于缸内高温燃气的传热,周围零件表面的温度必定高于内部的温度,此时,各零件内部就存在着导热过程,且零件内各点温度存在差异,而且起动工况下这些零件内部各点温度还会随时间而变,零件温度及冷却介质温度逐渐上升,故为非稳态导热过程,各零件的温度场必为非稳态温度场。这种现象同样存在于汽车发动机的加速、减速等工况,图 9-3 为一汽油机排气门在加速加负荷工况下的温度场变化情况。任意瞬时,由于气门各部位与热流接触的程度不同,造成各部位表面温度的不相同,再加上气门的不规则形状,故排气门在任一瞬间的温度分布图中的各等温线为曲线形式。

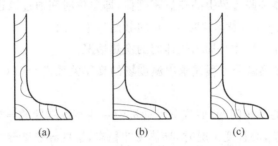

图 9-3　实测发动机排气门的温度场
(a) 转速 100r/min,负荷 25％;(b) 加速 10s 后;(c) 转速 3200r/min,负荷 100％

　　除排气门外,活塞、气缸壁、缸盖等由于内部也存在非稳态导热现象,也有相应变化的温度场。而当发动机在工况不变的情况下运行时,虽然气缸活塞、气门等主要零件周期地与高温燃气和低温可燃混合气相接触,但因周期较短,而冷却水侧的气缸外壁温度通常是稳定不变的,所以这些零件仅在表面的薄层(1μm 左右)内作周期性波动,而零件内部温度场却是稳定的,因而可近似作为稳定温度场进行分析研究。

　　确定物体中的温度分布情况,是研究导热问题的重要内容,对于简单问题(包括简单的物体几何形式,简单的边界条件、初始条件等),利用导热分析方法可以很容易地确定其温度场及传热量,如后面介绍的大平壁导热及无限长圆筒壁的导热问题,但对一些受热情况及几何形状都比较复杂的物体,仅利用导热分析方法计算理论解是比较困难的,在数学上有时无法实现。随着计算机应用领域的推广,特别是数值计算方法的采用,求解这些复杂问题的近似解已成为可能。例如发动机中一些高温零件的温度场均可由导热问题数值解法得到相应的温度场。当然,解决这些复杂的导热问题一般还要借助实验手段来验证仿真计算结果。

9.1.3　导热机理

　　从导热过程来看,物体内部及物体之间的热量传递依赖于固体内部的微观粒子的移动,而且从微观角度出发,不同性质的物体,如气体、液体、导体和非导体等,由于内部结构不同,它们的导热机理是不同的。在气体中,导热是气体分子不规则热运动相互碰撞的结果,使热量从高温处传到低温处。在导体中由于存在相当多的自由电子,它们在晶格之间像气体分子那样运动,故自由电子的运动在导体中起主导作用。在非导体中,导热主要是通过晶格的振动,即原子、分子在其平衡位置附近的振动来实现的。液体中的导热机理较复杂,存在多种解释,有一种观点认为定性上类似于气体,依据分子运动导热,但情况要比气体复杂,另一种观点则认为液体的导热机理类似于非导体,依靠晶格的振动导热。

研究导热问题的一般步骤如下:

(1) 针对问题列出导热微分方程式,即在所研究的物体中取出一微元体,并且列出相应的热量平衡方程或能量守恒方程,即

输入微元体的热量＋微元体中的内热源＝输出微元体的热量＋微元体本身的能量增加

(2) 针对问题的性质列出边界条件。边界条件分为三类:

第一类:规定物体某些边界上的温度值。如:$x=0$ 时,$t_w = t_{w1}$,其中 t_{w1} 为已知值。

第二类:规定物体某些边界上的热流密度值,即单位时间通过该边界面积上的导热量,用 q 表示。如:$x=0$,$q=0$,表示这时 $x=0$ 的截面为绝热面。

第三类:规定边界上物体与周围流体间的换热情况。

(3) 将边界代入导热微分方程式求出温度场的具体关系式 $t=f(x,y,z,\tau)$。即求导热微分方程的解。

对于大多数实际的导热问题,如汽车发动机中一些高温零件的导热,由于这些零件几何形状和边界条件较复杂,而且变工况时,导热为非稳态,这些导热微分方程是没有理论解的。这些问题的求解可以结合数值求解理论及实验的方法,如有限元法等来进行求解。当然,对一些简单的一维稳态导热问题,如大平壁导热及无限长圆筒壁的导热问题,用数学分析方法求理论解则是完全可行的。

9.2　典型一维稳态导热问题

1822 年,傅里叶对一维稳态导热问题给出了导热微分方程式:

$$Q = -\lambda F \frac{dt}{dx} \quad \text{(直角坐标系,见图 9-4(a))} \tag{9-1}$$

或

$$Q = -\lambda F \frac{dt}{dr} \quad \text{(圆柱坐标系,见图 9-4(b))} \tag{9-2}$$

式中:F 为垂直导热方向的截面积,m^2;λ 为导热系数,$W/(m \cdot K)$,又称导热率;Q 为单位时间的导热量(或热流量),W。负号表示热量传递的方向指向温度降低的方向,表达式的物理意义可表示为在导热问题中单位时间内通过给定截面积的热量,正比于垂直于该截面方向上的温度变化率 $\frac{dt}{dx}$ 及截面积 F,比例常数为导热系数 λ。

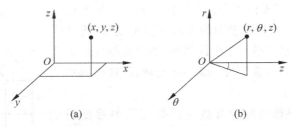

图 9-4　直角坐标系和圆柱坐标系
(a) 直角坐标系；(b) 圆柱坐标系

傅里叶定律也可以表示成热流密度的形式，即

$$q = -\lambda \frac{\mathrm{d}t}{\mathrm{d}x} \quad \text{或} \quad q = -\lambda \frac{\mathrm{d}t}{\mathrm{d}r} \tag{9-3}$$

式中：q 为热流密度，指通过单位截面积的导热量，W/m^2。

显然：

$$q = \frac{Q}{F}$$

下面讨论导热系数 λ 的物理意义。

由傅里叶定律知：$\lambda = -\dfrac{q}{\dfrac{\mathrm{d}t}{\mathrm{d}x}}$，即导热系数为温度梯度为 1℃时的热流密度。由此可知，导热系数代表物质的导热能力。它的大小取决于物质材料的成分、内部结构、密度、温度等参数，而与物质的几何形状无关。导热系数一般由专门的实验测定。

一般而言，固体的导热系数最大，液体次之，气体最小。固体中金属导体的导热系数又比非金属大，如常温下铜、玻璃、水、干空气的导热系数依次为 382W/(m·K)、0.7～1.05W/(m·K)、0.599W/(m·K)、0.0259W/(m·K)。

多孔性固体材料孔隙中的空气处于静止状态，因空气的导热能力很差，故这种材料的导热系数（实际为折合导热系数）很小，因而具有保温作用，习惯上将常温下导热系数小于 0.2W/(m·K)的材料称为保温材料，如石棉等。

导热系数除与材料有关外，还与温度有关，计算时与温度的关系可用线性函数表示，即

$$\lambda = \lambda_0 (1 + bt)$$

式中：t 为温度；λ_0、b 均为常数，不同的物质有不同 λ_0 和 b 值。

当导热问题中温度差不大时，导热系数一般当作常数。

下面分析几种典型的一维稳定导热问题导热微分方程的具体求解过程及温度场的形式。

9.2.1　大平壁导热

1. 单层大平壁

首先研究通过单层大平壁的导热。已知平壁的两个表面分别维持均匀而恒定的温度 t_{w1} 和 t_{w2}，且 $t_{w1} > t_{w2}$，壁厚为 δ，取坐标轴如图 9-5 所示。由于两个壁面是温度等于 t_{w1}

和 t_{w2} 的等温面,因此平壁内部平行于壁面的每一个平面也必然为等温面,而只有垂直于壁面的方向有温度变化,所以属于一维(x 向)稳定温度场。工程计算中,如平壁厚度小于高度和宽度的 1/10 时,通常作为一维导热处理,故这样的平壁又称大平壁。

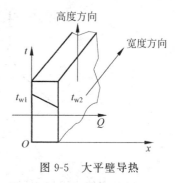

图 9-5　大平壁导热

下面来求解当导热系数为常数时这类问题的温度场 $t=f(x)$ 及导热量 Q。

由傅里叶定律:在平面坐标中,通过一维稳态导热问题中任一截面 F(与热流方向垂直)的导热量 Q 为

$$Q = -\lambda F \frac{\mathrm{d}t}{\mathrm{d}x}$$

稳态导热时,$Q=$ 常数,即单位时间通过与热流方向垂直的任一截面的导热量是相等的,且截面积 F 和导热系数也为常数,故对上式分离变量并积分,可得

$$t = \frac{Q}{-\lambda F} \bigg|_{x_2}^{x_1}$$

写出边界条件:$x=0, t=t_{w1}$,这是第一类边界条件。
代入解得

$$t = \frac{Q}{-\lambda F} x + t_{w1} \tag{9-4}$$

再将另一边界条件:$x=\delta, t=t_{w2}$ 代入式(9-4),得

$$Q = \frac{t_{w1} - t_{w2}}{\dfrac{\delta}{\lambda F}} \tag{9-5}$$

将式(9-4)代入式(9-5)有

$$t = (t_{w2} - t_{w1}) \frac{x}{\delta} + t_{w1} \tag{9-6}$$

由式(9-5)还可写出热流密度的公式:

$$q = \frac{t_{w1} - t_{w2}}{\dfrac{\delta}{\lambda}} \quad (\mathrm{W/m^2}) \tag{9-7}$$

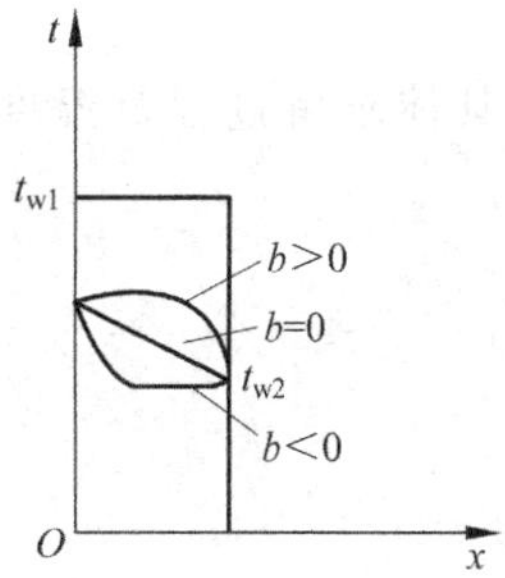

式(9-5)及式(9-7)给出了大平壁导热问题中热量的计算式,它表明导热热流量 Q(或 q)、导热系数 λ、壁厚 δ、平壁表面温度 t_{w1}、t_{w2} 及截面积 F 间的关系。

由式(9-6)知,温度与 x 成线性关系,故一维稳态导热问题的温度场为直线分布,如图 9-6 所示。已知 x,由式(9-6)可计算任一坐标 x 处截面的温度 t。

下面对式(9-5)及式(9-7)进一步进行分析,这里将引入导热热阻的概念。

对比电学中的欧姆定律,即 $I = \dfrac{U}{R}$,U 为电流流动的动

图 9-6　导热系数为温度的线性函数时的大平壁温度分布

力,R 为电流流动的阻力,再分析式(9-5),可知 $t_{w1}-t_{w2}=\Delta t$ 是热量传递的动力,假设热量的转移与电量的转移有共同的规律,由此可知,式(9-5)中的分母必为热量传递的阻力,简称热阻,记为 $R_\lambda(\mathrm{K/W})$,即:

$$R_\lambda = \frac{\delta}{\lambda F} \tag{9-8}$$

则

$$Q = \frac{t_{w1}-t_{w2}}{R_\lambda} = \frac{\Delta t}{R_\lambda}$$

参照电学中的电路图,也可画出一个导热过程的热路图,如图 9-7 所示。

上面只考虑了导热系数 λ 为常数时大平壁的导热问题,这时的 λ 可按壁面平均温度 $t = \frac{t_{w1}-t_{w2}}{2}$ 查表。如果问题中温差 $\Delta t = t_{w1}-t_{w2}$ 较大,则要考虑温度对 λ 的影响。

2. 多层大平壁

多层平壁是由不同材料压合组成的复合壁。例如,采用耐火砖层、保温砖层和普通砖层叠合而成锅炉炉墙,就是一种多层壁。下面将以三层大平壁为例分析,如图 9-8 所示是三层大平壁示意图。平壁两侧的壁面分别维持温度为 t_{w1} 和 t_{w4},各层厚度分别为 δ_1、δ_2、δ_3,导热系数相应为 λ_1、λ_2、λ_3,并设为常数。另外还假设各层之间接触良好,即可认为接合面上各处温度相等。

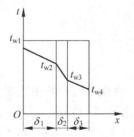

图 9-8　三层平壁导热及温度分布

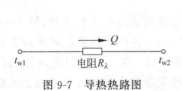

图 9-7　导热热路图

由式(9-8)可知,各层的热阻分别为

$$R_{\lambda 1} = \frac{\delta_1}{\lambda_1 F} = \frac{t_{w1}-t_{w2}}{Q}$$

式中:t_{w2} 为平壁 1 和平壁 2 接合面上温度。

$$R_{\lambda 2} = \frac{\delta_2}{\lambda_2 F} = \frac{t_{w2}-t_{w3}}{Q}$$

式中:t_{w3} 为平壁 2 和平壁 3 接合面上温度。

$$R_{\lambda 3} = \frac{\delta_3}{\lambda_3 F} = \frac{t_{w3}-t_{w4}}{Q}$$

应用串联过程的总热阻等于其分热阻之和,即串联叠加原则,总热阻为三个分热阻之和(见图 9-9)

即

$$R = R_{\lambda 1} + R_{\lambda 2} + R_{\lambda 3} = \frac{\delta_1}{\lambda_1 F} + \frac{\delta_2}{\lambda_2 F} + \frac{\delta_3}{\lambda_3 F} \tag{9-9}$$

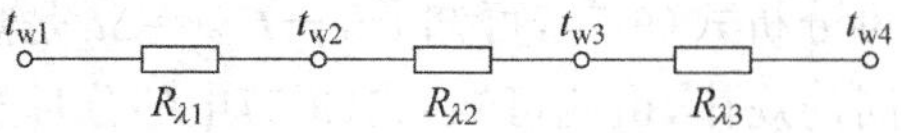

图 9-9   三层平壁热路图

进而可求得导热量：

$$Q = \frac{t_{w1} - t_{w4}}{R_{\lambda 1} + R_{\lambda 2} + R_{\lambda 3}} = \frac{t_{w1} - t_{w4}}{\dfrac{\delta_1}{\lambda_1 F} + \dfrac{\delta_2}{\lambda_2 F} + \dfrac{\delta_3}{\lambda_3 F}} \tag{9-10}$$

求出导热量 Q 后，接合面上的未知温度 t_{w2} 和 t_{w3} 可由每层的导热公式求出。

热流密度：

$$q = \frac{Q}{F} = \frac{t_{w1} - t_{w4}}{\dfrac{\delta_1}{\lambda_1} + \dfrac{\delta_2}{\lambda_2} + \dfrac{\delta_3}{\lambda_3}} \tag{9-11}$$

由于各层平壁具有不同的热阻 $\dfrac{\delta}{\lambda F}$，故各层中温度变化不同，即 $t = f(x)$ 为一折线，如图 9-8 所示。

以此类推，n 层多层平壁的计算公式：

$$Q = \frac{t_{w1} - t_{w(n+1)}}{\displaystyle\sum_{i=1}^{n} \frac{\delta_i}{\lambda_i F}} \tag{9-12}$$

$$q = \frac{t_{w1} - t_{w(n+1)}}{\displaystyle\sum_{i=1}^{n} \frac{\delta_i}{\lambda_i}} \tag{9-13}$$

例 9.1   一台锅炉的炉墙由三层材料叠合而成，最里面的是耐火黏土砖，厚 115mm，中间是 B 级硅藻土砖，厚 125mm，最外层为石棉板，厚 70mm，各层导热系数可视为常数，$\lambda_1 = 1.12\mathrm{W/(m \cdot K)}$，$\lambda_2 = 0.112\mathrm{W/(m \cdot K)}$，$\lambda_3 = 0.116\mathrm{W/(m \cdot K)}$，已知炉墙内、外表面温度分别 495℃ 和 60℃，试求每平方米炉墙内每小时的热损失及耐火黏土砖分界面上的温度。

解   如图 9-8 所示。$\delta_1 = 115\mathrm{mm}$，$\delta_2 = 125\mathrm{mm}$，$\delta_3 = 70\mathrm{mm}$，将所有已知值代入式(9-11)可得每平方米炉墙每小时的热损失。

$$
\begin{aligned}
q &= \frac{t_{w1} - t_{w4}}{\dfrac{\delta_1}{\lambda_1} + \dfrac{\delta_2}{\lambda_2} + \dfrac{\delta_3}{\lambda_3}} \\[2mm]
&= \frac{495 - 60}{\dfrac{0.115}{1.12} + \dfrac{0.125}{0.112} + \dfrac{0.07}{0.116}} \\[2mm]
&= 238.74(\mathrm{W/m^2})
\end{aligned}
$$

由 $q = \dfrac{t_{w1} - t_{w2}}{\dfrac{\delta_1}{\lambda_1}}$ 可求得耐火黏土砖与硅藻砖分界面的温度，即

$$t_{w2} = t_{w1} - \frac{Q\delta_1}{\lambda_1} = 495 - 224 \times \frac{0.115}{1.12} = 472(℃)$$

9.2.2　圆筒壁导热

1. 单层圆筒壁导热

在热力设备中,许多导热体是圆筒形的,如汽车发动机的气缸及换热器中的管道、暖气管道等。这里讨论的圆筒壁均设为无限长圆筒壁,即其长度 l 比外径大许多,通常为 10 倍以上。假设圆筒壁外径和内径分别为 r_1 和 r_2,内、外壁温度分别维持均匀恒定的温度 t_{w1} 和 t_{w2},如图 9-10 所示。因圆筒壁的长度尺寸很大,沿轴向和周向的导热就可略去不计,即圆筒壁的温度仅沿半径方向发生变化,当采用圆柱坐标 (r,θ,z) 时,这就是一维导热问题,温度场可写成 $t=f(r)$。

下面推导这种圆筒壁当导热系数 λ 为常数时的导热量公式和温度场表达式 $t=f(r)$。

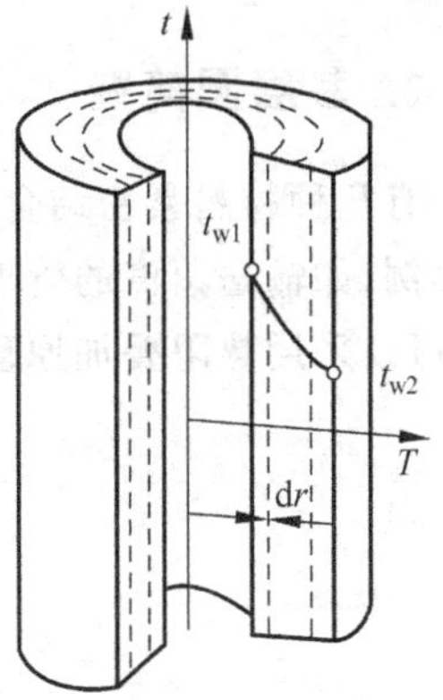

图 9-10　单层圆筒壁导热

由傅里叶定律,通过一维稳态温度场中的任一截面(与热流方向垂直)的导热量在圆柱坐标中的表达式为

$$Q=-\lambda F\frac{\mathrm{d}t}{\mathrm{d}r}$$

F 为任一半径 r 处的截面积,这时 $F=2\pi rl$。

代入上式: $Q=-\lambda 2\pi rl\dfrac{\mathrm{d}t}{\mathrm{d}r}$,即 $\mathrm{d}t=-\dfrac{Q}{2\pi\lambda l}\dfrac{\mathrm{d}r}{r}$

两边积分有
$$t=-\frac{Q}{2\pi\lambda l}\ln r+C \tag{9-14}$$

由此可见,在圆筒壁中 t 与半径 r 为一对数关系,利用边界条件: $r=r_1$, $t=t_{w1}$ 及 $r=r_2$, $t=t_{w2}$ 得

$$Q=\frac{t_{w1}-t_{w2}}{\dfrac{1}{2\pi\lambda l}\ln\dfrac{r_2}{r_1}} \tag{9-15}$$

$$Q=\frac{t_{w1}-t_{w2}}{R_\lambda} \tag{9-16}$$

式中: $R_\lambda=\dfrac{1}{2\pi\lambda l}\ln\dfrac{r_2}{r_1}$,为长为 l 的圆筒壁的导热热阻。

对圆筒壁,一般采用单位管长的热流量表示热流密度,即

$$q=\frac{Q}{l}=\frac{t_{w1}-t_{w2}}{\dfrac{1}{2\pi\lambda}\ln\dfrac{r_2}{r_1}} \tag{9-17}$$

当 $\lambda=\lambda_0(1+bt)$ 时,即考虑温度对导热系数的影响时,同样可推出其导热量公式及温度分布公式,分析过程可参考前面的大平壁导热,这里略去,作为思考题,下面直接给出结果:

$$Q = \frac{t_{w1} - t_{w2}}{\dfrac{1}{2\pi\lambda_m l}\ln\dfrac{r_2}{r_1}} \tag{9-18}$$

式中：
$$\lambda_m = \lambda_0\left(1 + b\,\frac{t_{w1} + t_{w2}}{2}\right)$$

2. 多层圆筒壁

有几种材料紧密结合所构成的圆筒壁称为多层圆筒壁。工程中有许多应用多层圆筒壁的实例，如输送蒸汽的管道是内为金属层、外为绝热层的两层圆筒壁。与研究多层大平壁一样，可以采用热阻叠加原理进行计算，即对各层圆筒壁热阻有

$$R_{\lambda1} = \frac{1}{2\pi\lambda_1 l}\ln\frac{r_2}{r_1} = \frac{t_{w1} - t_{w2}}{Q}$$

$$R_{\lambda2} = \frac{1}{2\pi\lambda_2 l}\ln\frac{r_3}{r_2} = \frac{t_{w2} - t_{w3}}{Q}$$

$$R_{\lambda3} = \frac{1}{2\pi\lambda_3 l}\ln\frac{r_4}{r_3} = \frac{t_{w3} - t_{w4}}{Q}$$

总热阻
$$R = R_{\lambda1} + R_{\lambda2} + R_{\lambda3}$$
故有

$$Q = \frac{t_{w1} - t_{w4}}{\dfrac{\ln\dfrac{r_2}{r_1}}{2\pi\lambda_1 l} + \dfrac{\ln\dfrac{r_3}{r_2}}{2\pi\lambda_2 l} + \dfrac{\ln\dfrac{r_4}{r_3}}{2\pi\lambda_3 l}}$$

$$= \frac{t_{w1} - t_{w2}}{R_{\lambda1} + R_{\lambda2} + R_{\lambda3}} \tag{9-19}$$

习　题

1. 按照导热机理，水的气、液、固三种状态中哪种状态的导热系数最大？

2. 利用同一冰箱储存相同的物质时，试问结霜的冰箱耗电量大还是未结霜的冰箱耗电量大？为什么？

3. 一内直径为 200mm、厚为 5mm 的钢管表面包上一层厚为 5mm 的保温材料，钢材料及保温材料的导热系数分别为 36W/(m·K) 和 0.05W/(m·K)，钢管内壁及保温层外壁温度分别为 200℃ 及 30℃，管长为 10m。试求该管壁的散热量。

4. 某一炉墙内层由耐火砖、外层由红砖组成，厚度分别为 200mm 和 100mm，导热系数分别为 0.8W/(m·K) 和 0.4W/(m·K)，炉墙内外侧壁面温度分别为 700℃ 和 60℃，试计算：

（1）该炉墙单位面积的热损失；

（2）若以导热系数为 0.1W/(m·K) 的保温板代替红砖，其他条件不变，为了使炉墙单位面积热损失低于 $1kW/m^2$，至少需要用多厚的保温板。

第10章

对 流 传 热

10.1 对流传热定律

10.1.1 对流换热现象

当流体流过固体壁面时,若两者温度不同,则在流体和固体壁面之间产生热量传递,这一热传递过程称为对流换热。如图 10-1 所示,当一流体流过一平板时,若平板温度 t_w 比流体温度 t_f 高,则有热量 Q 从平板表面传到流体中,由此可见,这种热量的传递应该是流体分子间微观导热作用与流体宏观位移传热的综合效应,故对流换热是一种复杂的热传递过程。

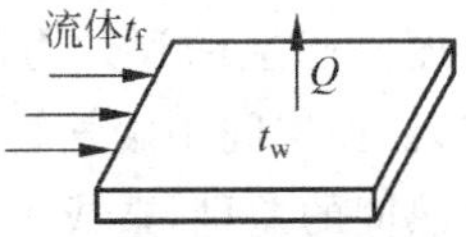

图 10-1 流体纵平板对流换热

10.1.2 对流换热的计算

对流换热量 Q 至今仍采用牛顿冷却公式计算,即

$$Q = \alpha F \Delta t \tag{10-1}$$

式中:Q 为单位时间的换热量,W;α 为对流换热系数,W/(m^2·K);F 为换热表面积,m^2,Δt 为流体和壁面之间的温差,其值取正,℃。即 $\Delta t = t_w - t_f (t_w > t_f)$ 或 $\Delta t = t_f - t_w (t_w < t_f)$。其中:$t_w$ 为壁面温度;t_f 为流体温度。

牛顿冷却公式表明:对流换热量 Q 与换热表面积 F 以及流体与壁面之间的温差 Δt 成正比,比例系数为换热系数 α。

公式中 F 与 Δt 较容易确定,而 α 的变化却错综复杂,所以分析对流换热问题,即计算换热量 Q 的问题,就变成如何根据各种具体情况确定对流换热系数 α 的问题。只要确定了,计算换热量 Q 就很容易了。

10.1.3 影响对流换热的因素

由牛顿冷却公式可以看出,对流换热系数 α、换热表面积 F 及温差 Δt 三者均会影响对流换热的强烈程度(即影响 Q 的大小)。因为温差在很大程度上取决于工程问题本身的需要,不可随意调整,故影响对流换热量的关键因素还是换热系数 α 和换热表面积 F。换热系数越大,换热量越大;同理换热面积越大,换热量也越大。所以增强或消弱对流换热主要从这两方面着手,因此,研究影响换热系数的因素及改变换热面积的具体措施,显得非常有意义。

1. 影响换热系数的因素

由于对流换热量是指流体与固体表面之间的热交换过程,那么有关流体和固体表面的各种因素都将会影响换热系数的大小。综合地分析,可将影响因素归纳成以下几个方面。

1）流动的类别

流动的类别指强制流动或自由流动。强制流动指的是对流换热过程中流体的流动是由外部因素作用（电扇、水泵等）而产生的,其特点是流体有宏观方向一致的运动。此时,流体的流速 u_f 对换热有较明显的影响。如汽车发动机中冷却水与壁间的对流换热就是强制对流换热,散热器在风扇的作用下与空气间的对流换热也是强制对流换热。当流体自由流动时,流体的流动完全是由于流体与壁面间的温差造成的流体内部的密度差所产生的,故内部不存在整齐的宏观运动,此时,流速不是影响换热的主要因素,取而代之的是由流体内部的密度差产生的浮升力的大小,一般用 $\beta\Delta t$ 表示（β 为容积膨胀系数,Δt 为壁面与流体的温差）。如房间中暖气管道与空气的对流换热就属于自由对流换热。正由于强制换热和自由换热间的差别,造成了这两种换热现象的换热效果上的差别,一般强制对流换热比自由对流换热强烈。

2）流动的结构

流动的结构是指流体的运动状态是层流还是紊流。层流是指流体各部分形成层状平行于壁面流动,层与层之间互不掺和,沿壁面法向的热量传递只能依靠分子导热或晶格振动导热。而紊流时流体不仅在平行于壁面方向有流动,在垂直于壁面方向也有紊动混合的对流作用,能量的传递将不再受分子导热（或晶格振动）控制,而主要取决于流体微团的横向混合,故两者的换热程度也不同。一般情况下,紊流时换热比层流强烈。

3）流体的物性参数

流体的物性参数是指表征物质性质的一些物性参数。在对流换热过程中影响换热的物性参数主要有流体导热系数 λ、动力黏度 μ、比热容 c 和密度 ρ。

4）壁面的几何状态

几何状态指壁面的形状,主要是尺寸大小及壁面与流体的相对位置。几何状态不同,流体流动状态就不同,这必然会引起换热系数的差异,如强制对流换热中,流体沿平壁流动和沿管内流动时换热系数的计算是不同的;另外流体沿管内流动（纵流）和流体在管外流动（横流）时的换热规律也是不同的。自由对流换热中,竖平壁和竖圆筒的换热不同。即使同样是平壁,横放和竖放的换热规律也是不同的。在每种形式的对流换热中,当固体壁面的某个尺寸对换热规律有较大影响时,该尺寸称为定性尺度,用 l 表示。定性尺度取决于流体与壁面的相对位置、固体壁面的形状等。如流体纵向流过平板时平板的长度是定性尺度,而流体纵掠圆管内时,管道内径为定性尺度。流体外掠圆管时,管道外径为定性尺度等。即使同一性质的对流换热,如果定性尺度不同,换热效果也不同。

综上所述,在强制对流换热中,如将各种影响因素考虑进去,则对流换热系数 α 的数学关系式可以写成：

$$\alpha = f(u, l, \rho, \mu, \lambda, c) \tag{10-2}$$

而自然对流换热中对流换热 α 的数学关系式可以写成：

$$\alpha = f(\beta, \Delta t, l, \rho, \mu, \lambda, c) \tag{10-3}$$

2. 通过增加换热面积增强换热效果的途径

空气的对流换热系数：$\alpha = 50 \sim 200 \text{W}/(\text{m}^2 \cdot \text{K})$，而水的换热系数：$\alpha = 1000 \sim 5000 \text{W}/(\text{m}^2 \cdot \text{K})$。由此可见，空气与水相比，流体边界层的对流换热系数要小得多。因此，为加强空气与壁面间的换热，工程上常采用增加换热面积的方法，即将壁面做成肋片的形式（又称散热片），如图 10-2 所示。这种通过增加换热面积加强换热强度的应用实例有散热器芯、风冷发动机缸体及缸盖等。

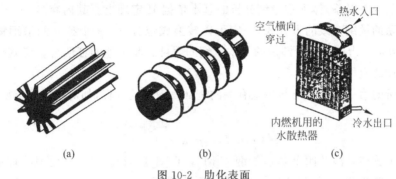

图 10-2　肋化表面
(a) 散热器芯；(b) 风冷发动机缸体；(c) 缸盖

10.2　相似原理及量纲分析

由于影响换热系数 α 的因素较多，使得寻找换热系数 α 关联式的工作变得较复杂。换热系数 α 的确定，目前主要有两种方法，即理论分析法和实验法。

1. 理论分析法

理论分析法有精确解法、近似积分法。精确解法即是对一微元体应用动量守恒和能量微分方程列出能量平衡方程，然后再引入适当的边界条件求解。由于精确解法中一系列微分方程的复杂性，使得这种精确解法实际上不能求得解。后来就发展了一种理论分析法，即近似法，它的原理是应用动量守恒和能量守恒定律得出一体积控制体（不是微元体）的边界层动量及能量微分方程，然后通过假定边界层内的速度分布和温度分布求得微分方程最后的解。由于该方法中所分析的控制体比精确解法中的微元体粗略，故用该方法求得的是近似解，其精确性取决于所假定的速度分布和温度分布接近实际情况的程度。

2. 实验研究法

用理论方法研究对流换热问题比较困难，存在一定的局限性，故人们自然想到用实验方法去求取对流换热计算式,这是传热研究中的一个重要而可行的手段。然而,对于对流换热这样一个存在许多影响因素的复杂的物理现象,要找出众多变量间的函数关系,实验的次数十分庞大,以至实验无法实现。故必须通过某些理论,在组织实验之前,首先将影响对流换热的众多因素根据其内在联系重新组合,以减少总的影响因素数目,得到具有少量变量的换热系数的准则关联式,最后再由实验方法求出换热系数的具体计算式。常用的这种理论有相似原理和量纲分析法。虽然这两种理论的原理不同,但通过它们都能达到减少换热系数公式中变量个数的目的。下面只简单介绍量纲分析法的基本原理。

在这种方法中首先需选定一个基本的量纲系统。为方便,一般选以下五个物理量的量纲作为基本量纲:时间$[T]$,长度$[L]$,质量$[M]$,温度$[\theta]$及热量$[Q]$。方括号内的字母代表量纲。其他物理量的量纲都可由基本量纲导出,称为导出量纲。如密度的量纲为$[ML^{-3}]$,导热系数的量纲为$[QL^{-1}T^{-1}\theta^{-1}]$。

量纲间的内在联系,体现在量纲分析的基本依据Π定理上。其内容是:一个表示n个物理量间关系的量纲一致的方程式,一定可以转换成包含$n-r$个独立的量纲物理量群的关系式。r指n个物理量中所涉及的基本量纲的数目。此定理的证明可参考其他文献。这里只介绍定理的应用。

量纲分析的第一步是列出与现象有关的全部物理量的方程,如对强制对流换热,根据前面的分析,有

$$\phi(\alpha,u,l,\rho,\mu,\lambda,c_p)=0 \tag{10-4}$$

式中七个物理量涉及四个基本量纲:$[M]$,$[L]$,$[T]$,$[Q/\theta]$。此处因物理量中$[Q]$与$[\theta]$都以组合$[Q/\theta]$出现,故只能将$[Q/\theta]$作为独立量纲。

根据Π定理,式(10-4)必定可以用$(n-r)$个准则的关系式表示,即

$$\Psi(\Pi_1,\Pi_2,\Pi_3)=0 \tag{10-5}$$

第二步是选定各准则的内耗表达式,即幂指数表示式。每个准则由$r+1$个物理量组成:

$$\Pi_1=u^{a1}l^{b1}\lambda^{c1}\mu^{e1}\alpha$$

$$\Pi_2=u^{a2}l^{b2}\lambda^{c2}\mu^{e2}\rho$$

$$\Pi_3=u^{a3}l^{b3}\lambda^{c3}\mu^{e3}c_p$$

选定三个Π的共同项$u^al^b\lambda^c\mu^e$的原则是,它们必须包括所有四个基本量纲而自身不能组成无量纲数。这里的选择符合这个要求。在共同项外还留下三个物理量,将它们分别搭配到每个表达式上,组成五个物理量的幂次乘积。

第三步根据Π必须是无量纲原则,解出待求幂次的数值,得出准则。为此,展开Π_1的量纲得

$$\Pi_1=L^{a1}T^{-a1}L^{b1}[Q/\theta]^{c1}L^{-c1}T^{-c1}M^{e1}L^{-e1}T^{-e1}[Q/\theta]L^{-2}T^{-1}$$

$$=[L]^{a1+b1-c1-e1-2}[T]^{-a1-c1-e1-1}[Q/\theta]^{c1+1}M^{e1}$$

由于Π是无量纲要求,故$[L]$,$[T]$,$[Q/\theta]$,$[M]$的指数都是0,于是

$$a_1=0,\quad b_1=1,\quad c_1=-1,\quad e_1=0$$

代入Π_1表达式得

$$\Pi_1 = \frac{\alpha l}{\lambda} = Nu, \quad Nu \text{ 称为努塞尔数}$$

$$\Pi_2 = \frac{\rho u l}{\mu} = Re, \quad Re \text{ 称为雷诺数}$$

$$\Pi_3 = \frac{\mu c_p}{\lambda} = Pr, \quad Pr \text{ 称为普朗特数}$$

最后将 Π_1、Π_2、Π_3 代入式(10-5)，得准则关联式

$$\Psi(Nu, Re, Pr) = 0 \tag{10-6}$$

或

$$Nu = f(Re, Pr) = \frac{\alpha l}{\lambda} \tag{10-7}$$

即影响强制对流换热的因素最终归结为两个无量纲数：雷诺数 Re 及普朗特数 Pr。同理，对自然对流换热也可以得出一个准则方程式：

$$Nu = f(Gr, Pr) = \frac{\alpha l}{\lambda} \tag{10-8}$$

式中：$Gr = g\beta\Delta t l^3/\nu^2$ 为格拉晓夫数；β 为容积膨胀系数，对理想气体有：$\beta = 1/T$，g 为重力加速度，$\Delta t = t_w - t_f$（即壁面温度与流体温度之差），l 为特性尺度，ν 为流体的运动黏度。影响自然对流换热的因素最终归结为两个无量纲数：格拉晓夫数 Gr 及普朗特数 Pr。

$$Nu = c(Gr \cdot Pr)^n \tag{10-9}$$

当得到式(10-8)及式(10-9)这样的准则方程后，再通过合适地组织实验，就能完全获得各种具体问题下的关联式的具体形式。例如对强制管内紊流对流换热，实验原则上可这样布置：开始使 Pr 等于常数，并保持不变（只要流动本身不变就可做到），改变 Re 值（可通过变化 Re 组成式中的任一项做到），获得一组 Nu 随 Re 而变的实验数据；再使 Pr 等于另一常数并保持不变（可通过调换流体做到），变动 Re 值获得又一组 Nu 随 Re 而变的实验数据，重复以上步骤，可得到大量 Nu 随 Re 和 Pr 而变的实验数据。然后通过数据整理分析，就可得到如下关联式：

$$Nu = \frac{\alpha l}{\lambda} = 0.023 Re^{0.8} \cdot Pr^n \tag{10-10}$$

式中：流体被加热时，$n = 0.4$；流体被冷却时，$n = 0.3$。

公式应用中的定性温度指确定流体物性参数的温度。每个公式都是在特定的定性温度下得出的，应用公式时必须遵循它所指定的定性温度，否则，结果将是无意义的。

在应用各种关联式时，应该注意各公式中所规定的定性温度和特性尺寸的含义。

习　题

1. 夏季在保持 20℃ 的室内工作时，穿单衣感到舒适，而冬季在保持 22℃ 的室内工作时，却必须穿绒衣才觉得舒服。试从传热的观点分析原因。

2. 冬天，在白天太阳底下晒过的棉被，晚上盖起来感到很暖和，并且经过拍打以后，效

果更加明显。试解释原因。

3. 在地球表面某实验室内设计的自然对流换热实验,到太空中是否仍然有效? 为什么?

4. 在对流温度差大小相同的条件下,在夏季和冬季,屋顶天花板内表面的对流放热系数是否相同? 为什么?

第11章

热　辐　射

11.1　热辐射现象

热辐射是热能传播的另一种方式,其特点与导热和对流换热完全不同,它不需要与其他物体接触,物体之间的辐射换热也不需要任何介质,如太阳向地球进行辐射传热。

热辐射是辐射的一种形式。辐射是电磁波传递能量的现象。由于产生电磁波的原因不同,可以得到不同频率或波长的电磁波。从理论上讲,电磁波的波长可以从 $0\sim\infty$。如图 11-1 所示,波长的单位为微米,用 μ 表示,$1\mu m=10^{-6}m=0.001mm$。不过在这里感兴趣的是由于热的原因而产生的电磁波辐射,这种辐射称为热辐射,其波长区域一般在 $0.1\sim100\mu m$ 范围内的红外线和可见光范围内。

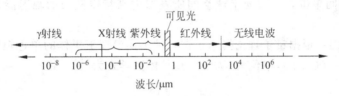

图 11-1　电磁波的波谱

根据量子理论的解释,热辐射是由于物质内部微粒的热运动向外界发射能量子——光子,这些量子具有一定的能量和质量,并以波动的形式传播出去。因为温度是物质内部微粒热运动的原因,所以热辐射只取决于物质本身的温度,而与周围介质的性质和温度无关。从理论上讲,只要物体的温度在绝对零度以上,它就对外进行热辐射。

热辐射过程中能量的转换具有相互的性质,如有两个温度不同的物体,它们本身都独自发射辐射能,高温物体所辐射出去的能量较多,这些能量投射在温度低的物体上,有一部分辐射能被吸收后而又重新转变为热能,与此同时,温度低的物体也发射辐射能,相对于高温物体,其能量少些,这些辐射能投射在高温物体上,有一部分被吸收而同样转变为热能。但总的效果是高温物体辐射出去的能量多于吸收,温度低的物体则恰好相反,吸收多于放出,因此,热能由高温物体传给了低温物体。这就是物体之间的辐射换热。即辐射换热是指物体间相互发射和吸收辐射能的过程。物体吸收和辐射能量的差称为辐射换热量。当物体发射出去的辐射能正好等于它从外界获得的辐射能,即辐射换热量为零,此时则表示物体的热辐射过程达到了热平衡状态。当物体处在这样的热平衡状态时,便可以用一个确定不变的温度 T 来描述。

实际物体对投射热辐射 G 一般是一部分吸收(αG),另一部分反射(ρG),还有一部分则经折射而透过物体(τG)，如图 11-2 所示，这里 α、ρ、τ 分别称吸收率、反射率和透射率。且有

$$\alpha + \rho + \tau = 1$$

实际物体这种属性给辐射换热的分析增加了难度，为了便于分析，提出了黑体的概念，即假设有一种物体对投入辐射全部吸收，称物体为黑体。即对黑体有：

$$\alpha = 1$$

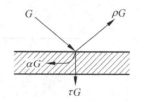

图 11-2   物体对投入辐射的
吸收、反射及透射

显然，黑体只是一种假想的物体。将实际物体作为黑体处理，可以使辐射问题简化。

另外，还有一类物体可近似为透明体，即它对辐射能全部透射，$\tau = 1$。

同理，另有一类物体可近似为镜体，即它对辐射能全部反射，$\rho = 1$。

11.2   黑体热辐射基本定律

黑体的热辐射现象遵守下面几个基本定律。

1. 普朗克定律

黑体单位时间单位表面积向半球空间所发射的某特定波长的辐射能称黑体的单色辐射力。

1900 年，普朗克根据量子理论揭示了在各种不同温度下黑体的单色辐射力按波长变化的规律，即 $E_{\lambda,0} = f(\lambda, T)$，单位为 W/m^3，其具体数学式为

$$E_{b\lambda} = \frac{c_1 \lambda^{-5}}{e^{\frac{c_2}{\lambda T}} - 1} \tag{11-1}$$

式中：λ 为波长，m；T 为绝对温度，K；c_1 为普朗克定律第一常数，$c_1 = 3.742 \times 10^{-16}$ W·m^2；c_2 为普朗克定律第二常数，$c_2 = 1.4388 \times 10^{-2}$ m·K；b 表示黑体的参数。

普朗克定律可以用图 11-3 中的曲线表示。由图可以看到，$\lambda = 0$ 时，辐射能量 $E_{b\lambda} = 0$，在一定温度下，$E_{b\lambda}$ 随波长的增加而增加，在某一数值 λ_m 时 $E_{b\lambda}$ 到最高值，然后又随波长的增加而减小。而且当物体的温度 T 不同时，最大单色辐射力所处波长位置 λ_m 不同，温度 T 和 λ_m 之间的关系可由维恩定律确定，即

$$\lambda_m T = 2.9 \times 10^{-3} \text{ m·K} \tag{11-2}$$

由此可看出，在不同温度下，单色辐射力的峰值是随着温度的增高而移向波长较短的一方，所以也称为维恩位移定律；同时也可看到，在工程上常用的温度范围内（$T < 2000$K），辐射能都集中在 $\lambda = 0.8 \sim 10 \mu m$ 的红外线范围内，而可见光（$\lambda \approx 0.4 \sim 0.8 \mu m$）的辐射能是很小的，可以忽略不计。但在温度很高时，如太阳表面温度约 6000K，其可见光射线的辐射能约占总能量的 50%，此时就不能忽略。

2. 斯特藩-玻尔兹曼定律

黑体单位时间单位表面积向半球空间发射的全部波长范围辐射能的总和称辐射力，用

E_b 表示。

$$E_b = \int_0^\infty E_{b\lambda}\, \mathrm{d}\lambda \tag{11-3}$$

由辐射力和单色辐射力的定义可知,将式(11-1)中的 $E_{b\lambda}$ 代入,然后积分,解得

$$E_b = \sigma_0 T^4 \tag{11-4}$$

式中:$\sigma_0 = 5.67 \times 10^{-8}\,\mathrm{W/(m^2 \cdot K^4)}$,称为黑体辐射常数。

这一关系称为斯特藩-玻尔兹曼定律(或四次方定律)。它说明:黑体的辐射力与其本身热力学温度的四次方成正比,即 $E_b \propto T^4$。

为了计算高温辐射的方便,式(11-4)可写为

$$E_b = C_0 \left(\frac{T}{100}\right)^4 \tag{11-5}$$

式中:$C_0 = 5.67\,\mathrm{W/(m^2 \cdot K^4)}$。

3. 兰贝特定律

斯特藩-玻尔兹曼定律确定了物体沿空间各个方向所辐射的总能量。但辐射能在各个方向的分布是不均匀的,所以当研究物体之间的辐射换热时,需要确定一物体向空间所辐射出去的能量中有多少投射到另一物体上去。兰贝特定律阐明了物体表面的辐射能在各个方向的分布规律,即向任意方向辐射出去的能量 E_φ 与该方向和表面法线方向夹角的余弦成正比。如图 11-4 所示,用数学式表示为

$$E_\varphi = I \cos\varphi \tag{11-6}$$

式中:I 为比例因子,也称定向辐射强度。

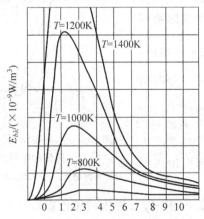

图 11-3　单色辐射力与波长及温度的关系

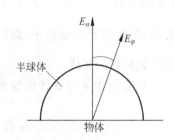

图 11-4　定向辐射

这个定律表明,在物体单位面积上向外辐射出去的能量,在各个方向辐射的数值是不一样的,当 $\varphi = 0$ 时,即垂直于法线方向为最大值;而随着夹角 φ 的增大,呈余弦规律减弱,当 $\varphi = 90°$ 时趋于零(见图 11-4)。由此可知,物体之间的辐射换热量与物体之间的相对位置肯定有密切关系。

11.3 实际物体辐射

11.3.1 基尔霍夫定律

基尔霍夫定律说明了实际物体吸收和辐射之间的关系,即任何物体的辐射力与吸收率之间的比值都相同,且等于同温度下黑体的辐射力,而与物体的性质无关,即

$$\frac{E_1}{\alpha_1} = \frac{E_2}{\alpha_2} = \frac{E_3}{\alpha_3} = \cdots = \frac{E}{\alpha} = E_b \qquad (11\text{-}7)$$

式中:α 为吸收率。

式(11-7)是根据两个温度相等的表面之间的辐射换热推导出来的,所以它只适用于温度平衡的热辐射。从基尔霍夫定律可以得出结论:

(1) 物体的辐射力越大,其吸收率就越大;

(2) 由于各种物体的吸收率永远小于1,因此在任何温度下,各种物体中以黑体的辐射力为最大。

有了黑体辐射力的计算公式,对实际物体辐射力只需引入修正系数即可。该系数则反映了实际物体与黑体间的差别。

一般来说,实际物体的辐射力 E 总低于同温度下黑体的辐射力,即 $E < E_b$,而且其单色辐射力 E_λ 随波长的分布规律也不同,如图 11-5 所示,为同温度下三种不同类型物体的 $E_\lambda = f(\lambda, T)$。由图 11-5 可见,曲线 1 所示的实际物体的 E_λ 分布是不规则的,即 $\dfrac{E_\lambda}{E_{b\lambda}} \ne$ 常数。曲线 2 表示的物体,E_λ 按波长的分布与同温度下黑体的 $E_{b\lambda}$ 按波长的分布曲线完全相似,但数值要比黑体小,即对这种物体有 $\dfrac{E_\lambda}{E_{b\lambda}} =$ 定值 < 1,这种物体称为灰体。

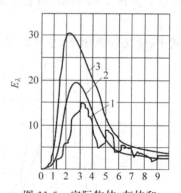

图 11-5 实际物体、灰体和
黑体的辐射力

1—实际物体;2—灰体;3—黑体

为了比较实际物体与黑体的辐射差异,下面引出两个概念:

单色黑度:实际物体的单色辐射力与同温度下同一波长黑体的单色辐射力的比值,用 ε_λ 表示为

$$\varepsilon_\lambda = \frac{E_\lambda}{E_{b\lambda}} \qquad (11\text{-}8)$$

黑度:实际物体的辐射力与同一温度下黑体辐射力之比,用 ε 表示:

$$\varepsilon = \frac{E}{E_b} \qquad (11\text{-}9)$$

由上面的分析可知 $\varepsilon_\lambda < 1$,$\varepsilon < 1$。

对实际物体，$\varepsilon_\lambda = \dfrac{E_\lambda}{E_{b\lambda}} \neq$ 常数，而对灰体，$\varepsilon_\lambda = \dfrac{E_\lambda}{E_{b\lambda}} =$ 常数。

且对灰体：

$$\varepsilon = \frac{E}{E_b} = \frac{\displaystyle\int_0^\infty E_\lambda \, d\lambda}{\displaystyle\int_0^\infty E_{b\lambda} \, d\lambda} = \frac{\displaystyle\int_0^\infty \varepsilon_\lambda E_{b\lambda} \, d\lambda}{\displaystyle\int_0^\infty E_{b\lambda} \, d\lambda} = \varepsilon_\lambda \tag{11-10}$$

事实上，灰体也是一种理想物体，实际上并不存在，但由于许多工程材料非常接近灰体，所以引入灰体的概念有助于分析计算热辐射，即实际物体在计算中可近似作为灰体考虑。

另外，对于灰体，由基尔霍夫定律，有 $\dfrac{E}{\alpha} = E_b$。

将上式与式(11-10)对比，可知，对灰体有：$\varepsilon = \alpha$（黑度＝吸收率）。

有了黑体的概念，实际物体的辐射力就可借用黑体辐射力计算公式计算，只需乘一个修正系数：

$$E = \varepsilon E_b = \varepsilon \sigma_0 T^4 = \varepsilon C_0 \left(\frac{T}{100}\right)^4 \tag{11-11}$$

故只要知道物体的温度和黑度，就可按式(11-11)计算出其辐射力 E，各种物体的黑度值由实验给出。

11.3.2 两物体间的辐射换热量的计算

两物体间辐射换热的计算可利用图 11-6 建立的换热关系分析。

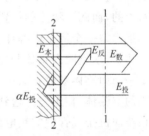

图 11-6 辐射换热计算示意图

设有一物体，其本身辐射用 $E_{本}$ 表示，即物体本身在单位面积和单位时间内所辐射出去的能量，设物体的黑度为 ε，则 $E_{本} = \varepsilon C_0 \left(\dfrac{T}{100}\right)^4$。

同时，外界单位时间内向物体单位面积投射来的能量用 $E_{投}$ 表示。设物体的吸收率为 α，则物体吸收了 $E_{投}$ 中的一部分 $\alpha E_{投}$，其余反射出去，被反射出去的能量称为反射辐射 $E_{反}$，即

$$E_{反} = E_{投} - \alpha E_{投} = (1 - \alpha) E_{投}$$

对物体而言，单位时间内有效辐射 $E_{效}$ 应为本身辐射和反射辐射之和，即

$$E_{效} = E_{本} + E_{反} = E_{本} + (1 - \alpha) E_{投}$$

引出这些概念后，即可导出物体之间的辐射换热量的计算方法。

图 11-6 中以点划线 1—1 为界，则物体与外界的辐射换热量为

$$q = E_{效} - E_{投} \tag{a}$$

以虚线 2-2 为界，则换热量为

$$q = E_{本} - \alpha E_{投} \tag{b}$$

或

$$E_{投} = \frac{1}{\alpha}(E_{本} - q)$$

代入式(a) 得

$$q = E_效 - \frac{1}{\alpha}(E_本 - q)$$

或

$$E_效 = \frac{E_本}{\alpha} - \left(\frac{1}{\alpha} - 1\right)q \tag{c}$$

将式(11-11)代入式(c),得实际物体的有效辐射:

$$E_效 = \frac{\varepsilon}{\alpha}5.67\left(\frac{T}{100}\right)^4 - \left(\frac{1}{\alpha} - 1\right)q$$

对黑体,$\alpha = \varepsilon = 1$,故有 $E_效 = 5.67\left(\frac{T}{100}\right)^4 = E_本$,与黑体概念相符。对于灰体,因 $\varepsilon = \alpha$,故有

$$E_效 = 5.67\left(\frac{T}{100}\right)^4 - \left(\frac{1}{\alpha} - 1\right)q \tag{11-12}$$

对于物体 1 和物体 2,分别写出它们的有效辐射:

$$E_{效1} = 5.67\left(\frac{T_1}{100}\right)^4 - \left(\frac{1}{\varepsilon_1} - 1\right)q_1 \tag{11-13}$$

及

$$E_{效2} = 5.67\left(\frac{T_2}{100}\right)^4 - \left(\frac{1}{\varepsilon_2} - 1\right)q_2 \tag{11-14}$$

这就是实际物体在单位时间向外辐射的能量(包括了反射的能量),即有效辐射。有了有效辐射后,两物体间的辐射换热量问题就迎刃而解了。即两物体间的辐射换热量应等于它们各自投入到对方物体上的有效辐射能量之差。前面已经得出结论:物体辐射是射向四面八方的,而两个物体的位置是固定的,故一个物体辐射的能量不能全部被另一物体接受。

下面举一个例子讲解计算两物体之间辐射换热量的具体求解过程。

例如,求空腔内物体与空腔内壁间的辐射换热量。图 11-7 示出一凸面物体被放在另一个凹面物体 2 之中,物体 2 是一个密闭的空腔体,在工程上遇到具有辐射换热的双套管就是例证,装在柴油机排气管中的热电偶温度计就可近似地当作这种情况处理。现在要求出这两个物体表面之间的辐射换热量。设两物体表面积 F_1 和 F_2,各处于温度均匀的 T_1 和 T_2,物体的黑度及吸收率分别为 ε_1、α_1 和 ε_2、α_2。空腔内为透明介质。

图 11-7　两物体间换热
　　　　　问题举例

物体 2 为密封的空腔体,它的有效辐射只有一部分投射在物体 1 上,根据式(11-12),物体 1 与物体 2 的有效辐射分别为

$$E_{效1} \cdot F_1 = 5.67\left(\frac{T_1}{100}\right)^4 \cdot F_1 - \left(\frac{1}{\alpha_1} - 1\right)Q_1$$

$$E_{效2} \cdot F_2 = 5.67\left(\frac{T_2}{100}\right)^4 \cdot F_2 - \left(\frac{1}{\alpha_2} - 1\right)Q_2$$

在物体 1 和物体 2 之间有辐射换热时,换热量 $Q_{1,2}$ 应等于物体 1 净失的热 Q_1 或物体 2 净得的热 $-Q_2$,即

$$Q_{1,2} = Q_1 = -Q_2$$

整理得

$$Q_{1,2}=\dfrac{5.67F_1\left[\left(\dfrac{T_1}{100}\right)^4-\left(\dfrac{T_2}{100}\right)^4\right]}{\dfrac{1}{\alpha_1}+\dfrac{F_1}{F_2}\left(\dfrac{1}{\alpha_2}-1\right)}$$

如果实际物体近似成灰体,则有 $\varepsilon_1=\alpha_1$ 及 $\varepsilon_2=\alpha_2$,代入上式得

$$Q_{1,2}=\dfrac{5.67F_1\left[\left(\dfrac{T_1}{100}\right)^4-\left(\dfrac{T_2}{100}\right)^4\right]}{\dfrac{1}{\varepsilon_1}+\dfrac{F_1}{F_2}\left(\dfrac{1}{\varepsilon_2}-1\right)}\qquad(11\text{-}15)$$

对上式的几点分析:

(1) 当两物体的表面积近似相等时,即 $F_1\approx F_2$,则有

$$Q_{1,2}=\dfrac{5.67F_1\left[\left(\dfrac{T_1}{100}\right)^4-\left(\dfrac{T_2}{100}\right)^4\right]}{\dfrac{1}{\varepsilon_1}+\dfrac{1}{\varepsilon_2}-1}\qquad(11\text{-}16)$$

两无限大平行平壁间、很长的双套管之间的换热均属于这种情况。

(2) 当 F_2 比 F_1 大得很多,即 $\dfrac{F_1}{F_2}\approx0$ 时,则有

$$Q_{1,2}=5.67\varepsilon_1F_1\left[\left(\dfrac{T_1}{100}\right)^4-\left(\dfrac{T_2}{100}\right)^4\right]\qquad(11\text{-}17)$$

上式可用来计算大空间内物体与四周内壁的辐射换热、工件与加热炉内壁的辐射换热、装在发动机排气管中的热电偶温度计与管壁之间的辐射换热量等。

例 11.1　在一个大的加热导管中,安装一个热电偶测量通过导管流动气体的温度,导管壁温 425℃,热电偶指示的温度为 170℃,气体与热电偶间的换热系数为 50W/(m²·K)热电偶材料的黑度为 0.43,问:气体的温度是多少?

解　由题可得 $T_1=170℃=443\text{K}$,$T_\text{w}=425℃=698\text{K}$,$\varepsilon=0.43$,$\alpha=50\text{W/m}^2\cdot\text{K}$,

如图 11-8 所示,当用热电偶测量温度时,高温气体以对流方式将热量传给热电偶,同时热电偶又以辐射方式将热量传给温度较低的容器壁。当热电偶的对流受热量等于其辐射热量时,热电偶的温度就不再变化,此温度即为热电偶的指示温度,即气体的温度。

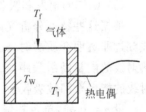

图 11-8　例 11.1 图

所以有

$$\alpha F(T_1-T_\text{f})=\varepsilon F(T_\text{w}^4-T_1^4)$$
$$150(443-T_\text{f})=5.67\times10^{-8}\times0.43\times(698^4-443^4)$$

F 为管道内表面积,即

$$T_\text{f}=410.7\text{K}=137.7℃$$

例 11.2　直径为 5cm 的长管道从一房间内通过并且暴露于 20℃ 的空气中,管壁的温度为 93℃。如管道的黑度为 0.6,试求每米管道的辐射热损失。

解 已知 $T_1 = 93℃ = 366K$，$T_2 = 20℃ = 293K$，$\varepsilon = 0.6$，由于管道相对房间来讲，其表面积非常小，如假设管道和房间表面积分别为 F_1 和 F_2，则可以认为 $F_1/F_2 \approx 0$，故由式(11-17)得管道的与房间的辐射换热量或辐射热损失为

$$Q = Q_{1,2} = 5.67\varepsilon_1 F_1 \left[\left(\frac{T_1}{100} \right)^4 - \left(\frac{T_2}{100} \right)^4 \right]$$

$$= 5.67\varepsilon_1 \pi d L \left[\left(\frac{T_1}{100} \right)^4 - \left(\frac{T_2}{100} \right)^4 \right]$$

式中：L 为管道的长度。故对每米管道的辐射热损失为

$$\frac{Q}{L} = 5.67 \times 0.6 \times 3.14 \times 0.05 \left[\left(\frac{366}{100} \right)^4 - \left(\frac{293}{100} \right)^4 \right]$$

$$= 5605(W/m)$$

11.3.3 气体辐射

在工程上，经常遇到气体的辐射换热问题，如汽车发动机气缸中，燃料在燃烧时，发光的火焰及炽热的多原子气体就具有很强的辐射力。下面介绍气体辐射的特性和计算方法。

气体辐射和固体辐射有所不同，固体能放射和吸收所有从 0 到 ∞ 波长的辐射能量，而气体的辐射却有它的特点：

(1) 气体向外辐射的能量取决于分子本身的结构，如单原子和分子结构对称的双原子气体，可以认为它们是透明体，既不向外辐射能量也不吸收外来的辐射能量，如空气、H_2、O_2 等。但对于多原子气体(CO_2、H_2O)则有相当大的辐射力和吸收率。

(2) 气体只能辐射和吸收某一定波长间隔范围内的热射线，其他波长范围，它既不能辐射也不能吸收；例如 CO_2 的主要吸收光谱有三段：$2.65 \sim 2.8\mu m$、$4.14 \sim 4.45\mu m$、$13.0 \sim 17.0\mu m$。

(3) 固体的辐射和吸收是在表面进行的，而气体的辐射和吸收是在整个气体中进行的。

根据这些特点分析气体吸收辐射能量的基本规律。当热射线穿过非透明介质层时，辐射能将不断被分子吸收，图 11-9 表示热射线的能量随射程距离 x 的增加而逐渐减弱，当 $x = \infty$ 时，热射线的能量全部被吸收。

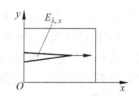

图 11-9 辐射能在气体层沿途被吸收的情况

设 $x = 0$ 处，单色辐射力为 $E_{\lambda, x=0}$，穿过非透明介质层时不断被吸收，若在距离 x 处经过 dx 厚度的介质，辐射力由 E_λ 减弱为 $E_\lambda - dE_\lambda$，即减弱了 dE_λ，由此得到

$$\frac{\frac{dE_\lambda}{E_\lambda}}{dx} = -K_\lambda \tag{11-18}$$

式中：K_λ 表示单位距离内辐射力减弱的百分数，称为减弱系数或透光系数，单位为 m^{-1}，它与气体的性质、压力、温度及波长 λ 有关。将上式改写为

$$-\frac{dE_\lambda}{E_\lambda} = K_\lambda dx \tag{11-19}$$

上式从 0 积分得

$$\ln \frac{E_{\lambda,x}}{E_{\lambda,x=0}} = -K_\lambda x$$

或

$$E_{\lambda,x} = E_{\lambda,x=0}\, e^{-K_\lambda x} \tag{11-20}$$

式(11-20)为气体的吸收定律,也称比尔(Beer)定律,式中 $e^{-K_\lambda x}$ 为小于 1 的数值。

在气体辐射换热计算中,要应用到气体的黑度、吸收率和辐射力的概念。气体的单色吸收率 α_λ 可表示为

$$\alpha_\lambda = \frac{\text{气体所吸收的单色辐射能量}}{\text{投射在该气体的单色辐射能量}} = \frac{E_{\lambda,x=0} - E_{\lambda,x}}{E_{\lambda,x=0}}$$

将式(11-20)代入上式得

$$\alpha_\lambda = \frac{E_{\lambda,x=0}(1 - e^{-K_\lambda x})}{E_{\lambda,x=0}} \tag{11-21}$$

在气体温度与壁面温度系相同的情况下,气体的吸收率 α_λ 与黑度 ε_λ 之间的关系符合基尔霍夫定律,即

$$\varepsilon_\lambda = \alpha_\lambda = 1 - e^{-K_\lambda x}$$

由于减弱系数 K_λ 与气体的分子数目有关,故上式又可写成

$$\varepsilon_\lambda = \alpha_\lambda = 1 - e^{-K_\lambda p x}$$

式中：p 为气体的分压力；K_λ 为在 1atm 下单色辐射线减弱系数,m^{-1},K_λ 只与气体性质和温度有关。

在上面讨论中,x 是气体沿坐标 x 方向的辐射线行程长度,在整个气体容积中,气体的热辐射和吸收是在各个方向同时进行的。设 s 是整个容器内气体热辐射和吸收的平均行程长度,则上式中的 x 变为 s,故

$$\varepsilon_\lambda = \alpha_\lambda = 1 - e^{-K_\lambda p s}$$

由上式可见,当 $s=\infty$ 时,$\varepsilon_\lambda = \alpha_\lambda = 1$。

对于各个光带内相同波长的气体,其黑度和吸收率可写为

$$\varepsilon = \alpha = 1 - e^{-kps}$$

但必须指出,当气体温度与壁面温度不相等时,上式就不正确了,即 $\varepsilon \neq \alpha$。如果气体中含有灰粒时,则仍可近似地认为 $\varepsilon = \alpha$。

气体的辐射力,经过实验已经证明,二氧化碳的辐射力 $E_{\mathrm{CO_2}}$ 与热力学温度的 3.5 次幂成正比；水蒸气的辐射力 $E_{\mathrm{H_2O}}$ 与热力学温度的三次幂成正比,即

$$E_{\mathrm{CO_2}} = 3.5(ps)^{\frac{1}{3}} \left(\frac{T}{100}\right)^{3.5}$$

$$E_{\mathrm{H_2O}} = 3.5\, p^{0.8} s^{0.6} \left(\frac{T}{100}\right)^{3}$$

为了计算方便,仍采用热力学温度四次方的形式,即

$$E_{\mathrm{CO_2}} = \varepsilon_{\mathrm{CO_2}} C_0 \left(\frac{T}{100}\right)^{4} \tag{11-22}$$

及

$$E_{H_2O} = \varepsilon_{H_2O} C_0 \left(\frac{T}{100}\right)^4 \tag{11-23}$$

这样处理后,与 4 次方定律有偏差的因素都包括在黑度 ε_{CO_2} 和 ε_{H_2O} 中,ε_{CO_2} 和 ε_{H_2O} 的实验数据已整理成图,可查有关资料。

气体辐射层厚度 $s(m)$ 可按下式确定

$$s = m\left(\frac{4V}{F}\right) \tag{11-24}$$

式中:系数 m 的值在 $0.85\sim1.0$ 范围内,一般常取 $m=0.9$,则

$$s = 0.9\left(\frac{4V}{F}\right) = 3.6\frac{V}{F} \tag{11-25}$$

式中:V 为气体的容积,m^3;F 为包围气体的固体壁面面积,m^2。

11.3.4 火焰辐射

火焰除了总是存在着三原子气体辐射成分外,还包含具有强烈辐射能力的固体颗粒。按颗粒的不同,一般可分为以下三种类型。

1. 不发光火焰

当气体燃料或没有灰分的其他燃料完全燃烧时,得到略带蓝色而近于无色的火焰,通常称为不发光火焰。这种火焰中没有固体颗粒,其主要辐射成分是 CO_2 和 H_2O,其辐射可按气体辐射公式计算。

2. 发光火焰

液体燃料及预先没有与空气充分混合的气体燃料燃烧时,由于烃类物质在高温下裂解时产生碳烟粒子,在燃烧器的根部火焰发光。这种火焰称为发光火焰。有很强辐射能力的固体碳烟粒子和三原子辐射气体都是发光部分的辐射成分,而碳烟粒子的辐射占主要地位。火焰气流离开燃烧器一段距离后,碳烟粒子逐渐燃尽。碳烟粒子燃尽部分的火焰不发光。包括发光、不发光部分的整个火焰辐射取决于发光部分所占的比例。

3. 半发光火焰

各种固体燃料燃烧时形成半发光火焰。这种火焰的主要辐射成分是焦炭粒子和灰粒。焦炭粒子是指颗粒状煤粉在水分和挥发物逸出后的剩余部分。焦炭粒子在燃尽后形成灰粒。焦炭粒子辐射强烈,灰粒也有一定的辐射能力。在半发光火焰中,H_2O、CO_2 等辐射性气体也是存在的,但不起主要作用。

不难看出,发光和半发光火焰除三原子气体辐射之外,都有许多悬浮的固体颗粒(碳烟、焦炭和灰粒),而且这些微粒是辐射的主要成分。值得指出,微粒尺寸的大小影响辐射特性。与射线波长 λ 相比,直径小于 0.2λ 的较小微粒,对辐射呈现部分透明性。这时不能用简单的几何光学规律来分析,问题十分复杂。例如,天然气在未完全燃烧时,聚合前的碳烟粒子

直径约为 $0.03\mu m$，即属此类微粒。与射线波长 λ 相比，直径大于 2λ 的较大微粒，对辐射呈现不透明性，对射线有完全的遮蔽作用。例如，聚合后的碳烟粒子的直径为 $10\sim20\mu m$，煤粉燃烧生成的焦炭粒子的直径为 $30\sim150\mu m$，灰粒直径为 $10\sim20\mu m$，均属此类微粒。

火焰辐射是一个十分复杂的现象。首先，各种火焰的辐射成分不同，而每种成分的辐射特性又有差别。其次，燃烧室中不同部位的温度及辐射成分的浓度也不一样，并且它们和燃料种类、燃烧方式和燃烧工况有关。再次，各种辐射成分的辐射相互之间还有影响。因此，要得到一个适用于多种不同场合的火焰黑度计算公式是困难的。

11.4　发动机换热分析

11.4.1　发动机中导热问题的求解方法

如前所述，导热问题按温度场性质可以分为稳态导热问题和非稳态导热问题，按温度场空间分布情况分为一维及多维导热问题，按边界条件性质可分为第一类、第二类、第三类边界条件导热问题。一个具体的导热现象究竟属于哪一类导热问题，有时并不是显而易见的，通常需要进行仔细分析，必要时作一些简化处理，包括对物体几何形状、边界条件、工作情况的简化等，只有这样，才能得到一个明确且较符合实际情况的结论。

发动机中与高温燃气接触的零件，如活塞、缸套、气门等。由于表面温度及内部温度不一致，存在着导热过程，但由于其工作条件及几何形状的复杂性，使这些零件的导热过程较复杂。这里工作条件复杂性一方面表现为：当汽车发动机处于起动、停机、加速、减速等工况时，各高温零件内部温度场是瞬变的，即非稳定的。而当汽车发动机处于稳定工况时，各高温零件受热表面在汽车发动机整个工作循环中并非始终与高温燃气接触，而是只在循环中的部分时间内与燃气接触，属于这种情况的有气门头部背面至杆身的过渡曲面等。汽车发动机中各导热零件的几何复杂性决定了不能作为一维问题分析，只能视为多维导热问题。而且这些复杂的几何边界使得不可能写出整体边界条件，而只能采用划分网络的方法，将零件划分成有限个小单元，对每一个小的单元进行边界条件的分析，这就是导热分析中的数值解法，其中最有代表意义的就是有限元法，所以发动机中各零件的导热计算目前常用的是数值求解法。图 11-10 为发动机零件温度场的计算实例。

11.4.2　燃气与壁面间的辐射换热

当发动机工作时，燃气对壁面的辐射换热在数值上要比对流换热小很多，但在某些情况下，例如存在火焰辐射时，辐射换热也将达到燃气对壁面总换热量的 $1/4\sim1/3$，因此，辐射换热对零件热负荷的影响也不能忽略。

按照辐射的通用定律，壁面由燃气接受的辐射热流密度与燃气和壁面热力学温度 4 次方的差值成正比，即

$$q_r = \varepsilon_g \varepsilon_w' C_0 \left[\left(\frac{T_g}{100} \right)^4 - \left(\frac{T_{w1}}{100} \right)^4 \right] \tag{11-26}$$

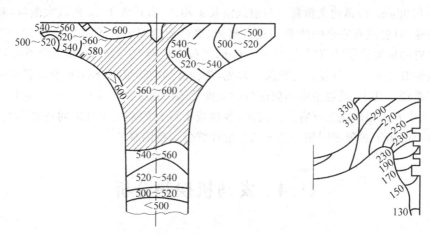

图 11-10　汽车发动机零件温度场的计算实例

式中：q_r 为壁面每单位面积在单位时间内接受的辐射换热热流量，W/m^2，即热流密度；ε_g 为气体的黑度；ε'_w 为壁面的有效黑度，考虑了壁面反射出的辐射再度被其他壁面吸收等因素；C_0 为黑体辐射系数，数值为 $5.67W/(m^2 \cdot K^4)$；T_g 为燃气的热力学温度，K；T_{w1} 为壁面的热力学温度，K。

发动机的燃气对周围壁面的辐射比一般气体辐射还要复杂，因为综合的发动机燃气辐射实际上包含了很多内容，其中最重要的两个方面就是气体辐射和火焰辐射。

在气体辐射方面，根据辐射换热的研究，单、双原子气体分子的辐射数值很小，可以忽略不计；只有多原子气体分子（H_2O、CO_2 等）才有可察觉的辐射能力。而多原子气体的辐射黑度与燃气的温度、压力以及壁面所包含的气体容积尺寸有关。气体分子密度越大，与壁面间的距离越小，对壁面的辐射数值越大。由汽车发动机的工作过程看，燃气高温一般只发生在上止点后 60°曲轴角的范围，也就是说辐射也只发生在这一较小的范围内；而且，绝大多数炽热多原子气体分子的形成也是发生在缸内燃料燃烧以后。因此，对于发动机缸内的气体辐射就只需着重考虑燃料燃烧放热过程这一段。

在火焰辐射方面，研究的结果表明，发动机的燃烧火焰在性质上可以分为两种类型：一种是以气体燃料混合气的预混燃烧为代表的明线光谱火焰；另一种是以液体燃料蒸发扩散燃烧为代表的连续光谱火焰。前者因火焰透明发光很少，辐射量也很低，一般可以忽略；后者由于火焰中存在很多燃烧分解出的碳粒子云，会产生辐射较强的连续光谱，因此在换热中不能忽略。在汽油机和气体燃料发动机的燃烧过程中，预混燃烧占主要成分，因此其火焰辐射水平较低；而柴油机中的主要燃烧过程是发生在上止点后的扩散燃烧阶段，而且燃烧中不断有碳烟粒子生成，因此火焰辐射的问题要突出得多。

一些研究者用透明膜覆盖的表面热电偶测量柴油

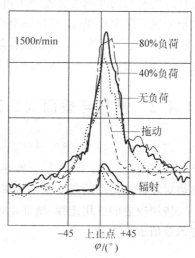

图 11-11　柴油机综合换热结果

机中燃烧火焰的温度,发现在整个发动机的循环过程中火焰的温度 T_f 往往大大地超过缸内燃气的平均温度 T_g,因此,不能用按照示功图计算得到的燃气温度作为火焰温度来计算火焰的辐射换热量。另一些研究者用灵敏光电温度计研究了分隔燃烧室柴油机的火焰辐射,结果表明火焰黑度值在燃烧最强烈的时期数值较大,以后很快降低;而且在主燃烧室中的这一过程比预燃室中稍有滞后。柴油机综合换热示意图见图 11-11。

总之,可以认为柴油机缸内燃气对壁面的辐射换热数值较大,而且主要是火焰辐射,汽油机中辐射换热数值较小,而且主要是气体辐射。许多研究者用各种测试手段同时测量了汽车发动机中对流换热和辐射换热的数值,其结果都表明在综合换热系数值中对流换热所占比例较大,而且作用时间也较长;辐射换热数值较小,而且只发生在燃料燃烧的阶段。

11.4.3　燃气与壁面间的瞬时综合换热系数

由于燃气对壁面的换热既包含对流成分又包含辐射成分,在分析计算中比较复杂,因此,很多研究者都试图根据实际发动机的实验数据综合归纳出一个统一的瞬时综合换热系数计算式。这些计算式的主要依据都是对流、辐射换热方程以及相似原理和量纲分析方法。

过去应用最广的是 Nusselt 公式和 Eichelberg 公式,但由于这两个公式在换热细节上有些考虑不周之处,而且实验来源都主要是大型低速发动机,因此,目前在高速发动机传热分析中已很少应用,而应用较多的是 Annand 公式和 Woschni 公式。

Annand 公式的形式是

$$a_g = a\lambda D^{-0.3} v_m^{0.7} \nu^{-0.7} + c\left[\left(\frac{T_g}{100}\right)^4 - \left(\frac{T_{w1}}{100}\right)^4\right] \bigg/ (T_g - T_{w1}) \ (\text{W/m}^2 \cdot \text{K}) \qquad (11\text{-}27)$$

式中:λ 为燃气导热系数,W/mK;D 为气缸直径,m;v_m 为活塞平均速度,m/s;ν 为燃气的运动黏度系数,m^2/s;T_g、T_{w1} 为燃气及壁面温度,K;a 为系数,随发动机尺寸而定,范围在 0.35~0.8 之间;c 为系数,对柴油机燃烧过程为 3.21,对汽油机燃烧过程为 0.421,对压缩过程为 0。

Annand 公式的基础是相似准则分析,其数据来源引自他人的四行程高速汽油机、柴油机试验以及本人进行的高速柴油机试验。

Woschni 公式的形式是

$$a_g = 130 D^{-0.2} p^{0.8} T^{-0.53} \left[c_1 v_m + c_2 \frac{V_h T_1}{p_1 V_1}(p - p_0)\right]^{0.8} \ (\text{W/m}^2 \cdot \text{K}) \qquad (11\text{-}28)$$

式中:D 为气缸直径,m;p 为燃气压力,MPa;T 为燃气温度,K;v_m 为活塞平均速度,m/s;V_h 为气缸工作容积,m^3;p_1、V_1、T_1 为压缩始点的气体状况;$p - p_0$ 为燃烧引起的压力升高值;c_1 为系数,对换气过程 $c_1 = 7.14$,对压缩过程 $c_1 = 2.99$;c_2 为系数,对直喷柴油机 $c_2 = 3.2 \times 10^{-3}$,对预燃室柴油机 $c_2 = 6.2 \times 10^{-3}$。

Woschni 公式的基础也是相似准则分析,其试验机型是一些四行程高速柴油机。

利用以上介绍的几种经验公式,就可以计算发动机工作循环中各个瞬时的综合换热系数 a_g 的值,其中既包含对流换热成分,也包含辐射换热成分。

最近,由于国内外对绝热(低散热)发动机的研究,发现在大幅提高壁面温度的情况下,燃气与壁面的实际换热系数 a_g 值要比上述各式的计算结果高出很多。按照 Woschni 等人的研究,认为可能是壁温增高加大了燃气边界层中局部存在燃料的燃烧放热,或者有某些因素减少了边界层的局部厚度,结果使得高温壁面附近的热流增大及 a_g 值加大。因此,这一问题的发现为发动机燃气的放热过程提出新的研究课题。

习　题

1. 用平底锅烧开水,与水相接触的锅底温度为 111℃,热流密度为 42 400W/(m·K)。使用一段时间后,锅底结了一层平均厚度为 3mm 的水垢。假设此时与水相接触的水垢的表面温度及热流密度分别等于原来的值,试计算水垢与金属锅底接触面的温度。水垢的导热系数取为 1W/(m·K)。

2. 一冷藏室的墙由钢皮、矿渣棉及石棉板三层叠合构成,各层的厚度依次为 0.794mm、152mm 及 9.5mm,导热系数分别为 45W/(m·K)、0.07W/(m·K) 及 0.1W/(m·K)。冷藏室的有效换热面积为 37.2m²,室内、外气温分别为 -2℃ 及 30℃,室内、外壁面的总换热面积可分别按 1.5W/(m²·K) 及 2.5W/(m²·K) 计算。为维持冷藏室温度的恒定,试确定冷藏室内的冷却排管每小时内需带走多少热量。

3. 一蒸汽锅炉蒸发受热面外的烟气温度为 1000℃,管内沸水温度为 200℃,烟气与受热管子外壁间的总换热系数为 100W/(m²·K),沸水与内壁间的换热系数为 5000W/(m²·K),管壁厚 6mm,管壁 $\lambda = 42$W/(m·K),外径为 52mm。试计算下列三种情况下受热单位长度上的热负荷:

(1) 换热表面是干净的;

(2) 外表面结了一层厚为 1mm 的烟灰,$\lambda = 0.08$W/(m·K);

(3) 内表面结了一层厚为 2mm 的水垢,$\lambda = 1$W/(m·K)。

4. 一烘箱的炉门由两种保温材料 A 及 B 做成,且 $\delta_A = 2\delta_B$。已知 $\lambda_A = 0.1$W/(m·K),$\lambda_B = 0.06$W/(m·K),烘箱内空气温度 $t_{f1} = 400$℃,内壁面的总换热系数 $\alpha_1 = 50$W/(m²·K)。为安全起见,希望烘箱炉门的外表面温度不得高于 50℃。设可把炉门导热作为一维问题处理,试决定所需保温材料的厚度。环境温度 $t_{f2} = 25$℃,外表面总换热系数 $\alpha_2 = 9.5$W/(m²·K)。

5. 有一厚度为 20mm 的平面墙,导热系数为 1.3W/(m·K)。为使每平方米墙的热损失不超过 1500W,在外表面上覆盖一层导热系数为 0.2W/(m·K) 的保温材料。已知复合壁两侧的温度分别为 750℃ 及 55℃,试确定此时保温层的厚度。

6. 一双层玻璃窗系由两层厚为 6mm 的玻璃及空气隙所组成,空气隙厚度为 8mm。假设面向室内的玻璃表面温度与面向室外的玻璃表面温度各为 20℃ 及 -20℃,试确定该双层玻璃窗的热损失。如果采用单层玻璃窗,其他条件不变,其热损失是双层玻璃的多少倍?玻璃窗的尺寸为 60cm × 60cm。不考虑空气间隙中的自然对流。玻璃的导热系数为 0.78W/(m·K)。

7. 根据热阻定义,在稳态条件下试写出:

(1) 对总表面而言的通过圆筒体导热的热阻表达式;

(2) 对单位长度而言的通过圆筒体导热的热阻表达式。

8. 外径为 100mm 的蒸汽管道,覆盖密度为 20kg/m³ 的超细玻璃棉毡保温。已知蒸汽管道外壁温度为 400℃,希望保温外表面温度不超过 50℃,且每米长管道上散热量小于 163W,试确定所需的保温厚度。

9．外径为 50mm 的蒸汽管道,包覆有厚为 40mm、平均导热系数为 0.13W/(m・K)的矿渣棉,其外为厚 45mm、平均导热系数为 0.12W/(m・K)的煤灰泡沫砖。绝热层外表面温度为 50℃。试检查矿渣棉与煤灰泡沫砖交界面处的温度是否超过允许值? 增加煤灰泡沫砖的厚度对热损失及交界面处的温度有什么影响? 蒸汽管道的表面温度取为 400℃。

10．在一根外径为 100mm 的热力管道外拟包覆两层绝热材料,一种材料的导热系数为 0.06W/(m・K),另一种为 0.18W/(m・K),两种材料的厚度都取为 75mm。试比较导热系数小的材料紧贴管壁、导热系数大的材料紧贴管壁这两种方法对保温效果的影响,这种影响对于平壁的情形是否存在? 假设在两种做法中,绝热层内、外表面的总温差保持不变。

11．某种平板材料厚 25mm。两侧面分别维持在 40℃ 及 85℃。测得通过该平板的热流量为 1.82kW,导热面积为 0.2m^2。试:

(1) 确定在此条件下平板的平均导热系数。

(2) 设平板材料的导热系数按 $\lambda = \lambda_0(1+bt)$ 变化(其中 t 为局部温度)。为了确定上述温度范围内的 λ_0 及 b 值,还需要补充测定什么量? 给出此时确定 λ_0 及 b 的计算式。

12．一空心圆柱,在 $r = r_1$ 处 $t = t_1$,$r = r_2$ 处 $t = t_2$。$\lambda(t) = \lambda_0(1+bt)$,为局部温度。试导出圆柱体中温度分布的表达式及导热量计算式。

13．水以 $G = 0.5$kg/s 的流量在内径 $d = 25$mm、长 $l = 2$m 的管内流动,进口处水温 $t_f' = 10℃$,沿管全长壁温均高于水温 15℃。试求出口处水温 t_f'。

14．流体在内径为 25mm 的管内作层流运动,壁面热流密度恒定。如果流体分别是: (1)空气;(2)水;(3)机油,试确定其放热系数。

15．一导热系数 $\lambda = 0.173$W/(m・K)的流体,在内径 $d = 6.35$mm 的管内作层流流动,管长 $l = 7.31$m,管壁温度均匀而不变,管壁和流体的平均温差 $\Delta t = 55.6℃$。试求放热管子出口处的水温。

16．机油的平均温度为 40℃,在内径 $d = 20$mm、长 $l = 10$m 的管内流动,流量 $G = 1000$kg/h,如果管壁温度保持 100℃,试求机油和管壁间的换热量。

17．水以 300mL/s 的流量在内径为 10mm 的管内流动,径口处水温为 8℃。如果管壁温度保持 250℃,试求将水加热至 52℃ 所需的管长。

18．在 1.7atm 下,30℃ 的空气以 15m/s 的速度横掠外径为 5cm、壁温为 150℃ 的圆管,试求放热系数。

19．10℃ 的水以 1.5m/s 的速度横向掠过外径 $d = 25$mm 的单管,管壁温度保持 70℃。试求放热系数和单位管长的换热量。

20．在 1atm 下,30℃ 的空气以 50m/s 的速度横向掠过外径为 5cm 的圆柱,圆柱表面温度为 150℃。试计算单位长圆柱体的散热量。

21．水以 1m/s 的速度在管内流动,进、出口的温度分别为 160℃ 和 240℃,管壁温度为 250℃,管壁入流密度为 3.68×10^5W/m^2。试求管子内径和长度。

22．边长为 0.9m 的正方形平板,一个表面绝热,另一个表面均匀且保持 70℃。试计算下列情况下平板和温度为 10℃ 的空气之间的放热系数和换热量:(1)平板竖直放置;(2)平板水平放置,热面朝上;(3)平板水平放置,热面朝下。

23. 以圆柱外直径为 80mm,长为 1.82m,表面温度保持 93℃,放置于温度为 27℃的大气中。试确定圆柱水平放置和竖直放置时由于自然对流换热引起的热损失。

24. 一水平蒸汽管道置于空气温度为 40℃的房间中,管道外直径为 25cm,表面温度为 410℃。计算由于自然对流换热每米长管道的热损失。

25. 加热炉的内表面温度 $t_1=1200℃$,炉内金属锭子温度分别处于 $t_2=20℃$、100℃、300℃、500℃、700℃、800℃,锭子表面积远小于炉壁面积,其吸收率和黑度为 $\alpha_2=\varepsilon_2=0.8$,试求金属锭子表面上的辐射换热热流密度。

26. 一个冰棒瓶由真空玻璃夹套构成,夹套中相对两个表面镀银,其黑度和吸收率为 $\varepsilon_1=\varepsilon_2=\alpha_1=\alpha_2=0.04$;两表面的直径分别为 $d_1=140mm$,$d_2=150mm$,高度为 $h=320mm$;温度分别为 $t_1=0℃$,$t_2=30℃$。如不计瓶口的导热损失及夹套中残余气体的导热和对流,试求每小时的传热量。

27. 室内一根冷气管,外直径 $d=70mm$,长 5m,表面黑度 $\varepsilon=0.96$。已知管子表面温度 $t_w=-15℃$,环境和空气温度 $t_f=20℃$。试求每小时的辐射换热量。

28. 室外横放的一根煤气管道,直径 $d=150mm$,表面黑度和温度分别为 $\varepsilon=0.8$,$t_w=60℃$,周围环境和空气温度 $t_f=20℃$,空气处于自由运动状态。试比较对流放热系数和辐射放热系数。

29. 有一台放置于室外的冷库,从减小冷库冷量损失的角度出发,冷库外壳颜色应涂成深色还是浅色?

30. 某楼房室内是用白灰粉刷的,但即使在晴朗的白天,远眺该楼房的窗口时,总觉得里面黑洞洞的,这是为什么?

31. 窗玻璃对红外线几乎是不透过的,但为什么隔着玻璃晒太阳却使人感到暖和?

32. 北方深秋季节的清晨,树叶叶面上常常结霜。试问树叶上、下表面的哪一面上容易结霜?为什么?

第12章

燃烧学基础

12.1 扩 散 理 论

 燃料和氧化剂是在气态下,在燃烧设备所限定的空间内完成燃烧过程的。由于燃料和氧化剂向燃烧室内供应方式不同会造成反应系统中各种物质的浓度分布不均,此浓度差将导致物质的相互扩散。燃烧室内各部分温度不均又产生气体各部分间的热传导。而燃烧室内流体运动所产生的气体各部分间相对运动则造成了动量转移。这三种现象都与分子运动产生的输运作用有关,构成分子输运的三个基本定律,即:关于反应系统中各组分质量传递的费克(Fick)扩散定律,关于热量传递的傅里叶(Fourier)热传导定律和关于动量传递的牛顿(Newton)黏性定律。由此三个定律引导出分子输运的三种物理性质,即组分的扩散系数、导热系数和黏性系数。依据分子运动理论可导出稀释气体扩散系数、导热系数和黏性系数的计算公式。

12.1.1 气体的扩散

 如图 12-1 中平面上有两种流体,即 A 与 B,整个系统处于宏观静止状态和热平衡状态。A 流体在 B 流体中扩散。B 流体的厚度为 δ,A 流体在上方处的浓度为 $C_{A\omega}$,而在下方处为 $C_{A\infty}$。流体 A 由下方通过流体 B 扩散到上方。如图所示在流体 B 的不同层上,流体 A 的浓度不等。则单位时间内扩散到上方的流体 A 的质量就与上下方浓度差与扩散距离 δ 的比值成比例。即

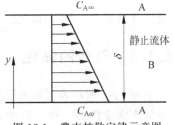

图 12-1　费克扩散定律示意图

$$J_A \propto \frac{C_{A\omega} - C_{A\infty}}{\delta} \quad \left(\frac{g}{cm^3} \cdot s \propto \frac{g}{cm^3}/cm\right)$$

取微分形式

$$J_A = D_{AB} \frac{\delta C_A}{\delta y}$$

 此即为费克定律,表示在单位时间内通过单位面积的流体 A 扩散产生的质量输运量 J_A 是与流体 B 中 A 流体的浓度梯度成正比。式中,D_{AB} 为 A 在 B 中的扩散系数,其单位为 cm^2/s。式中的负号表明流体 A 是沿着 A 浓度降低的方向传递的。

 如果将混合物看作理想气体,还可以把扩散方程用组分的分压力梯度或质量分数梯度

形式写出,即

$$J = D_i \frac{M_i}{RT} \frac{\partial P_i}{\partial y}$$

$$J = -C_i D_i \frac{\partial X_i}{\partial y}$$

式中:M 为相对分子质量;R 为气体常数;X_i 为质量分数。扩散系数值与物质种类、扩散条件等有关,可查表或基于分子运动理论推算出。

12.1.2　气体的热传导

如图 12-2 所示,在流体层 B 的上下两侧具有不同温度。流体层 B 处于静止状态。以抽象的几何平面表示上下两侧在 B 流体中的特定位置。上面温度为 T_∞,下面为 T_ω。$T_\omega > T_\infty$,间距为 δ。热流由热表面通过流体层传给冷表面。

它是由于分子热运动交换能量而形成的。单位时间通过单位面积所传递的热流 q 与两表面流体 的温差成正比,与相互间距 δ 成反比。

$$q = \frac{Q}{A} \propto \frac{T_\omega - \infty}{\delta} \quad \left(\frac{\mathrm{g}}{\mathrm{cm}^3} \cdot \mathrm{s} \propto \mathrm{K/cm}\right)$$

式中:Q 为单位时间热流量;A 为传热表面积。取微分形式,通过任一流体层的热流强度由傅里叶给出下列形式:

$$q = -\lambda \frac{\partial T}{\partial y}$$

这就是傅里叶(Fourier)热传导定律,λ 是导热系数(单位为 W/(m·K))。导热系数是流体的一种物理性质,是 $\frac{\delta T}{\delta y}$ 沿传热方向上的温度梯度,负号表示热流方向与温度增加方向相反。导热系数 λ 与流体的运动黏度值有关。

12.1.3　气体的黏性

如图 12-3 所示为两块无限宽和无限长的不能透过流体的大平板。两板之间的间距为 δ,中间充满流体 B。整个系统处于等温状态。如将下平板固定,而使上平板以定常速度 μ_∞ 运动。实验表明,中间流体受上平板运动作用产生宏观流动,在间距 δ 范围内,其运动速度由上平板处的 μ_∞ 变化到下平板处为零。

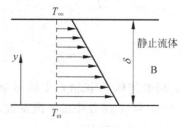

图 12-2　傅里叶热传导定律示意图

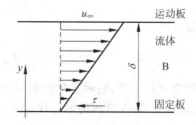

图 12-3　牛顿黏性定律示意图

由这种运动结果,发现流体对下平面作用一个切向力,在单位面积上的作用力大小正比于速度 μ_∞,反比于间距 δ。

$$\tau = \frac{F}{A} \propto \frac{\mu_\infty}{\delta}$$

采用微分形式,就得到牛顿黏性定律

$$\tau = -\mu \frac{\partial u}{\partial y}$$

式中: τ 为单位表面上的剪切力; μ 为黏性系数(也称动力黏度),$Pa \cdot s$; $\frac{\delta u}{\delta y}$ 为速度梯度,又称剪切速率,负号表示剪切力作用方向与速度增加方向相反。因为 $\mu = \rho\nu$,ρ 为流体密度,ν 为运动黏度,m^2/s。因此,当流体的压力、温度在 y 方向上的变化很小时,可假定 ρ 为常数,则牛顿黏性定律也可以写成

$$\tau = -\nu\rho \frac{\partial u}{\partial y} = -\nu \frac{\partial \rho u}{\partial y}$$

而 ρu 为流体的动量,此式表明剪切力与动量梯度成正比的关系。

12.1.4　三种输运现象间的关系

前分别叙述的气体扩散、热传导和黏性三种现象都是由于气体内部存在不平衡,通过气体分子做杂乱无章的热运动产生无数次碰撞产生质量、动量和能量的转移而逐渐趋于平衡。此三个输运现象的作用过程相类似,因而它们之间也必然存在一定的内在联系。三种输运现象的表达形式完全一致,可用一个通用形式写出:

$$F = -D \frac{\partial P}{\partial y}$$

不同输运过程的 F、D、P 有不同的物理量。

三种输运系数 D、μ、λ 之间也有内在联系。由气体分子运动理论,黏性系数 μ 与气体密度 ρ、分子运动平均速度 $\bar{u}$ 和平均自由程 l 有关,即

$$\mu = \frac{1}{3}\rho\bar{u}l$$

而扩散系数 D 也可表示成下式

$$D = \frac{1}{3}\bar{u}l$$

导热系数 λ 同样可以表示成

$$\lambda = \frac{1}{3}\rho C_v \bar{u}l$$

式中: C_v 为气体的定容比热。

整理上面公式,找出三种输运系数的关系:

$$\nu = \frac{\mu}{\rho} = \frac{1}{3}\bar{u}l = D$$

则

$$\frac{\rho D}{\mu}=1, \quad \frac{\lambda}{\mu C_{v}}=1$$

考察输运系数 D、ν、α 三者的量纲完全相同。因此,它们每两个的比值都是无量纲数,构成两种输运现象相互联系和制约的一种粗略量度。如把运动黏性系数 ν 与热扩散系数 α 相比,大致表示动量输运和热量输运相比的难易程度,此两者比值称为普朗特(Prandtl)数:

$$Pr=\frac{\nu}{\alpha}=\frac{\mu C_{p}}{\lambda}$$

同样,动量输运与质量输运相比的难易程度可用 ν 与 D 相比,称施密特(Schmidt)数:

$$Sc=\frac{\nu}{D}=\frac{\mu}{\rho D}$$

而热扩散系数与质量扩散系数之比表示两种扩散能力的相比,称路易士(Lewis)数:

$$Le=\frac{\alpha}{D}=\frac{\lambda}{\rho C_{p}D_{12}}$$

式中:D_{12} 为气体 1 在气体 2 中的扩散系数。

显然,三个特征数之间的关系是

$$Le=Sc/Pr$$

实验与计算指出,对于非极性单原子气体,Pr 值近似为 0.666,Sc 在两种成分混合气体中近似为 0.83,而 Le 近似为 1.25。为简化计算,通常在燃烧过程计算分析中假定它们都等于 1。

12.2　活化碰撞理论

对于一些化学反应,分子之间的碰撞是发生反应的根源。但并不是每次碰撞都发生化学反应,只有其中能量较大的分子之间的碰撞才发生化学反应。

(1) 活化能 E:能打破化学链产生化学反应的分子所必须具备的最低能量。

(2) 活化分子数:大于活化能的分子数,叫活化分子数。

(3) 阿累尼乌斯定律:1889 年,阿累尼乌斯由实验得出了基于反应速率常数和温度的定量关系

$$k=k_{0}e^{-\frac{E}{RT}}$$

式中:k_{0} 为碰撞频率因子;E 为活化能,在反应中,活化能可能由热、光、电等方式提供。

(4) 热爆炸:化学反应产生热量,使温度上升,而温度上升又加快了反应速率,导致放出更多的热量,这种互为促进,最终产生剧烈的化学反应,称之为热爆炸。

12.3　链锁反应理论

链锁反应是一种常见的、具有特殊规律的复杂反应。

1. 特征

只要用任何方法能使这个反应引发(光引发、热引发、引发剂引发等),它便能相继发生

一系列的连续反应,使反应自动地进行下去。

2. 反应的步骤

1913 年博登斯坦(Bodenstein)在研究 H_2 和 Cl_2 光化反应时,总结出链锁反应的步骤。

(1) $Cl_2 + h\nu \longrightarrow 2Cl \cdot$ 　　　　　　　(链引发)

(2) $Cl + H_2 \longrightarrow HCl + H$ 　　$E = 25.1 \text{kJ/mol}$ ⎫

(3) $H + Cl_2 \longrightarrow HCl + Cl$ 　　$E = 0$ ⎭ (链传递)

(4) $H \cdot + H \cdot + M \longrightarrow H_2 + M \cdot$ ⎫

(5) $Cl \cdot + Cl \cdot + M \longrightarrow Cl_2 + M \cdot$ ⎬ (链终止)

(6) $Cl \cdot + 器壁 \longrightarrow \dfrac{1}{2} Cl_2$ ⎭

式中:$Cl \cdot$ 或 $H \cdot$ 旁的一点代表自由原子 Cl 或 H 具有一个未配对的电子,称为自由基。上述反应机理表明,这一链反应有三类主要步骤:

(1) 链引发。基元反应(1)是 Cl_2 分子在光子 $h\nu$ 的作用下,离解为两个自由原子。

(2) 链传递。反应(2)中 $Cl \cdot$ 很活泼,与 H_2 反应生成产物 HCl,同时生成一个自由原子 $H \cdot$,反应(3)中 $H \cdot$ 也很活泼,与 Cl_2 反应生成产物 HCl,同时又生成一个自由原子 $Cl \cdot$,此后 $Cl \cdot$ 又与 H_2 反应再生成 $H \cdot$,……如此循环往复,使反应一个传一个地不断进行下去。据统计,一个 $Cl \cdot$ 往往能循环反应生成 $10^4 \sim 10^8$ 个 HCl 分子。这个过程称为"链传递"或"链增长"。链传递是链反应的主体。自由原子或自由基等活泼粒子称为"链的传递物"或"链载体"。

(3) 链终止。自由原子与惰性分子 M 相撞,如反应(4)、(5);或与器壁相撞,如反应(6),均可失去能量而自由相结合变为一般分子,从而使链传递中断。前者称为空间中断,后者称为器壁中断。

3. 链锁反应的分类

链锁反应分为直链反应与支链反应两大类。

(1) 直链反应:一个自由原子或自由基(称为链载体)与原物质反应,其结果生成了产物,同时产生了一个新的链载体,新的载体与原物质反应又产生了一个载体。在链反应中,链载体数目不变,称为直链反应。

(2) 支链反应:一个载体参加反应后生成两个或多个新的载体,使载体数不断增多,反应速率自动加速,称为支链反应。

H_2 和 O_2 的反应是一个重要的、典型的燃烧反应,也是一个典型的分支链反应实例。从化学计量式来看,H_2 和 O_2 的反应为 $2H_2 + O_2 \longrightarrow 2H_2O$,似乎是三分子反应,反应应当进行得很慢。但实际上这种反应进行得非常之快,具有爆炸的性质,原因是它的反应机理是分支链反应,其基本步骤如下:

(1) $H_2 + O_2 \longrightarrow 2HO \cdot$ 　　　　　　链引发

(2) $OH \cdot + H_2 \longrightarrow H_2O + H \cdot$ 　　　　链增长 $E \approx 42 \text{kJ/mol}$ (快)

(3) $H \cdot + O_2 \longrightarrow OH + O$ 　　　　　　链分支 $E \approx 75 \text{kJ/mol}$ (慢)

(4) $O \cdot + H_2 \longrightarrow OH \cdot + H$ 　　　　　链分支 $E \approx 25 kJ/mol$（快）

(5) $H \cdot + 器壁 \longrightarrow \frac{1}{2} H_2 + 器壁$ 　　　　　器壁中断

(6) $H \cdot + O_2 + M \longrightarrow HO_2 \cdot + M$ 　　　　　空间中断

(7) $HO_2 \cdot + H_2 \longrightarrow H_2O + OH \cdot$

从上述步骤可看到,在这种反应中,除了链引发、增长和终止过程外,还有链分支过程。引发过程每生成一个 $OH \cdot$,便很快经过增长过程(2)变成 $H \cdot$,在这一过程中,链载体不增不减。但在分支过程(3)中,链载体由一个($H \cdot$)变为两个($OH \cdot$ 和 $O \cdot$)。这一步骤因活化能较高,故进行较慢。过程(4)也是分支过程,但这一步骤进行很快,一旦生成 $O \cdot$,链载体立即由 1 个($O \cdot$)变为 2 个($OH \cdot + H \cdot$)。其中 $H \cdot$ 能引起新的反应循环。不过 $H \cdot$ 也能扩散到器壁而销毁,如过程(5)。

过程(6)是空间中断的情形,M 为任一气体分子,能带走反应中的过剩能量,生成较不活泼的 $HO_2 \cdot$,而后者可扩散到器壁变成 H_2O_2 和 O_2,故过程(6)也能销毁 $H \cdot$。压力升高,空间中断增加,但若压力过高,则 $HO_2 \cdot$ 在扩散到器壁前又能与氢发生反应,如过程(7)。步骤(2)、(3)、(4)的循环进行,引起 $H \cdot$ 不断增加,一个 $H \cdot$ 将产生三个 $H \cdot$。

$$OH \cdot + H_2 \longrightarrow H_2O + H \cdot$$
$$H \cdot + O_2 \longrightarrow OH + O$$
$$O \cdot + H_2 \longrightarrow OH + H \cdot$$
$$\overline{H \cdot + 3H_2 + O_2 \longrightarrow 2H_2O + 3H \cdot}$$

在这一反应在适当条件下可连续发展下去,其示意图如图 12-4 所示。

链锁反应具有爆炸的特点。"爆炸"是一种非常迅速的能自行维持的化学反应。温度和压力对分支链反应的影响可由"爆炸界限图"表示出来,如图 12-5 所示。

图 12-4　链锁反应

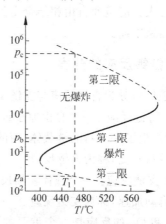

图 12-5　爆炸界限图

在 p-T 平面上,爆炸界限图是倒 S 形曲线,曲线左方是有爆炸区域,从图线中可以看到,在一定的温度($T = T_1$)下,随压力变化有三个爆炸界限。

第一限：$p < p_a$ 时无爆炸,这是过程(3)与过程(5)竞争的结果。当 p 很低时,$H \cdot$ 在运动中与其他分子碰撞机会少,容易扩散到器壁,器壁中断加强。同时 O_2 的浓度小,不利于过程(3),故不发生爆炸;当压力升高后,在 $p_a < p < p_b$ 范围内,过程(3)占优势,就可发生爆炸。

第二限：$p > p_b$ 时无爆炸，这是过程（3）与过程（6）竞争的结果。当压力继续升高时，虽然对过程（5）不利，但对过程（3）、（6）却都有利。不过在过程（3）和过程（6）争夺 H・的过程中，过程（6）为三级，过程（3）为二级，故压力升高对过程（6）的影响更大，空间中断加强（HO₂・也是活性粒子，但较稳定，容易达到器壁面销毁）。当压力升高到一定程度，即 $p > p_b$ 后又不能发生爆炸。

第三限：$p > p_c$ 时发生爆炸。压力再增高，HO₂・会在达到器壁前与 H₂ 发生过程（7），于是又能发生爆炸，形成爆炸的第三限。也有人用热爆炸理论解释第三限。

从图 12-5 中还可看到，温度升高总是使爆炸界限扩大。这是因为温度升高有助于活化中心形成，对反应（3）有利，但中断速度与温度关系不大，故温度升高总是使爆炸区扩大。

CO 的燃烧是一典型的分支链反应。CO 的反应可分为"干""湿"两种。干 CO 反应不包括含氢物，但任何含氢物质的存在都会改变 CO 的反应特征。实际的 CO 燃烧通常是"湿"反应。当有 H_2O 作催化剂时，反应过程如下：

(1) $CO + O_2 \longrightarrow CO_2 + O\cdot$

(2) $O\cdot + H_2O \longrightarrow 2OH\cdot$

(3) $OH\cdot + CO_2 \longrightarrow CO_2 + H\cdot$

(4) $H\cdot + O_2 \longrightarrow OH + O\cdot$

这里应当注意过程（3）和 H_2 与 O_2 反应历程的过程中 $OH\cdot + H_2 \longrightarrow HO_2 + H\cdot$ 十分相似。过程（3）表示的反应，在烃类燃烧反应的后期（达到高温条件）也很重要。

4．链锁反应的特点

现把链锁反应的一些重要特点归纳如下：

(1) 反应速度不仅取决于初始反应物和最终产物的浓度，而且取决于中间产物的浓度，这些中间产物是反应的活化来源，但反应前和反应后都不存在。

(2) 在等温条件下反应速度随时间变化的规律与双分子反应不同，图 12-6（a）给出一般双分子反应，图 12-6（b）给出直链反应，图 12-6（c）给出支链反应速度随时间变化的示意图。

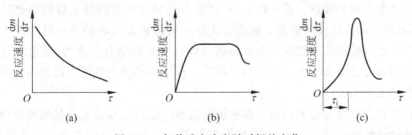

图 12-6　各种反应速度随时间的变化

(a) 一般双分子反应速度与时间的关系；(b) 直链反应速度与时间的关系；(c) 支链反应速度与时间的关系

普通双分子反应速度在开始时最大，以后随物质的消耗而逐渐降低，链反应则在活化中心形成以前反应速度为零，随活化中心的积累而加大。直链反应在活化中心的产生和消亡速度达到平衡时，有一持平的阶段，然后随物质消耗而下降。支链反应在活化积累到一定数量后，反应速度迅速增加。积累活化中心需要一定时间，在此时间内反应不明显，这一时间称为"感应期"或"诱导期"τ_i。

（3）链锁反应对其他物质的存在非常敏感，如惰性气体的存在能阻止器壁中断，增加空间中断；抑制剂可更快地与活性物质起作用，故能抑制链传播等。

（4）链反应对器壁面积与容积之比（面容比），即容器形状很敏感。面容比增加了，器壁中断的机会也随之增加。

综上所述，活化中心的产生（链的引发）、链的传递和终止机理，决定了链反应的一系列特点，压力和温度对链反应的影响往往可从这一角度去理解。

12.4   热着火理论

从燃料与氧化剂相互混合形成可燃混合气，直到燃烧终了全部形成燃烧产物为止的整个燃烧过程，要经历一系列化学的和物理的阶段。通常以形成火焰为界而将燃烧过程划分为着火阶段和燃烧阶段。着火阶段是燃烧的准备过程，此阶段的长短和能否形成足量的火源强度以保证火焰传播，对动力设备的可靠运行和获得良好的性能都有重要影响。

12.4.1   自燃和点燃

燃烧过程所经历的两个主要阶段中，第一个阶段为着火阶段，它是一种过渡过程，系统中的组分及各种物理量都随时间不断变化。第二个阶段为燃烧阶段，可以认为它是稳定的过程（连续燃烧形式）。着火是燃烧前的一系列反应的最终结果，此阶段是必经的而且是十分重要的。

燃料和氧化剂混合形成可燃混合气后，其着火方式有两种，一种称为自燃着火（spontaneous ignition），通常简称自燃，另一种为强迫着火（forced ignition），简称点燃或点火。

自燃即是一定体积的可燃混合气被预热，在一定温度下混合气的反应速率会自动加速，急剧增大而产生火焰的现象。着火以后，可燃混合气所释放的能量足以使燃烧过程自动继续下去，不需要外部供给任何能量。强迫着火是在可燃混合气内的某一局部用火源引燃相邻一层混合气之后形成的燃烧波自动地传播到混合气其余部分。显然，强迫着火包括用火源在局部引燃和继之而来的火焰传播两个阶段。所使用的点火热源可以是电火花、电热丝、炽热物体和点火火焰等。

两种着火方式的概念是不同的。在着火阶段参与焰前反应的混合气数量不等。自燃是在全部可燃混合气内同时发生的，是在整个容积内进行的。而点燃则是在局部混合气（处于点火热源附近）内进行的，而且点火之后，需要造成燃烧波以实现火焰传播。自燃则没有燃烧波传播的问题。

在化学反应动力学的论述中已经揭示出，化学反应速率的增加和激化与反应过程中温度升高及迅速增加反应中活化分子的量有最直接的关系。与此有关的着火机理即为热自燃机理和链锁自燃机理。

热自燃机理指出，可燃混合气在充满燃烧容器后受热，使混合气达到一定温度，由于进行化学反应所释放的热量多于从容器壁向外散失的热量,产生的热量累积而使混合气的温度上升,这又促使混合气的反应速率增加,放出更多热,不断相互促进,导致反应速率急剧加快而达到着火。

链锁自燃机理指出,可燃混合气在外部能量的作用下,反应物中产生活性中心使反应继续下去,最重要的是出现分支反应使活性中心数目迅速增多,造成反应速率剧烈升高达到着火。即使在等温条件下,也会由于活性中心浓度急剧增大而造成自发着火。实际燃烧过程中,没有纯粹的热自燃或链锁自燃存在。实际上,两种机理同时存在某一具体燃烧的焰前反应中,而且相互促进。温度增高使反应速率增大,放热量增多,使反应物热活化增强,使链锁反应中基元反应加快。而在低温时,链锁反应的进行使反应系统逐渐加热,温度升高又促进反应物分子的热活化。因此,在解释某一具体自燃现象时,要具体分析其自燃特征,分别用热自燃理论或链锁自燃理论予以阐明。一般来说,在高温条件下,着火的主要原因可用热自燃理论分析,而在低温条件下,分支链锁反应机理是着火的主要因素。

着火过程具有以下两个特征(图 12-7):

(1) 具有一定的着火温度 T_0。当反应系统达到该温度时,反应速率急剧增大而产生着火,反应系统的压力急速上升,出现放热和发光等着火现象。

(2) 从反应开始到系统达到着火温度 T_0 之前有一段感应期,通常称为着火延迟期。在着火延迟期内,反应速率很缓慢,可燃混合气组分的浓度、温度及压力都变化不大。

目前,在发动机等动力机械中都使用碳氢化合物燃料,而这些燃料都须经历自燃或点燃的着火历程。每个具体燃烧条件下都有其着火温度和一定的着火延迟期。

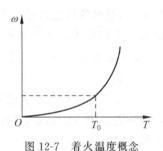

图 12-7　着火温度概念

12.4.2　热着火理论基础

燃料与氧组成的可燃混合气,接受外部能源加入的热量,如炽热的壁面或被压缩等,都会造成此反应系统的温度升高。与此同时,通过周围介质又向外散失热量。当化学反应释放热量的速率大于向周围介质散失热量的速率时,由于多余热量在反应系统中进一步积累,使系统温度升高,温度上升促使化学反应速率加快,同时释放更多热量。这种相互作用的结果导致极高的反应速率而引起着火。

在实际工况下,燃料的着火和燃烧都是在有限的容积内进行的。容器内反应物的温度不均匀,反应速率也不一致,各处浓度也不等。这样,在反应系统中不仅有化学反应过程、热交换过程,还有物质交换过程。一般只注重研究有散热情况下的着火条件,为此做如下简化假设:

(1) 只考虑热反应,忽略链锁反应影响;

(2) 整个容器内,系统的组分、温度和浓度(或压力)是均匀的;

(3) 容器的壁温 T_0 等于周围介质温度 T_∞;

(4) 系统与容器壁的对流换热系数 α 为常数;

(5) 反应放出的热量 Q 为定值。

由上面分析可知,着火温度 T_0 与可燃混合气的浓度(压力)、反应级数、活化能 E 和散热条件等有关。如果可燃混合气的活性很强,其着火温度就较低;散热条件加强时,其着火温度就增高;而可燃混合气的压力升高时,着火温度就降低。很显然,着火温度不是一种物质属性,它是随给定的反应物的配比及其物性和所处的环境条件而定的。因此,着火温度是反应物在特定环境下能着火自燃的物理条件的表征。

实验结果表明,用热自燃理论来解释密闭容器内可燃气热自燃的着火机理,对高温范围的着火规律作定性解释是相当合理的。由于推导过程中作了一些假设,计算结果有一定误差,但仍有参考意义。

可燃混合气的压力增加时,其着火温度下降,容易产生自燃。如果压力降低,由于所需着火温度增高,混合气难于自燃。这些都被大量实验证实。

实践表明,可燃混合气中燃料和氧的配比,即混合气的浓度,对着火温度和着火临界压力有重要影响。在一定的温度(或压力)下,能够着火的可燃混合气其燃料和氧的配比只能处于某一范围内才行。燃料过多或过少都不能着火。可以着火的燃料含量的最高量称着火的浓限,燃料的最低含量称为着火的稀限(贫油)。这种浓限和稀限随着可燃混合气的着火临界压力和着火温度不同而不同。当压力(或温度)下降时,可燃界限缩小。当压力(或温度)低于某值后,不可能引起着火。实用中,了解所用燃料的可燃界限,对研究和处理燃烧问题十分重要。

在前面已经提到着火延迟期的概念。在本节中混合气从初温升高到着火温度 T_B 所需的时间就是着火延迟期,又称热自燃感应期。它的长短对燃烧性能有重要影响。因此,除着火温度 T_B 外,着火延迟期 i 也是着火性能的重要参数。

着火延迟期的长短与温度状况和放热速率 q_1 与散热速率 q_2 之差所给出的热积累大小有直接关系。热积累温度越高,i 越短。

着火延迟期随可燃混合气的压力和着火温度升高而缩短。因此,提高可燃混合气的压力和温度,都会使着火延迟期缩短,从而容易着火。

习　题

1. 1mol 的 O_2 与 2mol 的 H_2 发生完全反应,反应速度是每秒 10^{10} 个反应过程,如果是直链反应,请问需要多长时间? 如果是支链反应,则需要多长时间?

2. 下列物质哪个的普朗特数最大?

(1)水;(2)酒精;(3)液态钠。

3. 叙述链式反应着火机理和热着火机理。

第三篇

汽车发动机原理

第13章

发动机性能指标

以工质对活塞所做的功为计算基准的指标称为指示性能指标,简称指示指标。指示指标不受动力输出过程中机械摩擦和附件消耗等各种外来因素的影响,直接反映由燃烧到热功转换的工作循环进行的好坏,因而在工作过程的分析研究中得到广泛的应用。

13.1　发动机的示功图

燃料燃烧产生的热量是通过气缸内进行的工作循环转化为机械能的,即气缸中工质燃烧,气体压力升高,高压气体的压力作用在活塞顶上,通过曲柄连杆机构,在克服了发动机内部各种损耗后,对外做功。压力方向与活塞运动方向相同时对活塞做正功,反之做负功。因此,要研究发动机的动力性能和经济性能,应首先对发动机一个工作循环中热功转换的质和量两方面加以分析。

发动机气缸内部进行的实际工作循环是非常复杂的,为获得正确反映气缸内部实际情况的试验数据,通常利用不同形式的发动机数据采集系统来记录相对于不同活塞位置或曲轴转角时发动机气缸内工质压力的变化,所得的结果即为 $p\text{-}V$ 图或 $p\text{-}\varphi$ 图。

发动机的 $p\text{-}\varphi$ 图可用燃烧分析仪的缸压传感器从发动机燃烧室测出。图 13-1 上的 $p\text{-}V$ 图中的横坐标代表活塞位移或气缸容积,纵坐标代表气缸内的气体压力。曲线封闭的面积代表气体循环中所发出的功的大小,所以 $p\text{-}V$ 图又称为示功图。示功图可以分析发动机的实际循环,可以很方便地量出实际循环功(即指示功)的大小及其他参数。

发动机气缸内的实际循环的示功图也可用 $p\text{-}\varphi$ 图表示,此时纵坐标代表缸内气体压力,而横坐标则代表曲轴转角,一般取压缩过程的上止点为零点,称为点火上止点(fire top dead center,FTDC),对于四冲程发动机,另外一个上止点称为换气上止点(exchange top dead center,ETDC),如图 13-2 所示。这种图形多由燃烧分析仪测定。燃烧分析仪测出的 $p\text{-}\varphi$ 曲线是由许多连续而稳定的工作循环综合而成的,这种示功图上得到的指示指标一般是 500 工作循环的平均值,较具有代表性。

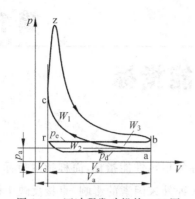

图 13-1　四冲程发动机的 $p\text{-}V$ 图

V_a—气缸总容积；V_c—燃烧室容积；V_s—气缸工作容积；

p_a—大气压力；p_d—缸内进气压力；p_e—缸内排气压力

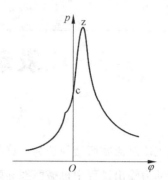

图 13-2　四冲程发动机的 $p\text{-}\varphi$ 图

13.2　发动机的指示性能指标

1. 指示功和平均指示压力

指示功是指发动机一个气缸的工质每一个循环作用于活塞上的功,用 W_i 表示,可由 $p\text{-}V$ 图中封闭曲线所占有的面积求得。示功图中的泵气损失计入发动机的机械损失,而不在指示功中考虑。图 13-3 和图 13-4 为四冲程非增压和增压发动机的示功图。

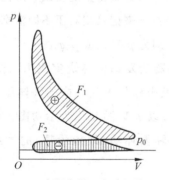

图 13-3　四冲程非增压发动机的 $p\text{-}V$ 图

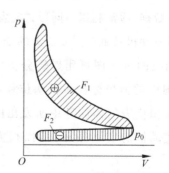

图 13-4　四冲程增压发动机的 $p\text{-}V$ 图

图 13-3 中四冲程非增压发动机的指示功面积 F_i 是由相当于压缩、燃烧、膨胀行程中所得到的有用功面积 F_1 和相当于进气、排气冲程中消耗的功的面积 F_2（即泵气损失）相减而成。图 13-4 中四冲程增压发动机,则由于进气压力高于排气压力,在换气过程中,工质是对外做功的,因此,换气功的面积 F_2 应与面积 F_1 叠加起来。

则

$$W_i = \frac{F_i ab}{10^6}$$

(13-1)

式中：F_i 为示功图面积，cm^2；a 为示功图纵坐标比例尺，Pa/cm；b 为示功图横坐标比例尺，cm^3/cm。

指示功 W_i 虽然反映了气缸中循环的做功量，但它受气缸容积大小的影响。因此，对不同尺寸的发动机，为了比较它们单位气缸工作容积做功能力的大小，常用另一指示参数——平均指示压力 p_{mi}。

平均指示压力是指每一个工作循环中，发动机单位气缸容积 V_s 所做的指示功 W_i，即

$$p_{mi} = \frac{W_i}{V_s} \tag{13-2}$$

式中：p_{mi} 为平均指示压力，Pa；W_i 为发动机一个工作循环的指示功，J；V_s 为发动机气缸工作容积，m^3。

指示功 W_i 也可以写成式(13-3)：

$$W_i = p_{mi}V_s = p_{mi}\frac{\pi D^2 s}{4} \tag{13-3}$$

式中：D 和 s 分别为气缸直径和活塞行程，m。

平均指示压力可以设想为一个平均不变的压力作用在活塞顶上，使活塞移动一个冲程所做的功，即为循环的指示功 W_i，如图 13-5 所示。

平均指示压力是从实际循环的角度评价发动机气缸工作容积利用率高低的一个参数，p_{mi} 越高，同样大小的气缸容积可以发出更大的指示功，气缸工作容积的利用程度越佳。平均指示压力是衡量发动机实际循环动力性能的一个重要的指标。

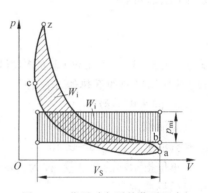

图 13-5　指示功与平均指示压力

一般发动机在标定工况下的 p_{mi} 范围（MPa）：

四冲程非增压柴油机	0.6～0.95
四冲程增压柴油机	0.85～2.6
二冲程柴油机	0.35～1.3
四冲程摩托车用汽油机	0.9～1.43
四冲程小客车用汽油机	0.65～1.25
四冲程载货车用汽油机	0.6～0.85
二冲程小型风冷汽油机	0.4～0.85

2. 指示功率

发动机单位时间内所做的指示功，称为指示功率 P_i。

用平均指示压力计算，指示功率为

$$P_i = \frac{p_{mi}V_s ni}{30\tau} \tag{13-4}$$

式中：V_s 为气缸的工作容积，m^3；n 为发动机转速，r/min；i 为发动机的气缸数；τ 为冲程数：当为四冲程发动机时，$\tau = 4$，当为二冲程发动机时，$\tau = 2$。

故四冲程发动机的指示功率为

$$P_i = \frac{p_{mi} V_s n i}{120} \qquad (13-5)$$

二冲程发动机的指示功率为

$$P_i = \frac{p_{mi} V_s n i}{60} \qquad (13-6)$$

3. 指示热效率和指示燃油消耗率

指示热效率和指示燃油消耗率是评定发动机实际工作循环经济性能的重要指标。发动机实际循环指示功与所消耗的燃料热量之比,称为指示热效率,用 η_{it} 表示:

$$\eta_{it} = \frac{W_i}{Q_1} \qquad (13-7)$$

式中:Q_1 为得到指示功 W_i 所消耗的热量,kJ;W_i 为发动机指示功,kJ。

对于一台发动机,当测得其指示功率 P_i(kW)和每小时发动机耗油量 B(kg/h)时,根据 η_{it} 的定义,可得

$$\eta_{it} = \frac{3.6 \times 10^6 P_i}{B H_u} \qquad (13-8)$$

式中:3.6×10^3 为 $1kW \cdot h$ 的热当量,kJ/(kW·h);B 为每小时发动机的耗油量,kg/h;H_u 为所用燃料的低热值,kJ/kg。

η_{it} 的范围一般是:

柴油机　　　0.43~0.50

汽油机　　　0.25~0.40

单位指示功的耗油量,称为指示燃油消耗率,即 b_i[g/(kW·h)],通常以单位指示千瓦小时的耗油量表示

$$b_i = \frac{B}{P_i} \times 10^3 \qquad (13-9)$$

因此,表示实际循环的经济性指标 η_{it} 和 b_i 之间存在以下关系:

$$\eta_{it} = \frac{3.6 \times 10^6}{H_u b_i} \qquad (13-10)$$

b_i 的大致范围是:

柴油机　　　170~200g/(kW·h)

汽油机　　　230~340g/(kW·h)

13.3　发动机的有效指标

作用在发动机活塞上的指示功要经由活塞、连杆、曲轴传递到曲轴输出端的飞轮上,才能把机械功传输出去作为输出功。以曲轴输出功为计算基准的性能指标,称为有效指标。有效指标包括动力性指标和经济性指标。动力性指标包括有效功率、有效转矩、平均有效压力;经济性指标包括燃油消耗率和有效热效率。

13.3.1 动力性指标

1. 有效功和有效功率

循环净指示功 W_i 可由前述示功图直接求出。而每循环由曲轴输出的单缸功量 W_e 则是循环功的有效指标,称为循环有效功。

理论上,由净指示功变为输出有效功,应该扣除运转时传动件所消耗的摩擦损失功和各种附件(风扇、水泵等)所消耗的运转功。此两项相加应是循环的实际机械损失功 W_m。于是有

$$W_e = W_i - W_m \tag{13-11}$$

生产实践中,很少有人直接通过示功图测出 W_i 值。对于自然吸气机型,一般都是由试验台架的测功机测算出 W_e 值。W_m 值也可以测量,但所有实用的测量 W_m 值的方法,在测得的数据中都包含泵气损失功,无法将其消除,所以把泵气损失也归入机械损失中。

根据以上分析,发动机的有效功率 P_e 有以下关系式:

$$P_e = P_i - P_m \tag{13-12}$$

式中:P_e 是有效功率,kW;P_i 是指示功率,kW;P_m 是机械损失功率,kW。

2. 有效转矩

发动机工作时,由功率输出轴输出的转矩称为有效转矩 T_{tq}。

发动机的有效功率 P_e 可以利用各种形式的测功器和转速计,分别测出发动机在某一工况下曲轴的输出转矩 T_{tq} 及在同一工况下的发动机转速 n,则

$$P_e = T_{tq} \frac{2\pi n}{60} \times 10^{-3} = \frac{T_{tq} n}{9550} \tag{13-13}$$

式中:P_e 为发动机的有效功率,kW;T_{tq} 为发动机输出转矩,N·m;n 为发动机转速,r/min。

3. 平均有效压力

与平均指示压力相似,平均有效压力 p_{me} 是指发动机单位气缸工作容积输出的有效功。平均有效压力是衡量发动机动力性能的一个很重要的参数,它与有效功率之间的关系是:

$$P_e = \frac{p_{me} V_s n i}{30\tau} \tag{13-14}$$

式中:τ 为冲程数,当为四冲程发动机时,$\tau = 4$,当为二冲程发动机时,$\tau = 2$;p_{me} 单位为 MPa;V_s 单位为 m^3;n 单位为 r/min;i 为缸数。

由式(13-14)可得

$$p_{me} = \frac{30 P_e \tau}{V_s i n} \tag{13-15}$$

将式(13-13)代入式(13-15)得

$$p_{me} = \frac{30 T_{tq} \tau}{9550 V_s i}$$
(13-16)

由式(13-16)可见,对于某特定的发动机,其冲程数一定,气缸工作容积一定,平均有效压力与有效转矩成正比,即平均有效压力越大,对外输出的功越多,转矩越大。所以,平均有效压力是发动机重要的动力性能指标。

发动机 p_{me} 的值(MPa):

农用柴油机	0.6~0.8
汽车用柴油机	0.65~1
强化高速柴油机	1~2.9
固定船用中速柴油机	0.6~2.5
四冲程摩托车用汽油机	0.78~1.2
四冲程小客车汽油机	0.65~1.2
四冲程载货汽车用汽油机	0.6~0.7
二冲程小型风冷汽油机	0.4~0.65

4. 转速 n 和活塞平均速度 C_m

提高发动机的额定转速意味着发动机将经常处在较高的工作转速下运转,是性能设计上的一种强化措施。转速升高意味着单位时间内做功的次数增多,这样,在气缸尺寸相同的情况下发出的功率增大,或在发出相同功率的情况下汽车发动机体积和质量减小。

转速增加,活塞平均速度 C_m 也增加。n 和 C_m 的关系为

$$C_m = \frac{sn}{30}$$
(13-17)

式中: s 为活塞行程,m; n 为转速,r/min。

C_m 增大,则活塞组的热负荷和曲柄连杆机构的惯性力均增大,磨损加剧,使用寿命下降。所以 C_m 成为表征汽车发动机强化程度的参数。一船汽油机的 C_m 值不超过 15m/s,柴油机的 C_m 值不超过 13m/s。

为了提高转速又不使 C_m 过大,可以减小行程 s,即对于高速发动机,在结构上采用较小的行程缸径比(s/D)值。但 s/D 值小也会造成燃烧室高度减小,燃烧室表面积 s/D 与容积的比值增大,混合气形成条件变差,不利于燃烧。$s/D < 1$ 时常称为短行程。

n、C_m、s/D 的范围:

	n/(r/min)	C_m/(m/s)	s/D
小客车汽油机	5000~8000	12~18	0.7~1.0
载货汽车汽油机	3600~4500	10~15	0.8~1.2
汽车柴油机	2000~5000	9~15	0.75~1.2
增压柴油机	1500~4000	8~12	0.9~1.3

13.3.2　经济性指标

衡量发动机经济性能的重要指标是有效热效率 η_{et} 和有效燃油消耗率 b_e。

1. 有效热效率

有效热效率是实际循环的有效功与得到此有效功所消耗的热量的比值,即

$$\eta_{et} = \frac{W_e}{Q_1} \tag{13-18}$$

实际上,可导出下列关系式:

$$\eta_{et} = \frac{3.6 \times 10^6 P_e}{B H_u} \tag{13-19}$$

当测得发动机有效功率和每小时发动机的耗油量 B 以后,可利用此式计算出 η_{et} 值。

一般发动机在标定工况下的 η_{et} 值:

低速柴油机	0.38~0.45
中速柴油机	0.36~0.43
高速柴油机	0.30~0.40
四冲程汽油机	0.30~0.20
二冲程汽油机	0.20~0.15

2. 有效燃油消耗率

有效燃油消耗率是指单位有效功所消耗的燃料,用 b_e[g/(kW·h)]表示,即:

$$b_e = \frac{B}{P_e} \times 10^3 \tag{13-20}$$

又可表示为

$$b_e = \frac{3.6 \times 10^6}{\eta_{et} H_u} \tag{13-21}$$

可见,有效燃油消耗率与有效热效率成反比,知道其中一值后,可求出另一值。

一般发动机在标定工况下的 b_e 值[g/(kW·h)](其中较低的 b_e 值属废气涡轮增压的四冲程、二冲程柴油机):

低速柴油机	190~225
中速柴油机	195~240
高速柴油机	215~285
四冲程汽油机	274~410
二冲程汽油机	410~545

13.3.3　强化指标

1. 升功率 P_L

在标定工况下(指标定转速、标定功率)发动机每升工作容积所发出的有效功率,即

$$P_L = \frac{P_e}{V_s i} = \frac{p_{me} V_s i n}{30 \tau V_s i} = \frac{p_{me} n}{30 \tau} \tag{13-22}$$

式中: P_L 为升功率; p_{me} 为发动机的标定功率。P_L 为从发动机有效功率的角度对其气缸

工作容积的利用率做总的评价,它与 p_{me} 和 n 的乘积成正比。P_L 值越大,发动机的强化程度越高,发出一定有效功率的发动机尺寸越小。因此,不断提高 p_{me} 和 n 的水平以获得更强化、更轻巧、更紧凑的发动机,这一直是发动机设计者尽力追求的目标,因而 P_L 是评定一台发动机整机动力性能和强化程度的重要指标之一。

升功率 P_L 的范围:

汽油机   30~70kW/L

汽车柴油机   18~30kW/L

拖拉机柴油机   9~15kW/L

2. 比质量 m_e

比质量 m_e(kg/kW)是发动机的质量 m 与所给出的标定功率之比,即

$$m_e = \frac{m}{P_e} \tag{13-23}$$

比质量 m_e 的范围:

汽油机   1.1~4.0

汽车柴油机   2.5~9.0

拖拉机柴油机   5.5~16

3. 强化系数 $p_{me}C_m$

平均有效压力 p_{me} 与活塞平均速度 C_m 的乘积称为强化系数。C_m 与活塞单位面积的功率成正比。其值越大,发动机的热负荷和机械负荷越高。由于发动机的发展趋势是强化程度不断提高,所以强化系数 $p_{me}C_m$ 值增大,也是技术进步的一个标志。

强化系数 $p_{me}C_m$(MPa·m/s)范围:

汽油机   8~17

小型高速柴油机   8~17

重型汽车柴油机   9~15

13.4   机械损失与机械效率

发动机的机械损失消耗了一部分指示功率,而使对外输出的有效功率减少。机械损失所消耗的功率占指示功率的 10%~30%,是不可忽视的功率损失。因此,降低机械损失,特别是摩擦损失,使实际循环得到的功尽可能转变成对外输出的有效功,是提高发动机性能的一个重要方面。

13.4.1   机械效率

在评定发动机机械损失时,除了机械损失功率 P_m 外,还可用单位气缸工作容积的比参数——平均机械损失压力 p_{mm}。其定义为:发动机单位气缸工作容积一个循环所损失的

功。平均机械损失压力可以用来衡量机械损失的大小。类似 p_{me} 的表达式，p_{mm} 可表达为

$$p_{mm} = \frac{30\tau P_m}{V_s in} \tag{13-24}$$

式中：p_{mm} 为平均机械损失压力，MPa；P_m 为机械损失功率，kW；V_s 为气缸工作容积，L；n 为转速，r/min；i 为气缸数。

机械效率是有效功率与指示功率的比值，即

$$\eta_m = \frac{P_e}{P_i} \tag{13-25}$$

也可以写成下列形式：

$$\eta_m = \frac{p_{me}}{p_{mi}} = 1 - \frac{P_m}{P_i} = 1 - \frac{p_{mm}}{p_{mi}} \tag{13-26}$$

对于自然吸气机型，η_m 的计算是把泵气损失归入机械损失后算出的，它显然与泵气损失不归入机械损失时定义的 η_m 有差别。实际上如前所述，不归入是无法求出 η_m 的。对于增压发动机型，由于 W_m 测试困难，分析 η_m 时要清楚具体是如何定义的，目前对此尚无统一的规定。

机械效率的大致范围是：

汽油机　　　　　　　$\eta_m = 0.7 \sim 0.9$

柴油机　　　　　　　$\eta_m = 0.7 \sim 0.8$

结合前面指示热效率、有效热效率的定义，可以得出下列关系式：

$$\eta_{et} = W_e/Q_1 = W_i \eta_m/Q_1 = \eta_{it}\eta_m \tag{13-27}$$

可见，在 η_{et} 中已经考虑到实际发动机工作时的一切损失了。

将式(13-19)代入式(13-27)得

$$\eta_{it}\eta_m = \frac{3.6 \times 10^6}{b_e H_u} \tag{13-28}$$

即

$$b_e = \frac{3.6 \times 10^6}{H_u} \eta_{it}\eta_m \tag{13-29}$$

上式说明，有效燃油消耗率和指示效率与机械效率的乘积成反比。

在致力于提高发动机性能指标时，应尽可能减少机械损失，提高机械效率。若不注意这点，有时在改善气缸内部指示指标的同时，却不自觉地增加了机械损失，就不能获得预期的改进效果。

13.4.2　机械损失的测定

发动机机械损失的原因极为复杂，以致无法用分析的办法来求出准确的数值，即使有些经验公式可用来计算，也是极为近似而不可靠。为了获得较为可信的结果，只有通过实际发动机的试验来测定。常用的测试方法有示功图法、倒拖法、灭缸法和油耗线法等。

1. 示功图法

运用各种示功器录取气缸的示功图，从中算出 P_i 值，从测功器和转速计读数中测出发

动机的有效功率，从而可以算出 P_m、η_m 及 p_{mm} 值。这种直接测定方法是在真实的试验工况下进行的，从理论上讲也完全符合机械损失的定义，但试验结果的正确程度往往决定于示功图测录的正确程度。由于上止点处缸内压力的变化非常平缓，因而在 p-V 图或 p-φ 图上活塞上止点位置不易正确地确定。而上止点位置的少许误差，会引起 W_i 测算值的较大误差。此外，在多缸发动机中，各个气缸存在着一定的不均匀性，而在试验中往往只测量一个气缸的示功图用以代表其他气缸，这也会引起一定的误差。因此，示功图法只有上止点位置能得到精确校正时才能取得较满意的结果。

2. 倒拖法

在电力测功器的试验台上，先使发动机在给定工况下稳定运转，当冷却水、机油温度到达正常数值时，立即切断对发动机的供油（柴油机）或停止点火（汽油机），同时将电力测功器转换为电动机，倒拖发动机到同样转速，并且维持冷却水和机油温度不变，这样测得的倒拖功率即为发动机在该工况下的机械损失功率。

倒拖法测定机械损失功率设定的工况与发动机实际运行情况相比，首先，气缸内无可燃混合气燃烧，所以作用在活塞上的气体压力在膨胀行程中大幅下降，使活塞、连杆、曲轴的摩擦损失有所减少；其次，按这种方法求出的摩擦功率中含有不应该有的泵气损失功率 p_p 这一项，且由于排气过程中温度低、密度大，使 p_p 比实际工况还要大；再次，倒拖在膨胀、压缩冲程中，由于高温燃气向气缸壁的传热损失，以至于 p-V 图上膨胀线和压缩线不重合而处于它的下方，即出现了图 13-6 所示的负功。实际上，在测量该工况的有效功率时，这部分传热损失已被考虑在内。

上述三种因素的综合结果是：倒拖时所消耗的功率要超过柴油机在给定工况下工作时的实际机械损失，在低压缩比发动机中，误差大约为 5%，在高压缩比发过机中，误差有时可高达 5% ～ 15%，因而此方法在测定汽油机机械损失时得到较广泛的应用。

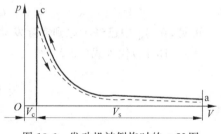

图 13-6　发动机被倒拖时的 p-V 图

3. 灭缸法

灭缸法也称断缸法，仅适用于多缸发动机。当发动机调整到给定工况稳定工作后，先测出其有效功率 P_e，之后在喷油泵齿条位置或节气门位置不变的情况下，停止向某一气缸（例如第一缸）供油或点火，并用减少制动力矩的办法迅速将转速恢复到原来的数值，并重新测定其有效功率 P'_{e1}。这样，如果灭缸后其他各缸的工作情况和发动机的机械损失没有变化，则被熄灭的气缸原来所发出的指示功率 P_{i1} 为

$$P_{i1} = P_{e1} - P'_{e1}$$

依次将各缸灭火，有

$$P_{i2} = P_{e2} - P'_{e2}$$

$$\vdots$$

把各式相加，最后可以各缸指示功率的总和求得整台发动机的指示功率 P_i：

$$P_i = \sum_{k=1}^{i} (P_{ek} - P'_{ek})$$

式中: i 为气缸数。

因此整台发动机的机械损失功率 P_m 为

$$P_m = (i-1)P_e - (P'_{e1} + P'_{e2} + \cdots) \tag{13-30}$$

采用这种方法时,要求一个气缸灭火而不引起破坏其他气缸换气规律和充量系数的排气压力波,其误差在 5% 以下。对于汽油机,由于进气情况的改变,往往得不到正确的结果。同样的道理,该方法也不能用于废气涡轮增压发动机及单缸发动机。

4. 油耗线法

由指示效率的定义可导出

$$BH_u\eta_{it} = 3.6 \times 10^3 P_i = 3.6 \times 10^3 (P_e + P_m)$$

当发动机空转(无负荷),若 η_{it} 不随负荷增减而变化时,应有

$$B_0 H_u \eta_{it} = 3.6 \times 10^3 P_m$$

两式相除,得

$$\frac{B}{B_0} = \frac{P_e + P_m}{P_m} = \frac{p_{me} + p_{mm}}{p_{mm}} \tag{13-31}$$

式中: p_{me} 为平均有效压力。

保证发动机转速不变,逐渐改变发动机节气门(或供油齿条)的位置,测出每小时耗油量 B 随负荷 p_{me} 变化的关系,绘制成如图 13-7 所示的曲线,此曲线称为负荷特性曲线。在曲线中找出接近直线的线段,并顺此线段作延长线,直至与横坐标相交,则交点到坐标原点的长度即为该发动机的平均机械损失压力 p_{mm} 的数值。此方法的基础是,假设转速不变时,p_{mm} 和指示热效率都不随负荷增减而变化。

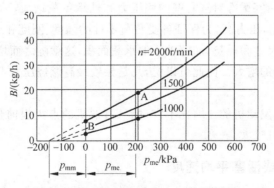

图 13-7 用油耗线法求 p_{mm} 值示意图

根据以上分析,得到图中 A、B 两工况的关系式为

$$B_A H_u \eta_{it} = 3.6 \times 10^3 P_i = 3.6 \times 10^3 (P_e + P_m)$$

$$B_B H_u \eta_{it} = 3.6 \times 10^3 P_m$$

两式相除,得

$$\frac{B_A}{B_B} = \frac{P_e + P_m}{P_m} = \frac{p_{me} + p_{mm}}{p_{mm}} \tag{13-32}$$

这个方法虽然只是近似的方法,但只要在低负荷附近,燃油消耗量曲线为直线就相当可靠,即使没有电力测功器和示功器也能进行测定。但是这种方法不适用于用节气门调节功率的汽油机。

当测得发动机的 p_{mm} 值后,其机械效率可近似地用下式估算:

$$\eta_m = \frac{p_{me}}{p_{me} + p_{mm}} = 1 - \frac{p_{mm}}{p_{me} + p_{mm}} = 1 - \frac{B_B}{B_A} \tag{13-33}$$

在以上所介绍的几种测定机械效率的方法中,倒拖法只能用于配有电力测功器的情况,因而不适用于大功率发动机,而较适用于测定压缩比不高的汽油机的机械损失。对于废气涡轮增压柴油机($p_b < 0.15\text{MPa}$),由于倒拖法和灭缸法破坏了增压系统的正常工作,因而只能用示功图法、油耗线法测定机械损失。对于废气涡轮中增压、高增压的柴油机($p_b \geqslant 0.15\text{MPa}$),除示功图外,尚无其他适用的方法。

一般发动机的机械效率 η_m:

非增压柴油机   0.78～0.85

增压柴油机   0.80～0.92

汽油机   0.80～0.90

13.4.3 影响机械效率的主要因素

1. 气缸内的最高燃烧压力

发动机的最高燃烧压力的大小决定整个燃烧膨胀过程的压力水平。气缸压力高,活塞环背压按比例增加。活塞裙部对缸套壁的侧压力和轴承负荷增大,活塞环和活塞的摩擦损失也相应大;另一方面,压力高,为保证各受负荷零件的强度、刚度和工作耐久性,也有必要加大活塞、连杆、曲轴尺寸和质量,加宽轴承的承载面积,这就随之而增加了运动零件的惯性力,从而导致摩擦损失的增大。因此可以说,凡是导致最高燃烧压力上升的因素都将加大摩擦损失。

由此也可以看出,发动机的压缩比不宜过高,汽油机的点火提前角、柴油机的供油提前角和初始供油率也不宜过大。

2. 发动机转速或活塞平均速度

当发动机转速或活塞平均速度增加时,各摩擦表面间的相对速度增大,摩擦损失增大。同时,因转速上升引起运动件惯性力加大,活塞侧压力和轴承负荷增加,活塞摩擦损失及轴承摩擦损失迅速增加,非增压发动机的泵气损失、辅助机械损失,二冲程发动机的扫气泵驱动功率也要增加。在高速四冲程发动机中,燃烧压力只在一个冲程起作用,而惯性力在每一个冲程都有影响,因此惯性力对机械损失的影响要比对气缸压力的影响更为明显。所以,转速提高后,机械损失增加,使机械效率下降。根据实测的统计资料,平均机械损失压力大致与转速成直线关系,而机械损失功率与转速的平方近似成正比,因此随转速的升高,机械效率下降很快。

3. 发动机负荷

发动机负荷通常是指发动机转矩的大小。由于平均有效压力正比于转矩,也常用它来表示负荷。在转速不变的情况下,当负荷减小,缸内的指示功率下降,机械损失功率亦略有下降,但几乎不变。这是由于负荷减少时,缸内压力下降,从而使活塞和气缸摩擦减少,同时气缸和活塞的温度下降,活塞间隙和润滑也有所改善,但是这种变化很小。

由公式 $\eta_m = 1 - P_m / P_i$ 可知,负荷减少,P_i 降低,机械效率下降,直到怠速时,指示功率全部用来克服机械损失,即 $P_m = P_i$,故 $\eta_m = 0$。负荷由小变大时,指示功率迅速上升,而机械损失功率上升缓慢,所以机械效率提高,但在大负荷时机械效率上升缓慢。

4. 润滑油品质和冷却水温度

润滑油品质和冷却水温度对发动机的机械损失影响较大。

润滑油黏度大则流动性差,内摩擦力大,摩擦损失增加,但其承载能力强,易于保持液体润滑状态;反之,机械损失减少,但承载能力差,油膜易于破裂而失去润滑作用。

润滑油的黏度主要与润滑油的温度和润滑油的牌号有关,温度越低,黏度越大,牌号越大,黏度越大。在选用牌号时,应根据发动机的性能和使用条件(包括机型、地区、季节、车速等),在保证可靠润滑的前提下,尽量选用牌号较小的润滑油,以减少摩擦损失,提高机械效率。

冷却水温的高低直接影响润滑油温的高低。水温过高或过低,都会使机械效率下降。实践证明,水冷式发动机水温保持在 80~95℃ 范围内可减少机械损失,提高机械效率。因此,发动机在使用过程中,应严格保持一定的水温和油温。通常发动机的冷却水温度要达到正常温度后才允许发动机带负荷运转。

5. 发动机的技术状况

长期使用的发动机,技术状况变差,对机械效率的影响很大。这是由于活塞环与缸套磨损后,间隙增大,漏气增多,指示功率下降;尤其是对于汽油机,漏气还会稀释润滑油,使润滑条件变坏,气缸的磨损加快。轴与轴承间的磨损,使机油的泄漏增加,油压下降,运动件工作表面的润滑不良。水道中的水垢增多,使气缸表面温度升高,影响油膜厚度。这些都会使机械效率下降。因此,发动机在使用中,要定期检查维护,出现故障应及时修复,并确保机油、燃油、空气的滤清效果,以减少摩擦,提高机械效率。

13.5　发动机的热平衡

燃料在发动机气缸中发出的总热量除 20%~45% 能转化为有效功外,其他部分均以不同的热传递方式散失于发动机之外。按照热能在有效功和各种损失方面的数量分配来研究燃料中总热量的利用情况,称为发动机的热平衡。

热平衡表示热量分配情况。只有了解热量损失所在,才能进一步减少它或设法利用它。

发动机热平衡通常按下列方法由试验确定。

1. 发动机所耗燃油的热量 Q_T

在发动机中,热量是由燃料燃烧而产生的,假设燃料完全燃烧,则每小时所发出的热量 Q_T(kJ/h)为

$$Q_T = BH_u$$

2. 转化为有效功的热量 Q_E

若测得发动机有效功率 P_e,则因为 $1\text{kW} \cdot \text{h} = 3.6 \times 10^3 \text{kJ}$,所以 Q_E(kJ/h)为

$$Q_E = 3.6 \times 10^3 P_e$$

3. 传递给冷却介质的热量 Q_S

传递给冷却介质的热量包括实际循环中工质与缸壁的传热损失、废气通过排气道时传给冷却介质的热量、活塞与缸壁摩擦产生又传给冷却介质的热量以及润滑油传给冷却介质的热量等。则传递给冷却介质的热量 Q_S(kJ/h)为

$$Q_S = G_S c_S (t_2 - t_1)$$

式中：G_S 为通过发动机的冷却介质每小时的流量,kg/h；c_S 为冷却介质的比热容,kJ/(kg·K)；t_1、t_2 为冷却介质的入口和出口温度,℃。

4. 废气带走的热量 Q_R

废气带走的热量 Q_R(kJ/h)为

$$Q_R = (B + G_K)(c_{pr} t_2 - c_{pk} t_1)$$

式中：B、G_K 是每小时消耗的燃料量和空气量,kg/h；c_{pr}、c_{pk} 是废气和空气的比定压热容,kJ/(kg·K)；t_2 是靠近排气门处的废气温度,℃；t_1 是进气管入口处工质的温度,℃。

5. 燃料不完全燃烧热损失 Q_B

在汽油机中,因采用空气不足的浓混合气；在柴油机中,因空气和燃料混合不均,均可产生不完全燃烧。其热损失 Q_B(kJ/h)近似计算为

$$Q_B = Q_T (1 - \eta_r)$$

式中：η_r 是燃烧效率。

6. 其他热量损失 Q_L

所有未计的损失,由于不能分别给予它们准确的估计,所以一般只根据下式确定其总值,Q_L(kJ/h)为

$$Q_L = Q_T - (Q_E + Q_S + Q_R + Q_B)$$

热平衡常以燃料总热的百分数表示,即

$$q_e = \frac{Q_E}{Q_T}, \quad q_s = \frac{Q_S}{Q_T}, \quad q_r = \frac{Q_R}{Q_T}, \quad q_b = \frac{Q_B}{Q_T}, \quad q_1 = \frac{Q_L}{Q_T}$$

则有

$$q_e + q_s + q_r + q_b + q_1 = 100\%$$

热平衡大致数值范围如表 13-1 所示。

表 13-1　热平衡中各项数值范围

形式	q_e	q_s	q_r	q_b	q_1
汽油机	25～30	12～27	30～50	0～45	3～10
柴油机	30～40	15～35	25～45	0～5	2～5
增压柴油机	35～45	10～25	25～40	0～5	2～5

从表 13-1 可见,在燃料的总热量中,仅有 25%～40% 的热量转变为有效功,其余 60%～75% 都损失掉了。其中,主要由废气带走,其次传给冷却水,在某些汽油机中不完全燃烧损失的热量所占比例也不小。

冷却水带走的热量占总热量的 10%～35%,其中一部分是排气道中废气传给冷却水的热,一部分是由摩擦产生的热,真正由燃烧、膨胀过程散出的热大约占冷却损失的 15%。废气带走的热量占总热量的 25%～50%。废气涡轮增压是回收这部分热量的一种方式,由表 13-1 可见,其有效热效率最高。

图 13-8 所示为发动机的热平衡图,由该图可以清楚地看到发动机中的热量流动情况以及各项损失如何纳入外热平衡的各个项目中。

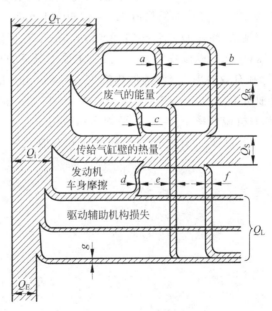

图 13-8　发动机的热平衡图

习　　题

1. 画出四冲程发动机实际循环的示功图,它与理论示功图有什么不同?

2. 提高发动机实际工作循环热效率的基本途径是什么? 可采取哪些基本措施?

3. 简述汽油机与柴油机的工作循环区别。

4. 排气终了温度偏高可能是什么原因？

5. 为什么柴油机的热效率要显著高于汽油机？

6. 柴油机工作循环为什么不采用定容加热循环？

7. 什么是发动机的指示指标？主要有哪些？

8. 什么是发动机的有效指标？主要有哪些？

9. 总结提高发动机动力性能和经济性能指标的基本途径。

10. 什么是发动机的平均有效压力、油耗率、有效热效率？各有什么意义？

11. 发动机的机械损失主要包括哪些？

12. 什么是机械效率？其受哪些因素影响？有何意义？

13. 如何测定机械效率？适用汽油机的是哪种？为什么？

14. 研究发动机热平衡的意义何在？

15. 四缸四冲程汽油机 $D \times S = 92\text{mm} \times 92\text{mm}$,标定工况有效功率 $P_e = 55\text{kW}$,转速 $n = 3750\text{r/min}$,有效燃油消耗率 $b_e = 325\text{g/(kW·h)}$,机械效率 $\eta_m = 0.78$,求该工况下的指示功率 P_i,平均有效压力 P_{me},有效扭矩 T_{tq} 和有效效率 η_e(汽油低热值 $H_u = 44\,000\text{kJ/kg}$)。

16. 6110 柴油机 $D \times S = 110 \times 120\text{mm}$,6 缸四冲程,标定工况 $n = 2900\text{r/min}$,$P_e = 110\text{kW}$,$b_e = 260\text{kW·h}$,机械效率 $\eta_m = 0.75$,求该工况下的指示功率 P_i,平均有效压力 P_{me},有效扭矩 T_{tq} 和有效效率 η_e(柴油低热值 $H_u = 42\,500\text{kJ/kg}$)。

17. CA141 汽油机,6 缸四冲程 $D \times S = 101.2 \times 114.3\text{mm}$,在标定工况 $n = 3000\text{r/min}$,$P_e = 99\text{kW}$,$b_e = 337\text{g/(kW·h)}$,机械效率 $\eta_m = 0.78$,求该工况下的指示功率 P_i,平均有效压力 P_{me},有效扭矩 T_{tq} 和有效效率 η_e(汽油低热值 $H_u = 44\,000\text{kJ/kg}$)。

18. 四缸四冲程柴油机 $D = 85\text{mm}$,$S = 105\text{mm}$,在 $n = 1100\text{r/min}$,连续运转 10 小时,消耗柴油 179kg,给定此时机械效率 $\eta_m = 0.3$,平均指示压力 $P_{mi} = 500\text{kPa}$,试求该发动机此时的有效功率 P_e,有效扭矩 T_{tq},有效燃料消耗率比和有效效率 η_e(柴油低热值 $H_u = 42\,500\text{kJ/kg}$)。

第14章

燃料与燃烧

14.1　发动机的燃料

汽车发动机的燃料几乎都是由石油经现代的提炼技术加工得到的,是汽车发动机产生动力的来源。汽车发动机的生存与发展、结构与性能上的差异以及对环境的污染等,无不与燃料的种类和品质有着密切的关系。

由于资源、成本及使用性能方面的优势,汽车发动机以汽油和柴油为基本燃料。点火式发动机主要燃用汽油,故一般称这种发动机为汽油机;压燃式发动机主要燃用柴油,一般称为柴油机。汽油主要由5~11个碳原子的烷烃、环烷烃和烯烃组成,它们的沸点都在205℃以下。柴油主要是16~23个碳原子,沸点170~370℃的烃类混合物,通常从原油中分馏出来之后,即可直接使用。

随着社会的进步与发展,人类对能源的需求量越来越大,导致能源的枯竭和对生态环境的严重破坏。为了合理利用有限的石油资源,人类努力在寻找汽车发动机的代用燃料,如现在使用较广泛的醇类燃料(甲醇、乙醇)、气体燃料(液化石油气、天然气、二甲醚),这对改善生态环境和节约能源消耗都有积极作用。

14.1.1　汽油

汽油的性能对汽油机的工作有很大影响,因此对它有一定的要求。汽油的主要性能有抗爆性、蒸发性、氧化安定性、清净性及汽油规格等。

1. 抗爆性

抗爆性是指汽油在发动机气缸内燃烧时抵抗爆燃的能力。抗爆性用辛烷值表示。辛烷值是代表点燃式发动机燃料抗爆性的一个约定数值,在规定条件下的标准发动机试验中通过和标准燃料进行比较来测定,采用和被测定燃料具有相同抗爆性的标准燃料中异辛烷的体积百分比来表示。

在一台专用的可改变其压缩比的单缸试验机上,用被测定的汽油作为燃料,在一定的条件下运转、改变试验机的压缩比,直至产生标准强度的爆震燃烧,然后,在同样的压缩比下,换用由一定比例的异辛烷(一种抗爆震燃烧能力很强的碳氢化合物,规定它的辛烷值为100)和正庚烷(一种抗爆震燃烧能力极弱的碳氢化合物,规定它的辛烷值为0)混合而成的标准燃料,在相同的条件下运转,不断改变标准燃料中异辛烷和正庚烷的比例,直到单缸试验机产生与被测汽油相同强度的爆震燃烧时为止。此时,标准燃料中所含异辛烷的体积百分数就是被测汽油的辛烷值。对于辛烷值大于100的燃料,通常使用介电常数法等方法来测量,可参考相关资料。

小知识:"甲、乙、丙、丁、戊、己、庚、辛、壬、癸"称为十天干,"子、丑、寅、卯、辰、巳、午、未、申、酉、戌、亥"称为十二地支。天干地支在有机化学中广泛用于有机物命名。

测定汽油的辛烷值可以采用不同的试验方法,常用的为马达法与研究法。

马达法辛烷值(Motor Octane Number,MON)是以较高的混合气温度(一般加热至149℃)和较高的发动机转速(一般达900r/min)的苛刻条件为其特征的实验室标准发动机测得的辛烷值。它表示汽油在发动机常用工况下低速运转时的抗爆能力。

研究法辛烷值(Research Octane Number,RON)是以较低的混合气温度(一般不加热)和较低的发动机转速(一般在600r/min)的中等苛刻条件为其特征的实验室标准发动机测得的辛烷值。它表示汽油在发动机重负荷条件下高速运转时的抗爆能力。

马达法规定的试验转速及进气温度比研究法高,所以马达法辛烷值(MON)低于研究法辛烷值(RON)。一般采用研究法辛烷值来确定汽油的抗爆性。如要比较全面地表示抗爆性时,同时标出RON和MON值,也可用抗爆指数衡量,即抗爆指数=(MON+RON)/2。

为了提高汽油的抗爆性,常在汽油中添加抗爆剂。四乙基铅$[Pb(C_2H_5)_4]$和溴化乙烷$(C_2H_4Br_2)$组成的混合物是我国在2000年以后禁止使用的抗爆添加剂。现在常用的抗爆添加剂有甲基叔丁基醚(Methyl-T-Butyl Ether,MTBE)、乙基叔丁基醚(Ethyl-T-Butyl Ether,ETBE)、甲醇、乙醇等。

小知识:甲基叔丁基醚,英文缩写为MTBE(methyl tert-butyl ether),熔点-109℃,沸点55.2℃,是一种无色、透明、高辛烷值(RON:115,MON:100)的液体,具有醚样气味,含氧量为18.2%。它的蒸气比空气重,可沿地面扩散。MTBE的分子式为$CH_3OC(CH_3)_3$,相对分子质量为88.15,MTBE与汽油可以任意比例互溶而不发生分层现象,鉴于MTBE对水质的污染,美国加利福尼亚州2004年起禁用MTBE,澳大利亚也于2004年起禁用MTBE。2006年5月起,美国已有25个州禁用MTBE。日本的高级无铅汽油中,MTBE的加入量不超过7%。全球MTBE需求2001年曾达到峰值2258万吨/年。

2. 蒸发性

汽油只有从液态蒸发成为汽油蒸气,并与一定比例的空气混合成为可燃混合气后,才能在汽油机中燃烧。在现代汽油机中,可燃混合气形成的时间很短。因此,汽油蒸发性的好坏,对形成的混合气质量将有很大影响。

蒸发性越强,就越容易汽化,造成的混合均匀的可燃混合气燃烧速度快,并燃烧完全,因而不仅发动机易启动、加速及时、各工况间转换灵敏柔和,而且能减小机件磨损、降低汽油消耗。但蒸发性也不能太强,因为蒸发性过强的汽油在炎热的夏季以及大气压力较低的高原和高山地区使用时,容易使发动机的供油系统产生"气阻",甚至发生供油中断。另外在储存和运输过程中的蒸发损失也会增加。

蒸发性很弱的汽油,则不能形成良好的混合气,这样不仅会造成发动机起动困难、加速缓慢,而且未汽化的悬浮油粒还会使发动机工作不稳定,油耗上升。如果未燃尽的油粒附着在气缸壁上,还会破坏润滑油膜,甚至窜入曲轴箱稀释润滑油,从而使发动机润滑遭到破坏,造成机件磨损增大。

　　汽油的蒸发性用汽油蒸发量为 10％、50％、90％ 和 100％ 时所对应的温度评定,分别称为 10％ 馏出温度、50％ 馏出温度、90％ 馏出温度和干点。通过汽油的蒸馏试验,可以确定这些温度。将一定数量的汽油(通常为 100mL)放在蒸发器内加热,使之按一定速度蒸发,然后将蒸发出来的汽油蒸气通过冷凝器凝成液体,并用量筒测量其体积,当量筒中冷凝的汽油量为被试验汽油量的 10％ 时,测出的蒸发器中汽油蒸气的温度便是 10％ 馏出温度。用同样方法,可以得出其他几个温度。

　　在 10％ 馏出温度时,从汽油中蒸发出的是低沸点高饱和蒸气压的轻质成分。10％ 馏出温度低,表明汽油中所含的轻质部分低温时容易蒸发,从而有较多的汽油蒸气与空气混合形成可燃混合气,使汽油机冷机起动比较容易。因此,用 10％ 馏出温度来评价汽油的起动品质,此温度越低,汽油的起动品质越好。

　　50％ 馏出温度的高低表明汽油中中间馏分蒸发性的好坏。此温度低,说明汽油的中间馏分容易蒸发,有利于汽油机的加速和由冷的状态很快转入工作状态。

　　90％ 馏出温度可以表明汽油中难以蒸发的重质成分含量。此温度高,表明汽油中不易蒸发的重质含量多。汽油中这些重质成分在混合气形成的过程中很难蒸发,它们附着在进气管和气缸壁上,将增加燃油消耗、稀释气缸壁上的润滑油和加大气缸磨损。

3. 氧化安定性

　　汽油抵抗大气或氧气的作用而保持其性质不发生长久性变化的能力称为氧化安定性。它直接影响汽油的储存、运输和在发动机上的应用。氧化安定性不好的汽油,易发生氧化、缩合和聚合反应,生成酸性物质和胶状物质,将导致燃料供应系统堵塞,气门关闭不严,气缸散热不良,增大爆燃倾向。

　　汽油的化学组成对其氧化安定性影响很大,其中烷烃、环烷烃和芳香烃在常温液态条件下都不易与空气中的氧起反应,所以氧化安定性好。而烯烃(不饱和烃)在常温液态条件下,不仅容易和空气中氧气发生氧化反应,而且彼此之间还会发生缩合和聚合反应,所以安定性差。

　　为了提高汽油的安定性,近代石油炼制工业除了采用催化重整和加氢精制等先进工艺外,还普遍向汽油中添加抗氧防胶剂和金属钝化剂。

4. 清净性

　　汽油喷射式发动机最常发生的问题是在进气系统和喷油器上产生胶质沉淀。其主要原因是汽油中不稳定的化合物,例如不饱和烯烃和二烯烃,以及添加剂带入的低相对分子质量化合物等。为了经常保持进气系统的清洁,充分发挥汽油喷射的优点,常在汽油中加入汽油清净剂。它是一种具有清净、分散、抗氧化、破乳和防锈性能的多功能复合添加剂,一般是聚烯胺和聚醚胺类化合物。清净剂通过其抗氧化和表面活性作用,可以清除喷嘴、进气门上的积炭,使这些部件保持清洁,油路畅通。

　　汽油清净剂作为机内净化的手段,在发达国家早已普遍采用。当前,北美加剂汽油占汽油总量的 90％ 以上,西欧占 70％～90％,估计目前世界汽油清净剂年消耗量为 30 万 t 左右。

5. 汽油规格

　　各国都根据自己汽车发动机结构特点、使用条件、石油炼制水平制定本国的汽油规格。

我国目前有两种规格：一种是车用汽油的国家标准；另一种是无铅汽油的行业标准。最近由美国汽车制造商协会(AAMA)、欧洲汽车制造商协会(ACEA)以及日本汽车制造商协会(JAMA)共同发起制定了一个世界燃料规范。这个规范主要是汽车制造商针对环保要求对汽车燃料提出的基本要求，参加该标准制定的成员包括世界上所有主要的汽车制造商。在这个标准里汽油和柴油按适应环境要求的不同程度分成四类。第1类汽油和柴油是针对排放控制没有或极少有要求的场合；第2类汽油和柴油是针对市场对排放有严格要求时；第3类和第4类汽油和柴油是市场对排放控制有超前要求时。这个标准的特点是对燃料的组成提出了要求，如烯烃、芳烃和苯，对和环境污染有关的元素含量也提出了要求。

14.1.2　柴油

柴油主要用于压燃式汽车发动机，其中轻柴油用于高速柴油机，重柴油用于中、低速柴油机，重油用于大型低速柴油机。汽车用柴油机都是高速机，必须使用轻柴油。

柴油的物理性能和化学性能对柴油机的性能和起动以及燃油供给系统的工作和寿命都有影响，因此国家标准规定柴油有十多种性能和质量指标，以保证柴油的品质符合柴油机的工作要求。

1. 自燃性

柴油的自燃性常用十六烷值评定。在柴油机中，柴油与空气组成的混合气是靠活塞压缩而自行着火的。燃油在没有外界火源的情况下能自行着火的最低温度称为自燃点。柴油的自燃点越低，自燃性越好，柴油机工作也较柔和，在低温时也易于起动。

柴油的自燃性是与一种标准燃料进行比较来评定的。标准燃料是正十六烷和 α-甲基萘的混合物。正十六烷自燃性最好，作为自燃性好的标准，其十六烷值定为 100。α-甲基萘最不易自燃，作为自燃性差的标准，其十六烷值定为 0。柴油的自燃性通常介于正十六烷与α-甲基萘之间。将上述两种成分按不同比例混合，可得出不同十六烷值的标准燃料，十六烷值为该混合物中正十六烷所占的体积百分数。如果某种柴油与某种标准燃料的自燃性相同，则该标准燃料的十六烷值即为该柴油的十六烷值。将柴油与标准燃料进行比较的试验方法和仪器设备，由国家标准加以规定。

实践证明，十六烷值过高或过低的柴油，都对柴油机的性能或工作不利。十六烷值过高，喷入燃烧室的柴油来不及与空气充分混合就着火，使燃油不能得到及时而完全的燃烧，造成排气冒黑烟，柴油机的经济性降低。十六烷值过低则使柴油机工作粗暴，起动也较困难。因此，柴油的十六烷值通常规定在适中的范围，一般高速柴油机采用十六烷值为 40～50 的柴油。

2. 雾化和蒸发性

馏程、运动黏度、密度、闪点都是与雾化和蒸发性有关的油品指标。馏程中 50% 蒸发温度越低，说明柴油中轻质馏分越多，使发动机越易于起动。馏程中 90% 蒸发温度越低，说明柴油中重质馏分少，可以提高发动机的动力性。

柴油的黏度是柴油重要的物理性能之一，是表示其黏稠程度及流动性的指标。它影响燃油的喷雾质量、过滤性及在油道中的流动性。黏度过高,柴油的喷雾质量差,使燃烧过程恶化,柴油机的功率和经济性降低;黏度过低,柴油易通过喷油泵柱塞偶件和喷油器针阀偶件之间的间隙漏出,使供油量不准确。此外,低黏度的柴油,在上述精密偶件的摩擦表面上不易形成油膜,使其润滑不良而加速磨损,缩短精密偶件的使用寿命。柴油黏度随温度而变化,温度越高,黏度越低,故应选择合适的黏度。

柴油加热后,柴油蒸气与外界的空气混合形成混合气。当混合气与火焰接触发生闪火的最低温度称为闪点。闪点越高,表明燃油在储存、运输和使用中越不易着火而引起火灾,即越安全。同时为了控制柴油蒸发性不致太强,国际上规定了柴油的闪点应不低于某一温度。

3. 硫含量

硫天然地存在于原油中,柴油中的硫明显地增加排气中的微粒物,不利于环保;对于装有催化转化器的汽车,硫使催化转化器的寿命降低;硫燃烧后形成酸雨,不仅腐蚀零件,而且也给环境带来公害;硫还会增加柴油机的磨损。各国标准中对硫含量提出了严格的要求,甚至要求是零含量。

4. 安定性

安定性是指柴油在运输、储存和使用过程中保持其外观颜色、组成和使用性能不变的能力。影响安定性的主要因素是柴油中所含二烯烃、烯烃和环烷芳香烃。

5. 低温流动性

低温时,柴油中的蜡会析出而使柴油的流动性变差,特别是寒冷地区,析出来的蜡可能堵塞柴油滤清器,使发动机起动不良,甚至运转中熄火。因此,车用柴油的低温流动性十分重要。柴油失去流动性而开始凝固的温度称为凝点。当柴油接近凝点时,流动性已很差,不但喷雾恶化,而且供油也很困难,柴油机无法正常工作。我国的标准中用凝点和浊点表示低温流动性。

我国用于汽车的轻质柴油按凝点分为 10 号,0 号,−10 号,−20 号,−35 号,−50 号共6 个牌号。如 10 号柴油,其凝点不高于 10℃。根据硫含量,安定性和酸度等指标将每一牌号柴油又划分为优等级、一等品和合格品三个档次,各个档次的柴油质量差别较大。

14.1.3 代用燃料

到目前为止,汽车发动机绝大多数还是使用石油制品的液体燃料——汽油和柴油。尽管二者有不少缺点,比如有害排放相对严重等,但综合来看,还不能被其他燃料大量替代。所以汽油、柴油习惯上被称为汽车发动机的常规燃料,而其余燃料则叫作代用燃料。

代用燃料能否在汽车上得到应用,受到其理化特性、安全与环保特性、价格、供给等因素的影响。限于篇幅,本书仅介绍已有成功实例的代用燃料汽车发动机,并简述其发展前景。

1. 天然气

天然气可以用压缩天然气(compressed natural gas,CNG)、液化天然气(liquefied

natural gas,LNG)和吸附天然气技术(adsorbed natural gas,ANG)或水合物(hydrate)的方式在汽车发动机中加以利用,其中,CNG采用最多。由于天然气的储藏量很大,将作为一种洁净燃料被应用,至今已分别在汽油机和柴油机上开发了多种利用技术。

天然气以甲烷为主要成分,随产地不同,甲烷的含量为83%~99%。由于天然气组成变化,理论混合比、发热量也将产生差异。天然气的运输和存储方法与常温下处于液态的汽油与柴油有很大差异。由于天然气的密度低于汽油,使吸入发动机的新鲜空气质量减少,发动机的输出功率将会下降,只为液体燃料的90%左右。因此,对于车用天然气,各国都制定了相应的标准和技术要求。

天然气的研究法辛烷值为130,十六烷值为零,只能点燃不能压燃。由于天然气常温常压下呈气态,容易形成混合气,为实现稀薄燃烧提供了条件,这样就便于应用稀燃技术使CO、HC排放减少。

由于天然气是气体燃料,容易与空气混合均匀,故冷起动后,有害排放物HC和CO的量很少,碳烟、微粒的量也很少。燃料分子中的碳原子数少,单位发热量的CO_2排出量比较少,这对减少地球温室效应很有帮助。

由于排放物中的未燃HC是甲烷,所以产生光化学烟雾的可能性小。但排放物中的甲醛含量比汽油、柴油都要高。

2. 液化石油气

液化石油气(LPG)分为油田液化气和炼油厂液化气两种。液化石油气的主要成分是丙烷(C_3H_8)和丁烷(C_4H_{10})。油田液化气来自各油田,不含烯烃,可直接用作车用燃料。炼油厂液化气主要是催化裂化过程和延迟焦化炼油过程的产物,含有大量丁烯(C_4H_8)、丙烯(C_3H_6)以及少量乙烷及异丁烯。因烯烃类为不饱和烃,燃烧后结胶,积炭严重,对发动机的火花塞、气门、活塞环等零件损坏较大,不适于直接用作车用燃料。一般烯烃含量要低于6%,才能用作车用燃料。

与天然气发动机一样,可将LPG发动机分为单燃料、两用(可切换)燃料及双燃料(LPG和柴油)三类。单燃料指发动机的燃料供给系统专为燃用LPG燃料而设计,其结构保证气体燃料能有效利用。两用燃料是指可在两种燃料中进行转换使用,设有两套燃料供给系统,无论是使用LPG还是汽油,发动机都能正常工作,利用选择开关实现发动机从一种燃料到另一种燃料的转换,两种燃料不允许同时混合使用。双燃料车是指汽车发动机工作时同时使用两种燃料的汽车,一般用压燃的少量柴油引燃LPG与空气的混合气而实现燃烧,这种发动机也可用纯柴油工作。因此,该系统有同时供给汽车两种燃料的装备,配备两个供给系统及两个独立的燃料储存系统。依据发动机的运行工况、燃料品质和发动机参数,按一定比例同时向发动机供给LPG和柴油。低负荷及怠速时自动转换到纯柴油工作方式。

3. 醇类燃料

醇类燃料主要是指甲醇(CH_3OH)和乙醇(C_2H_5OH),它们都是相对分子质量较小的单质,燃烧产物中基本没有碳烟,NO_x的排放浓度也很低,是一种低污染性燃料。甲醇可以由CO和H_2合成,因此它可以较方便地由天然气、油页岩及煤制取,乙醇可利用发酵的方法,从甘蔗、玉米、薯类等农作物及木质纤维素中提取,这些原料不仅储量较大,而且大都可以再生,这就保证了醇类燃料的稳定生产。值得指出的是从大多数植物中提取乙醇时消耗的能量过大,如由土豆、小麦、玉米、甜菜中提取乙醇时所消耗的能量与获得的能量之比分别为 1.32、1.28、1.15、0.96;并且在乙醇的制造过程还要消耗大量的水,增加水污染,生产 1L 乙醇要消耗水 10~12L。可见廉价的、对水污染低的乙醇制造技术也并未成熟。

甲醇(或乙醇)作为发动机燃料须考虑以下因素。

(1) 化学成分及燃烧产物。醇类燃料含氧及 C、H 比较大,化学当量比比汽油和柴油低,完全燃烧时产生较多的水及较少的 CO_2。在起动、暖机期间及缸内温度不高时,容易在缸壁上形成冷凝物,促使酸性物质的生成及磨损的增加。醇类燃料燃烧后,混合气的分子变更系数增大。

(2) 沸点及凝点。相对于汽油来说,醇类燃料的沸点低,这有助于燃料-空气混合气的形成,但因其中缺乏高挥发性组分,对起动不利。醇类燃料的凝点很低,在环境温度较低时无需担心结冰。

(3) 热值。甲醇的热值是优质汽油的 47%,乙醇为 64.5%,在理论空燃比下单位质量的醇类燃料-空气混合气的热值与石油燃料混合气的热值基本一样,相应调整供油系统,增加供油量,不影响发动机的输出功率。

(4) 汽化潜热。醇的分子间有强氢键,汽化潜热大,混合气形成后温度降低也较大。当过量空气系数为 1 时,在绝热条件下,汽油的温降约为 20℃,而纯甲醇的温降为 122℃。高汽化潜热产生的冷却效应妨碍了在运行温度下的完全汽化,使甲醇的雾化、汽化困难,难以形成良好、均匀的混合气。压缩终了缸内温度降低,使压燃着火延迟期变长,还会影响起动性能。但高的汽化潜热可降低压缩负功,提高充气效率。

(5) 辛烷值。醇类燃料的辛烷值高,是点燃式发动机好的代用燃料,也可作为提高汽油辛烷值的优良添加剂。

(6) 十六烷值。醇类燃料的十六烷值很低,在压燃式发动机中使用醇类燃料很困难。

(7) 着火极限。醇类燃料的着火上下限都比石油燃料宽,能在稀混合气区工作,有利于排气净化和降低油耗,也利于空燃比控制。

(8) 着火延迟期。由于十六烷值低,着火性差,着火延迟期长。

(9) 火焰传播速度。醇类燃料的火焰传播速度比汽油高,这对醇类燃料的使用十分有利。

4. 二甲醚

二甲醚(Dimethyl Ether,DME)是重要的化工原料,化学分子式为 CH_3-O-CH_3。它与甲醇(CH_3OH)和乙醇(C_2H_5OH)一样是含氧燃料,即分子结构中含有氧原子。含氧燃料燃烧时需要的空气少,易充分燃烧,基本不产生碳烟。

二甲醚具有以下性质。

(1) 二甲醚是最简单的醚类化合物,只有 C—H 和 C—O 键,没有 C—C 键,又是含氧(含氧量为 34.8%)燃料,容易完全燃烧,在燃烧时不会像柴油那样产生碳烟,即有利于减少燃烧生成的烟度和微粒。同时,还可使用更大的废气再循环(EGR),降低 NO_x 排放。

(2) 二甲醚的十六烷值为 55~60,一般柴油的只有 40~55,二甲醚的着火温度为 235℃,低于柴油的 250℃,着火性能优于柴油。在柴油机上燃用二甲醚不需采用助燃措施。

（3）二甲醚不发生光化学反应；对人体无毒，当体积分数超过 10％时，才会产生轻微的麻醉作用，因此对环境和人体无害。

（4）二甲醚是一种可再生燃料，不仅可以从石油及天然气中提取合成，而且可从煤、植物、生活垃圾中提取合成。

（5）二甲醚的低热值只有柴油的 64.7％，为达到柴油机的动力性，必须增大二甲醚的循环供应量。

（6）二甲醚在常温常压下的饱和蒸气压为 0.5MPa。随着温度的升高，其饱和压力增大，为防止气阻现象发生，燃料供给系的压力远高于柴油机燃料供给系的压力。

14.1.4　燃料特性引起的发动机工作模式上的差异

由于燃料理化特性的差异，使传统汽油机和柴油机在混合气形成、负荷调节方式以及着火燃烧模式上存在一系列差别，并由此导致各种性能差异。

1. 混合气形成方式的差异

汽油沸点低，蒸发性能好，因而在常温或稍加热的条件下易于在缸外与空气形成预制均匀混合气；而柴油沸点高达 180～360℃，不适于缸外预混合，即便加热后能在缸外汽化混合，也因空气密度下降而减少进入气缸的充量，同时，也消耗额外预热的能量，这些都是不合理的。再加上下面将提到的着火方式的差别，传统上，柴油机采用缸内高压燃油喷射、与空气雾化混合的混合气形成方式。

2. 着火、燃烧模式的差异

汽油机实行缸外预制均匀混合气后，只能适用外源强制点火，在混合气中进行火焰传播燃烧。因为预制均匀混合气若进行压燃，由于同时着火，近于爆炸，这是不允许的。何况，汽油的燃点高，着火准备时间长，即便实现喷雾压燃，也是不合理的。

反之，柴油机实行喷雾混合，因其着火温度较低，准备时间短，初期适于燃烧的混合气量不多，喷雾后不久立即着火，初期工作粗暴的情况会得到缓解。柴油机在初期着火燃烧后，紧接着进行边喷油、边汽化混合的扩散燃烧。柴油机既允许压燃，自无点燃的必要。

3. 负荷调节方式的差异

混合气形成方式的差异带来负荷调节方式的不同。均匀混合气能点燃的空燃比范围小，故只能靠变化节气门的开度，控制混合气进气量来调节负荷。这种方式称为负荷的量调节。

而柴油机在较大范围的空燃比条件下都可以压燃着火，所以靠循环喷油量的多少来调节负荷。由于循环进空气量基本不变，空燃比会随负荷大幅度变化。这种靠改变喷油量，即改变空燃比调节负荷的方式，称为负荷的质调节。

汽油机和柴油机由于上述工作模式的差异带来了二者性能、设计和结构上的各种差别，而这些差别又是汽油和柴油燃料本身理化特性的差别所引起的。

应该指出，上述汽油机和柴油机工作模式的差别，既与燃料特性有关，也取决于当时的科技发展水平,不是绝对不变的。多年来,人们试图将压燃机和点燃机的优点相结合,发展新型的燃烧系统,汽油机方面,发展分层充量发动机:既实现喷雾混合和负荷质调节,避免预制均匀混合所带来的"爆燃"等局限性,又采用点燃方式以降低对燃料着火品质过高的要求。近年来,市场上已经出现了大量电控缸内直喷式汽油机,另外,柴油机采用均匀充气压燃(预混压燃)(homogeneous charge compression ignition,HCCI)燃烧方式,可解决柴油机微粒排放问题。

14.2　燃烧热化学

不管燃烧过程多么复杂,在燃烧分析中总需要提供有关燃料、空气及其产物的一些基本数量关系。对于已知的燃料,各元素的含量是可以测得的,而空气中氧与氮比例又是一定的,按照完全燃烧的化学当量关系,很容易求出一些基本量,为发动机经验设计及调试提供依据。燃油中的主要成分是碳(C)、氢(H)、氧(O),其他成分数量很少,计算时可略去不计。

将 1kg 燃料中各元素的含量以质量成分表示,则

$$g_C + g_H + g_O = 1kg$$

式中:g_C、g_H、g_O 为 1kg 燃料中 C、H、O 的质量成分。

另外,空气中的主要成分是氧(O_2)和氮(N_2)。按体积计(即按物质的量计),O_2 约占 21%,N_2 约占 79%;按质量计,O_2 约占 23%,N_2 约占 77%。

燃油中的 C、H 完全燃烧,化学反应方程式分别是

$$C + O_2 \Longrightarrow CO_2$$

$$H_2 + \frac{1}{2} O_2 \Longrightarrow H_2O$$

按照化学反应的当量关系,可求出 1kg 燃料完全燃烧所需的理论空气量为

$$L_0 = \frac{1}{0.21}\left(\frac{g_C}{12} + \frac{g_H}{4} - \frac{g_O}{32}\right) \quad \text{kmol/kg 燃料} \tag{14-1}$$

$$L_0' = \frac{1}{0.23}\left(\frac{8}{3}g_C + 8g_H - g_O\right) \quad \text{kg/kg 燃料} \tag{14-2}$$

几种主要燃料的质量成分及理论空气量如表 14-1 所示。

表 14-1　几种主要液体燃料的成分、热值及理论空气量

名称	密度	质量成分 kg			相对分子质量	低热值	理论空气量		
		g_C	g_H	g_O		kJ/kg	kg/kg	m^3/kg	kmol/kg
汽油	0.70~0.75	0.855	0.145	—	114	44 000	14.9	11.54	0.515
轻柴油	0.82~0.88	0.87	0.126	0.004	170	42 500	14.5	11.22	0.50
甲醇 (CH_3OH)	0.78	0.375	0.125	0.50	32	20 260	6.46	5	0.223
乙醇 (C_2H_5OH)	0.80	0.522	0.130	0.348	46	27 200	9.0	6.95	0.310

习　题

1. 已知汽油的质量成分为 $g_C=0.855$，$g_H=0.145$，相对分子量 $m_T=114$，汽油的低热值 $H_u=44\,000$ kJ/kg；试求：(1)1kg 汽油完全燃烧所需的理论空气量是多少千克？(2)每立方米理论混合气的热值是多少？

2. 已知：轻柴油的质量成分为 $g_C=0.87$，$g_H=0.126$，$g_O=0.004$，相对分子量 $m_T=170$，低热值 $H_u=42\,500$ kJ/kg，试求：(1)1kg 轻柴油完全燃烧所需的理论空气量是多少千克？(2)每立方米理论混合气的热值是多少？

3. 已知：天然气(CNG)的质量成分为 $g_C=0.75$，$g_H=025$，相对分子量 $m_T=16$，低热值 $H_u=50\,050$ kJ/kg，试求：(1)1kg 天然气完全燃烧所需的理论空气量是多少千克？(2)每立方米理论混合气的热值是多少？

4. 已知：液化石油气(LPG)的质量成分为 $g_C=0.818$，$g_H=0.182$，相对分子量 $m_T=44$，低热值 $H_u=46\,390$ kJ/kg，试求：(1)1kg 液化石油气完全燃烧所需的理论空气量是多少千克？(2)每立方米理论混合气的热值是多少？

5. 已知：甲醇的质量成分为 $g_C=0.375$，$g_H=0.125$，$g_O=0.50$，分子量 $m_T=32$，低热值 $H_u=20\,260$ kJ/kg，试求：(1)1kg 甲醇完全燃烧所需的理论空气量中多少千克？(2)每立方米理论混合气的热值是多少？

6. 已知：乙醇的质量成分为 $g_C=0.522$，$g_H=0.130$，$g_O=0.349$，分子量 $m_T=46$，低热值 $H_u=27\,000$ kJ/kg，试求：(1)1kg 乙醇完全燃烧所需的理论空气量是多少千克？(2)每立方米理论混合气的热值是多少？

第15章

发动机工作循环

15.1 四冲程发动机的实际循环

发动机的冲程即为行程,发动机的工作过程就是实际循环不断重复进行的过程。发动机实际循环由进气、压缩、燃烧、膨胀和排气五个过程所组成,较之理论循环复杂得多。图 15-1 为四冲程发动机示功图。

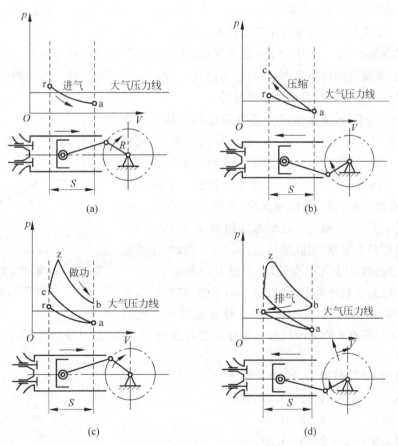

图 15-1 四冲程发动机示功图

(a) 进气过程;(b) 压缩过程;(c) 膨胀过程(做功过程);(d) 排气过程

1. 进气过程

进气过程如图 15-1(a)中的 r-a 曲线。为了使发动机连续运转,必须不断地吸入新鲜工质,即是进气过程。此时进气门开启,排气门关闭,活塞由上止点向下止点移动。首先是上一循环留在气缸中的残余废气膨胀,压力由排气终点的压力 p_r 下降到小于大气压力,然后新鲜工质才被吸入气缸。由于进气系统的阻力,进气终了压力 p_{de} 一般小于大气压力 p_a,压力差 $p_a - p_{de}$ 用来克服进气系统阻力。因为气流受到发动机高温零件及残余废气的加热,进气终点的温度 T_{de} 总是高于大气温度 T_a。

进气过程中进气终点的压力 p_{de} 和温度 T_{de} 的范围:

	p_{de}/MPa	T_{de}/K
汽油机	0.080~0.092	340~380
柴油机	0.080~0.095	300~340

2. 压缩过程

压缩过程中进排气门均关闭,活塞由下止点向上止点移动,缸内工质受到压缩,温度、压力不断上升,工质受压缩的程度用压缩比 ε_c 表示。

压缩过程如图 15-1(b)中的 a-c 曲线所示,其作用是增大做功过程的温差,获得最大限度的膨胀比,提高热功转换效率,同时也为燃烧过程创造有利的条件。在柴油机中,压缩后气体的高温还是保证燃料着火的必要条件。

工程热力学中,凡满足 $pv^n =$ 常数的过程统称为多变过程。n 值为 $0,1,\kappa$ 和 $\pm\infty$ 时,分别是等压、等温、等熵和等容过程。在理论循环中,假设压缩过程是绝热的,而实际发动机的压缩过程则是一个复杂的多变过程。压缩开始时,新鲜工质的温度较低,受缸壁加热,多变指数 $n_1' > \kappa$;随着工质温度上升,某一瞬间与缸壁温度相等,$n_1' = \kappa$;此后,由于工质温度高于缸壁,向缸壁传热,$n_1' < \kappa$。因此,在压缩过程中,多变指数 n_1' 是不断变化的,如图 15-2 所示。

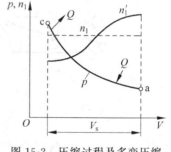

图 15-2　压缩过程及多变压缩
指数变化过程

但在实际的近似计算中,常用一个不变的、平均的多变指数 n_1 代替 n_1',只要以这个指数 n_1 计算而得的多变过程,其始点 a 和终点 c 的工质状态与实际压缩过程的初、终状态相符即可。n_1 称为平均压缩多变指数。

试验测定 n_1 的范围:

汽油机	1.32~1.38
高速柴油机	1.38~1.40
增压柴油机	1.35~1.37

n_1 主要受工质与缸壁间的热交换及工质泄漏情况的影响。当发动机转速提高时,因热交换的时间缩短,向缸壁的传热量及气缸泄漏量减少,所以 n_1 增大。而当泄漏量增加或气缸温度降低时,n_1 减小。

压缩终了的压力和温度可用式(15-1)计算:

$$p_{co} = p_{de}\varepsilon_c^{n_1} \tag{15-1}$$

式中: p_{co} 为压缩终了的压力,MPa; p_{de} 为进气终了的压力,MPa; ε_c 为压缩比; n_1 为平均压缩多变指数。

$$T_{co} = T_{de}\varepsilon_c^{n_1-1} \tag{15-2}$$

式中: T_{co} 为压缩终了温度,K; T_{de} 为进气终了的温度,K。

p_{co}、T_{co} 的范围:

	p_{co}/MPa	T_{co}/K
汽油机	0.8~2.0	600~750
柴油机	3.0~5.0	750~1000
增压柴油机	5.0~8.0	900~1100

压缩比 ε_c 是发动机的一个重要的结构参数。在汽油机中,为了提高热效率,希望增加压缩比,但受到汽油机不正常燃烧的限制,压缩比 ε_c 不能过大。在柴油机中,为了保证喷入气缸的燃料能及时自燃以及在冷起动时能可靠着火,必须使压缩终了有足够高的温度,因此要求有较高的压缩比。

3. 燃烧过程

燃烧过程如图 15-1(c)中的 c-z 曲线。燃烧过程中进排气门均关闭,活塞处在上止点前后。燃烧过程的作用是将燃料的化学能转变为热能,使工质的压力、温度升高。燃烧放出的热量越多,放热时越靠近上止点,热效率越高。

燃烧过程中,柴油机应在上止点前就开始喷油(图 15-3 中的 c′点),喷进气缸中的柴油迅速蒸发而与空气混合,并借助气缸中被压缩的具有很高热力学能的空气的热量而自燃。开始时燃烧速度很快,气缸容积变化很小,所以工质的压力、温度急剧增加,接近于等容,如图 15-3 中的 c-z′曲线;接着,一边喷油,一边燃烧,燃烧速度缓慢降下来。随着活塞向下止点移动,气缸容积增大,气缸压力升高不大,而温度继续上升,该过程接近于定压。如图 15-3 中 z′-z 曲线。

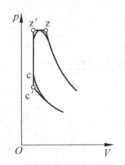

图 15-3　柴油机实际循环的燃烧过程

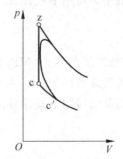

图 15-4　汽油机实际循环的燃烧过程

在汽油机燃烧过程中,汽油与空气混合形成的可燃混合气是在上止点前由电火花点火而燃烧,如图 15-4 中的 c′点,火焰迅速传播到整个燃烧室,工质的压力、温度剧烈上升,整个燃烧接近于定容加热,如图 15-4 中的 c-z 曲线。

燃烧的最高爆发压力 p_{max} 及最高温度 T_{max} 的范围：

	p_{max}/MPa	T_{max}/K
汽油机	3.0～8.0	2200～2800
柴油机	4.5～9.0	1800～2200

可见，柴油机因压缩比高，燃烧的最高爆发压力 p_{max} 很高，但因柴油机的过量空气系数 ϕ_a 相对于汽油机大，所以柴油机的最高燃烧温度值 T_{max} 反而比汽油机低。

4. 膨胀过程

膨胀过程如图 15-1(c)中的 z-b 曲线。此时，进、排气门均关闭，高温、高压的工质推动活塞由上止点向下止点移动而膨胀做功，气体的压力、温度也随即迅速降低。

膨胀过程中有热交换损失、漏气损失和补燃现象，因此膨胀过程也是一个多变过程。多变指数 n_2' 是不断变化的，膨胀过程初期，由于补燃，工质被加热，$n_2' < \kappa$；到某一瞬时，对工质的加热量与工质向缸壁等的散热量相等，$n_2' = \kappa$；此后，工质向缸壁散热，$n_2' > \kappa$，如图 15-5 所示。

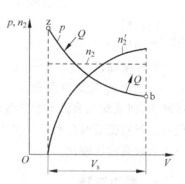

图 15-5　膨胀过程及多变指数变化过程

如同压缩过程一样，为简便起见，在计算中常用一个不变的平均膨胀多变指数 n_2 代替 n_2'，只要以这个指数 n_2 计算的多变过程，其始点 z 与终点 b 的状态与实际膨胀过程始、终点状态相同即可。n_2 的范围：

汽油机	1.23～1.28
柴油机	1.15～1.28

n_2 主要取决于补燃工质放热量的多少、工质与缸壁间的热交换及漏气情况。当转速增加，补燃增多，传热和漏气的时间缩短时，n_2 减小；混合气形成与燃烧不好，补燃增加，n_2 减小。缸壁、活塞环磨损量大，漏气增加以及气缸直径小，相对散热表面积加大，工质传出热量增加时，n_2 增大。

膨胀终点的压力可用下式计算：

$$p_{ex} = p_{max}\left(\frac{V_z}{V_b}\right)^{n_2} \tag{15-3}$$

式中：p_{ex} 为膨胀终了的压力，MPa；p_{max} 为最高爆发压力，MPa；V_z、V_b 分别为活塞运行到对应压力点时气缸的体积；n_2 为平均膨胀多变指数。

膨胀终了的温度可用下式计算：

$$T_{ex} = T_{max}\left(\frac{V_z}{V_b}\right)^{n_2-1} \tag{15-4}$$

式中：T_{ex} 为膨胀终了的温度，K；T_{max} 为最高爆发压力时对应点的温度，K。

p_{ex}、T_{ex} 的范围：

	p_{ex}/MPa	p_{ex}/K
汽油机	0.3～0.6	1200～1500
柴油机	0.25～0.5	800～1200

可见,由于柴油机膨胀比大,转化为有用功的热量多,热效率高,所以膨胀终了的温度和压力均比汽油机小。

5. 排气过程

排气过程如图 15-1(d) 中的 b-r 曲线。当膨胀过程接近终了时,排气门打开,废气开始靠自身压力自由排气,膨胀过程结束时,活塞由下止点向上止点移动,将气缸内的废气排出。

排气过程中,由于排气系统有阻力,排气终了的压力 p_r 大于大气压力 p_a,压力差 $p_r - p_a$ 用来克服排气系统的阻力。排气系统阻力越大,排气终了的压力 p_r 越大,残留在气缸中的废气就越多。

排气温度是检查发动机工作状况的一个参数。因为排气温度低,说明燃料燃烧后,转变为有用功的热量多,工作过程进行得好。

排气终了的压力 p_r、温度 T_r 范围:

	p_r/MPa	T_r/K
汽油机	0.105～0.125	900～1100
柴油机	0.103～0.108	700～900

15.2　发动机实际循环与理论循环的比较

为了了解实际循环的热量分配情况,寻找它的损失所在,首先应将实际循环与理论循环进行比较。这里用的理论循环是最简单的空气标准循环,它除了不可避免地向冷源放热外,没有其他损失。研究实际循环与空气标准循环的差异,就可找出热量损失所在。分析差异的原因,可探求提高热量有效利用的途径。

图 15-6 示出四冲程非增压发动机实际循环与理论循环的比较。其差别由以下几项损失引起。

1. 实际工质的影响

理论循环中假设工质比热容是定值,而实际气体比热容是随温度上升而增大的,且燃烧后生成 CO_2、H_2O 等气体,这些多原子气体的比热容又大于空气,这些原因导致循环的最高温度降低。加之实际循环还存在泄漏,使工质数量减少。实际工质影响引起的损失如图中 W_k 所示。这些影响使得发动机实际循环 η_t 比理论循环低。

2. 换气损失

理想循环中,假设循环是封闭的,工质状态周而复始。在实际循环中,为了使循环重复进行,必须更换工质,由此消耗的功称为换气损失,如图 15-6 中 W_r 所示。其中,因工质流动时需要克服进、排气系统阻力所消耗的功,称为泵气损失,如图 15-6 中曲线 r-a-b'-r 所包围的面积。在理想循环中,排气是在定容下进行;而在实际循环中,为了使排气完美,排气门要提前开启。由于排气门提前开启而使膨胀后期有用功减少的损失,称为提前排气损失,如图中面积 W 所示。

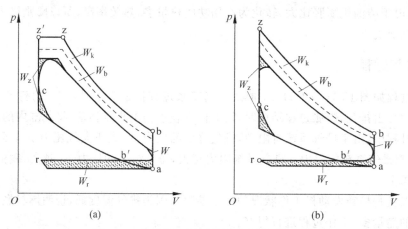

图 15-6   发动机实际循环与理论循环的比较

(a) 柴油机；(b) 汽油机；

W_k—实际工质影响引起的损失；W_z—非瞬时燃烧损失和补燃损失；W_r—换气损失；W_b—传热、流动损失；W—提前排气损失

3. 燃烧损失

（1）非瞬时燃烧损失和补燃损失。理想循环中，只有在定容或定压下进行加热，不考虑燃烧及所需的时间，而在实际循环中，燃烧不可能在到达上止点一瞬间完成，需要一定的喷油提前角或点火提前角，既不是在定压下进行，也不是在定容下进行，有部分燃料在膨胀过程初期燃烧，即后燃，造成了非瞬时燃烧损失和补燃损失，如图 15-6 中 W_z 所示。

（2）不完全燃烧损失。理想循环中，燃料完全燃烧，而实际循环中会有部分燃料、空气混合不良，部分燃料由于缺氧产生不完全燃烧损失。

（3）在高温下，如不考虑化学不平衡过程，燃料与氧的燃烧化学反应在每一瞬间都处在化学动平衡状态，如：

$$2CO_2 = 2CO + O_2 \qquad 2H_2O = 2H_2 + O_2$$

$$2H_2O + O_2 = 4OH \qquad H_2 = 2H$$

$$O_2 = 2O \qquad N_2 + O_2 = 2NO$$

以上各式向右的反应为高温热分解，需吸收热量。但在膨胀后期及排气的较低温度下，以上各式向左反应，同时又放出热量。上述过程使燃烧放热的总时间拉长，实质上是降低了循环的等容度而降低了 η_t。

4. 传热损失

理论循环假定气缸壁和工质之间无热交换。但在实际循环中，气缸壁（包括气缸套、气缸盖、活塞、活塞环、气门、喷油器等）和工质间自始至终存在着热交换，使压缩线、膨胀线均脱离理论循环的绝热压缩线、膨胀线，造成损失，如图 15-6 中 W_b 所示。

根据实际统计数据可知，通过气缸壁各部分向外散发的热量损失所引起的发动机功率和热效率的下降约占理论混合循环发出的功率和热效率的 10%。由此可见气缸壁的传热损失在实际循环热损失中所占比例是很高的。对于气缸壁传热问题的研究，不仅限于改进发动机工作循环的效率,而且从结构设计和运行可靠性等方面来看,气缸壁各部分的温度和温度场均与气缸壁传热有直接关系,而气缸壁的温度与温度场将对运动件的润滑条件、磨损情况、活塞间隙、零件内的热应力和热负荷等起决定性的作用,它是影响发动机使用寿命和可靠性的主要因素之一。

5. 缸内流动损失

缸内流动损失指压缩及燃烧、膨胀过程中,由于缸内气流(涡流与湍流)所形成的损失。体现为,压缩过程中,多消耗压缩功;燃烧膨胀过程中,一部分能量用于克服气流阻力,使作用于活塞上做功的压力减小。

缸内流动损失一般不会太大。但人为设计的强涡流、湍流工作的燃烧室,如柴油机涡流室与预燃室,对缸内流动损失会有较大影响。这一设计的目的是牺牲部分动力性和经济性来换取其他性能,如高速性、噪声、排放等性能的改善。直喷式柴油机燃烧室有时也组织各种类型的较强气流来改善混合气的形成与燃烧,流动损失会因此而得到补偿。

6. 其他几项损失

1) 涡流和节流损失

活塞高速运动使工质在气缸内产生涡流,造成压力损失。对于分隔式燃烧室,由于工质在主、副燃烧室中流进、喷出引起强烈的节流损失。在活塞平均速度为 10m/s 的涡流室燃烧室中,压缩行程中气体流入涡流室产生的节流损失可达 23～40kPa,但这种损失可由涡流对混合气形成和对燃烧过程的改善得到部分弥补。

2) 泄漏损失

气门处的泄漏可以防止,但活塞环处的泄漏无法避免,不过在良好的磨合状态下泄漏量不多,约占工质的 0.2%。

通过以上分析表明,实际循环与理论循环对比存在七项损失。在实际循环诸多损失中,工质影响造成的损失是人们无法改变的。其余各项损失中以气缸壁传热损失和燃烧损失所占比例最大。表 15-1 给出各种损失使热效率下降的热量分配的大致情况。

表 15-1　各种损失使热效率下降的热量分配

各种损失使热效率下降	汽　油　机	柴　油　机
工质比热容变化	0.1～0.12	0.09～0.1
燃烧不完全及热分解	0.08～0.1	0.06～0.09
传热损失	0.03～0.05	0.04～0.01
提前排气	0.01	0.01

由于上述各项损失的存在,使实际循环热效率低于理论循环。发动机的理论循环热效率和指示热效率值范围如下:

	理论循环热效率 η_t	指示热效率 η_{it}
汽油机	0.54～0.58	0.30～0.40
柴油机	0.64～0.67	0.40～0.45

习 题

1. 内燃机有哪三种基本空气标准循环？汽油机简化为何种基本循环？为什么？高速柴油机简化为何种基本循环？为什么？高增压和低速大型柴油机简化为何种基本循环？为什么？

2. 何谓理论循环热效率 η_t？并以循环加热量 Q_1、放热量 Q_2 写出循环热效率表达式。

3. 当 ε 和 Q_1 相同时，用 $T\text{-}s$ 图比较定容加热循环和定压加热循环热效率的大小。

第16章

发动机换气过程

16.1 换 气

16.1.1 换气过程

四冲程发动机配气机构均采用气门换气方式,换气过程包括从上一循环排气门开启到下一循环进气门关闭的整个时期。运行时,要在短时间内使排气干净、进气充足是比较困难的。为了增加气门开启的时间,充分利用气流的流动惯性,减少换气过程的损失,从而改善换气过程,提高发动机的性能,进、排气门一般都提前开启、滞后关闭,不受活塞行程的限制。所以,整个换气过程超过两个冲程,占 410°～490° 曲轴转角。实际循环的换气过程进行的时间非常短暂,进、排气门的启闭由于结构和动力负荷等原因,不可能全开或全闭。换气时,工质是在配气机构流通截面变化的情况下做不稳定流动,气缸内工质的温度和压力是随时间变化的,具有复杂的气体动力学现象。

图 16-1 为一实测四冲程发动机在换气过程中,气缸压力和排气管内压力随曲轴转角变化的关系和相应的进、排气门流通截面的变化情况。根据气体流动的特点,换气过程可分为排气和进气两大部分。

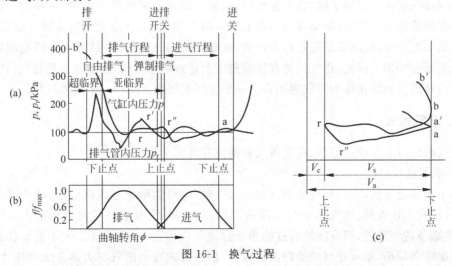

图 16-1　换气过程

(a) 气缸压力随曲轴转角的变化曲线;(b) 进排气门流通截面积随曲轴转角的变化曲线;(c) 气缸压力
随气体体积的变化曲线

1. 排气阶段

1）自由排气阶段

从排气门打开到气缸压力接近排气管压力的这个时期称为自由排气阶段。由于排气机构惯性力的限制，若在活塞到下止点时才打开排气门，则在气门开启的初期，开度极小，废气不能通畅流出，气缸内压力来不及下降，在活塞向上回行时形成较大的反压力，增加排气行程所消耗的功。所以有必要在活塞到达下止点之前打开排气门，从排气门开始打开到下止点这段曲轴转角称为排气提前角。一般排气提前角为 $30°\sim80°$ 曲轴转角。

从图 16-1 可以看到，在排气门刚开启时气缸内废气压力还很高，缸内压力与排气管压力之比往往大于临界值，排气的流动处于超临界状态，废气以声速流过排气门开启截面。在超临界排气时期内，废气流量与排气管内压力 p_r 无关，只取决于气缸内的气体状态和气门最小开启截面。随着废气大量流出，缸内压力迅速下降，排气的流动转入亚临界状态。到某一时刻气缸内和排气管内压力相等，自由排气阶段结束。

自由排气阶段到下止点后 $10°\sim30°$ 曲轴转角处应该结束，时间过长会增加强制排气活塞推出功，使排气损失加大。在发动机高速运转时，同样的自由排气时间（以秒计）所相当的曲轴转角增大，为使缸内废气及时排出，应该加大排气提前角。自由排气阶段虽然占整个排气时间的百分比不大，但废气流速很高，排出废气量可达 60% 以上。

2）强制排气阶段

随着活塞向下止点移动，气缸内压力不断降低。当活塞到达下止点及稍后一些，随着缸内压力降到接近排气管压力，排气流动也早已转变为亚临界流动，强制排气开始。此时废气才在真正的意义上被早已上行的活塞强制推出，流速取决于压差，压差越大，流速越大，所消耗的功也越多。此阶段持续时间虽然长，但由于缸内压力逐渐接近大气压力，气体密度低，流速较慢，排出的废气量较少，只占总排气量的较小部分。

3）惯性排气阶段

强制排气阶段接近终了时，在上止点附近，废气尚有一定的流动能量，可利用气流的惯性进一步排除废气。同时，如果排气门在上止点时关闭，在上止点之前它就要开始关小，产生较大的节流作用，此时活塞还在向上运动，致使气缸内压力上升，结果排气消耗的功和残余废气量都会增加。因此，排气门是在活塞过了上止点后才关闭，从上止点到排气门完全关闭终了的这段曲轴转角称为排气迟闭角。一般排气迟闭角为 $10°\sim35°$ 曲轴转角。

2. 进气阶段

进气阶段可分为准备进气、正常进气和惯性进气三个阶段。

1）准备进气阶段

为了增加进气量，使新鲜气更顺利地进入气缸，尽可能增大进气截面积，减少进气抽吸功，进气门在上止点前、排气尚未结束时就开启。从进气门开启到活塞行至上止点这个时期，称作准备进气阶段，相应曲轴转过的角度称进气提前角，一般为 $10°\sim30°$ 曲轴转角。由于进气提前角较小，相应开启的通道截面也小，加之缸内残余废气压力高于大气压力，在此阶段新气一般不会进入气缸。

2）正常进气阶段

准备进气阶段结束后，活塞由上止点开始下行。初期，由于气缸内残余废气压力仍高于大气压力，新气不能充入气缸，只有当残余废气膨胀到压力低于大气压力后，新气才被吸入气缸。由于气门提前开启，此时进气通道截面已开启较大，保证大量新气进入气缸内。由于进气阻力，活塞移到下止点时，气缸内压力仍然低于大气压力。

3）惯性进气阶段

为了利用高速进气流的惯性，增加充气量，减少功耗，气缸在活塞运行到下止点后才完全关闭进气门。从活塞由下止点上行至气门完全关闭这个时期称为惯性进气阶段。该阶段曲轴转过的角度称为进气迟闭角，一般为 40°～80°曲轴转角。

3. 气门重叠和燃烧室扫气

由于排气门的滞后关闭和进气门的提前开启，所以存在进、排气门同时打开的现象，称为气门重叠或气门叠开。气门重叠时曲轴相应转过的角度称为气门重叠角或气门叠开角。由于气门重叠角较小，进气门升起的高度不大，且废气又有一定的流动惯性，所以废气不会倒流入进气管中。气门重叠期间进气管、气缸、排气管连通，可以利用气流的压差和惯性清除残余废气，增加进气量。特别是增压发动机，其进气压力高，有一定数量的新鲜充量直接扫过燃烧室，帮助清除废气后进入排气管，扫气效果更明显。柴油机没有燃料损失问题，但气门重叠角过大，会发生气门与活塞相碰的问题。对于增压发动机扫气的优点很多，可以适当加大气门重叠角。对于非增压发动机，重叠角一般为 20°～60°曲轴转角。增压柴油机重叠角一般为 80°～160°曲轴转角，如图 16-2 所示。

16.1.2 换气损失

换气损失由排气损失和进气损失组成，如图 16-3 所示。

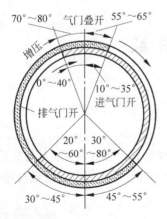

图 16-2 四冲程发动机进排气相位
图（外圈表示增压）

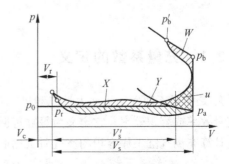

图 16-3 四冲程发动机换气损失

W—自由排气损失；Y—强制排气损失；X—进气损失；

$Y+X-u$—泵气损失

1. 排气损失

从排气门提前打开,直到进气行程开始,缸内压力到达大气压力前循环功的损失称为排气损失。它可分为自由排气损失和强制排气损失。自由排气损失(图 16-3 中面积 W)是因排气门提前打开,排气压力线从 p'_b 点开始偏离理想循环膨胀线,引起膨胀功的减少。强制排气损失(图 16-3 中面积 Y)是活塞将废气推出所消耗的功。

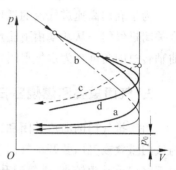

如图 16-4 所示,随着排气提前角的增大,自由排气损失面积 W 增加,而此时强制排气损失面积 Y 应减小。因而最有利的排气提前角应使面积($W+Y$)之和最小。当排气门截面小,发动机转速高时,按曲轴转角计算的实际超临界排气时期延长,为减少排气损失,应适当加大排气提前角。

减小排气系统阻力及排气门处流动损失是降低排气损失的主要办法。排气消声系统的结构和布置形式对排气阻力影响也很大,关系到排气管内的排气背压。排气背压每升高 3.39kPa,增压柴油机耗油率在各种负荷下平均增加0.5%,而非增压柴油机平均增加 1%,因此,应在不牺牲消声性能的前提下最大限度地降低排气背压,提高经济性。

图 16-4　排气门提前角和排气损失
a—最合适;b—过早;c—过晚;d—排气门面积过小

2. 进气损失

由于进气系统的阻力,进气过程的气缸压力低于进气管压力(非增压发动机中一般设为大气压力),损失的功相当于图 16-3 中 X 所表示的面积,称为进气损失。它与排气损失相比,相对较小。合理地调整配气定时,加大进气门的流通截面积,正确设计进气管流道以及降低活塞平均速度可以减少进气损失。

排气损失与进气损失之和称为换气损失,如图 16-3 中面积($W+X+Y$)。而实际示功图中将面积($Y+X-u$)表示的损耗称为泵气损失。

16.2　充　量　系　数

16.2.1　充量系数的定义

ϕ_c 是衡量不同发动机动力性能和进气过程完善程度的重要指标,称为充量系数,又称为充量效率或容积效率。它定义为每缸每循环实际吸入气缸的新鲜空气质量与进气状态下理论计算充满气缸工作容积的空气质量比值。

$$\phi_c = \frac{m_a}{m_s} = \frac{V_1}{V_s} \tag{16-1}$$

式中:m_a 为实际进入气缸的新鲜空气的质量;V_1 是实际进入气缸的新鲜空气在进气状态下的体积;m_s 为进气状态下理论计算充满气缸工作容积的空气质量;V_s 为气缸工作容积。

如图 16-3 所示,进气门关闭时气缸容积为 $V'_s + V'_c$,此时缸内工质的质量 $m_{a'}$ 为

$$m_{a'} = (V_c + V'_s)\rho_{a'} \tag{16-2}$$

式中:$\rho_{a'}$ 为进气门关闭时气缸工质的密度。

假定气缸排气门关闭时关闭点体积为 $V_{r'}$,排气门关闭时缸内工质的质量 $m_{r'}$ 为

$$m_{r'} = V_{r'}\rho_{r'} \tag{16-3}$$

式中:$\rho_{r'}$ 为排气门关闭时气缸工质的密度。

由此可得每循环充入气缸的新鲜混合气质量 m_1 为

$$m_1 = (V_c + V'_s)\rho_{a'} - V_{r'}\rho_{r'}$$

进入气缸的混合气量为

$$m_1 = m_a + g_b$$

式中:g_b 为循环燃料量。

由空燃比的关系得

$$m_a = \left(\frac{\phi_a L_0}{1 + \phi_a L_0}\right)m_1$$

式中:ϕ_a 为过量空气系数;L_0 为单位质量的燃料燃烧理论供给空气量。

令 $K_a = \dfrac{\phi_a L_0}{1 + \phi_a L_0}$,$K_a$ 称为混合气的空气量比例系数,所以有

$$\phi_c V_s \rho_s = K_a[(V_c + V'_s)\rho_{a'} - V_{t'}\rho_{r'}]$$

式中:ρ_s 为进气时大气密度。

考虑到进、排气门迟闭,令 $\xi = \dfrac{V_c + V'_s}{V_c + V_s}$,$\varphi = \dfrac{V_r}{V_c}$,则有

$$\phi_c = \frac{K_a}{(\varepsilon_c - 1)\rho_s}(\xi\varepsilon_c\rho_{a'} - \varphi\rho_{r'}) \tag{16-4}$$

假定残余废气与新鲜充量的气体常数近似相等,应用气体状态方程式 $\rho = \dfrac{p}{RT}$ 代入式(16-4),则

$$\phi_c = \frac{K_a}{\varepsilon_c - 1}\frac{T_s}{p_s}\left(\xi\varepsilon_c\frac{p_{a'}}{T_{a'}} - \varphi\frac{p_{r'}}{T_{r'}}\right) \tag{16-5}$$

式中:p、T 的下标 s、a'、r' 分别代表大气和进、排气门关闭时缸内压力和温度的状态。

为了比较不同发动机残余废气量的多少,引入残余废气系数的概念。残余废气系数 γ 是进气过程结束时气缸内残余废气量与进入气缸中新鲜空气的比值:

$$\gamma = \frac{m_{r'}}{m_{a'}} = \frac{V_{r'}\rho_{r'}}{K_a[(V_c + V'_s)\rho_{a'} - V_{r'}\rho_{r'}]} \tag{16-6}$$

16.2.2　充量系数与发动机功率、扭矩的关系

充量系数与发动机功率、转矩的关系,可通过下列计算进一步看出,随着 ϕ_c 值提高,发动机的功率和转矩都得到提高。

如果将发动机的进气过程采用当时的大气状态,其理论充量为

$$m_s = \frac{p_0 V_s}{R T_0} \quad (kg)$$

则每循环的实际充量为

$$m_a = \phi_c m_s = \frac{R_0 V_s}{R T_0} \phi_c$$

1kg 燃油实际供给的空气量为 $\phi_a L_0$,实际充量为 m_a 时供给的循环供油量为

$$q = \frac{p_0 V_s}{R T_0} \frac{\phi_c}{\phi_a L_0} \quad (kg)$$

则每循环燃油燃烧放出的热量为

$$Q_1 = \frac{p_0 V_s}{R T_0} \frac{\phi_c H_u}{\phi_a L_0} \quad (kJ)$$

式中:H_u 为燃料的低热值,kJ/kg。

每循环的指示功为

$$W_i = Q_1 \eta_{it} = \frac{p_0 V_s}{R T_0} \frac{\phi_c H_u}{\phi_a L_0} \eta_{it} \quad (kJ)$$

平均指示压力为

$$P_{mi} = \frac{W_i}{V_s} = \frac{p_0 H_u}{R T_0} \frac{1}{\phi_a L_0} \eta_{it} \phi_c \quad (kPa)$$

$$= \frac{H_u \rho_0 \eta_{it} \phi_c}{\phi_a L_0} \tag{16-7}$$

式中:$\rho_0 = \dfrac{1}{V_0} = \dfrac{p_0}{R T_0}$,为气体密度。

平均有效压力

$$p_{me} = p_{mi} \eta_m = \frac{p_0 H_u}{R T_0} \frac{1}{\phi_a L_0} \eta_{it} \eta_m \phi_c \quad (kPa)$$

若在一般大气压力下,$p_0/R T_0$ 视为常数,H_u、L_0 仅与燃烧有关,通常石油中 H_u、L_0 近乎不变,因此平均有效压力可表示为

$$p_{me} = k \frac{1}{\phi_a} \eta_{it} \eta_m \phi_c \tag{16-8}$$

式中:k 为比例常数,每种发动机均有一定的数值。

发动机的有效功率为

$$P_e = \frac{p_{me} i V_s n}{30 \tau} \times 10^{-3}$$

$$= \frac{i V_s n}{30 \tau} \frac{p_0 H_u}{R T_0} \frac{1}{\phi_a L_0} \eta_{it} \eta_m \phi_c \times 10^{-3}$$

$$= \frac{k_1 n}{\phi_a} \eta_{it} \eta_m \phi_c \tag{16-9}$$

式中:$k_1 = \dfrac{i V_s p_0 H_u \times 10^{-3}}{30 \tau R T_0 L_0}$,对每种发动机均为常数。

发动机扭矩可表示为

$$T_{tq} = 9550 \frac{P_e}{n} = \frac{k_2}{\phi_a} \eta_{it} \eta_m \phi_c \tag{16-10}$$

式中：$k_2 = 9550 k_1$，k_2 对每种发动机均为常数。

式(16-8)、式(16-9)及式(16-10)表明,发动机的重要性能指标功率、转矩及平均有效压力与发动机工作过程有直接关系。当混合加浓、发动机转速提高、充量系数加大、指示热效率提高、机械损失减小时,发动机的有效功率和转矩都将提高,但转速过高时,由于气体流动阻力和配气相位的影响,功率会下降。因此,提高充量系数是增大功率的有效手段。

16.2.3　影响充量系数的因素

由式(16-5)可见,影响充量系数 ϕ_c 的因素有进气(或大气)的状态、进气终了的气缸压力和温度、残余废气系数、压缩比及进排气相位角等。

1. 进气门关闭时缸内压力 $p_{a'}$

由式(16-5)可见,$p_{a'}$ 对充量系数 ϕ_c 的影响较大,$p_{a'}$ 值越高,ϕ_c 值越大。

$$p_{a'} = p_s - \Delta p_a$$

式中：Δp_a 为气体流动时,由于进气系统阻力而引起的压降。这种流动阻力的一般公式可写成

$$\Delta p_a = \lambda \frac{\rho v^2}{2}$$

式中：λ 为管道阻力系数；ρ 为进气状态下气体的密度,kg/m^3；v 为管道内气体流速,m/s。Δp_a 主要取决于各段管道阻力系数 λ 和气体流速 v。若 λ 增大和 v 提高时,Δp_a 增加,使 $p_{a'}$ 下降。

进气门是整个进气系统截面最小、流速最大的地方,因此也是进气阻力的重要部分。发动机转速 n 升高,气体流速增加,Δp_a 显著加大(呈平方关系),使 $p_{a'}$ 迅速下降。

汽车发动机的使用特点是转速和负荷都不断地在宽广的范围变化,例如当汽车沿阻力降低的道路行驶,当汽油机节气门开度保持一定时,车速会不断增加。由于曲轴转速增高,气流速度加大,$p_{a'}$ 迅速下降。

综上所述,负荷变化时,柴油机和汽油机进气门关闭时缸内压力 $p_{a'}$ 的变化不同。柴油机 $p_{a'}$ 基本不随负荷变化,汽油机 $p_{a'}$ 随负荷变化显著。$p_{a'}$ 随使用工况(转速、负荷)的变化,也决定了充量系数 ϕ_c 的变化,从而直接关系到发动机的使用性能。

2. 进气门关闭时缸内气体温度 $T_{a'}$

进气门关闭时缸内气体温度 $T_{a'}$ 高于进气状态温度 T_s。引起 $T_{a'}$ 升高的原因是新鲜工质进入发动机与高温零件接触而被加热,新鲜工质与高温残余废气混合而被加热。$T_{a'}$ 值越高,充入气缸工质密度越小,充量系数 ϕ_c 降低。因此,在条件允许的情况下应力求降低 $T_{a'}$ 值。

当负荷不变而转速增加时,由于新鲜工质与缸壁等接触时间短,壁面等传至空气的热量减少,所以 $T_{a'}$ 稍有下降。当转速不变而增加发动机负荷时,因为缸壁温度升高,使进气门关闭时缸内气体温度 $T_{a'}$ 有所上升。

3. 残余废气系数 γ

气缸中残余废气增多会恶化燃烧,使充量系数 ϕ_c 下降,对发动机经济性和排放性能亦有影响。

进、排气门的叠开角大,压缩比高,γ 值下降,故一般柴油机 γ 值较低。γ 的一般范围:

四冲程非增压柴油机	0.03～0.06
四冲程增压柴油机	0.00～0.03
四冲程汽油机	0.06～0.16

排气终了时废气压力 p_r 高,说明残余废气密度增加,γ 上升,充量系数 ϕ_c 下降。与进气过程同理,p_r 主要取决于排气系统特别是排气门处的阻力,而且转速越高,流阻越大,p_r 越高。

汽油机在低负荷运转时,因节气门关小,新鲜充量减少,γ 大大增加,稀释可燃混合气,使燃烧过程缓慢,易造成汽油机低负荷工作不稳定和经济性变差。当前电控汽油发动机普遍采用废气再循环技术。根据不同的运行状态,发动机电子控制单元控制再循环废气的量,使 γ 在一定范围内变化,从而控制尾气中氮氧化物的含量。

4. 配气相位

配气相位是指进、排气门的启闭角与曲轴转角的对应关系。这当中,进气迟闭角对进气终了压力影响最大。当发动机转速变化时,气流的惯性发生变化,但进气迟闭角不变,因此转速高时气流的惯性没有被利用;而转速低时,又会造成气体倒流,从而影响进气压力与发动机的正常工作。选择适当的配气相位,可获得较高的充量系数。

配气相位是否合理,主要从以下几个方面衡量:

(1) 充量系数的变化是否符合动力性要求。通过合理选择迟闭角对充量系数的影响,实现所需的转矩特性。转速增大,充量系数所对应的迟闭角增大。

(2) 换气损失是否尽可能的小。这主要取决于排气提前角。在保证排气损失最小的前提下,尽量晚开排气门,以提高膨胀比,提高热效率。

(3) 能否保证必要的燃烧扫气作用。这主要取决于气门重叠角。必要的燃烧室扫气和不高的排气温度,对于废气涡轮增压器十分有利。进气门早开和排气门迟闭,主要是为了增加气门开启的时间断面。

(4) 排放指标好。应把排气门开启时间调到它能在下止点处使缸内压力降至接近大气压力,过早打开排气门会使有害排放物增加。

5. 压缩比

压缩比 ε_c 增加,余隙容积减小,残余废气的相对量随之减少,因此充量系数 ϕ_c 有所增大。

6. 进气状态

进气温度 T_d 升高,进气压力 p_d 下降均会使进入气缸充量的密度减小,绝对进气量减少。但是,由式(16-5)知,充量系数 ϕ_c 是在同一进气状态下的相对值。进气温度 T_d、进气压力 p_d 变化一般对充量系数 ϕ_c 影响不大。

16.2.4　提高发动机充量系数措施

1. 降低进气系统的阻力

发动机的进气系统(非增压发动机)由空气滤清器、进气管、进气道和进气门组成。减少各段通路对气流的阻力可以有效提高充量系数 ϕ_c。

在整个进气系统中,进气门处的通过断面最小而且截面变化大,因此流动损失大部分集中于此。

进气马赫数 Ma 是进气门处气流平均速度 v_m 与该处声速 a 之比 $\left(Ma=\dfrac{v_m}{a}\right)$,它是决定气流性质的重要参数。$Ma$ 反映气体流动对充量系数的影响,是分析充量系数的一个特征数。

进气门处气流平均速度 v_m 定义为实际进入气缸的新鲜空气与进气门有效时间截面值 $F(t)$ 之比。即

$$v_m=\frac{\phi_c V_s}{F(t)}$$

$$F(t)=\mu_m F_m(t)(t_e-t_c)=\mu_m F_m(t)(\theta_e-\theta_c)\frac{1}{6n}$$

式中: μ_m 为进气门开启期间的平均流量系数; $F_m(t)$ 为进气门平均开启面积; t_c、t_e 为进气门开、关时间; θ_c、θ_e 为进气门开、关角度。则由马赫数的定义可得

$$Ma=\frac{V_s\phi_c}{a\mu_m F_m(t)(t_e-t_c)}=\frac{6V_s\phi_c n}{a\mu_m F_m(t)(\theta_e-\theta_c)} \tag{16-11}$$

$$Ma\propto\frac{FC_m}{a\mu_m F_m(t)(\theta_e-\theta_c)}\propto\left(\frac{D}{d}\right)^2\frac{C_m}{a\mu_m(\theta_e-\theta_c)} \tag{16-12}$$

式中: F 为活塞面积; C_m 为活塞平均速度; D、d 为活塞与进气门直径。

大量试验结果表明,当 Ma 超过一定数值时,大约为 0.5,充量系数 ϕ_c 便急剧下降。Ma 是决定气流性质,影响充量系数 ϕ_c 的重要参数,应使 Ma 在最高转速时不超过一定数值。Ma 受气门大小、形状、升程规律、进气相位等因素影响。

由式(16-11)、式(16-12)知,增大气门相对通过面积,提高气门处流量系数以及合理的配气相位是限制 Ma 值,提高充量系数 ϕ_c 的主要方法。

增大进气门直径可以扩大气流通路截面积,提高 ϕ_c。目前在两气门(一进、一排)结构中,进气门直径可达活塞直径的 $45\%\sim50\%$,气门和活塞面积之比为 $0.2\sim0.25$。通常牺牲

排气门直径来加大进气门直径,一般进气门直径比排气门直径大 15%~20%。不过排气门直径也不能过分缩小,否则会导致不合理地增加排气损失和残余废气量。高速发动机可采用较小的行程缸径比 S/D,气缸直径相对增大,使得气门直径有可能增大,因而使进气能力相应增加,进气马赫数 Ma 下降,从而提高充量系数 ϕ_c。

增加气门的数目,采用三气门结构(两个进气门、一个排气门),四气门结构(两个进气门、两个排气门),甚至五气门结构(三个进气门、两个排气门)都是增大进气门流通面积,降低排气损失的有效措施。此外,在汽油机上,四气门的燃烧室紧凑,可增加压缩比,两个气道能适当改变进气气流扰动状况,改善部分负荷的性能,提高燃油经济性。另外,四气门结构能减少排气阻力,降低泵气损失。但它结构相对复杂,造价较高。

改进配气凸轮型线,适当增加气门升程,在惯性力容许条件下,使气门开闭得尽可能快,都可以提高气门处的通过能力。

改善气门处的流体动力性能,可以降低流动阻力。例如,气门头部到杆身的过渡形状为平面形顶时,过渡半径小,流动阻力较大。改为凹面形顶,过渡半径则较大,利于改善进气流动。又如气门升起后,气门头不应过分靠近缸壁或燃烧室侧壁,否则过于接近壁面部分通道不能有效利用。

2. 减少进气道、进气管和空气滤清器的阻力

气缸盖内的进气道形状比较复杂,因受到气门导管凸台的影响,截面形状急剧改变,进气阻力增大。为减少进气道阻力,气道通路断面应有足够的面积,各断面要避免突变。进气道内部过渡圆角半径应大一些,避免急剧转弯等。

进气管必须保证足够的流通截面积,管道表面光洁,避免急转弯及流通截面突变,以减少阻力。为保证各气缸进气均匀,各气缸进气管独立,长度尽可能一致。进气管的整体走势和内壁断面形状要满足使新鲜充量在气缸中形成涡流的要求。

空气滤清器阻力随结构的不同而变化。油浴式滤清器的原始阻力对小功率发动机小于980Pa;对中等以上功率则大于980Pa;随着使用时间增加,阻力可增至2990Pa。采用微孔纸质滤芯的原始阻力不大于390Pa,但积尘以后阻力可增到3900~5900Pa。必须在保证滤清效果的前提下,尽可能减小空气滤清器的阻力。例如加大通过断面,改进滤清性能,创制低阻高效滤清器等。在使用中要经常清洗滤清器,特别要避免纸芯的油污堵塞,及时更换滤芯等。

3. 减少对进气充量的加热

新鲜充量在吸入过程中,受到进气管、进气道、气门、气缸壁和活塞等一系列受热零件的加热,引起温升。温升的大小与许多因素有关,如发动机转速与负荷,冷却水温度和进气本身的温度等。从结构方面来看,进排气管两侧分开布置,可以避免或减少高温排气管对进气的加热,有利于提高充量系数。柴油机和现代高速汽油机,为获得较高充量系数而采用进排气管分两侧布置的方案。为了避免进气受热,有的发动机的进气歧管采用工程塑料制成。

4. 降低排气系统流通阻力

降低排气系统流通阻力,使气缸内废气压力 p_r 下降,这不仅可以减少残余废气系数 γ,

有利于提高充量系数,而且可以减少泵气功。

在排气系统中,流通截面最小处是排气门座处,这里的气流速度最高,压力降最大。如果将排气道的一部分做成扩压形,则能使通过气门座缝隙的气体动能一部分转化为压力能,使压力获得明显回升,从而降低了气缸内与排气管内的压力差,降低了气缸内废气压力,达到提高充量系数 ϕ_c 和降低泵气功的目的。同时,选择良好的排气歧管的流形,避免排气道内截面突变、急转弯和凸台,有助于降低整个流通阻力。此外,在满足必要的消声效果要求下应尽可能降低消声器的流通阻力。

5. 合理选择进、排气相位角

合理选择进、排气相位角,可以获得较好的充气效果,特别是在高转速时,适当推迟进气门关闭时间,可以利用高速气流的惯性来增加每循环气缸充气量。即转速一定,气流动能一定,则存在相应的最佳进气门迟闭角度。

传统发动机的配气定时是不能改变的,此时,充量系数 ϕ_c 在某一转速下达到最高值,说明在这个转速下工作,能最好地利用气流惯性充气。当转速高于此转速时,气流惯性增加,而进气门迟闭角不变,就使一部分本来可以利用气流惯性进入气缸的气体被关在气缸之外,加之转速上升,流动阻力增加,所以使充量系数 ϕ_c 下降。当转速低于此转速时,气流惯性减小,又可能使一部分气体被推回进气管,充量系数 ϕ_c 也下降。

利用气门可变正时技术则可在全部转速范围内提高充量系数。在进气冲程中,进气管内由于活塞下行产生的向下压力波到达进气门即将反射的瞬间,关闭进气门,可以较好地利用这种惯性增压。实验表明,当发动机转速增高时,这种压力波的波峰随曲轴转角的变化向曲轴转角增大的方向推移。优化气门正时可以提高充量系数,当发动机转速增高时,推迟进气门关闭可以充分利用进气充气的惯性增压效应,提高转矩;低转速时,进气充气惯性增压效应减弱,为保证最大有效压缩比,不再推迟进气门关闭,这样可以使发动机在高、低转速时均获得较高的充量系数 ϕ_c。

6. 谐振进气与可变进气歧管

谐振进气与可变进气歧管,都是利用进气管的动态效应来提高充量系数。由间断进气而引起的进气压力波动对发动机进气量影响很大,进气管长度、直径等进气系统参数会改变进气压力波。适当调整这些参数,可以有效地利用进气歧管的压力波,以增加充量系数,改善转矩特性,这已在车用发动机上得到利用。

进气歧管压力波动对充量系数的影响主要取决于下止点后到进气门关闭这一期间进气歧管靠近气缸一端的压力变化情况。进气门打开初期,由于活塞向下运动以及气流惯性,气缸内产生很大的负压(即真空度),进气歧管内也产生很大负压,新鲜充量从进气歧管的外端流入。同时从气缸中传出膨胀波,通过气门、气道沿进气歧管向开口端传播。当膨胀波到达开口端后,又从开口端向气缸方向反射回压缩波。此压缩波反射到气缸后,使气缸内的压力上升。如果进气歧管的长度适当,使从膨胀波发出到压缩波回到气缸处所经过的时间,正好与进气门从开启到关闭所需的时间配合,即压缩波到达气缸时,进气门正好处于关闭前夕,则能把较高压力的空气关在气缸内,得到增压效果,这种效应是本循环的波动效应。反之若进气管的长度不适当,进气门关闭时,压力不是处于波峰位置而是在波谷,即到达气门外的不是压缩波而是膨胀波,那么就会降低气缸压力,得到相反结果。

当进气门关闭后,进气歧管里的气柱还在继续波动,对下一个进气循环的进气量有影响,这一影响称为前面循环波动效应。进气门关闭时,进气歧管内流动的空气因急速停止而受到压缩,在进气门处产生压缩波,向进气歧管的开口端(即入口端)传播。当压缩波传到管端时,将要产生反射波,由于这种边界条件(开口、管外压力不变)的作用,反射波的性质与入射波的性质相反,即为膨胀波,该波向进气门处传播,到达进气门处时,若气门尚未打开,则其边界条件为封闭型(速度为零),那么在气门处的反射波的性质与入射波的性质相同,即为膨胀波,此膨胀波向进气歧管的管端传播,在开口端再次反射时,反射波为压缩波,又向进气门处传播。这样周而复始,气波在进气管中来回传播,进气门处的压力也时高时低,形成压力波动。如果使正压力波与下一循环的进气过程重合,就能使进气终了时压力升高,因而提高充量系数。如与负压力波重合,气门关闭时压力便会下降,充量系数 ϕ_c 降低。

压力波动的固有频率 f_0 为

$$f_0 = \frac{a}{4L}$$

式中:a 为进气管内声速,m/s;L 为进气管长度,m。

当发动机转速为 n(r/min)时,进气频率 f_n 为

$$f_n = \frac{n}{60 \times 2} = \frac{n}{120}$$

用 q 来表示波动次数,则有

$$q = \frac{f_0}{f_n} = \frac{30a}{nL}$$

它说明进气歧管内压力波动的固有频率和发动机进气频率之间的配合关系。

当 $q = 1\frac{1}{2}, 2\frac{1}{2}, \cdots$ 时,下一次气门开启期间正好与正的压力波相重合,使充量系数 ϕ_c 增加。当 $q = 1, 2, \cdots$ 时,进气频率与压力波动频率合拍,下一次气门开启期间与负的压力波重合,使充气量减少。本次循环的压力波动衰减小、振幅大,而前面循环压力波动是经过多次反射后的波,衰减大、振幅小(见图 16-5)。

汽车发动机工作转速范围宽广。转速不同,理想的进气歧管长度不同,一般高转速用较短进气歧管,低转速所需进气歧管较长。传统的进气歧管常常只能满足在某一常用的转速区域运转时,进气动态效果较佳。

谐振进气系统利用一定长度和直径的进气歧管与一定容积的谐振室,在特定的转速下产生大幅值压力波,从而增加进气。在此基础上,随转速变化控制的谐振室接入进气道,可以在

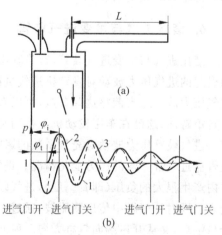

图 16-5　进气管内压力波动

(a) 进气系统简图;(b) 进气门处压力波动

1—吸气波;2—反射波;3—合成波;

φ_i—进气持续角;φ_t—曲轴转角;L—进气歧管长度

特定的高、低两个转速阶段,利用进气歧管的动态效应提高充量系数。

　　随着电子控制技术的发展,出现了可变进气歧管。一种结构如图 16-6 所示。当发动机低速运转时,发动机电子控制单元 5 发出指令,转换阀控制装置 4 关闭转换阀 3,这时空气经空气滤清器 1 和节气门 2 沿着细长的进气歧管流进气缸。弯曲细长的进气歧管提高了进气速度,气流的动能增大,使进气量增多。当发动机转速增高时,转换阀开启,空气通过空气滤清器和节气门直接进入粗短的进气歧管。粗短的进气歧管进气阻力小,也使进气量增多。

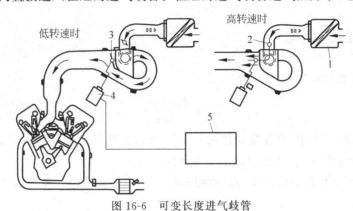

图 16-6　可变长度进气歧管

1—空气滤清器；2—节气门；3—转换阀；4—转换阀控制装置；5—发动机电子控制单元

　　另一种可变进气歧管如图 16-7 所示。其每个歧管有一长一短两个进气通道。根据发动机转速高低,通过旋转阀控制空气流经哪一个通道。当发动机在中、低速运转时,旋转阀将短进气通道封闭,空气沿长进气通道进入气缸。当发动机高速工作时,旋转阀使长进气通道短路,将长进气通道也变为短进气通道,空气同时经两个短进气通道进入气缸。

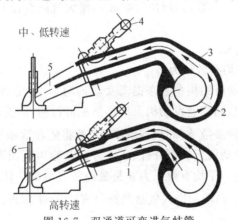

图 16-7　双通道可变进气歧管

1—短进气通道；2—旋转阀；3—长进气道；4—喷油器；5—进气道；6—进气门

16.3　发动机增压

　　增压就是利用增压器将空气或可燃混合气进行压缩,再送入发动机气缸的过程。增压后,每循环进入气缸内的新鲜充量密度增大,使实际充气量增加,从而达到提高发动机功率和改善经济性的目的。

发动机的增压技术历史悠久,尤其是近年来随着技术的不断发展,载货汽车柴油机的数量不断增加,部分轿车用柴油机也采用了增压技术,汽油机增压的许多问题也已经得到成功的解决。

增压系统最开始是为了防止飞机在高空因为空气密度减小而导致输出功率下降而开发的技术。

16.3.1　增压的概念

发动机的有效功率为

$$P_e = \frac{p_{me} V_s n i}{30\tau}$$

式中:τ 为冲程数,当为四冲程发动机时,$\tau=4$,当为二冲程发动机时,$\tau=2$;p_{me} 单位为 MPa;V_s 单位为 m^3;n 单位为 r/min;i 为缸数。

由此可知,发动机的有效功率与其结构参数 D、s、i、τ 和转速 n 及发动机的平均有效压力 p_{me} 有关,即

$$p_e \propto iD^2 s n p_{me}/\tau \propto iD^2 C_m p_{me}/\tau \tag{16-13}$$

而

$$p_{me} \propto \frac{\eta_{it}}{\phi_a} \eta_m \phi_c \rho_s \tag{16-14}$$

由式(16-13)、式(16-14)可知,提高发动机的单机功率有以下三条途径。

(1) 改变发动机的结构参数,如增加气缸数 i,增大气缸直径 D、活塞行程 s 和减少行程数 τ 等;

(2) 提高发动机转速 n;

(3) 提高发动机的平均有效压力 p_{me}。

显然,用加大车用发动机结构参数来提高发动机功率,将受到安装位置和自重的限制。比如通过提高发动机转速,向高速发动机发展虽然是可行的,但发动机转速的提高受到活塞平均速度的限制,因为充量系数 ϕ_c 和机械效率 η_m 都将随着活塞平均速度的提高而显著下降。此外,燃料经济性、发动机运转可靠性、机件寿命及噪声等因素也限制了活塞平均速度的提高。只有提高发动机的平均有效压力才是最经济有效的方法,它可通过减小过量空气系数 ϕ_a,提高充量系数 ϕ_c 和增加进入气缸的充量密度 ρ_s 来实现。

16.3.2　增压发动机的特点

(1) 功率相同时,发动机的空间尺寸减小,质量减轻,这对于车用发动机的经济性更有意义。

(2) 在达到额定输出功率时,摩擦损耗相对较小,在部分负荷时,增压发动机的工况更接近最大效率设计工况点。

(3) 通过增压器的合理设计,可以将转矩特性改进为低速高转矩,这对车用机非常有利。

（4）随行驶地区海拔高度升高而导致的功率下降，可通过增压度来弥补。

（5）通过增压可以使排放降低。比如对于增压汽油机，通过最合适的燃烧室形状设计和在排气涡轮内的后燃使 HC 值降低；在高负荷范围内使 NO_x 降低；对于增压柴油机由于空气更加过量，使烟度有所下降。

（6）降低噪声。柴油机增压后，由于混合气工作温度升高，着火延迟期缩短，燃烧过程变得柔和，对直喷式柴油机更有利。另外，通过换气管内波动的削平和消声，也使噪声减小，表面辐射噪声也有所下降。

（7）机械损失减少，经济性得到改善。增压发动机由于平均有效压力提高，机械损失相对减少，因而在高负荷区机械效率得到提高；而在低负荷区，由于进、排阻力和换气损失的增加，经济性受到影响。在相同功率时，增压发动机比非增压发动机的排量要小，机械损失也相对要小；这样，增压发动机的比油耗比非增压发动机小，等油耗的经济运行区扩大；另一方面，排量不变时降低转速，机械损失也就减少，热效率得到提高。

（8）增压发动机的主要零部件的机械负荷和热负荷均增加。

16.3.3　增压的衡量指标

1. 增压度 φ_k

为了说明发动机在采用增压后使功率得到提高的程度，提出增压度的概念。增压度 φ_k 是指发动机在增压后增长的功率与增压前的功率之比。

$$\varphi_k = \frac{P_{e-k} - P_{e-0}}{P_{e-0}} = \frac{P_{e-k}}{P_{e-0}} - 1 \qquad (16\text{-}15)$$

式中：P_{e-0}、P_{e-k} 分别为增压前、后的功率。

增压度取决于所采用的增压系统，采用中冷可使增压度提高。汽油机的增压度受到爆燃燃烧的限制。柴油机的增压度受到燃烧最高爆发压力的限制，通常以降低压缩比来补偿。

增压度小于 1.9，为低增压；在 1.9～2.5 之间，为中增压；在 2.5～3.5 之间，为高增压；大于 3.5 为超高增压。

目前，车用发动机的增压度不高，一般在 0.1～0.6 范围内，大部分为 0.2～0.3，而船用大型低速四冲程柴油机的增压度可达到 3.0 以上。这是因为车用发动机增压不仅要求功率增加，而且还要在较大的转速和负荷范围内满足动力性、经济性、排放与成本等多方面的要求，因此增压度一般不宜过高。

2. 增压比 π_k

增压比 π_k 是指增压后气体压力 p_k 与增压前气体压力 p_0 之比，简称压比，即

$$\pi_k = \frac{p_k}{p_0} \qquad (16\text{-}16)$$

也可用增压比确定发动机的增压程度。π_k 为 1.3～1.6 时为低增压，相应的发动机平均有效压力 p_{me} 为 700～1000kPa；π_k 为 1.6～2.5 时为中增压，相应的 p_{me} 值为 1000～1500kPa，当 π_k 大于 2.5 时，为高增压，相应的 p_{me} 在 1500kPa 以上。此外，超高增压时 π_k

为 4.5～5.5,对应的 p_{me} 为 2500～3500kPa。

16.3.4　增压的结构形式及分类

按增压系统的结构形式和工作原理,发动机增压可分为机械式增压、废气涡轮增压、复合式增压、气波增压、组合式涡轮增压。

1. 机械式增压

机械式增压系统如图 16-8 所示。在机械式增压系统中,增压器的压气机由发动机曲轴通过齿轮变速器或其他类型传动装置驱动,将气体压缩并送入发动机气缸中。机械式增压又分为挤压式和流动式。流动式工作效率高,但其性能不适合于车用机。挤压式又分为柱塞式、螺旋式、叶片式、转子式,其工作原理都是通过工作容积的减少对新气进行压缩而实现增压。

机械式增压可有效地提高发动机的功率,并能用于二冲程发动机的扫气和复合增压系统中。其主要优点是结构简单、价格比较便宜。但当增压比较高时,消耗的驱动功率很大,可超过指示功率的 10%,从而使整机的机械效率下降,比油耗增加。因此主要用于小型机,通常其压气机出口压力不超过 160～170kPa。由于涡轮增压在低转速、小负荷时供气不足,因而机械式增压在轿车发动机上重新采用,比如采用罗茨增压器(转子式增压器的一种)。

2. 废气涡轮增压

废气涡轮增压系统如图 16-9 所示。发动机排出的具有一定能量的废气进入涡轮并膨胀做功,废气涡轮的全部功率用于驱动与涡轮机同轴旋转的压气机工作叶轮,在压气机中将新鲜空气压缩后再送入气缸。废气涡轮与压气机通常装成一体,称为废气涡轮增压器,其结构简单,工作可靠。

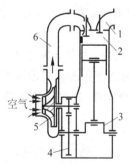

图 16-8　机械式增压系统

1—排气管;2—气缸;3—曲轴;4—齿轮副;
5—压气机;6—进气管

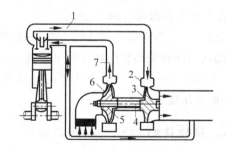

图 16-9　废气涡轮增压系统

1—排气管;2—涡轮壳体;3—涡轮;4—转子轴;
5—压气机;6—集气器;7—进气管

与其他增压方式相比,涡轮增压的主要优点如下。

(1) 在发动机不做重大改变,质量和体积增加很少的情况下,一般可提高功率 20%～50%,而且容易实现高增压。

（2）由于压气机消耗的功是涡轮从废气中回收的一部分能量,再加上相对地减少了机械损失和散热损失,提高了机械效率和热效率,使发动机涡轮增压后油耗率可降低 5%～10%,经济性有明显提高。

（3）可降低排气噪声和烟度。废气在涡轮中可以实现充分膨胀,排气噪声降低;废气中的有害成分也可减少,因而减少了对环境的污染。正是由于涡轮增压的这些突出优点,使其在各种用途的发动机中得到了广泛应用。

涡轮增压也有一些缺点。如涡轮增压发动机气体流路长,加速性能较差,热负荷问题较严重(特别是高增压时),对大气温度和排气背压较敏感。

3. 复合式增压

将废气动力涡轮与废气涡轮增压器串联起来工作,称为复合式增压系统,如图 16-10 所示。在某些增压度较高的发动机上,废气能量除驱动废气涡轮增压器外,尚有多余的能量用于驱动低压废气动力涡轮。该动力涡轮通过齿轮变速器及液力偶合器与发动机输出轴联结。这样,废气涡轮增压器达到增压的目的,而废气动力涡轮将废气能量直接变为功率送给曲轴。该系统可充分利用废气能量,使动力性、经济性大为改善,但结构复杂,成本高且技术难度大。

从实际应用的情况来看,较为常见的是涡轮增压和机械式增压,其中涡轮增压占绝大部分。

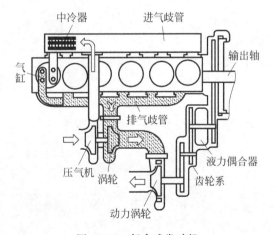

图 16-10　复合式发动机

习　　题

1. 请叙述点燃式发动机、压燃式柴油机、涡轮增压柴油机气门正时的差异。

2. 四冲程汽油机在 3000r/min 转速时的全工作容积为 1200mL。在地面运行(101.3kPa、288K),测量的进气量为 1.5m³/min。计算此发动机的容积效率。

3. 双气缸四冲程发动机单气缸尺寸为 50mm×74mm,压缩比为 12,以空燃比 14.5 运行。当此发动机在 5000r/min、有效功率 $P_e=15kW$ 运行时,有效燃油消耗率为 $b_e=280g/(kW \cdot h)$。计算:

(1) 热效率;

(2) 充气效率。

4. 单气缸四冲程发动机的压缩比为 12,气缸尺寸为 110mm×15mm,以 1800r/min 转速运行。平均有效压力为 710kPa,指示热效率为 30%,机械效率为 80%,空气供给量为 4.5kg/min,缸内直接喷射,燃料的发热量为 $4.4×10^4 kJ/kg$,空燃比为 14.5 时,计算:

(1) 净输出功率;

(2) 指示输出功率;

(3) 充气效率。

第17章

发动机特性

发动机的特性是指在一定条件下,发动机性能指标或特性参数随各种可变因素变化的规律,可分为运行特性和调整特性。发动机的运行特性是发动机的性能指标随工况参数——转速和负荷的变化规律。调整特性是指发动机在转速和油量调节装置位置不变条件下,各种性能指标随调整参数而变化的规律。

17.1　发动机工况

1. 工况与工况平面

发动机工况是指发动机实际运行的工作状况,表征发动机的运行工况由下式给出。

$$P_e \propto T_{tq} n \tag{17-1}$$

式中:P_e 为发动机的有效功率;T_{tq} 为发动机的转矩;n 为发动机的工作转速。因此,发动机的工况可以由功率 P_e 和转速 n 表示,它们与工作机械要求的功率和转速相适应。只有当发动机输出的转矩和工作机械的阻力转矩相等时,发动机才能以一定转速按一定功率稳定运转;当工作机械的阻力矩、转速变化时,发动机的工况就会发生变化。

发动机的工况平面即工作区域取决于发动机的用途。用途不同,工作区域不同,通常把发动机的工况分为以下几类。

(1) 第一类工况,其特点是发动机的功率变化时,转速几乎保持不变,该工况又被称为固定式发动机工况。例如发电用发动机,其负荷呈阶跃式突变,并没有一定的规律;而发动机的转速必须保持稳定,以保证输送电压和频率的恒定,反映在工况图上就是一条近似垂直线(图 17-1 中的曲线②),称为线工况;灌溉用发动机,除了起动和过渡工况外,在运行过程中负荷与转速均保持不变,称为点工况(图 17-1 中的①点)。

(2) 第二类工况,其特点是发动机的功率与转

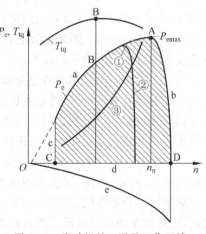

图 17-1　发动机的工况及工作区域

速接近幂函数关系,该工况又称为发动机的螺旋桨工况。例如,当发动机作为船用主机驱动螺旋桨时,发动机所发出的功率与螺旋桨吸收的功率相等,而螺旋桨吸收功率又取决于转速的高低,且与转速成幂函数关系,如图 17-1 中曲线③所示的三次幂函数($P_e \propto n^3$),该类工

况也称为推进工况,属于线工况。

(3)第三类工况,其特点是功率与转速都在很大范围内变化,该工况又称为发动机的面工况。例如,汽车用发动机的转速取决于汽车的行驶速度,可以从最低稳定转速一直变到最高转速;负荷取决于行驶阻力,在同一转速下,可以从零变到全负荷。

由车用发动机可能运行的工况可知,其工作区域被限定在一定范围内,如图17-1所示。

(1)上边界线 a 为发动机油量控制机构最大位置时,不同转速下发动机所能发出的最大功率,A 为最大有效功率的标定点。

(2)左侧边界线 c 为发动机最低稳定工作转速 n_{min} 限制线,低于此转速时,由于曲轴、飞轮等运动部件储存能量较小,导致转速波动大,发动机无法稳定工作。

(3)右侧边界线 b 为发动机最高转速 n_{max} 限制线,它受到转速过高所导致的惯性力增大、机械摩擦损失加剧、充量系数下降、工作过程恶化等各种不利因素的限制。

a、b 曲线都是在驾驶员最大加速踏板位置条件下获得的。对于汽油机,a、b 曲线都是在节气门全开时获得,称为速度外特性线;对于柴油机,a 曲线为校正外特性线,b 曲线则是调速器起作用的调速特性线。

(4)横坐标上的 d 曲线是各个加速踏板位置下的空转速度线。此时动力输出为零,发动机的指示功率 P_e 与空转的机械损失功率 P_m 相平衡。

(5)e 曲线的输出功率为负值,是发动机熄火,外力倒拖时的工况线。此时倒拖功率与熄火后空转的机械损失功率相平衡。该曲线不属正常工作范围,它只是在汽车挂挡或者下长坡时起制动作用。

2. 发动机的功率标定

发动机的功率标定,是指制造企业根据发动机的用途、寿命、可靠性、维修与使用条件等要求,人为地规定该产品在标准大气条件下输出的有效功率以及对应的转速,即标定功率与标定转速。世界各国对标定方法的规定有所不同,按照《发动机台架性能试验方法》相关规定,我国发动机的功率可以分为四级。

(1)15min 功率。发动机允许连续运转 15min 的最大有效功率。适用于需要较大功率储备或瞬时发出最大功率的轿车、中小型载货汽车、军用车辆、快艇等用途的发动机。

(2)1h 功率。发动机允许连续运转 1h 的最大有效功率。适用于需要一定功率储备以克服突增负荷的工程机械、船舶主机、大型载货汽车和机车等用途的发动机。

(3)12h 功率。发动机允许连续运转 12h 的最大有效功率。适用于需要在较长时间内连续运转而又要充分发挥功率的拖拉机、移动式发电机组、铁道牵引等用途的发动机。

(4)持续功率。发动机允许长期连续运转的最大有效功率。适用于需要长期连续运转的固定动力、排灌、电站、船舶等用途的发动机。

对于同一种发动机,用于不同场合可以有不同的标定功率值。其中,15min 功率的标定最高,持续功率的标定最低。除持续功率外,其他几种功率均具有间歇性工作的特点,故常被称为间歇功率。对间歇功率而言,发动机在按标定功率运转时,超出上述限定的时间并不意味着发动机将被损坏,但无疑将使发动机的寿命与可靠性受到影响。

3. 发动机运行特性的评价方法

为了评价发动机在不同工况下运行的动力性、经济性、排放等指标以及反映工作过程进行的完善程度指标等,需要对发动机的运行特性进行分析和研究。用来表示发动机特性的曲线称为特性曲线,是分析和研究发动机的一种最基本的手段。

需要说明的是,只有在发动机工况稳定时,功率、转速和转矩这些基本量才有确定的关系,才能满足关系式(17-1);而当发动机处于非稳态工况时,也就是当发动机处于两个稳态工况之间的过渡状态时,至少有一个基本参数值呈变化状态,上述关系式不再成立。但是,瞬态工况是建立在稳态工况基础上的,所以,研究发动机的运行特性需要从对稳态过程的分析入手。

4. 发动机运行特性参数间的关系

发动机的运行特性参数间的内在关系,是分析发动机特性的主要基础,也是解释发动机特性曲线的依据。在前面章节已经对有关参数作了介绍,现在统一给出发动机特性参数分析式。

(1) 有效功率

$$P_e = K_1 \frac{\phi_c}{\phi_a} \eta_{it} \eta_m n \qquad (17-2)$$

(2) 有效输出转矩

$$T_{tq} = K_2 \frac{\phi_c}{\phi_a} \eta_{it} \eta_m \qquad (17-3)$$

(3) 有效燃油消耗率

$$b_e = \frac{K_3}{\eta_{it} \eta_m} \qquad (17-4)$$

(4) 每小时燃油消耗量

$$B = b_e P_e = K_4 \frac{\phi_c}{\phi_a} n \qquad (17-5)$$

以上四个分析式中,K_1、K_2、K_3 和 K_4 为常数;ϕ_c 为发动机的充量系数;ϕ_a 为过量空气系数;η 为发动机的转速;n_{it} 为发动机的指示热效率;η_m 为发动机的机械效率。

利用式(17-2)~式(17-5),可直接对汽油机稳态性能进行分析。柴油机进行负荷质调节,若能求出 ϕ_a 的平均值,当然也能应用上述各式。实际上柴油机的单缸循环油量 g_b 是可以直接测出的,由于 $g_b \propto \phi_c/\phi_a$,所以将 g_b 引入上述各式后,可导出下述各式用于柴油机分析。

$$P_e = K_5 g_b \eta_{it} \eta_m n \qquad (17-6)$$
$$T_{tq} = K_6 g_b \eta_{it} \eta_m \qquad (17-7)$$
$$B = K_7 g_b n \qquad (17-8)$$

17.2　发动机性能测试

发动机各项性能指标、参数以及各类特性曲线,需在发动机试验台架上按标准规定的试验方法进行测定。

17.2.1 功率和油耗的测量

1. 测功器

测功器是用来吸收试验发动机发出的功,改变其负荷及转速,模拟实际使用的各种工况,同时测定发动机输出转矩。输出转速由转速表测得,再由公式 $P_e = \dfrac{T_{tq}n}{9550}$ 求出功率。

常用测功器有电力测功器和电涡流测功器两种。

1) 电力测功器

这种测功器由平衡电机、测力机构、负载电阻、励磁机组、交流机组和操纵台所组成。

平衡式电力测功器机构较复杂,价格昂贵,但它可以回收电能,反拖发动机,工作灵敏,测量精度高,因此也得到广泛应用。

2) 电涡流测功器

电涡流测功器是利用涡电流效应将被测试发动机的机械能转变为电能,继而又转为热能。

电涡流测功器操作简便、结构紧凑、运转平稳、精度较高,因而得到广泛应用,但不能反拖发动机,能量不可回收。

2. 油耗仪

燃油消耗率的测量可分容积法和质量法。

1) 容积法

容积法是通过测定消耗一定容积 V_T(mL)的燃油所需的时间 t(s),然后按式(17-9)、式(17-10)算出燃油消耗率的方法。

$$B = 3.6 \frac{V_T \rho_f}{t} \tag{17-9}$$

$$b_e = \frac{B}{P_e} \times 1000 \tag{17-10}$$

式中:ρ_f 为燃油密度,g/mL;P_e 为消耗容积为 V_T 的燃油时,测得的发动机有效功率,kW;B 为每小时耗油量,kg/h;b_e 为耗油率,g/(kW·h)。

在现代测控设备上,油耗测量是由自动控制的电磁阀完成的。

2) 质量法

质量法是通过测量消耗一定质量 m(g)的燃油所花费的时间 t(s),然后按式(17-11)、式(17-12)计算燃油消耗率的方法。

$$B = 3.6 \frac{m}{t} \tag{17-11}$$

$$b_e = \frac{B}{P_e} \times 1000 \tag{17-12}$$

式中:t 为消耗 m(g)燃油所需时间,s;P_e 为消耗 m(g)燃油时测量的有效功率,kW;B 为每小时耗油量,kg/h;b_e 为耗油率,g/(kW·h)。

17.2.2　试验方法及数据处理

1. 试验标准

台架试验内容十分广泛,包括新产品或强化、改进、变型生产的发动机性能及耐久可靠性试验;在进行试验前,必须详细了解有关标准的内容,制定试验大纲,严格按照大纲要求进行试验。

例如,发动机进行功率测定时应考虑下列因素:①发动机的标定功率。②测定时的大气状况。③发动机所带附件。④进气管和空气滤清器阻力、排气背压等。因此,各标准对上述问题都作了严格规定,并且对测量仪器的精度、重要参数的测量精度等也有规定。

2. 大气修正

大气状况是指发动机运行地点的环境大气压力、大气温度和相对湿度。当大气压力降低、大气温度升高和相对湿度增大时,吸入气缸的干空气量都要降低,所以功率会减少,这就使同一台发动机由于在不同大气状况下使用,其性能差别很大。

对于汽车发动机,按 JB 3743—1984 标准规定,标准进气状态为:进气温度 298K(25℃),进气干空气压 99kPa,水蒸气分压 1kPa,进气总压 100kPa。应修正油门全开时的实测有效功率、转矩、柴油机全负荷燃油消耗率及气缸压缩压力。汽油机校正系数:

$$a_d = \left(\frac{99}{p_s}\right)^{1.2} \left(\frac{T}{298}\right)^{0.6}$$

式中: p_s 为现场环境状态下的进气干空气压,kPa。

柴油机校正系数: $a_d = f_a f_m$,公式中符号含义如表 17-1 所示。

表 17-1　柴油机校正系数中的符号含义

公式中的符号	非增压及机械增压	涡轮增压	备　注
f_a——进气因数	$\left(\frac{99}{p_s}\right)\left(\frac{T}{298}\right)^{0.7}$	$\left(\frac{99}{p_s}\right)^{0.7}\left(\frac{T}{298}\right)^{1.5}$	(1) $\frac{q}{r} < 40$,令 $f_m = 0.3$;
f_m——特性指数	$0.036\dfrac{q}{r} - 1.14$		(2) $\frac{q}{r} > 65$,令 $f_m = 0.2$;
压气机出、进口压力比 r	1	$\dfrac{p_0}{p_1}$	(3) 公式中 i 仅用于全负荷工况;
每升排量的循环供油量 q	$33333\dfrac{B}{V_s n}$——四冲程 $16667\dfrac{B}{V_s n}$——二冲程		(4) 应在 0.9~1.1 范围,超出时,应注明进气状态; (5) p_s、T、p_0、p_i、B、n 为实测值

因此,应校正的发动机参数如表 17-2 所示。

表 17-2　应校正的发动机参数

校正项目	汽油机	柴油机
校正油门全开时有效转矩 T_{tq0}	$a_d T_{tq}$	$a_d T_{tq}$
校正油门全开时有效功率 P_{e0}	$a_d P_e$	$a_d P_e$

续表

校正项目	汽　油　机	柴　油　机
校正全负荷燃油消耗率 b_{e0}	不校正	$1000\dfrac{B}{P_{e0}}$
校正气缸压缩压力 p_{e0}	$\dfrac{100}{p}p_c$	$\dfrac{100}{p}p_c$
	p—进气总压，p_c—实测气缸压缩压力	

17.3　速　度　特　性

17.3.1　发动机的速度特性与汽车动力性匹配

发动机速度特性，是指发动机在油量调节机构(油量调节齿条、拉杆或节气门开度)保持不变的情况下，主要性能指标(转矩、油耗、功率、排温、烟度等)随发动机转速变化的规律。当汽车沿阻力变化的道路行驶时，若节气门或供油拉杆位置不变，转速会因路况的改变而发生变化，这时发动机是沿速度特性工作。

当节气门或供油拉杆在最大位置时，测得的特性为全负荷速度特性(简称外特性)；油量低于最大位置时的速度特性称为部分负荷速度特性。由于外特性反映了发动机所能达到的最高性能，确定了最大功率、最大转矩以及对应的转速，因而十分重要，所有的发动机出厂时都必须提供该特性。

发动机在节气门或供油拉杆位置固定时，改变测功器的负荷，在不同转速下测出各稳定工况的耗油量 B 以及有效转矩 T_{tq}、烟度、噪声、排气温度等参数值，计算出有效功率 P_e、燃油消耗率 b_e 等参数值，整理并描绘成曲线。

1. 柴油机的速度特性

喷油泵的供油拉杆位置固定，柴油机的有效功率 P_e、有效转矩 T_{tq}、有效燃油消耗率 b_e、每小时燃油耗油量 B 等性能指标随转速 n 变化的关系称为柴油机速度特性。

由式(17-6)知，柴油机的速度特性取决于 g_b、η_{it} 和 η_m 的值随转速变化的规律，柴油机在全、中、小三种负荷时上述参数随转速变化的关系以及速度特性曲线，如图17-2、图17-3所示。

1) 有效转矩 T_{tq} 曲线

在柴油机中，每循环的充气量的大小，只提供了产生转矩的可能性，在各转速下能发出多大转矩主要取决于循环供油量 g_b，由式(17-7)可知，柴油机转矩 T_{tq} 的大小取决于每循环供油 g_b、指示热效率 η_{it} 以及机械效率 η_m，如图17-3所示。

可以看出：有效转矩 T_{tq} 曲线的变化规律是，转速由低向高变化时，开始略有上升的趋势；T_{tq} 超过最高点后，随着转速的提高，使 T_{tq} 下降，但曲线变化平坦。

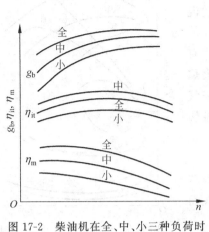

图 17-2　柴油机在全、中、小三种负荷时
各参数随转速变化的关系

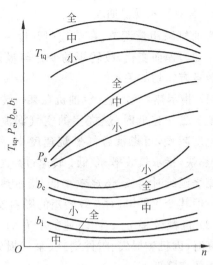

图 17-3　柴油机在全、中、小三种
负荷时速度特性曲线

2）有效燃油消耗率 b_e 曲线

如图 17-3 所示，随转速升高 η_{it} 曲线呈中间高两端低，而 η_m 曲线逐渐降低，由式（17-4）可知，b_e 曲线是在中间某一转速最低，但整条曲线变化不很大。

3）有效功率 P_e 曲线

因为 $P_e \propto T_{tq} n$，而 T_{tq} 变化平坦，所以 P_e 曲线形状还取决于转速的变化。当转速提高时，转矩 T_{tq} 增加，有效功率 P_e 迅速上升，直到转矩 T_{tq} 达到最大值以后，P_e 上升变得较平缓，当 $T_{tq} n$ 达最大值时，P_e 也达到最大值；此后转速再增加，后燃严重，P_e 开始下降。

2. 汽油机的速度特性

当汽油机的节气门开度一定，其有效功率 P_e、有效转矩 T_{tq}、有效耗油率 b_e、每小时耗油量 B 等性能指标随转速变化的关系称为汽油机速度特性。

1）汽油机速度特性曲线分析

由式（17-2）知，汽油机的速度特性取决于 ϕ_c、ϕ_a、η_{it} 和 η_m 的值随转速变化的规律，汽油机在全、中、小三种负荷时各参数随转速变化的关系和负荷时速度特性曲线分别如图 17-4、图 17-5 所示。

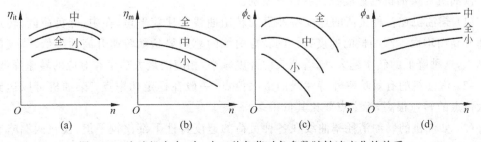

图 17-4　汽油机在全、中、小三种负荷时各参数随转速变化的关系

2）有效转矩 T_{tq} 曲线

汽油机采用量调节,在节气门开度一定时,ϕ_a 值基本不随转速而变化,故转矩的变化与吸入气缸的混合气数量有密切的关系。

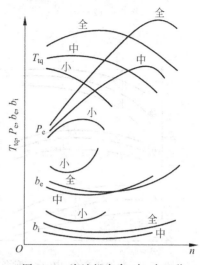

图 17-5　汽油机在全、中、小三种负荷时速度特性曲线

（1）指示热效率 η_{it}。汽油机在某一转速时,η_{it} 有最高值。当转速低时,燃烧室的空气涡流减弱,火焰传播速度减慢,可燃混合气燃烧速度小,气缸的漏气多、散热快,指示热效率 η_{it} 低;转速过高时,以曲轴转角计燃烧延续时间长,燃烧效率低,指示热效率 η_{it} 也降低。但其变化平坦,对有效转矩的影响较小。

（2）机械效率 η_m。随转速的上升而下降。当转速提高时,因机械损失、附件消耗、泵气损失等增大而使机械效率降低。

（3）充量系数 ϕ_c。随转速的上升而下降。节气门开度固定,速度增大时,换气时间缩短,由于气体的惯性使得换气不充分。

（4）过量空气系数 ϕ_a。随转速的上升略有增加,但总体平缓,变化不大。

综合来看,转速由低逐渐升高,指示热效率、充量系数均上升,虽然机械效率略有下降,但有效转矩总趋势是上升的,到某一点取得最大值。随着转速继续上升,由于指示热效率、充量系数均下降,致使有效转矩迅速下降,变化较陡。

3）有效功率 P_e 曲线

因为 $P_e \propto T_{tq}n$,当转速提高时,转矩开始增加,所以 P_e 迅速上升;转矩达到最大值以后,随转速的上升变得较平缓,当 $T_{tq}n$ 达最大值时,P_e 达到最大值,此后开始下降。

4）有效耗油率 b_e 曲线

由式(17-4)并综合 η_{it}、η_m 的变化,b_e 在中间某一转速时最低。当转速高于此转速时,η_{it}、η_m 随转速上升同时下降,所以 b_e 增加。当转速低于此转速,因 η_{it} 上升而 η_m 下降,结果 b_e 上升。

3. 柴油机和汽油机的速度特性对比分析

汽油机与柴油机的速度特性有以下差别。

（1）柴油机在各种负荷的速度特性下的转矩曲线都比较平坦,在中、低负荷区,转矩随转速升高而增大。汽油机的速度特性的转矩曲线的总趋势是随转速升高而降低,节气门开度越小,这种降低的斜率越大,随着节气门开度减小,相应的最大功率和对应的转速降低。

（2）汽油机的有效功率外特性线的最大值点,一般在标定功率点;柴油机可以达到的最大值点的转速很高,标定点要比其低得多。

（3）柴油机的燃油消耗率曲线在各种负荷的速度特性下都比较平坦,仅在两端略有翘起,最经济区的转速范围很宽。汽油机油耗曲线的翘曲度随节气门开度减小而急剧增大,相应最经济区的转速范围越来越窄。

4. 发动机外特性与汽车动力性匹配

发动机的转矩 $T_{tq}(\text{N} \cdot \text{m})$ 在汽车驱动轮上产生的驱动力 $F_t(\text{N})$ 按下式计算:

$$F_t = \frac{T_{tq} i_k i_0 \eta_t}{r} \tag{17-13}$$

式中: i_k、i_0 分别是变速器、主减速器传动比; η_t 为传动系的效率。对机械式变速器 $\eta_t = 0.70 \sim 0.85$; r 为驱动轮的工作半径,m。汽车行驶速度 $u_a(\text{km/h})$ 与发动机转速 $n(\text{r/min})$ 的关系为

$$u_a = 0.377 r n i_k i_0 \tag{17-14}$$

可根据发动机外特性转矩曲线 T_{tq} 得出变速器不同挡位汽车的驱动特性曲线族,如图 17-6 所示。

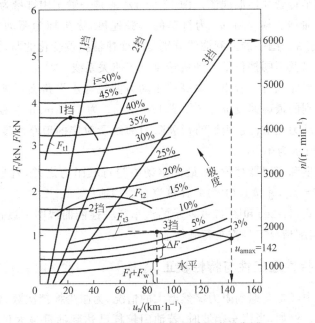

图 17-6　汽车的驱动力-行驶阻力平衡图

汽车的行驶阻力 F_r 按下式计算:

$$F_r = F_f + F_w + F_i + F_j \tag{17-15}$$

式中: F_f 为汽车滚动阻力,有

$$F_f = mg\cos\alpha \approx mgf \tag{17-16}$$

式中: m 为汽车总质量; g 为重力加速度; f 为轮胎滚动阻力系数,对货车可取 $f = 0.02 \sim 0.03$,对轿车 $f = 0.013[1 + 0.01(u_a - 50)]$; u_a 为汽车的行驶速度,km/h; α 为坡度角,当 α 不大时,$\cos\alpha \approx 1$; F_w 为汽车空气阻力,它与汽车迎风投影面积 $A(\text{m}^2)$ 和汽车对空气相对速度的动压 $\rho_a v_r^2/2$ 成正比。

$$F_w = \frac{1}{2} C_D A \rho_a v_r^2 \tag{17-17}$$

式中: C_D 为汽车的空气阻力系数,轿车取 $0.4 \sim 0.6$,客车取 $0.6 \sim 0.7$,货车取 $0.8 \sim 1.0$;

A 对货车为前轮距×总高,轿车为 0.78×总宽×总高;ρ_a 为空气密度,v_r 为汽车对空气的相对速度,在无风时即为汽车行驶速度 u_a

$$F_i = mg\sin\alpha \approx mgi \tag{17-18}$$

F_i 为坡度阻力,当坡度角 $\alpha < 15°$ 时,$\sin\alpha \approx \tan\alpha \approx i$;$i$ 为道路的坡度。

$$F_j = \delta m \frac{\mathrm{d}u_a}{\mathrm{d}t} \tag{17-19}$$

式中:F_j 为加速阻力,δ 为汽车旋转质量换算为平移质量的换算系数,$\delta = 1 + \delta_1 i_k^2 + \delta_2$,$\delta_1 = 0.04 \sim 0.06$;$\delta_2 = 0.03 \sim 0.05$;根据驱动力 F_t 与行驶阻力 F_r 的平衡可得汽车的行驶方程如下:

$$\frac{T_{tq} i_k i_0 \eta_t}{r} = mgf + \frac{1}{2} C_D A \rho_a u_r^2 + mgi + \delta m \frac{\mathrm{d}u_a}{\mathrm{d}t} \tag{17-20}$$

于是可画出汽车行驶性能曲线图。图 17-6 所示的是一辆车用排量为 1L 的汽油机的轻型轿车的行驶性能曲线。横坐标 u_a 为汽车的行驶速度,纵坐标为驱动力 F_t 和行驶阻力 F_r,以及发动机转速 n。图中的三族曲线分别是随变速器挡位变化的驱动力线、随道路坡度变化的行驶阻力线以及不同挡位下发动机转速与车速关系线。

从汽车行驶性能曲线可以看出。最高挡驱动力曲线与水平路面行驶阻力曲线的交点,即表示汽车所能达到的最高速度 u_{max}(如图 17-6 所示,为 142km/h 左右);而与最低挡驱动力曲线上最大驱动力点 F_{1max} 相切的行驶阻力曲线所对应的道路坡度,就是汽车的最大爬坡极限(图 17-6 所示为 40%)。

在给定行驶速度和变速器挡位下,最大驱动力与行驶阻力之差,就是后备驱动力 ΔF,可用于加速,且 $\Delta F = F_j$,并按式(17-19)计算汽车的加速度。

利用力平衡公式(17-20)和图 17-6 所示的汽车行驶性能曲线图可以选择发动机的外特性,并可分析不同匹配情况下的汽车行驶性能。

5. 发动机外特性适应性与特性校正

汽车行驶过程中经常会遇到阻力突然增大的情况,为减少换挡次数,要求发动机的转矩随转速降低而增加。例如,当汽车爬坡时,若油门拉杆已达到油量最大位置,但发动机所发出转矩仍不足,车速就要降低,此时要求更大的转矩,以克服爬坡阻力。在图 17-7 和图 17-8 上示意做出具有相同标定点"a"的汽、柴油机外特性 T_{tq} 线和 P_e 线。同时还将汽车的总阻力按最高挡转换为图上的阻力矩线 T_{tqR} 和阻力功率线 P_{eR}。标定转速均设为最高稳定转速 n_n,汽油机为 n_g 柴油机为 n_d。

由图得出结论:首先,就同一挡的加速和克服阻力的能力而言,相同标定点前提下,汽油机的动力性能优于柴油机,因为在低于标定转速下各点的转矩与功率,汽油机都比柴油机高。其次,就最高挡可达到的最高转速而言,则是柴油机比汽油机更远离标定转速点,这是因为汽油机 T_{tq} 线下降急剧,而柴油机比较平缓。柴油机过多超越标定转速会带来超速或"飞车"的危险。

此处仅单从发动机特性来分析,没有涉及汽车传动系。如果汽车实现无级变速传动,则最大动力性能只取决于标定点功率,发动机外特性的作用就减小了,只对起步加速有一定的作用。目前尚不可能实现完全的无级传动,所以此处分析仍具有现实意义。

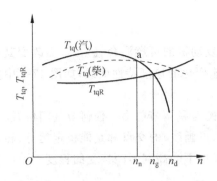

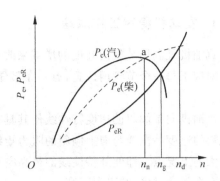

图 17-7　外特性转矩和阻力矩平衡关系　　　　图 17-8　外特性功率和阻力功率平衡关系

上述分析表明,汽油机的外特性线比柴油机外特性线的动力适应性好,所以汽油机一般不进行外特性线的改造;柴油机则往往要在低于标定转速段处进行"校正",使 T_{tq} 加大;而在高于标定转速段处进行"调速",以避免超速"飞车"。

衡量发动机工作稳定性能的指标是转矩适应性系数 K_T 和转速适应性系数 K_n。

1）转矩适应性系数 K_T

$$K_T = \frac{T_{tqmax}}{T_{tqn}} \tag{17-21}$$

式中:T_{tqmax} 为外特性上最大转矩;T_{tqn} 为标定转矩。

2）转速适应性系数 K_n

$$K_n = \frac{n_n}{n_m} \tag{17-22}$$

式中:n_n 为标定转速;n_m 为外特性上最大转矩对应的转速。

3）转矩储备系数 μ

$$\mu = \frac{T_{tqmax} - T_{tqn}}{T_{tqn}} \times 100\% = K_T - 1 \tag{17-23}$$

μ、K_T 值大表明随着转速的降低,T_{tq} 增加较快,在不换挡时,爬坡能力和克服短期超载能力强。其中:

汽油机:$\mu = 10\% \sim 30\%$,　$K_T = 1.2 \sim 1.4$,　$K_n = 1.6 \sim 2.5$;

柴油机:$\mu = 5\% \sim 10\%$,　$K_T = 1.05$,　$K_n = 1.4 \sim 2.0$。

17.3.2　车用柴油机的调速特性

前文阐述了汽油机和柴油机外特性曲线不同对汽车动力性的影响,汽油机外特性曲线较"陡",转矩储备大,未经校正的柴油机外特性曲线较"平",转矩储备小,需要"校正"。实际上,这是由柱塞式喷油泵的脉冲供油方式造成的,在油量调节杆位置(即柱塞有效行程)不变时,每循环供油量 g_b 随转速增加而增加,根据式(17-7),在燃烧恶化之前,T_{tq} 下降不大。另外,该特点还影响发动机工作稳定性,以上正是柴油机装备调速装置的原因。

1. 发动机稳定工作原理

汽油机是利用节气门开度的增减来改变进入发动机的可燃混合气量,从而改变其工况的。对应于每一个节气门位置,有一条转矩随转速变化的速度特性曲线,如图 17-9 中实线所示。

汽油机向下倾斜的速度特性线使其具有很好的自我调节能力。任何节气门位置时,向下倾斜的速度特性线与向上倾斜的阻力矩线(图示点画线)的交点都是能稳定运行、转速变动不大的工况点。即使外特性线的最高空车转速,也不会高到不能接受的程度。因此汽油机不存在超速过多的"飞车"危险。

柴油机转矩速度特性线是在油量调节杆位置不变时获得的。这条线受循环供油量速度特性所控制,如图 17-10 实线所示,变化平缓,在低速和小油量位置时甚至呈上升状。

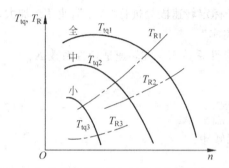

图 17-9 汽油机不同节气门位置的自调节性能
—— 发动机扭矩;— — — 阻力矩

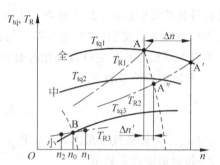

图 17-10 柴油机不同油量调节
杆位置的自调节性能
—— 发动机扭矩;— — — 阻力矩

2. 两种基本调速模式

加速踏板位置不变而调速器起作用时,转矩随 T_{tq} 转速 n 急剧下降的曲线称为调速特性线。根据调速特性线出现的特点,存在两种基本的调速模式。

1) 两极调速模式

若调速器只在标定转速以及某一低速起调速作用,而在广大中间转速时不起作用(即仍由驾驶员通过加速踏板直接操纵油量调节杆),这就是两极调速。

如图 17-11 所示,每一个加速踏板位置均在固定的低速 n_1 和标定转速 n_n 进行调速。随着加速踏板位置的加大,曲线由下向上移动。

两极调速器已能满足高速限速和低、怠速稳速的两项基本要求,而在中间转速由驾驶员直接控制油量,具有操纵轻便、加速灵活等特点,为大多数中、小型车用柴油机所采用。

2) 全程调速模式

调速器在任何转速均能起调速作用的模式为全程调速模式。使用全程调速模式时,加速踏板并不直接控制油量调节杆。此时,每一个踏板位置只对应一条调速特性线,如图 17-12 所示的 R-n 和 T_{tq}-n 曲线。每一个踏板位置所对应的曲线都是从低速时的外特性线开始,到了各自的调速转速后才变为下降的调速特性线。加速踏板位置越大,调速转速越高。

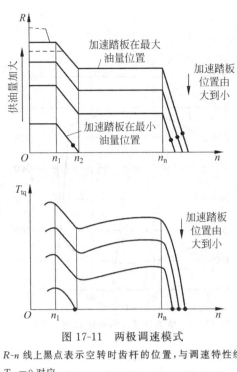

图 17-11　两极调速模式

R-n 线上黑点表示空转时齿杆的位置,与调速特性线

$T_{tq}=0$ 对应

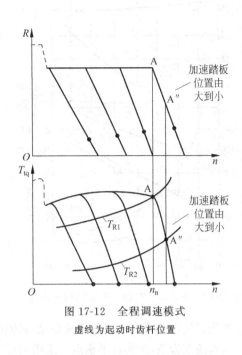

图 17-12　全程调速模式

虚线为起动时齿杆位置

这种调速器在加速踏板位置不动时,会因外界负荷的变化而自动调节供油量。如图 17-12 所示加速踏板在最大位置而阻力矩由 T_{R1} 变为 T_{R2} 时,调速器使工况由 A 自动变到 A″,对应的油量调节齿杆 R 也由 A 降到 A″,即油量自动减小,而此时转速并没有较大改变。

这种调速器适用于拖拉机、工程机械等要求稳速工作的柴油机中,重型载货车也常使用。

3. 调速特性

加速踏板位置固定,在调速器起作用时,柴油机的性能指标随转速变化的关系称为调速特性。调速特性表达方式有两种,一种以有效功率 P_e 或平均有效压力 p_{me} 为横坐标,相当于负荷特性的形式,如图 17-13 所示。另一种表达形式是以转速 n 为横坐标,相当于速度特性的形式,如图 17-14 所示。

4. 调速特性试验

对于车用发动机,柴油机的调速特性和外特性通常在一次试验中完成,其试验方法如下。

柴油机运转正常后,把柴油机调整并固定到标定工况。然后卸去全部负荷,待发动机达到最高稳定空车转速之后,按标定功率的 50%、80%、90% 及 100% 依次增加负荷,测取每种工况时的各项指标。然后,再增加测功器负荷,将发动机转速依次降到标定转速的 95%、90%、80%、70%、60%、50%,测取每种工况时的各项指标。

试验时,应注意测出调速模式开始起作用的转速和最大转矩以及相应转速,如图 17-15 曲线①②③④相当于不同位置时的调速特性,在某一位置柴油机沿调速特性曲线工作,负荷可以由零变化到全负荷特性曲线上。

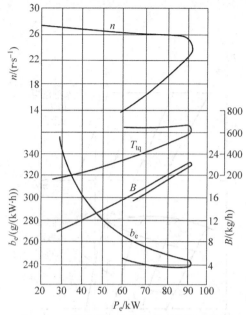

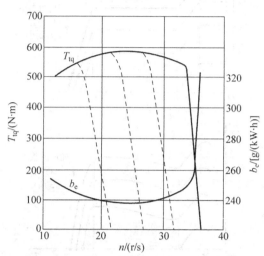

图 17-13　柴油机负荷特性形式的调速特性　　图 17-14　柴油机速度特性形式的调速特性

　　两极调速模式只有在最低转速和最高转速下才起作用。在发动机工况改变时,驾驶员直接操纵喷油泵齿条,达到新平衡点。采用两极调速模式的柴油机的调速特性如图 17-15 所示。

5. 调速器的调速率

　　调速模式工作性能的好坏,通常用调速率评定。调速率可以通过突变负荷试验测得,即先让柴油机在标定工况下运转。然后突然卸去全部负荷,测得突变负荷前后的转速,如图 17-16 所示。

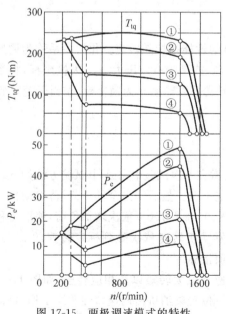

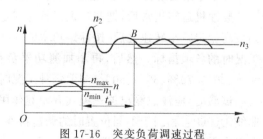

图 17-15　两极调速模式的特性　　　　　图 17-16　突变负荷调速过程

根据不同的测定条件,调速率分为瞬时调速率和稳定调速率。

1）瞬时调速率 σ_1

瞬时调速率是评定调速器过渡过程的指标。σ_1 表示过渡过程中转速波动的瞬时增长百分比

$$\sigma_1 = \frac{n_2 - n_1}{n_b} \tag{17-24}$$

式中：n_2 表示突变负荷时柴油机最大或最小瞬时转速,r/min；n_1 表示突变负荷前柴油机的转速,r/min；n_b 表示柴油机的标定转速,r/min。

2）稳定调速率 σ_2

$$\sigma_2 = \frac{n_3 - n_1}{n_b} \tag{17-25}$$

式中：n_1 表示突变负荷前柴油机的转速,r/min；n_3 表示突变负荷后柴油机的转速,r/min；n_b 表示柴油机的标定转速,r/min。

σ_2 表明柴油机实际运转时的转速波动相对于全负荷转速的变化范围。σ_2 大,表明柴油机工作不稳定,转速波动大。柴油机转速从 n_2 逐渐稳定到 n_3 所需要的过渡时间 t_n 越短越好。

不同用途柴油机的瞬时调速率 σ_1、稳定调速率 σ_2 及过渡时间 t_n 如下：

一般用柴油机 $\sigma_1 \leqslant 10\% \sim 12\%$,$\sigma_2 \leqslant 8\% \sim 10\%$,$t_n \leqslant 5 \sim 10s$。

发电用柴油机 $\sigma_1 \leqslant 5\%$,$\sigma_2 \leqslant 5\%$,$t_n \leqslant 3 \sim 5s$。

17.4　负荷特性与万有特性

负荷特性是指当转速不变时,发动机的性能指标随负荷而变化的关系。用曲线的形式表示,就是负荷特性曲线。

测取负荷特性前,将发动机的冷却水温度、润滑油温度保持在规定值；调节测功器负荷并改变循环供油量,使发动机的转速稳定在某一常数。测量各稳定工况下的耗油量 B 以及烟度、噪声、排气温度等参数值,计算出有效功率 P_e、燃油消耗率 b_e 等参数值,整理并描绘成曲线。

对于一条特定的负荷特性曲线,转速 n 固定不变,这样有效功率 P_e、有效转矩 T_{tq} 与平均有效压力 p_{me} 互成比例关系,均可用来表示负荷的大小。因此,负荷特性的横坐标通常是上述三个参数之一,较为常用的是有效功率 P_e 或平均有效压力 p_{me}。纵坐标主要是燃油消耗量 B、燃油消耗率 b_e 以及排温、烟度、机械效率 η_m 等。图 17-17 所示为负荷特性曲线。

从负荷特性曲线可以看出,发动机的最低燃油消耗率越小,经济性越好；油耗曲线变化越平坦,表示在宽广的负荷范围内,能保持较好的燃油经济性,这对于负荷变化较大的车用发动机尤为重要。此外,无论柴油机还是汽油机,在低负荷区,燃油消耗率均显著升高。因此,为使发动机在实际使用时具有良好的经济性,不仅要求燃油消耗率低,更希望常用负荷接近经济负荷。

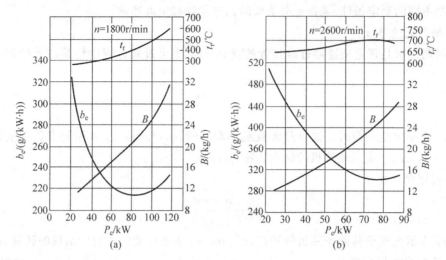

图 17-17　发动机的负荷特性

(a) 柴油机；(b) 汽油机

由于负荷特性可以直观地显示发动机在相同转速、不同负荷下运转的经济性以及排气温度等参数，且比较容易测定，因而在发动机的调试过程中，经常用来作为性能比较的依据。同时，每一条负荷特性仅对应发动机的一种转速，为了满足实际应用的要求，需要测出不同转速下的多个负荷特性曲线，根据这些特性曲线，可以得到发动机的另外一个重要的特性——发动机的万有特性。

1. 柴油机的负荷特性

当柴油机保持某一转速不变，移动喷油泵齿条或拉杆位置，改变每循环供油量 g_b，燃油消耗量 B、燃油消耗率 b_e 等随负荷 P_e（或 T_{tq}、p_{me}）变化的关系称为柴油机负荷特性。

对于非增压柴油机而言，当柴油机按负荷特性运行时，由于转速不变，其充量系数基本保持不变；当负荷变化时，通过燃料调节机构调整循环供油量以适应负荷的变化，负荷增大时油量增加，反之则减少。这样，过量空气系数随负荷的增加而减小，这一负荷调节过程称为"质调节"。图 17-18 所示是柴油机各种参数和指标的负荷特性曲线。

1）燃油消耗率曲线

燃油消耗率 b_e 曲线的变化取决于指示热效率 η_{it} 和机械效率 η_m 的变化，其变化曲线如图 17-18 所示。可以看出：

（1）指示热效率 η_{it} 变化情况。随着负荷增加，循环供油量增加，而转速不变，充量系数 ϕ_c 变化不大，过量空气系数 ϕ_a 值逐渐减少，即混合气由稀向浓变化，根据燃烧理论，指示热效率 η_{it} 在低负荷时稍有上升，当混合气浓度为最佳值时达到最大值。然后随着负荷增加，混合气浓度过大而缓慢下降。当 ϕ_a 降低到一定程度

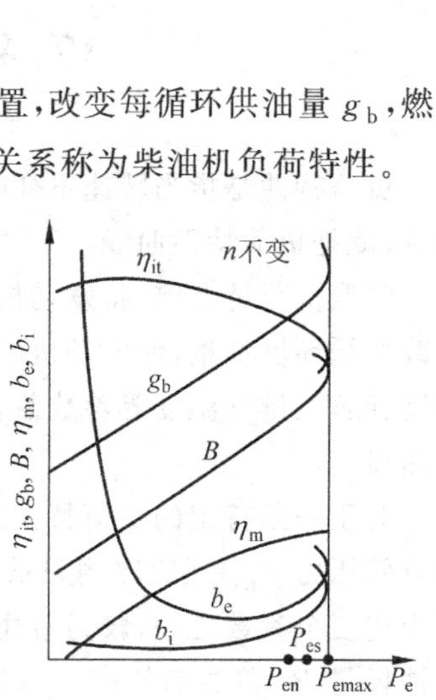

图 17-18　柴油机各种参数和指标的负荷特性曲线

时,不完全燃烧加剧,使 η_{it} 急剧下降。

(2) 机械效率 η_m。机械效率 η_m 随着负荷的增加而增加。

当柴油机空转时,机械效率等于零,发动机所发出的功率完全用于自身消耗,燃油消耗率 b_e 趋近于无穷大。负荷增加,燃油消耗率 b_e 下降,直到降低到最低点。如果负荷再增加,使得过量空气系数 ϕ_a 减小,混合气过浓,混合与燃烧恶化,η_{it} 大幅下降又使得 b_e 升高;继续增加负荷,则空气相对不足,燃料无法完全燃烧,从而使燃油消耗率上升很快,且柴油机大量冒黑烟,导致活塞、燃烧室积炭,发动机过热,可靠性以及寿命受到影响。

柴油机排气存在"冒烟界限",如图 17-18 所示的右侧边界线;为了保证柴油机寿命及安全可靠地运行,一般不允许超过国家法规规定的烟度极限值。

2) 燃油消耗量 B 曲线

当转速一定时,燃油消耗量 B 的变化取决于每循环供油量,随着负荷的增加,循环供油量增大,燃油消耗量也增加,在中、小负荷段近似呈线性;当接近碳烟极限时,燃烧更加恶化,燃油消耗量 B 迅速增加,如图 17-18 所示。

对于增压柴油机而言,由于随负荷的增大,排气能量增大,增压器转速上升,从而使增压压力变大、进气密度提高,所以在高负荷时,其过量空气系数以及指示热效率变化不大,燃油消耗率曲线较为平坦。与非增压发动机所不同的是,限制增压发动机平均指示压力提高的主要因素是最高燃烧压力,而不是排气烟度。同时,增压柴油机的最大烟度一般出现在平均有效压力较低时。

2. 汽油机的负荷特性

当汽油机的转速保持不变,而逐渐改变节气门开度,同时调节测功器负荷,以保持转速不变;此时,燃油消耗量 B、燃油消耗率 b_e 随负荷 P_e(或 T_{tq}、p_{me})变化而变化的关系称为汽油机负荷特性。

汽油机的供油量是通过节气门的开度变化来调节,这样相应地改变了进入气缸的混合气数量,而混合气的浓度变化不大,故称为"量调节"。

1) 燃油消耗率 b_e 曲线

由式(17-4)知,燃油消耗率 b_e 曲线的变化取决于指示热效率 η_{it} 和机械效率 η_m 的变化,如图 17-19 为汽油机各种参数和指标的负荷特性曲线。

(1) 指示热效率 η_{it}。随着负荷 P_e 的增加而先缓慢增加,然后略有下降。由于节气门开度的加大,气缸内残余废气相对减少,可燃混合气燃烧速度增加,且热损失减少,燃料汽化条件改善,使指示热效率增加,燃油消耗率下降;在大负荷与全负荷时需要浓混合气,使得不完全燃烧加剧,指示热效率下降。

(2) 机械效率 η_m。当转速为一常数时,机械损失功率 P_m 变化不大,指示功率 P_i 随节气门开度的增加而增加,根据定义式,η_m 随负荷的增加而增加。

发动机空转时,$P_i = P_m$,$\eta_m = 0$,所以 b_e 为无穷大。随着节气门开度的增加,η_{it} 和 η_m 均上升,故燃油消耗率急速下降。在大负荷时需要浓混合气,全负荷时 $\phi_a = 0.85 \sim 0.95$,不完全燃烧加剧,指示热效率下降,燃油消耗率上升。

2) 燃油消耗量 B 曲线

燃油消耗量 B 曲线的变化趋势如图 17-19 所示。

在转速不变时,燃油消耗量 B 曲线的变化取决于节气门开度(决定充量系数 ϕ_c)和混合气成分(过量空气系数 ϕ_a)。随节气门开度的加大,汽油机充量系数 ϕ_c 增大,进入气缸的混合气量增多;过量空气系数先缓慢上升(混合气变稀)然后缓慢下降(混合气变浓),但总体变化不是很大。所以,燃油消耗量一直上升;全负荷时 $\phi_a = 0.85 \sim 0.95$,混合气浓度变大,使得 B 迅速增加。

3. 柴油机和汽油机的负荷特性对比分析

为了分析,将标定功率和转速接近的汽油机和柴油机负荷特性曲线进行对比,如图 17-20 所示。

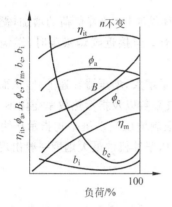

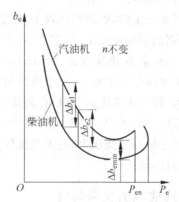

图 17-19   汽油机的各种参数和
           指标的负荷特性曲线

图 17-20   汽油机、柴油机负荷特性曲线的对比

1)柴油机和汽油机的负荷特性的差异

比较汽油机与柴油机负荷特性,可发现有以下特点。

(1)汽油机的燃油消耗率普遍较高,且在从空负荷向中、小负荷段过渡时,燃油消耗率下降缓慢,仍维持在较高水平,燃油经济性明显较差。

(2)汽油机排气温度普遍较高,且与负荷关系较小。

(3)汽油机的燃油消耗量曲线弯曲度较大,而柴油机的燃油消耗量曲线在中、小负荷段的线性较好。

2)柴油机和汽油机的负荷特性差异的分析

汽油机和柴油机的机械效率变化情况基本类似,造成燃油消耗率差异的主要原因在于指示热效率的差异。

(1)由于柴油机的压缩比比汽油机高出较多,其过量空气系数也比汽油机大,燃烧大部分是在空气过量的情况下进行的,所以柴油机的指示热效率比汽油机高。这样,从数值上看,汽油机的燃油消耗率数值高于柴油机。

(2)从指示热效率曲线的变化趋势看,在转速不变的前提下,柴油机进入气缸的空气量基本上不随负荷大小而变化,而每循环供油量则随负荷的增大而增大,这样过量空气系数就随负荷的增大而减小,因此,指示热效率也就随负荷的增大而降低;汽油机采用定质变量的负荷调节方法,在接近满负荷时采取加浓混合气导致指示热效率明显下降,而在低负荷时,由于节气门开度小,残余废气系数较大,燃烧速率降低,需采用浓混合气,加之当负荷减小时泵气损失增大,导致指示热效率下降。这样,汽油机的燃油消耗率在中、小负荷区远高于柴油机。

(3) 排气温度曲线的差异是因为汽油机的压缩比比柴油机低,相应的膨胀比也低,排气温度就要比柴油机高出许多。在负荷变化时,尽管由于混合气总量的增加引起加入气缸总热量的增加,使排气温度随负荷的提高而上升,但由于在大部分区域内过量空气系数保持不变,故排气温度上升幅度不大。在柴油机中,随着负荷的提高,过量空气系数随之降低,排气温度显著上升。

4. 万有特性

负荷特性和速度特性只能表示某一油量控制机构位置固定或某一转速时,发动机参数间的变化规律,而对于工况变化范围大的发动机,要分析各种工况下的性能,就需要在一张图上全面表示发动机性能的特性曲线,这种能够表达发动机多参数的特性称为万有特性。

万有特性用转速 n 为横坐标,用平均有效压力 p_{me} 为纵坐标,在图上画出许多等油耗率曲线和等功率曲线。根据需要,还可在万有特性曲线上绘出等节气门开度线、等排放线、等过量空气系数线等。

等功率曲线是根据式 $P_e = K p_{me} n$ 做出,其中,K 对于一个给定的发动机为常数,这样,在 p_{me}-n 坐标中,等功率曲线是一族双曲线。

5. 万有特性分析及汽车经济性匹配

1) 万有特性图分析

等燃油消耗率曲线的形状与位置对发动机的实际使用经济性能有重要的影响。在万有特性图上,最内层的等燃油消耗率曲线相当于发动机运转的最经济区域,等值曲线越向外,经济性越差,希望低耗油率区域越宽越好。

(1) 如果该曲线的形状在横向上较长,则表示发动机在负荷变化不大而转速变化较大的情况下工作时,燃油消耗率变化较小。

(2) 对于车用发动机,希望经济区最好在万有特性的中间位置,使常用转速和负荷落在最经济区域内,并希望等 b_e 曲线沿横坐标方向长些。

(3) 如果曲线形状在纵向较长,则表示发动机在负荷变化较大而转速变化不大的情况下工作时,油耗率变化较小。

在万有特性上还可以看出其他一些特征点,如最大转矩点及其对应的转速、最低稳定转速点以及最低油耗点及其范围等。图 17-21 所示是典型的万有特性曲线。

2) 汽车经济性匹配

万有特性曲线常用于以下几个方面。

(1) 可以根据汽车(或其他工作机械)的转速和负荷运转规律的特性曲线,选配特性曲线与其相近或者相似的发动机,合理地匹配以提高汽车燃油经济性。

(2) 根据等转矩 T_{tq}、等排气温度 T_r、等最高爆发压力 p_z 曲线,即可以准确地确定发动机最高、最低允许使用的负荷限制线。

(3) 利用万有特性可以检查发动机的工作状态是否超负荷,工作是否正常。

从技术上讲,提高汽车的燃油经济性,应该从提高发动机的燃油经济性,降低整车运行

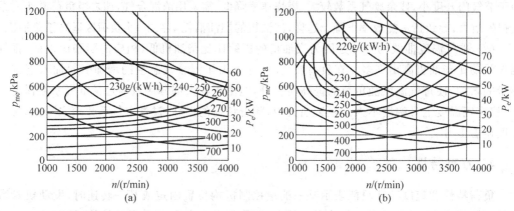

图 17-21　典型的万有特性曲线

（a）增压；（b）非增压

阻力、完善发动机和汽车传动系统的匹配三方面着手。但是，汽车的使用油耗还与政府法规、道路交通状况、营运管理和维修驾驶等因素有密切关系，是一个涉及面很广的复杂问题，从发动机工作原理角度，主要是改善发动机经济性能和合理的机、车匹配。

汽车燃油经济性指标之一是稳定工况百公里行驶油耗 g_{100}（L/100km），它与发动机的每小时耗油量 B 有如下关系：

$$g_{100} = 100B/u_a \tag{17-26}$$

式中：u_a 为汽车车速，由式 $B = P_e b_e$ 和 $P_e = \dfrac{2\sin V_s}{\tau} p_{me}$，再引用汽车理论中的车速公式

$u_a = \dfrac{rn}{i_k i_0}$，整理得

$$g_{100} = K i_0 i_k p_{me} b_e \tag{17-27}$$

式中：K 为综合常系数；i_k、i_0 分别为变速器、主减速器传动比；r 为驱动轮半径。

式（17-27）表明，在给定条件下，对于汽车的任一工况，理论上可以合理选择 i_k、i_0、p_{me} 和 b_e 的值而使 g_{100} 获得最佳值。这一工作可在发动机的万有特性图上根据有效燃油消耗率进行分析，如图 17-22 所示。

汽车的每一个工况（由车速和驱动力决定）都要消耗确定的驱动功率，即要求发动机输出一个确定的功率。如果实现无级传动，就可以选择发动机在该等功率线上的最低燃油消耗率 b_{emin} 点来配套，这样就可达到最经济的要求。此时，由该点的 n 和汽车要求的 u_a 确定 i_k、i_0 值，因为该点 p_{me} 和 b_e 已知，则可由式（17-26）求得最经济的 g_{100} 值。

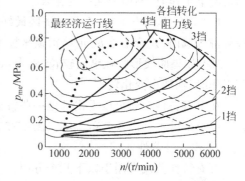

图 17-22　发动机与传动系的经济性匹配

发动机的等功率线就是图 17-22 中虚线所示的双曲线族。各线的 b_{emin} 点就是该等功率线与等耗油率线的切点。于是这些切点的连线就是实现无级传动时发动机的最经济运行线，如图 17-22 中黑点线所示。

由此可见,实现无级传动,无论是动力性还是燃油经济性都能达到最优化。

对于大多数有级传动的车辆,合理匹配的关键是排挡数与各挡速比、主传动比的选择与分配。

汽车大多数时间以最高挡行驶,因此该挡速比应更多从经济性要求出发来选择。如果在常用路面上最高挡转换到发动机上的阻力线(图 17-22)中四挡阻力线能更接近无级传动的最经济运行线(图上黑点线),则更符合燃油经济性的要求。

排挡数的多少对经济性也有很大影响。既然无级传动可以获得最佳动力、经济性能,那么从理论上看,挡数越多,越接近无级传动,也就越能获得良好性能。在这一点上,经济性和动力性的匹配要求是不矛盾的。但实际上问题并不是这样简单。排挡多了,换挡就要多花时间,变速器成本高,总经济性未必就好,这是汽车理论要专门讨论的问题。

从发动机的角度,如何使万有特性曲线更好地满足整车燃油经济性的要求是合理匹配的另一个重要方面。

应该根据不同车辆行驶的特点,尽量使万有特性线族内层的经济圈能包容发动机最经常运行的区域。对于车用发动机,经济圈应该位于最高挡阻力线中转速略偏低的部位,并使等 b_e 线圈在横向拉长一些,如图 17-23 所示。对于拖拉机及工程机械用发动机,经常使用的转速在标定点附近且负荷较大,故经济圈宜匹配到高转速、较高负荷部位,并让等 b_e 线圈沿纵向拉长一些,如图 17-24 所示。

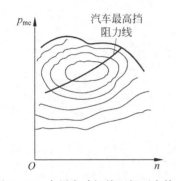
图 17-23　车用发动机的理想万有特性

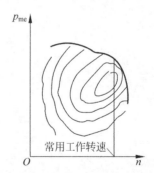
图 17-24　拖拉机及工程机械发动机的理想万有特性

实际上很难满足这些要求。如果差距太大,可重新选择发动机或对发动机参数重新匹配以改善万有特性。比如,选择对转速不太敏感的燃烧系统可以使经济圈沿横向扩展;而降低发动机机械损失有利于经济圈沿纵向扩展。

习　　题

1. 试比较柴油机负荷特性曲线上 A、B 两点下列参数的大小,见图 17-25,并说明为什么?

(1) 循环供油量 g_b;

(2) 过量空气系数 α;

(3) 指示效率 η_i;

（4）机械效率 η_m；

（5）排气烟度 R_B。

2. 在汽油机万有特性上试比较 A、B 两点下列数大小，见图 17-26，并说明为什么？

（1）充气效率 η_V；

（2）指示效率 η_i；

（3）机械效率 η_m；

（4）点火提前角 θ；

（5）过量空气系数 α。

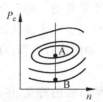

图 17-25　题 1 图　　　　图 17-26　题 2 图

第18章

汽油机混合气形成与燃烧

18.1 汽油机燃烧过程

18.1.1 正常燃烧过程

汽油机正常燃烧过程是由定时的火花点火开始,且火焰前锋以一定的正常速度传遍整个燃烧室的过程。

1. 正常燃烧过程进行情况

研究燃烧过程的方法很多,但简单易行且经常使用的方法是测取示功图,它反映了燃烧过程的综合效应。汽油机典型的示功图如图 18-1 所示。为分析方便,按其压力变化特点,将燃烧过程分为着火落后期、明显燃烧期和补燃期三个阶段。

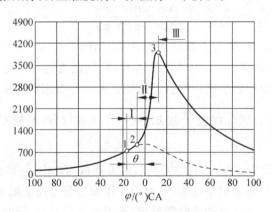

图 18-1 汽油机的燃烧过程

Ⅰ—着火落后期;Ⅱ—明显燃烧期;Ⅲ—补燃期;

1—开始点火;2—形成火焰中心;3—最高压力点

(1) 着火落后期(图 18-1 中 1～2 段),是指从火花塞点火到火焰核心形成的阶段,即从火花塞点火(点 1)至气缸压力线明显脱离压缩线而急剧上升时(点 2)的时间或曲轴转角,这段时间占整个燃烧时间的 15% 左右。

火花塞放电时两极电压可达 10～35kV,击穿电极间隙的混合气,造成电极间电流通过。电火花能量点燃电极附近的混合气,形成火焰中心。在着火落后期,气缸压力线与压缩压力线相比无明显变化。

在最佳点火条件下,一般点火能量只需 0.2mJ。对较浓和较稀的混合气,点火能量只需 3mJ。为了保证发动机在各种工况下都能点火成功,实际点火能量一般为 30~50mJ,高能点火系统则可达 100mJ。

着火落后期的长短与混合气成分($\phi_a = 0.8 \sim 0.9$ 时最短)、开始点火时缸内气体温度和压力、缸内气体流动、火花能量及残余废气量等因素有关。它对每一循环都可能有变动,有时最大值可达最小值的数倍。显然,为了提高效率,希望尽量缩短着火落后期。为了发动机运转稳定,希望着火落后期保持稳定。

(2) 明显燃烧期(图 18-1 中 2~3 段),是指火焰由火焰中心烧遍整个燃烧室的阶段,因此也可称为火焰传播阶段。在示功图上指气缸压力线脱离压缩线开始急剧上升(图 18-1 中 2 点,图中虚线是压缩线)到压力达到最高点(图 18-1 中 3 点)为止。明显燃烧期是汽油机燃烧的主要时期。

在均质混合气中,当火焰中心形成之后,火焰向四周传播,形成一个近似球面的火焰层,即火焰前锋,从火焰中心开始层层向四周未燃混合气传播,直到连续不断的火焰前锋扫过整个燃烧室。

因为绝大部分燃料在这一阶段燃烧,此时活塞又靠近上止点,在这一阶段,压力升高很快,压力升高率 $\dfrac{\mathrm{d}p}{\mathrm{d}\varphi} = 0.2 \sim 0.4 \mathrm{MPa/(°)}$。一般用压力升高率代表发动机工作粗暴度和等容度。类似于柴油机,明显燃烧期平均压力上升速度 $\dfrac{\Delta p}{\Delta \varphi} [\mathrm{MPa/(°)}]$ 可用式(18-1)表示:

$$\frac{\Delta p}{\Delta \varphi} = \frac{p_3 - p_2}{\varphi_3 - \varphi_2} \tag{18-1}$$

式中:p_2、p_3 分别为第二阶段起点和终点的压力,MPa;φ_2、φ_3 分别为第二阶段起点和终点相对于上止点的曲轴转角,(°)。压力升高率越高,则燃烧的等容度越高,这对动力性和经济性是有利的,但同时会使燃烧噪声和振动增加。火焰传播速率与压力升高率密切相关,火焰传播速率高的可燃混合气会促使 $\dfrac{\mathrm{d}p}{\mathrm{d}\varphi}$ 增加,同样火花塞位置、燃烧室形式对压力升高率也有影响。

图 18-1 中最高燃烧压力点 3 到达的时刻,对发动机的功率、经济性有重大影响。如点 3 到达时间过早,则混合气必然过早点燃,从而引起压缩过程负功的增加,压力升高率增加,最高燃烧压力过高。相反,如点 3 到达时间过迟,则膨胀比将减小,同时,燃烧高温时期的传热表面积增加,也是不利的。点 3 的位置可以用调整点火提前角 θ_{ig} 来调整。

(3) 补燃期(图 18-1 中点 3 以后),是指相当于明显燃烧期终点 3 至燃料基本完全燃烧为止,$p\text{-}\varphi$ 图上的点 3 表示燃烧室主要容积已被火焰充满,混合气燃烧速度开始降低,加上活塞向下止点加速移动,使气缸中压力从点 3 开始下降,在后燃期中主要是湍流火焰前锋后面没有完全燃烧掉的燃料,以及附在气缸壁面上的混合气层继续燃烧。此外,汽油机燃烧产物中 CO_2 和 H_2O 的离解现象比柴油机严重,在膨胀过程中温度下降后又部分复合而放出热量,一般也看作补燃。为了保证高的循环热效率和循环功,应使补燃期尽可能短。

为了保证汽油机工作柔和、动力性能良好,一般应使点 2 在上止点前 12°~15° 曲轴转角,最高燃烧压力点 3 在上止点后 $12°\sim15°$ 到达,$\dfrac{\mathrm{d}p}{\mathrm{d}\varphi}=0.175\sim0.25\text{MPa}/(°)$,整个燃烧持续期在 $40°\sim60°$ 曲轴转角。

2. 燃烧速率

燃烧时,由于各处混合气的浓度、温度和压力是一致的,因而火焰在各方向的扩展速度基本相等。燃烧主要在厚度为 δ 的火焰面上进行,称为火焰前锋面。火焰前锋面的界面明显,以火核为中心呈球面波形式向周围扩展,习惯上称这种燃烧现象为火焰传播。根据混合气运动状态不同,火焰传播方式可分为层流火焰传播和湍流火焰传播。层流火焰传播和湍流火焰传播燃烧的速率大小差别很大。

1) 层流火焰燃烧速率

层流火焰(混合气静止或层流状态(雷诺数 $Re<2300$))燃烧速率可以用式(18-2)表示:

$$\frac{\mathrm{d}m}{\mathrm{d}t}=v_{\mathrm{L}}F_{\mathrm{L}}\rho_{\mathrm{m}} \tag{18-2}$$

式中:m 为混合气质量;$\dfrac{\mathrm{d}m}{\mathrm{d}t}$ 为火焰燃烧速率;F_{L} 为火焰前锋表面积;ρ_{m} 为未燃混合气密度;v_{L} 为火焰传播速度。火焰传播速度是指火焰前锋面在法线方向上相对于未燃混合气的移动速度。层流火焰传播速度很低,一般 $v_{\mathrm{L}}<1\text{m/s}$。$v_{\mathrm{L}}$ 主要受混合气温度、压力、ϕ_{a} 以及燃料特性等因素影响,实际发动机中还应考虑残余废气系数的影响。

图 18-2 给出层流火焰与火焰前锋面形状的关系。

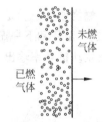

图 18-2　层流火焰与火焰前锋面形状的关系

层流火焰传播速度远远不能满足实际发动机燃烧的要求。实际发动机中的火焰传播是以湍流火焰方式进行的。

2) 湍流火焰燃烧速率

湍流是指由流体质点组成的微元气体所进行的无规则的脉动运动。这些由气体质点所组成的小气团大小不一,流动的速度、方向也不相同,但宏观流动方向是一致的。这种湍流运动使火焰前锋表面出现皱折(见图 18-3),强湍流运动使火焰前锋面严重扭曲,甚至分隔成许多燃烧中心,导致火焰前锋燃烧区的厚度 δ 增加(见图 18-4)。湍流运动使火焰前锋表面积明显增大,火焰传播速度加快。

图 18-3　较弱湍流作用下的火焰前锋厚度 δ

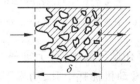

图 18-4　较强湍流作用下的火焰前锋厚度 δ

湍流火焰燃烧速率可以用式(18-3)表示:

$$\frac{\mathrm{d}m}{\mathrm{d}t}=v_{\mathrm{T}}F_{\mathrm{T}}\rho_{\mathrm{m}} \tag{18-3}$$

式中：m 为混合气质量；$\dfrac{\mathrm{d}m}{\mathrm{d}t}$ 为火焰燃烧速率；F_T 为火焰前锋表面积；ρ_m 为未燃混合气密度；v_T 为火焰传播速度。

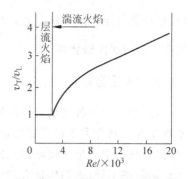

图 18-5　雷诺数 Re 和火焰传播速度之间的关系

如前所述，雷诺数 $Re<2300$ 为层流火焰，其传播速度为 v_L，其前锋面薄且圆滑(图 18-2)。当 $Re=2300\sim6000$ 时为湍流火焰，火焰前锋面变厚并出现折皱，这时火焰传播速度为 v_T，$v_T\propto\sqrt{Re}$。当 $Re>6000$ 时为强湍流火焰，前锋面的皱折发展成明显的凹凸不平和扭曲，其内部分裂出许多小的未燃混合气区域，这时 $v_T\propto Re$。图 18-5 给出雷诺数 Re 和火焰传播速度之间的变化规律。显然，提高混合气的湍流程度是改善汽油机燃烧的有效手段。

18.1.2　不规则燃烧过程

汽油机不规则燃烧是指在稳定正常运转的情况下，各循环之间的燃烧变动和各气缸之间的燃烧差异。前者称为循环波动，后者称为各缸工作不均匀。

1. 循环波动

燃烧循环波动是点燃式发动机燃烧过程的一大特征，是指发动机以某一工况稳定运行时，这一循环和下一循环燃烧过程的进行情况不断变化，具体表现在压力曲线、火焰传播情况及发动机功率输出均不相同，图 18-6 示出不同循环的气缸压力变化情况。

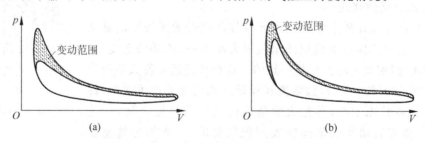

图 18-6　汽油机典型的气缸压力循环变化情况

(a) 稀混合气 $\phi_a=1.22$，$n=2000\mathrm{r/min}$，$\varepsilon_c=9$，节气门全开 p_i 变动 $\pm4.5\%$；p_z 变动 $\pm28\%$；

(b) 浓混合气 $\phi_a=0.8$，$n=2000\mathrm{r/min}$，$\varepsilon_c=9$，节气门全开

由于存在循环波动，对于每一循环，点火提前角和空燃比等参数都不可能调整到最佳值，因而使发动机油耗上升，功率下降，性能指标得不到充分优化。随着循环波动加剧，燃烧不正常甚至失火的循环数逐渐增多，碳氢化合物等不完全燃烧产物增多，动力性、经济性下降。同时，由于燃烧过程不稳定，也使振动及噪声增大，零部件寿命下降。当采用稀薄燃烧时，这种循环的波动会加剧。所以循环波动也是汽油机实施稀薄燃烧的难点所在。

导致点燃式发动机燃烧循环变动的原因很多，目前，火花塞附近混合气成分波动和气体运动状态波动这两个因素被认为是最重要的。

　　(1) 混合气成分波动。尽管汽油机的燃烧方式被称为预制均匀混合气燃烧,但这只是相对于柴油机燃烧来说,混合气成分宏观是均匀的,实际上,气缸内燃料、空气及残余废气不可能在短时间内完全混合均匀,所以混合气成分微观上并不均匀,火花塞附近的混合气成分是随时间不断变化的,这会导致着火落后期的长短和火焰中心初始生长过程随循环产生变动。

　　(2) 气体运动状态波动。燃烧室内气体的流场特别是湍流强度分布是极不均匀的,火花塞附近微元气体的运动速度和方向影响火花点火后形成的火焰中心的轨迹以及火焰的初始生长速率,其后的火焰向整个燃烧室发展的进程,如火焰与壁面的关系、火焰前锋面积的变化以及燃烧速率等,也受燃烧室内微元气体的运动速度和方向的影响。气体运动状态波动加剧了循环变动。

　　下列因素或措施可影响或改善循环波动。

　　① 一般 $\phi_a=0.8\sim1.0$ 时循环波动最小,过浓或过稀都会使循环波动加剧。可见过量空气系数 ϕ_a 对循环波动的影响很大。

　　② 适当提高气流运动速度和湍流程度可改善混合气的均匀性,进而改善循环波动。

　　③ 残余废气系数 γ 过大,则循环波动加剧。

　　④ 发动机在低负荷(γ 会增大)、低转速(湍流程度会降低)时,循环波动加剧。

　　⑤ 多点点火有利于减少循环波动。

　　⑥ 提高点火能量、优化放电方式、采用大的火花塞间隙,有助于减小循环波动。

2. 各缸工作不均匀

　　各缸工作不均匀是针对多缸发动机而言的,各缸间燃烧差异称为各缸工作不均匀。产生各缸工作不均匀的主要原因是各缸进气充量的不均匀、混合气成分不均匀等。由于汽油机是外部混合,在汽油机进气管内存在空气、燃料蒸气、各种浓度的混合气、大小不一的油粒以及沉积在进气管壁上厚薄不均的油膜,即进气管内的油气分布是多相和极不均匀的,要想让它们均匀分配到各个气缸是很困难的。另外,由于进气系统设计不当、进气管动态效应,以及各缸进气重叠干涉等原因,使得各缸的实际充量系数不均匀,而汽油机进的是油气混合气,因而进入各缸的燃料绝对量不同。这些原因造成进入各缸的混合气的质和量都不同,由此造成各缸工作不均匀。

　　各缸工作不均匀性的存在,使得难以找到对各缸都是最佳的点火提前角和过量空气系数,动力性、经济性、排放性等整机指标难以优化,振动及噪声也会增加。

18.1.3　不正常燃烧过程

　　汽油机的不正常燃烧是指设计或控制不当,汽油机偏离正常点火的时间及地点,由此引起燃烧速率急剧上升、压力急剧增大等异常现象。不正常燃烧可分爆燃和表面点火两类。

1. 爆燃

　　爆燃(爆震)是汽油机最主要的一种不正常燃烧,常在压缩比较高时出现。图 18-7 为正常燃烧与爆燃时 $p\text{-}t$ 图和 $\mathrm{d}p/\mathrm{d}t$ 图的比较。如图所示,爆燃时,缸内压力曲线出现高频大幅度波动(锯齿波),同时发动机会产生一种高频金属敲击声,因此也称爆燃为敲缸。轻微敲缸时,发动机功率上升,严重敲缸时,发动机功率下降,转速下降,工作不稳定,机身有较大振动,同时冷却水过热,润滑油温度明显上升。

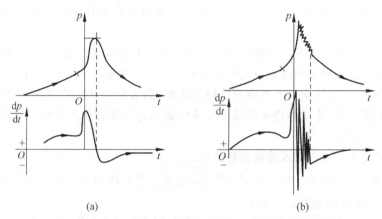

图 18-7   正常燃烧与爆燃时 p-t 图和 dp/dt 图的比较

(a) 正常燃烧;(b) 爆燃

火花塞点火后,火焰前锋面呈球面波形状以正常传播速度(30~70m/s)向周围传播,气缸内压力和温度都急剧升高。混合气燃烧产生的压力波迅速向周围传播,在火焰前锋面之前先期到达燃烧室边缘区域,该区域的可燃混合气(即末端混合气)在压缩终点温度的基础上进一步受到压缩和热辐射,加速其先期反应,并放出部分热量,使本身压力和温度不断升高,燃前化学反应加速。一般来说,这些都是正常现象,但如果这一反应过于迅速,以至在火焰锋面到达之前末端混合气即以低温多阶段方式开始自燃,则引发爆燃。爆燃着火方式类似于柴油机,同时在较大面积上多点着火,所以放热速率极快,局部区域的温度压力急剧增加。这种类似阶跃的压力变化,形成燃烧室内往复传播的激波,猛烈撞击燃烧室壁面,使壁面产生振动,发出高频振音(即敲缸声),这就是爆燃。爆燃发生时,火焰传播速度为 100~300m/s(轻微爆燃)或 800~1000m/s(强烈爆燃)。

爆燃会给汽油机带来很多危害。发生爆燃时,最高燃烧压力和压力升高率都急剧增大,因而相关零部件所受应力大幅度增加,机械负荷增大;爆燃时压力波冲击缸壁破坏了油膜层,导致活塞、气缸和活塞环磨损加剧;爆燃时剧烈无序的放热还使气缸内温度明显升高,热负荷及散热损失增加;这种不正常燃烧还使动力性和经济性恶化。

根据末端混合气是否易于自燃来分析,影响爆燃的因素如下。

(1) 燃料性质。辛烷值高的燃料,抗爆燃能力强。

(2) 末端混合气的压力和温度。末端混合气的压力和温度增高,则爆燃倾向增大。例如,提高压缩比,则气缸内压力、温度升高,爆燃易发生。

(3) 火焰前锋传播到末端混合气的时间。提高火焰传播速度、缩短火焰传播距离,都会减少火焰前锋传播到末端混合气的时间,有利于避免爆燃。

从以上分析可以得出结论,发动机工作是否有爆燃现象,一方面取决于所用燃料,另一方面取决于发动机的运转条件和燃烧室的设计。

2. 表面点火

在汽油机中,凡是不靠电火花点火而由燃烧室内炽热表面(如排气门头部、火花塞绝缘体或零件表面炽热的沉积物等)点燃混合气的现象,统称表面点火。表面点火的点火时刻是不可控制的。

早燃是指在火花塞点火之前,炽热表面就点燃混合气的现象。由于它提前点火而且热点表面比火花大,使燃烧速率加快,气缸压力、温度增高,发动机工作不正常,并且由于压缩功增大,向缸壁传热增加,致使功率下降,火花塞、活塞等零件过热。图 18-8 给出汽油机早燃示功图。

早燃会诱发爆燃,爆燃又会让更多的炽热表面温度升高,促使更剧烈的表面点火,两者互相促进,危害可能更大。

与爆燃不同,表面点火一般是在正常火焰到来之前由炽热物点燃混合气所致,没有压力冲击波,敲缸声比较沉闷,主要是由活塞、连杆、曲轴等运动件受到冲击负荷产生振动而造成。

凡是能促使燃烧室温度和压力升高以及促使积炭等炽热点形成的一切条件,都能促成表面点火。几种燃烧示功图的比较如图 18-9 所示。

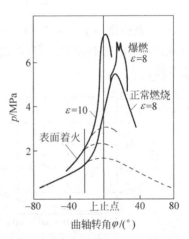

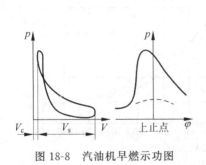

图 18-8　汽油机早燃示功图

图 18-9　几种非正常燃烧过程的 p-φ 图

18.1.4　运转因素对燃烧的影响

1. 点火提前角

点火提前角是从发出电火花到上止点间的曲轴转角。其数值应视燃料性质、转速、负荷、过量空气系数等因素而定。

当汽油机保持节气门开度、转速以及混合气浓度一定时,汽油机功率和耗油率随点火提前角改变而变化的关系称为点火提前角调整特性,如图 18-10 所示。对应于每一工况都存在一个最佳点火提前角,这时汽油机功率最大,耗油率最低。已经确定,最佳点火提前角相当于使最高燃烧压力在上止点后 12°～15°时到达,这时实际示功图与理论示功图最为接近(时间损失最小)。

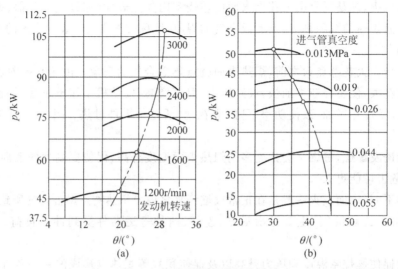

图 18-10　点火提前角调整特性

(a) 节气门全开时；(b) $n=1600\text{r/min}$

不同点火提前角的 p-φ 图如图 18-11 所示。点火过迟,则燃烧延长到膨胀过程,燃烧最高压力和温度下降,传热损失增多,排温升高,热效率降低,但爆燃倾向减小,NO_x 升高,功率、排放量降低。

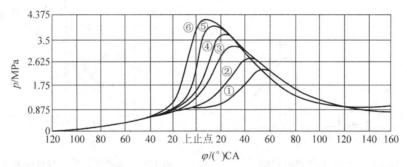

图 18-11　不同点火提前角的 p-φ 图

①、②、③、④、⑤、⑥分别表示 10°、20°、30°、40°、50°、60°点火提前角

点火提前角对汽油机的经济性影响较大。据统计,如果点火提前角偏离最佳值 5°曲轴转角,热效率下降 1%；偏离 10°曲轴转角,热效率下降 5%；偏离 20°曲轴转角,热效率下降 16%。影响最佳点火提前角的因素较多(如大气压力、温度、湿度、缸体温度、燃料辛烷值、空燃比、残余废气系数、排气再循环等),传统的真空和离心调节装置只能随转速、负荷的变化对点火提前角作近似控制。传统的点火控制装置只考虑了影响最佳点火提前角的两个因素,为实现点火提前角的精确控制,近年来发展了一种点火时期电子控制,它大体上分成两类：一类是计算机开环控制,它是一种预定顺序控制,根据转速传感器和负荷传感器测得的信号,在存储器中预定的点火 MAP 图上找出对应于该工况的近似最佳点火提前角来控制点火系统点火。点火 MAP 图是事先通过试验得到的近似最佳点火提前角与转速和负荷的

三维曲线图或表格,存储在存储器中,若多加几个传感器还可监控更多的参数。另一类是闭环控制,闭环控制根据发动机实际运行的反馈信息来控制点火提前角,所以又称为反馈控制。反馈控制所用的反馈信息是发动机的爆燃信号。在实际应用中,一般都是开环控制和闭环控制并用的混合控制方式。

2. 混合气浓度

在汽油机的转速、节气门开度保持一定,点火提前角为最佳值时调节供油量,记录功率、燃油消耗率、排气温度随过量空气系数的变化曲线,称为汽油机在某一转速和节气门开度下的混合气浓度调整特性,如图 18-12 所示。

混合气浓度对汽油机动力性、经济性是有影响的,当 $\phi_a = 0.8 \sim 0.9$ 时,由于燃烧温度最高,火焰传播速度最大,P_e 达最大值,但爆燃倾向增大。当 $\phi_a = 1.05 \sim 1.1$ 时,由于燃烧完全,b_e 最低。使用 $\phi_a < 1$ 的浓混合气工作,由于必然会产生不完全燃烧,所以 CO 排放量明显上升。当 $\phi_a < 0.8$ 及 $\phi_a > 1.2$ 时,火焰燃烧速度缓慢,部分燃料可能来不及完全燃烧,因而经济性差,HC 排放量增多且工作不稳定。可见,在均质混合气燃烧中,混合气浓度对燃烧影响极大,必须严格控制。

3. 负荷

在汽油机上,转速保持不变,通过改变节气门开度来调节进入气缸的混合气量,以达到不同的负荷要求。

当节气门关小时,充量系数急剧下降,但留在气缸内的残余废气量不变,使残余废气系数增加,滞燃期增加,火焰传播速率下降,最高爆发压力、最高燃烧温度、压力升高率均下降,冷却水散热损失相对增加,因而燃油消耗率增加。因此,随着负荷减小,最佳点火提前角要提早,如图 18-13 所示。

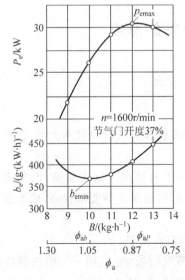

图 18-12　汽油机的混合气浓度调整特性

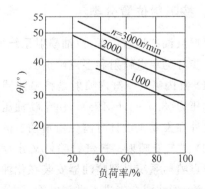

图 18-13　最佳点火提前角随负荷的变化

4. 转速

当转速增加时,气缸中湍流增加,火焰传播速率大体与转速成正比例增加,因而最高爆发压力、压力升高率随转速的变化不大。此外,在转速升高时,由于散热损失减少,进气被加热,使气缸内混合得更均匀,有利于缩短滞燃期。但另一方面,由于残余废气系数增加,气流吹走电火花的倾向增大,又促使滞燃期增加。以上两种因素使以秒计的滞燃期与转速的关系不大,但是按曲轴转角计的滞燃期却随转速的增加而增大。因此,转速增加时,应增大点火提前角。

18.2 汽油机混合气制备原理

18.2.1 汽油机理想混合气

混合气浓度是影响汽油机燃烧的重要因素,图 18-12 所示的混合气浓度调整特性表达了过量空气系数 ϕ_a 随工况参数转速 n 和 P_e 的变化关系,使动力性、经济性、排放等指标达到最佳又称为汽油机的理想混合气特性。

由图 18-12 可知,汽油机在转速和节气门开度不变时,随着混合气浓度的加大(ϕ_a 下降),P_e 会增大,但存在一个最大功率对应的 ϕ_a 值,以其过量空气系数 ϕ_{aP} 表示,此混合气称为功率混合气。此时空气能得到充分的利用而发出最大的功率。过稀则燃料量少,功率减小;过浓则燃烧不完全,燃速会下降,功率也下降。反之,随着 ϕ_a 的上升,又存在一个最低燃油消耗率对应的 ϕ_a 值,其过量空气系数以 ϕ_{ab} 表示,此混合气称为经济混合气。此时,燃油会得到充分利用,过浓则燃烧效率变低;过稀又会出现燃烧不完全、燃速下降等现象。

18.2.2 电控燃油喷射式供油系统混合气的形成

电控汽油喷射供给系统的分类如下。

1. 按喷射位置分类

根据汽油的喷射位置,汽油喷射系统可分为缸内喷射和进气管喷射两大类,进气管喷射又进一步分为单点喷射和多点喷射。

(1)缸内喷射。缸内喷射是将喷油器安装于缸盖上直接向气缸内喷油,因此需要较高的喷油压力(3.0~4.0MPa)。由于喷油压力较高,故对供油系统的要求较高,成本也相应较高。另外在发动机设计时需保留喷油器的安装位置。

(2)进气管喷射。进气管喷射又分为单点喷射和多点喷射。

单点喷射系统是把喷油器安装在化油器所在的节气门段,它是用一个喷油器将燃油喷入进气流,形成混合气进入进气歧管,再分配到各缸中,如图 18-14 所示。

多点喷射系统是在每缸进气口处装有一只喷油器,由电控单元(ECU)控制进行顺序喷射或分组喷射,汽油直接喷射到各缸的进气门前方,再与空气一起进入气缸形成混合气。多点喷射系统是目前最普遍的喷射系统,如图 18-15 所示。

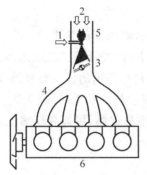

图 18-14　单点汽油喷射系统进气管示意图
1—汽油;2—空气;3—节气门;4—进气歧管;5—喷油器;6—发动机

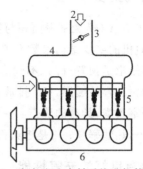

图 18-15　多点汽油喷射系统进气管示意图
1—汽油;2—空气;3—节气门;4—进气歧管;5—喷油器;6—发动机

2. 按喷射方式分类

按喷射方式,汽油喷射系统可分为连续喷射和间歇喷射两种。

连续喷射是指在发动机整个工作过程中连续喷射燃油。连续喷射是燃油喷到进气道内,而且大部分的燃油是在进气门关闭时喷射的,因此大部分的燃油是在进气道内蒸发的。由于连续喷射系统无须考虑发动机的工作顺序,故控制系统结构较为简单,一般多应用于机械式或机电结合式燃油喷射系统中。

间歇喷射又称为脉冲喷射。间歇喷射是每缸每次喷射都有一个限定的持续时间,其特点是喷油频率与发动机转速同步,且喷油量只取决于喷油器的开启时间(喷油脉冲宽度)。所以 ECU 可以根据各种传感器所获得的发动机运行参数动态变化的情况,精确计量发动机所需喷油量,再通过控制喷油脉冲宽度控制发动机各种工况下的可燃混合气的空燃比。由于间歇喷射方式的控制精度较高,故被现代发动机广泛采用。

间歇喷射按喷油时序又可细分为同时喷射、分组喷射和顺序喷射三种形式。

3. 按空气流量测量方法分类

按空气流量的测量方法,汽油喷射系统可分为两种:第一种是直接测量空气质量流量的方式,称为质量(或体积)流量控制的汽油喷射系统;第二种是根据进气管压力和发动机转速,推算吸入的空气量,并计算燃油流量的速度密度方式,称为速度密度控制的汽油喷射系统。

18.3　汽油机的燃烧室

18.3.1　汽油机对燃烧室的要求

燃烧室结构直接影响发动机充量系数、火焰传播速率及放热率、传热损失及爆燃的发生,从而影响发动机的性能。为了使汽油机动力性高、经济性好、工作平稳、噪声小、排气污染小,对燃烧室的要求如下。

1. 结构紧凑

面容比 F/V(燃烧室表面积与容积之比)常用于表示燃烧室的紧凑性。它与燃烧室形式以及汽油机的主要结构参数有关,侧置气门燃烧室的 F/V 大,顶置气门燃烧室的 F/V 要小得多,即使都是顶置气门,不同形状燃烧室的 F/V 也是有差别的。一般来说,F/V 大,火焰传播距离长,容易爆燃,HC 排放高(见图 18-16),相对散热面积大,热损失大。面容比值较小,燃烧室紧凑,具有的优点:一是火焰传播距离小,不易爆燃,可提高压缩比;二是相对散热损失小,热效率高;三是熄火面积小,HC 排量少。

2. 具有良好的充气性能

应允许有较大的进排气门流通截面,这样可以提高充量系数,降低泵气损失;燃烧室壁面与气门头部要有足够的间隙,以避免壁面的遮蔽作用。

3. 火花塞位置安排得当

火花塞的位置直接影响火焰传播距离的长短、火焰面积扩大率和燃烧率,从而影响抗爆性,也影响火焰面积扩展速率和燃烧速率。在布置火花塞时必须考虑以下因素。

(1) 能充分利用新鲜混合气,扫除火花塞间隙处的残余废气,使混合气易于着火。这一点对暖机和低负荷的运转稳定性更为重要,但气流不能过强,以免吹散火花。

(2) 火花塞应靠近排气门处,使受灼热表面加热的混合气及早燃烧,以免发展为爆燃燃烧。

(3) 火花塞的布置应使火焰传播距离尽可能短。

(4) 不同的火花塞位置对燃料辛烷值要求也不同,图 18-17 表示一种顶置气门燃烧室火花塞位置对辛烷值的要求。

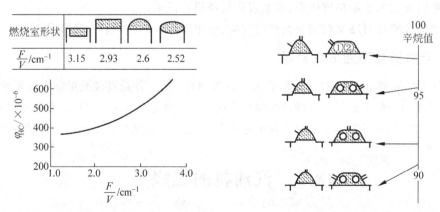

图 18-16　几种燃烧室的 F/V 与 HC 排放　图 18-17　顶置气门燃烧室火花塞位置与辛烷值的要求

4. 燃烧室形状合理分布

不同的燃烧室形状实际上反映混合气气体的分布情况,与火花塞位置相配合,也就决定了不同的燃烧放热率和火焰传播到边缘可燃混合气的距离,从而影响抗爆性、工作粗暴性、经济性和平均有效压力。在特制形状的燃烧弹中的试验结果表明,圆锥形底部点火时,开始燃烧速率大,后期缓慢;圆锥形顶部点火时正好相反,开始缓慢,后期快速燃烧;圆柱形介于两者之间,如图 18-18 所示。楔形燃烧室与圆锥形底部点火类似,浴盆形燃烧室与圆柱形类似。

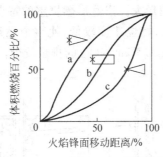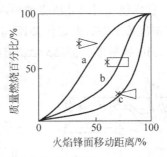

图 18-18　燃烧室形状对燃烧放热率的影响

合理的分布应使燃烧初期压力升高率小,工作柔和;中期放热量最多,获得较大的功;后期补燃较少,有较高的热效率。

5. 要产生适当的气体流动

燃烧室内形成适当强度的气体流动有以下优势:一是增加火焰传播速度;二是扩大混合气体的着火界限,可以燃烧更稀的混合气;三是降低循环变动率;四是降低 HC 排量。

需要注意的是过强的气流会使热损失增加,还可能因吹熄而失火。

6. 适当冷却末端混合气

末端混合气要有足够的冷却强度,以降低终燃混合气温度,减轻爆燃倾向,但又不可使激冷层过大,以免增加 HC 的排放。

18.3.2　传统汽油机燃烧室

1. 楔形燃烧室

如图 18-19 所示,楔形燃烧室结构较紧凑,火焰传播距离较短;气门倾斜 6°~30°,使得气道转弯小,这种燃烧室气门直径较大,所以充气性能较好;楔形燃烧室有一定的挤气面积,并且末端混合气冷却作用较强,故压缩比可达 9.5~10.5;这种燃烧室有较高的经济性、动力性。

楔形燃烧室的火花塞布置在楔形高处,对着进、排气门之间,有利于新鲜混合气扫除火花塞附近的废气,低速、低负荷性能稳定。但由于混合气过分集中在火花塞处,使得初期燃烧速度大,$\Delta p / \Delta \varphi$ 值较高,工作粗暴,NO_x 排出量较高。由于挤气面积内的熄火现象,废气中 HC 的含量亦较多,故须控制挤气面积。

由于楔形燃烧室进、排气门只能单行排列,采用多气门机构困难,故高性能轿车汽油机上较少应用。

2. 浴盆形燃烧室

浴盆形燃烧室形状如图 18-20 所示。这种燃烧室高度是相同的,宽度允许略超出气缸范围来加大气门直径。从气流运动考虑,希望在气门头部外径与燃烧室壁面之间保持 5～6.5mm 的壁距,这样使气门尺寸所受的限制比楔形大。浴盆形燃烧室的特点是:具有一定的挤气面积,但挤流效果差;火焰传播距离较长,燃烧速度较低,使整个燃烧时间长,经济性、动力性不高,HC 排量多。但 $\Delta p / \Delta \varphi$ 值低,工作柔和,NO_x 的排量较少,工艺性好。

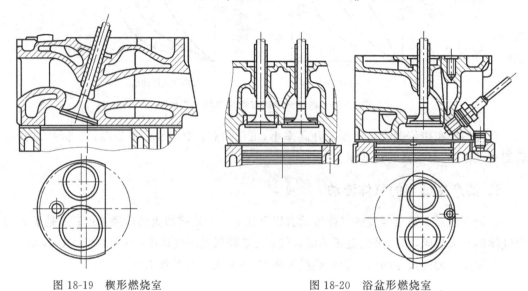

图 18-19   楔形燃烧室   图 18-20   浴盆形燃烧室

3. 半球形燃烧室

半球形燃烧室如图 18-21 所示。这种燃烧室结构紧凑,且由于火花塞位于中间,故火焰传播距离也是最短的。进排气门倾斜布置,使气门直径较大,气道转弯较小,充气效率高,且对转速变化不敏感,最高转速在 6000r/min 以上的车用汽油机几乎都采用此类燃烧室。半球形燃烧室有较好的动力性和经济性,由于面容比较小,HC 排放量低。其缺点是由于火花塞附近有较大容积,使燃烧速率大,压力升高率大,工作粗暴。NO_x 排放较多,末端混合气冷却较差,气门驱动机构也较复杂。

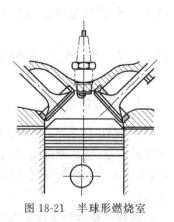

图 18-21   半球形燃烧室

18.3.3   汽油机稀薄燃烧系统

常规汽油机混合气是均质的,一般在空燃比 $\alpha = 12.6 \sim 17$ 范围内工作。常规汽油机的主要缺点是:为了防止发生爆燃,采用较低压缩比,这导致热效率较低;浓混合气的比热容比低,使热效率降低;只能用进气管节流方式对混合气充量进行调节,称之为量调节,这使得泵气损失较大;在化学计量比附近燃烧,其有害排放特别是 NO_x 排放较高。总之,常规汽油机,特别是用三效催化剂的汽油机,过量空气系数必须控制在 1 左右,从而限制其性能进一步提高。

稀薄燃烧汽油机是一个范围很广的概念,只要 $\alpha > 17$,就可以称为稀薄燃烧汽油机。稀燃汽油机分可为两类:一类是非直喷式稀燃汽油机,包括均质稀燃和分层稀燃式汽油机,一般只能在 $\alpha < 25$ 的范围内工作;另一类是缸内直喷式稀燃汽油机,可在 $\alpha \geqslant 25 \sim 50$ 范围内稳定工作。与常规汽油机相比,稀薄燃烧汽油机同时兼顾燃油经济性和低排放特性。

图 18-22 表示常规、非直喷稀燃和直喷稀燃三种燃烧方式的汽油机排放特性和燃油经济性对比。

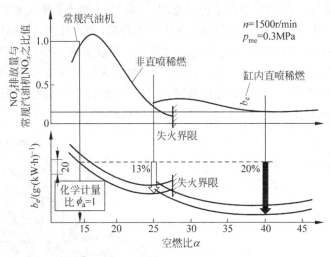

图 18-22　不同燃烧方式的性能对比

1. 分层燃烧燃烧室

均质预混合燃烧通过采用燃烧室改进、高湍流和高能点火(或双火花塞)等技术,可使汽油机的稳定燃烧界限超过 $\alpha = 17$,即实现均质稀燃。但随 α 继续增大,这种均质的混合气逐渐难以点燃并且燃烧速度也显著减慢,造成燃烧不稳定和 HC 排放回升,以至无法正常工作。

为了提高稀燃界限,可采用分层充气燃烧,即在火花塞附近形成具有良好着火条件的较浓的可燃混合气,而在周边区域是较稀混合气或空气。分层燃烧的汽油机可稳定工作在 $\alpha = 20 \sim 25$ 范围内。分层充气使燃油消耗率降低 13% 左右,NO_x 也有显著降低。

2. 缸内直喷式稀薄燃烧方式

与常规汽油机相比,分层充气燃烧已经大大提高了空燃比。但是因为分层充气燃烧时浓混合气区域难以维持很长时间,所以随着空燃比进一步提高,仅靠分层充气燃烧已不能保证稳定着火。缸内直喷式非均质混合燃烧方式较好地解决了这个问题,类似柴油机缸内直喷,汽油机的缸内直接喷射(gasoline direct injection,GDI)是指直接往气缸内喷射汽油。这样在空燃比很稀时,可在接近点火时刻才开始喷油,即压缩过程后期喷油,使火花塞周围的浓混合气来不及变稀就被点燃了。缸内直喷式汽油机一般可在 $\alpha \geqslant 25 \sim 50$ 范围内稳定工作,燃油消耗率进一步改善。

1)福特缸内直喷燃烧系统(PROCO)

福特缸内直喷燃烧系统如图18-23所示,喷油器直接把汽油喷入燃烧室,利用涡流和滚流进行燃油-空气混合,因燃油在缸内蒸发吸收一部分空气热量,使温度下降,充量系数提高。这种燃烧系统由于是直接喷射,使缸内充量得到冷却,可以使用较大的压缩比,发动机压缩比达11.5,燃油消耗率进一步下降,可大幅度降低冷起动时的 HC 排放,稳定工作的最大空燃比可达25。

2)三菱 4G 系列缸内直喷式稀薄燃烧

图18-24所示是三菱 GDI 燃烧系统示意图,三菱 GDI 燃烧系统主要的工作特点是利用立式进气道在气缸中产生逆向翻滚气流;利用一个高压(喷射压力 5MPa)的旋流式电磁喷油器,使得喷出的燃油有好的贯穿度和合适的雾化;可以实现小负荷时分层燃烧;可以精确控制火花点火时火花塞附近的空燃比,提高发动机点火的可靠性;可以实现二段燃烧(二段燃烧法是指在进行正常燃烧的怠速运转时,不仅在压缩行程后期喷油,还在膨胀行程的后期补充喷油的燃烧技术);在全工况范围内,可以实现均质、分层、二段混合燃烧等。

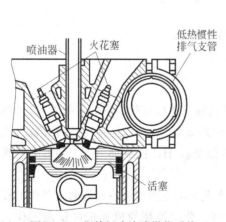

图 18-23　福特缸内直喷燃烧系统

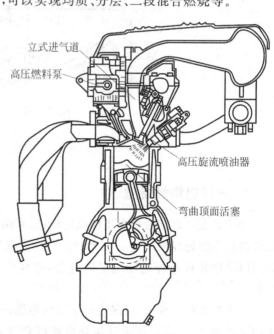

图 18-24　三菱 GDI 燃烧系统

3)丰田 D-4 缸内直喷稀燃发动机

图18-25所示是丰田公司开发的 D-4 缸内直喷式稀燃发动机燃烧系统示意图,通过安装在进气道上的电子涡流控制阀,形成不同斜向角度的进气涡流。燃烧室为半球屋顶形,活塞顶部设有唇形深皿凹坑,与进气涡流旋向以及高精度的喷油时间和喷油方向控制相配合,在火花塞周围形成较浓的易点燃混合气区域。该系统采用高压(8~13MPa)旋流喷油器,可实现燃油喷射高度微粒化(喷雾粒度小于 $5\mu m$),有效抑制扩散燃烧所产生的黑烟。为控制

分层燃烧时 NO_x 的产生,采用了电控 EGR 系统。

当然,GDI 的广泛应用,还需要解决一些技术问题。GDI 发动机不能采用已十分成熟的传统三效催化剂,而稀燃催化剂开发难度大,生产成本高。尽管已有若干种稀燃催化剂得到应用,但目前 GDI 发动机的实际排放水平略高于化学计量比加三元催化转换器的发动机;因为越接近压缩上止点喷油,混合气形成时间越短,要想形成高质量的燃油混合气,GDI 燃烧系统需要像柴油机那样对"油-气-燃烧室"三者的匹配进行大量工作;GDI 燃烧系统虽然 NO_x 排放明显降低,但 HC 排放增加,有时燃烧组织不好甚至冒黑烟;由于汽油比柴油的润滑性差,GDI 燃烧系统对喷油系统要求很高,GDI 用喷油器的设计制造十分复杂。但因为 GDI 燃烧系统明显改善燃油消耗率,从长远看,GDI 燃烧系统终将取代传统的燃油喷射系统。

图 18-25　丰田公司 D-4 缸内直喷燃烧系统示意图

18.4　汽油机电子控制技术

发动机控制的核心部件称为动力系统控制模块(power control module,PCM),PCM 主要控制汽油喷射系统、点火正时、变速驱动桥、动力系统功能的车载系统。能够识别系统故障,并通过故障灯警示存储故障码,区分故障部位。PCM 向各类传感器或开关提供 5V 或 12V 电压,利用继电器或 MOSFET 管控制搭铁或控制供电电路,从而控制输出电路元件,如喷油器、自动空调、怠速控制阀、冷却风扇继电器等。

1. PCM

PCM 利用第二代串行数据通信电路 OBD(on board diagnosis)Ⅱ与其他电子控制模块共享数据信息。故障自诊断时,可以使用数据连接插头(DLC)通过串行数据线路与 PCM 进行通信。当 PCM 检测到需要进行诊断和修理的故障后,PCM 通过故障指示灯向驾驶员发出警报。故障指示灯接收到点火开关供电信号的同时,PCM 通过接地将指示灯接通,以对指示灯进行监测。正常时,PCM 在每个点火周期开始的瞬间将指示灯接通。

PCM 可以监测自身电压、自身故障、串行数据线路及故障指示灯电路。当检测到故障时,PCM 产生相应的诊断故障码(diagnostic trouble code,DTC)。

2. 传感器

(1) 空气流量传感器采用热线式空气流量计,安装在节气门体上,将空气流量的信号转变为电信号传递给发动机控制模块(engine control module,ECM)。

(2) 节气门位置传感器为三导线型可变电阻式传感器,安装在节气门体上,由节气门轴操纵。其作用是探测节气门的开度,并向动力控制模块发送相应的电压信号。当节气门开度改变时,节气门位置传感器输出电压也随之变化。输出电压的范围从 1.0V(节气门全关)变化到 4.0V 以上(节气门全开)。

（3）凸轮轴位置传感器采用霍尔式传感器，位于发动机前部（冷却风扇端）的气缸侧。曲轴动期间，动力控制模块监测凸轮轴位置传感器的同步信号，并将信号转给点火控制模块，以确定气缸相位。

（4）曲轴位置传感器为点火控制模块提供转速信号。

（5）爆震传感器安装在发动机机体上，用来监测气缸内的爆震情况，使动力控制模块在爆震期间减少点火提前角，在不发生爆震的情况下获得最大的点火提前角，因为点火提前角越大，燃烧越完全，发动机比油耗越低。

（6）进气温度传感器是一种负温度系数型（negative temperature coefficient，NTC）传感器，安装在进气管内，用于测量进入发动机气缸中的空气温度。

（7）冷却液温度传感器安装在发动机水套中，与冷却液直接接触。它也是一种负温度系数型（NTC）传感器。

（8）氧传感器由锆/铂材料构成，安装在排气歧管内，电压信号的变化范围约为 0.1（稀混合气）～0.9V（浓混合气）。

（9）车速传感器安装在变速器内，监测并向动力控制模块提供车速信号。当车速超过 5km/h 时，车速传感器产生一个脉冲交流电压（电压的幅值和频率随车速的增加而增加），并传给动力控制模块，通过车速表指示出来。

3. 燃油系统和进气系统

燃油系统和进气系统的作用是根据发动机工况的不断变化，向发动机提供一定量的燃油和干净空气的可燃混合气，燃油系统由过滤器、喷油器、燃油管路、油箱、燃油压力调节器、电控汽油泵、电控汽油泵继电器等组成。进气系统则由节气门体、节气门位置传感器和上下歧管总成组成。经过空气过滤器后的空气被空气流量计测量其流量后，由节气门进入进气管内。

4. 电控燃油喷射系统工作模式

1）起动模式

当点火开关第一次转到 ON 位置时，动力控制模块使电控汽油泵继电器接通 2s，电控汽油泵开始向燃油加压，动力控制模块根据冷却液温度传感器和节气门位置传感器的信号，确定空燃比是否适合于发动机起动。空燃比的变化范围为 1.5∶1（冷却液温度为−36℃时）到 14.7∶1（冷却液温度为 94℃时）。动力控制模块通过改变喷油器的通电时间来控制起动模式时的供油量。

2）清除溢油模式

如果发动机出现溢油现象（燃油过量），将油门踏板踩到底，便可清除溢油。此时，动力控制模块将发动机完全断油，并且只要节气门在全开位置，发动机转速在 600r/min 以下，动力控制模块便使喷油器保持该喷油速度。如果节气门的开度降到 80% 以下，动力控制模块将回到起动模式。

3）运行模式

该模式分为开环运行模式和闭环运行模式两种。

（1）开环运行模式：当发动机第一次起动，且转速高于 400r/min 时，系统进入开环运行模式。这时发动机忽略氧传感器的信号,根据来自节气门位置传感器、冷却液晶温度传感器和空气流量计的输入信号来计算空燃比。在满足氧传感器已加热到正常工作温度、发动机冷却液温度高于规定值和发动机转速大于 800r/min 前,系统将保持开环运行模式。

(2) 闭环运行模式:具体的工作条件随发动机型号的不同而不同,这些条件被储存在动力控制模块内。一旦满足这些条件,系统便进入闭环运行模式,否则进入开环运行模式。在闭环运行模式下,动力控制模块根据氧传感器信号计算空燃比,使空燃比接近 14.7∶1。

4) 加速模式

动力控制模块在检测到节气门开度和空气流量迅速增大时,立即作出响应,以增加燃油供给量。

5) 减速模式

动力控制模块在检测到节气门位置和空气流量减少时作出响应,减少燃油供给量。当发动机突然减速时,动力控制模块可在短期内完全切断燃油的供给。

6) 蓄电池补偿模式

当蓄电池电压较低时,动力控制模块可通过增加点火脉冲宽度和延长点火时间补偿由于点火火花微弱而引起的点火不良。

7) 断油模式

当点火开关断开时,喷油器将停止喷油,以防止发生自燃现象。如果未接收到点火控制模块的脉冲参考信号,喷油器也不会喷油,这样发动机便不能运转,从而防止溢油的发生。

8) 发动机转速/车速断油模式

动力控制模块监测发动机转速,当发动机转速增加到 5600r/min 以上时,动力控制模块使喷油器停止喷油。当转速降到 5100r/min 以下时,喷油器又恢复喷油。另外,动力控制模块始终监测车速,当车速达到特定值时(该特定值随变速器降速化、轮胎尺寸和规格而变化),动力控制模块便使喷油器停止喷油。

18.5　缸内直喷汽油机

缸内直喷汽油机(gasoline direct injection,GDI),也称 FSI(fuel stratified injection),就是直接将燃油喷入气缸内与进气混合的技术。优点是油耗量低,升功率大,压缩比高达 12,与同排量的一般发动机相比功率与扭矩都提高了 10%。缸内直喷式汽油发动机是将柴油机的形式移植到汽油机上的一种技术。柴油机从诞生之日起就是采用缸内直喷技术。

缸内直喷技术有三种工作模式:分层充气模式、均质充气稀薄模式和均质充气模式。

1. 分层充气模式

在中等负荷和转速区域,发动机一直运行在分层充气模式中。分层充气模式通过燃烧室中的混合分层,发动机可以在过量空气系数 $\lambda = 1.6 \sim 3$ 的范围内运行。在燃烧室中心的火花塞周围有极易点燃的混合物。这些混合物被一层由新鲜空气和再循环废气的外层包围。

2. 均质稀薄充气模式

在分层充气模式和均质充气模式之间的过渡区域中,发动机运行在均质稀薄充气模式中。这些稀薄的混合物被均质地(均匀地)分布在燃烧室中。过量空气系数 $\lambda = 1.55$。

3. 均质充气模式

在更高负载和转速的区域中,发动机运行在均质充气模式中。在这种工作模式中,过量空气系数 $\lambda = 1$。

汽油直接喷射系统存在的一个主要问题是废气后续处理。在分层充气模式和均质稀薄充气模式中,传统的闭环三元催化转换器不能快速地将燃烧过程中产生的氮氧化物转换成氮气。一般采用氮氧化物存储式催化转换器,才能使得这些工作模式满足排放标准。在氮氧化物存储式催化转换器中,氮氧化物被暂时存储在转换器中,然后系统性地转换成氮气。

汽油直接喷射系统存在的另一个问题是汽油中的硫问题。由于硫酸的化学特性与氮氧化物类似,所以硫也会被存储在氮氧化物存储式催化转换器内并且占用了应当存储氮氧化物的空间。汽油中硫的含量越高,存储式转换器的再生就越频繁,因此就消耗额外的汽油。

习　题

1. 说明汽油机燃烧过程各阶段的主要特点,以及对它们的要求。
2. 爆燃燃烧产生的原因是什么?它会带来什么不良后果?
3. 爆燃和早燃有什么区别?
4. 爆燃的机理是什么?如何避免发动机出现爆燃?
5. 何谓汽油机表面点火?防止表面点火的主要措施有哪些?
6. 何谓汽油机燃烧循环变动?燃烧循环变动对汽油机性能有何影响?如何减少燃烧循环变动?
7. 提高汽油机压缩比对提高性能有何意义?如何保证在汽油机上使用较高的压缩比?
8. 分析运转因素对燃烧过程的影响。
9. 试说明汽油机燃烧室设计的一般要求。
10. 比较汽油机几种典型燃烧室的优缺点及使用场合。
11. 在汽油机上燃烧均质稀混合气有什么优点?它所面临的主要困难是什么?目前解决的途径有哪些?
12. 分析过量空气系数和点火提前角对燃烧过程的影响。
13. 何谓稀燃、层燃系统?稀燃、层燃对汽油机有何益处?
14. 电控汽油喷射系统与化油器相比有哪些优点?
15. 电控汽油喷射系统有哪些形式,目前采用比较广泛的形式是哪种?

第19章

柴油机混合气形成燃烧

19.1 柴油机的燃烧过程

柴油机燃烧过程可分为四个阶段,即着火延迟期(又称为滞燃期)、速燃期、缓燃期和补燃期,如图 19-1 所示。

1. 着火延迟期

着火延迟期又称为滞燃期、着火落后期(见图 19-1 中的 AB 段),是从燃油开始喷入燃烧室内(A 点)至由于开始燃烧而引起压力升高使压力线明显脱离压缩线开始急剧上升(B 点)的阶段。随压缩过程的进行,缸内空气压力和温度不断升高,在上止点附近气体温度高达 600℃ 以上,高于燃料在当时压力下的自燃温度。在 A 点被喷入气缸的柴油,经历一系列复杂的物理化学过程,包括雾化、蒸发、扩散、与空气混合等物理准备阶段以及低温多阶段着火的化学准备阶段,在空燃比、压力、温度以及流速等条件合适处,多点同时着火,随着着火区域的扩展,缸内压力和温度升高,并脱离压缩线。虽然对于局部而言,物理过程和化学过程是相继进行的,但对于整体而言,物理过程和化学过程是重叠在一起的。

以秒和曲轴转角为单位的着火延迟期,分别用 τ 和 φ_i 表示。一般 $\varphi_i=8°\sim12°,\tau_i=0.7\sim3\mathrm{ms}$。

影响着火延迟期长短的主要因素是这时燃烧室内工质的状态。图 19-2 表示对于十六烷值为 56 的柴油,温度与压力对着火延迟期的影响。由图可见,温度越高或压力越高,则着火延迟期越短。柴油的自燃性较好(十六烷值高),着火延迟期也较短。其他影响着火延迟期长短的因素还有燃烧室的形式和缸壁温度等。

柴油机着火延迟期长短会明显影响该阶段喷油量和预制混合气量的多少,从而影响柴

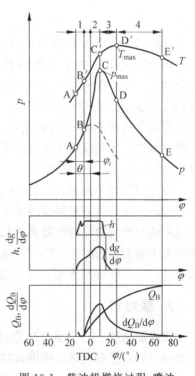

图 19-1 柴油机燃烧过程、喷油速率和放热规律

油机的燃烧特性、动力性、经济性、排放特性以及噪声振动，必须精确控制。

2. 速燃期

速燃期为图 19-1 中的 BC 段，即从压力脱离压缩线开始急剧上升（B 点）至达到最大压力（C 点）的阶段。速燃期内，由于在着火延迟期内作好燃前准备的非均质预混合气多点大面积同时着火，而且是在活塞靠近上止点时气缸容积较小的情况下发生，因此气体的温度、压力急剧升高，燃烧放热速率 $dQ_B/d\varphi$ 很快达到最高值。燃烧室内的最大压力（又称为最大爆发压力）可达 13MPa 以上，最大爆发压力的高低除了受燃烧过程的直接影响外，还主要与压缩比、压缩始点的压力等因素有关。一般用平均压力升高率 $\Delta p/\Delta\varphi$[MPa/(°)] 以及最大压力升高率 $(dp/d\varphi)_{max}$ 表示压力急剧上升的程度。平均压力升高率定义为

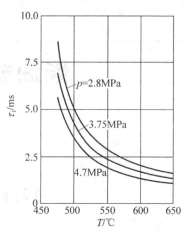

图 19-2　温度与压力对着火延迟期的影响

$$\frac{\Delta p}{\Delta\varphi} = \frac{p_C - p_B}{\varphi_C - \varphi_B} \tag{19-1}$$

式中：p_C、p_B 分别为 B 点和 C 点的压力；φ_C、φ_B 分别为 B 点和 C 点所对应的曲轴转角。

压力升高率的大小对柴油机性能有至关重要的影响，一般柴油机 $dp/d\varphi = 0.2\sim0.6$MPa/(°)，直喷式柴油机较大，$dp/d\varphi = 0.4\sim0.6$MPa/(°)。从提高动力性和经济性的角度，希望 $dp/d\varphi$ 大一些为好，但 $dp/d\varphi$ 过大会使柴油机工作粗暴；噪声明显增加；运动零部件受到过大冲击载荷，寿命缩短；过急的压力升高会导致温度明显升高，使氮氧化物生成量明显增加。为兼顾柴油机运转平稳性，$dp/d\varphi$ 不宜超过 0.4MPa/(°)，而为了抑制氮氧化物的生成，$dp/d\varphi$ 还应更低。

为控制压力升高率，应减少在着火延迟期内的可燃混合气的量。可燃混合气的生成量受着火落后期内喷射燃料量的多少、着火落后期的长短、燃料的蒸发混合速度、空气运动、燃烧室形状和燃料物化特性等多种因素的影响。一般来说，可以从两个方面考虑：一方面可缩短着火延迟期的时间；另一方面可减少着火延迟期内喷入的燃油或可能形成可燃混合气的燃油。$dp/d\varphi$ 和最大爆发压力的控制一直是柴油机的重要研究课题。

3. 缓燃期

缓燃期为图 19-1 中的 CD 段，即从最大压力点（C 点）至最高温度点（D 点）的阶段。一般喷射过程在缓燃期都已结束，随着燃烧过程的进行，空气逐渐减少而燃烧产物不断增多，燃烧的进行也渐趋缓慢。缓燃期的燃烧具有扩散燃烧的特征，混合气形成的速度和质量起着十分重要的作用。在这一阶段，采取措施使后期喷入的燃油能及时得到足够的空气，尽可能地加速混合气的形成，保证迅速而完全燃烧，从而提高柴油机的经济性和动力性。柴油机燃烧室内的最高温度可达 2000K 左右，一般在上止点后 20°～35°曲轴转角处出现。

一般要求缓燃期不要过长，否则会使放热时间加长，循环热效率下降。即缓燃期不要缓燃，而应越快越好。加快缓燃期燃烧速度的关键是加快混合气形成速率。

由于不可能形成完全均匀的混合气,所以使柴油机必须在过量空气系数大于 1 的条件下工作,保证完全燃烧的最小过量空气系数的大小随燃烧室的不同而异,在分隔式燃烧室中最小可达 1.2 左右。与汽油机相比,柴油机的空气利用率较低,这也是其升功率和比重量的指标较汽油机差的主要原因之一。

4. 补燃期

补燃期为图 19-1 中的 DE 段,即从最高温度点(D 点)至燃油基本燃烧完(E 点)的阶段。补燃期的终点很难准确地确定,一般当放热量达到循环总放热量的 95%～99% 时,就可以认为补燃期结束,也是整个燃烧过程的结束。由于燃烧时间短促,混合气又不均匀,总有少量燃油拖延到膨胀过程中继续燃烧。特别在高速、高负荷工况下,因过量空气系数小,混合气形成和燃烧的时间更短,这种补燃现象就更为严重。补燃期过长,缸内压力不断下降,燃烧放出的热量得不到有效利用,还使排气温度提高,导致散热损失增大,对柴油机的经济性不利。此外,还增加了有关零部件的热负荷。因此,应尽量缩短补燃期,减少补燃所占的百分比。柴油机燃烧时,空气总体是过量的,只是混合不均匀造成局部缺氧。因此,加强缸内气体运动,可以加速补燃期的混合气形成和燃烧速度,而且会使碳烟及不完全燃烧成分加速氧化。

19.2　柴油机燃烧放热规律

1. 燃烧放热规律的定义

瞬时放热速率是指在燃烧过程中的某一时刻,单位时间内(或 1° 曲轴转角内)燃烧的燃油所放出的热量;而累积放热百分比,是指从燃烧过程开始至某一时刻为止已经燃烧的燃油与循环供油量的比值。瞬时放热速率和累积放热百分比随曲轴转角变化的关系称为燃烧放热规律,如图 19-3 所示。燃烧放热规律影响燃烧过程中缸内压力、温度的变化,进而影响柴油机的性能。

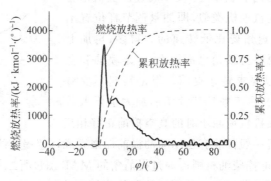

图 19-3　燃烧放热规律

由能量守恒定律可以得到,单位曲轴转角(或单位时间)内燃烧放出的热量等于单位曲轴转角(或单位时间)内缸内工质的热力学能、工质对活塞做的功和通过燃烧室壁向外传递

的热量之和,即

$$\frac{\mathrm{d}Q_{\mathrm{B}}}{\mathrm{d}\varphi} = \frac{\mathrm{d}U}{\mathrm{d}\varphi} + \frac{\mathrm{d}W}{\mathrm{d}\varphi} + \frac{\mathrm{d}Q_{\mathrm{W}}}{\mathrm{d}\varphi} \tag{19-2}$$

式中:Q_{B} 为燃烧放出的热量;U 为缸内工质热力学能;W 为工质对活塞做的功;Q_{W} 为通过燃烧室壁向外传递的热量;φ 为曲轴转角。

有了实测的示功图,在式(19-2)的基础上通过数值计算就可以求得燃烧放热规律。

2. 柴油机合理的燃烧放热规律

1) 放热规律三要素

一般将燃烧放热始点(相位)、放热持续期和放热率曲线的形状称为放热规律三要素。

放热始点决定了放热率曲线距压缩上止点的位置,在持续期和放热率形状不变的前提下,也就决定了放热率中心(指放热率曲线包围的面心)距上止点的位置。如前所述,这一因素对循环热效率、压力升高率和燃烧最大压力都有重大影响。

放热持续期的长短,一定程度上是理论循环等压放热预膨胀比大小的反映。显然这是决定循环热效率的一个极为关键的因素。对有害排放量也有较大的影响。

放热率曲线形状决定了前后放热量的比例,对噪声、振动和排放量都有很大的影响。在放热始点和循环喷油量不变的条件下,形状的变化,既影响放热曲线面心的位置,也影响放热持续期的长短,间接对循环热效率等性能指标产生影响。

放热规律三要素既有各自的特点,又相互关联。对其进行合理的选择与控制是极为重要的。

2) 理想的燃烧放热规律及其控制

(1) 放热始点的位置要能保证最大燃烧压力出现在上止点后 12°~15°处。为此柴油机通过喷油提前角的变化以及着火落后期长短来调控。由于各工况的着火落后期各不相同,所以每个工况都有其最佳的喷油提前角。

图 19-4 是任一工况的喷油提前角对动力、经济性指标影响的曲线。在最佳喷油提前角条件下,能获得最大有效功率和最小燃油消耗率。此曲线称为喷油提前角的调节特性。

柴油机喷油提前的调节规律是:要求转速及负荷都提前。转速提前的原因与汽油机类似,即油量调节杆位置不变时,高转速的着火延迟角要比低转速的大得多,再加上喷油持续角和相应的燃烧持续角也都加大(这是喷油和燃烧特性所决定的),所以要求转速提前。但是转速不变喷油量增多时(负荷增大),由于喷油持续角的加大也要求适当提前。这一点与汽油机负荷减小时的真空提前正好相反。

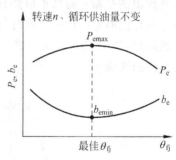

图 19-4   喷油提前角的调节特性

传统的车用柴油机一般都装有自动喷油提前器来完成转速提前的功能。因负荷提前量较小,一般未予控制。电控柴油机则可通过提前角的 MAP 图进行二者的精确控制。

虽然柴油机着火延迟期可通过喷油提前角的调控而达到合理的着火位置,但同时也要求尽可能缩短着火延迟期以减少预喷油量。缩短延迟期的主要因素是提高喷油初期燃烧室中的温度与压力。一般直喷式柴油机 $\tau = 0.7 \sim 3\mathrm{ms}$,车用柴油机则在 $1\mathrm{ms}$ 左右,非直喷柴油机的 $\tau = 0.6 \sim 1.5\mathrm{ms}$。车用增压柴油机由于进气温度提高,致使压缩终了温度也增加,结

果 τ 缩短到 0.4～1.0ms,所以,增压柴油机可降低振动和噪声。

(2) 放热持续期首先取决于喷油持续角的大小,喷油时间越长则扩散燃烧期越长。其次,取决于扩散燃烧期内混合气形成的快慢和完善程度,喷油再快,混合气形成跟不上也不能缩短燃烧时间,混合气形成不完善就会拖延后燃时间。

(3) 影响放热规律曲线形状的因素比较复杂。为便于定性分析,一般假定四种柴油机简单的放热率图形,如图 19-5 所示,并据此计算出各自的示功图 a,b,c,d 曲线。图中,假定四种放热规律都在上止点开始放热,放热总量相同,持续期均为 40°。曲线 a 先快后慢的放热形状初期放热多,$\mathrm{d}p/\mathrm{d}\varphi$ 值最大,最高爆发压力达 8MPa。此时的指示效率为 52.9%,是四种方案中的最高值。曲线 d 先慢后快的放热形状则相反,放热速率前缓后急,$\mathrm{d}p/\mathrm{d}\varphi$ 和最高爆发压力最低,指示热效率最低,为 45.4%。这种形状对降低噪声、振动和 NO_x 排放有明显效果。曲线 b 和 c 则介于二者之间。

实际发动机的放热率形状取决于不同的机型、不同的燃烧室和混合气形成方式以及对性能的具体要求。图 19-6 为不同类型柴油机的燃烧放热规律比较。可以看到,直喷式燃烧室柴油机的瞬时放热速率和累积放热百分比在燃烧的起始阶段上升最快,放热速率很快达到最大值,而且这一最大值相对两种分隔式燃烧室柴油机都高。此外,高速的直喷式燃烧室柴油机的放热速率往往呈现双峰的特点。在燃烧的起始阶段,两种分隔式燃烧室柴油机的放热速率和累积放热百分比都上升得比较慢,放热速率的最大值也较低且燃烧过程持续较长。

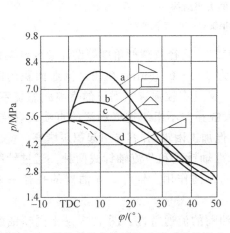

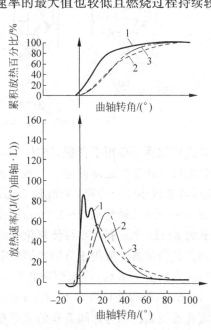

图 19-5　放热规律曲线形状对示功图的影响　　图 19-6　不同类型柴油机的燃烧放热规律比较

图 19-6 中的 1,2,3 含义及参数如下:

	$D(\mathrm{mm}) \times S(\mathrm{mm})$	ε	$n/(\mathrm{r/min})$	p_e/kPa	a
1—直喷式燃烧室柴油机	85×94	22.0	2800	730	1.39
2—涡流室燃烧室柴油机	76.5×80	23.0	3000	670	1.30
3—预燃室燃烧室柴油机	91×92	22.0	3200	708	1.34

19.3 柴油机混合气的形成原理

19.3.1 燃油的喷射与雾化

1. 供油系统

1）供油系统的组成

供油系统的主要作用是定时、定量并按一定规律向柴油机各缸供给高压燃油。

2）喷油器

喷油器的主要作用是将喷油泵供给的高压燃油喷入柴油机燃烧室内,使燃油雾化成微细的油粒,并按一定的要求适当地分布在燃烧室内。喷油器有孔式喷油器和轴针式喷油器两类,头部结构如图 19-7 所示。

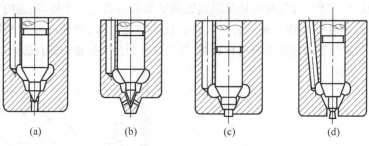

图 19-7 喷油器的头部结构
(a) 单孔;(b) 多孔;(c) 标准轴针;(d) 节流轴针

孔式喷油器一般用于直喷式燃烧室,喷孔的数目、孔径及喷射角度等设计参数要视具体的燃烧室形状和空气运动而定。一般针阀升程为 $0.2 \sim 0.45$mm,在满足流通面积的前提下,应尽可能减小针阀升程;对缸径 $D \leqslant 150$mm,又具有较强进气涡流的直喷式燃烧室,喷孔数为 $4 \sim 5$ 个,孔径为 $0.2 \sim 0.4$mm;而对较大缸径并不组织进气涡流的直喷式燃烧室,喷孔数为 $6 \sim 12$ 个。孔径小可使雾化质量提高,但加工困难,并容易引起积炭堵塞。

轴针式喷油器一般用于分隔式燃烧室,有标准轴针式和节流轴针式两种。通过针阀头部在喷孔内的上下运动,可起到防止积炭堵塞的自洁作用。轴针式喷油器的孔径一般为 $0.8 \sim 1.5$mm,针阀升程为 $0.4 \sim 1.0$mm。

喷孔流通截面积与针阀升程的关系称为喷油嘴的流通特性。图 19-8 是不同喷油嘴的流通特性。孔式喷油嘴的流通截面积随针阀的上升增长最快;标准轴针式较慢;节流轴针式因针阀头部圆锥部分的节流作用,初期的流通面积最小,可大大减少着火落后期中的喷油量。

2. 喷射与雾化

考察燃油喷射,主要有两类特性指标,即喷油特性(规律)和喷雾特性。喷油特性是喷油系统高压油路中的行为,主要包括喷油开始时间、喷油持续期、喷油速率变化以及喷油压力。

喷雾特性是燃油喷入燃烧室后的行为,主要包括贯穿距离、喷雾锥角和喷雾粒径,以及油束中燃油浓度、速度和粒度的分布规律。

1) 供油规律与喷油规律

单位凸轮轴转角(或单位时间)由喷油泵供入高压油路中的燃油量称供油速率;单位凸轮轴转角(或单位时间)由喷油器喷入燃烧室内的燃油量称为喷油速率。

供油规律是指供油速率随凸轮轴转角(或时间)的变化关系;喷油规律是指喷油速率随凸轮轴转角(或时间)的变化关系。

图 19-9 给出供油规律和喷油规律的图形。喷油规律虽然由供油规律决定,但两者之间存在明显不同,除了始点一般差别 8°～12° 曲轴转角之外,喷油持续时间较供油持续时间长,最大喷油速率较最大供油速率低,其形状有明显畸变,循环喷油量也低于循环供油量。

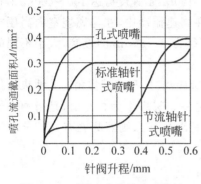

图 19-8　不同喷油嘴的流通特性

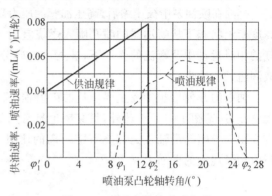

图 19-9　供油规律和喷油规律

两者的差别主要原因如下。

(1) 燃油的可压缩性。燃油在低压时可视为不可压缩流体,但高压(30～200MPa)时必须考虑其可压缩性。实验表明,如果开启喷油压力为 25MPa,则 1m 长的高压油管(内径为 2mm)中的燃油体积缩减量相当于循环供油量的 24%。如果再考虑开启喷油后压力急剧增高以及高压油路中还有不少高压容积,如出油阀室等,则压缩量会更多。

(2) 压力波传播滞后。尽管压力波在柴油机中的传播速度高达 1400m/s,但仍会造成明显的相位差。如 1m 长的高压油管在发动机转速为 3000r/min 时,相位差可达 10° 曲轴转角以上。

(3) 压力波动。高压系统中压力波的往复反射和叠加会造成喷油规律与供油规律在形状上的显著差异。

(4) 高压容积变化。高压容积变化指高压油管的弹性变形以及出油阀和针阀两个弹性系统的影响。

由于喷油规律对燃烧放热规律有直接的影响,因此喷油规律一直是柴油机燃烧和性能优化中的重要内容。

为避免出现不正常喷射现象,应尽可能缩短高压油管长度,减小高压容积,以降低压力波动,减小其影响,并合理选择喷射系统的参数,如喷油泵柱塞直径、凸轮廓线、出油阀形式及尺寸、出油阀减压容积、高压油管内径、喷油器喷孔尺寸、针阀开启压力等。

与一般有压力的流动系统一样,喷射系统也会出现穴蚀。喷射系统中的穴蚀破坏出现在系统内与燃油接触的金属表面上。穴蚀产生的机理是有压容积内产生压力波动时,由于出现极低的压力(低于燃油的蒸汽压)而形成汽泡,随后压力迅速升高使汽泡爆裂而产生冲击波,这种冲击波多次作用于金属表面,一段时间以后,金属表面会出现小坑并不断发展,称为穴蚀。穴蚀会严重影响喷射系统的工作可靠性和使用寿命。

2) 喷雾特性与雾化质量

燃油的雾化是指燃油喷入燃烧室内后被粉碎分散为细小液滴的过程。燃油的雾化可以增加与周围空气接触的蒸发表面积,加速从空气中的吸热过程和油滴的汽化过程,对混合气的形成起到重要的作用。油滴越细小,与空气接触表面积越大。例如,假设 1mL 的燃油为一球体,其表面积约为 $483.6mm^2$,若雾化为直径 $40\mu m$ 的均匀球状油滴,油滴数目约 3×10^7 个,其总的表面积约为 $1.5 \times 10^5 mm^2$,为原来的 300 多倍。

燃油在喷油泵中被压缩后,高压油管的压力高达 $20 \sim 160MPa$,速度可达 $100 \sim 400m/s$,在高度紊流状态下从喷油器的喷孔喷入燃烧室内。燃油在高速流动中,在与燃烧室内高压空气的相对运动中及紊流的作用下,被逐步粉碎分散为直径为 $2 \sim 50\mu m$ 的液滴,大小不同的液滴组成了油束。

油束的几何形状参数主要包括油束射程(又称为贯穿距离)L 和喷雾锥角 β 或油束的最大宽度 B(见图 19-10)。此外,贯穿率也是常用的参数之一。贯穿率为相对值,是指油束的贯穿距离与喷孔沿轴线到燃烧室壁距离的比值。贯穿率若大于1,则意味着有一部分燃油喷射到燃烧室的壁面上。

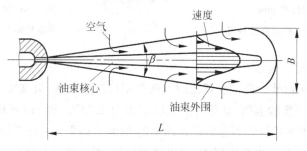

图 19-10　油束的几何形状和参数

柴油机燃烧时,希望油束尽可能到达燃烧室壁面附近,以使燃料分布区域扩大,特别是高负荷时,由于喷油过程一般要持续到着火以后,易产生"火包油"现象,这时希望油束有足够的贯穿力,穿透火焰到达周围空气区。

对于直喷式柴油机,在静止气流或弱涡流条件下,一般贯穿率可小于1,以避免大量燃油喷到壁面上;但在强涡流时,油束偏转,呈不规则的阿基米德螺线形,为保证油束仍能到达燃烧室壁面附近,应使贯穿率≥1。

影响油束几何形状的主要因素有喷射压力、喷油器喷孔的长度直径比和空气与燃油密度比等。一般情况下,喷雾锥角 β 过大,贯穿距离会减少;而 β 过小,则雾化程度会变差。

油束的雾化质量一般是指油束中液滴的细度和均匀度,油束核心部分的液滴非常密集且液滴直径较大,液滴运动速度较高,空气少;油束外围部分则相反,液滴稀少且液滴直径较小,液滴运动速度低。细度可以用液滴直径表示。液滴直径越小,意味着油束雾化得越细。

常用的评价喷雾粒径的指标有平均粒径、索特粒径和粒径分布。平均粒径即所有油粒直径的算术平均值,而索特(Sauter)粒径 SMD 则是所有油粒总体积与总表面积之比,设直径为 d_i 的油粒数为 n_i,则

$$\text{SMD} = \frac{\sum d_i^3 \cdot n_i}{\sum d_i^2 \cdot n_i} \tag{19-3}$$

显然,式中分子项正比于所有油粒的总体积,而分母项正比于所有油粒径表面积总和,相同循环供油量条件下,若 SMD 相同,则总表面积相同,也就是决定汽化速率及化学反应速率的物理条件基本相同。所以 SMD 是柴油机中最常用的粒径指标。一般柴油喷雾粒径在 $10\sim50\mu m$ 范围内,则 SMD 为 $20\sim40\mu m$。

粒径分布则既表示油粒大小又表示其均匀程度。如图 19-11 所示,有三种分布曲线:1 表示油粒细而匀;2 则表示油粒不均匀;3 表示油粒粗而匀。显然,1 线的总表面积最大,雾化时间最短。油粒直径大小受多种因素的影响,一般减小喷孔直径、增大喷油压力使喷射初速度增加、空气密度增大、燃油黏度和表面张力减小等,都会使油粒直径减小。一般随喷油压力的提高,喷雾粒径变细且均匀度也提高。

图 19-12 为某柴油机喷雾特性的实测结果,表明喷油压力、喷射背压和喷孔直径对喷雾特性的影响。

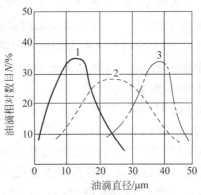

图 19-11　喷雾粒径分布的三种方式

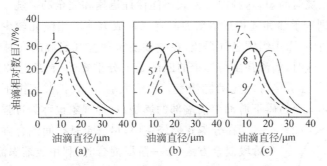

图 19-12　柴油喷雾特性的实测结果

(a) 不同喷油压力 p_{inj} 下的喷雾特性(喷射背压 $p_c = 1\text{MPa}$;喷孔直径 $d = 0.57\text{mm}$);

(b) 不同喷射背压 p_c 的喷雾特性(喷油压力 $p_{inj} = 28\text{MPa}$,喷孔直径 $d = 0.57\text{mm}$);

(c) 不同喷孔直径 d 下的喷雾特性($p_{inj} = 28\text{MPa}$,喷射背压 $p_c = 1\text{MPa}$);

1—$p_{inj} = 35\text{MPa}$;2—$p_{inj} = 28\text{MPa}$;3—$p_{inj} = 22\text{MPa}$;4—$p_c = 1\text{MPa}$;5—$p_c = 0.5\text{MPa}$;

6—$p_c = 0.1\text{MPa}$;7—$d = 0.4\text{mm}$;8—$d = 0.57\text{mm}$;9—$d = 0.8\text{mm}$

19.3.2　燃烧室与混合气形成

1. 柴油机的混合气形成特点和方式

柴油机在进气过程中进入燃烧室的是纯空气,在压缩过程接近终了时柴油才喷入,经过

一定准备后即自行着火燃烧。由于柴油机的混合气形成的时间比汽油机短得多,而且柴油的蒸发性和流动性都较汽油差,使得柴油难以在燃烧前彻底雾化蒸发并与空气均匀混合,因此,柴油机不得不采用较大的过量空气系数,才能使燃烧室内的柴油燃烧得比较完全。

柴油机的混合气形成方式可分为两大类,即空间雾化混合与壁面油膜蒸发混合。

1) 空间雾化混合

将燃油喷射到空间进行雾化,通过燃油与空气之间的相互运动和扩散,在空间形成可燃混合气的方式称为空间雾化混合。这时,燃油与空气的相对运动速度是起主要作用的因素。相对运动速度越高,油粒与空气的摩擦和碰撞越激烈,分散后的油粒也越细小,混合气越均匀。混合气在这一过程中混有尚未蒸发汽化的液态油粒,不完全是气相的。

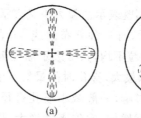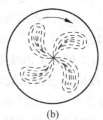

图 19-13   直喷式柴油机的混合气形成方式
(a) 静止空气;(b) 空气作旋转运动

直喷式柴油机中的混合气形成方式如图 19-13 所示。一种方法是采用多孔喷油器(6~12孔)以高压将燃油喷入燃烧室中的静止空气中,通过燃油的高度雾化和多个油束均匀覆盖大部分燃烧室,形成可燃混合气。混合所需能量主要来源于油束,空气是被动参与混合的,因而是一种"油找气"的混合方式。由于不组织进气涡流,进气充量较高,但混合气浓度分布不均匀,在早期的柴油机和目前的大型低速柴油机中,一般过量空气系数较大,燃烧时间较长,采用这种混合方式尚能达到满意的指标。而在车用高速柴油机中,由于转速高,燃烧时间短,这种混合方式不能保证迅速和完全的燃烧。

图 19-13(b)则表示油和气相互运动的混合气形成方法。用喷孔较少(3~5孔)的喷油器将燃油喷到空间中,由于组织进气涡流,在喷油能量和空气旋流的同时作用下,油束的扩散范围急剧扩大。这时,涡流强度与油束的匹配是十分重要的,在理想的涡流强度下,相邻油束几乎相接,以使油雾尽可能充满燃烧室。涡流太弱,油束扩散范围不够;涡流过强,上游油束的已燃气体又会妨碍下游油束前端部的燃烧,这种现象也称为过强涡流。

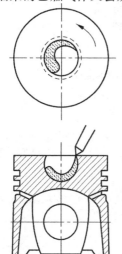

图 19-14   油膜蒸发混合方式

在分隔式燃烧室中,尽管也是空间混合方式,但采用的是两阶段混合方法,第一阶段混合时,利用压缩涡流和较低压力油束双方的能量,在不十分均匀的混合状态下进行着火燃烧。然后利用高温高压的燃烧气体本身的能量,在主燃烧室内进行第二阶段的混合。

还有一种撞击喷射(将燃油高速喷向壁面产生撞击),基本上也是一种空间混合方式,通过油束对不同形状壁面的撞击和反弹,使油束的分布范围扩大,在涡流的作用下,快速形成混合气。

2) 壁面油膜蒸发混合

以球形燃烧室为代表的壁面油膜蒸发混合方式如图 19-14 所示。燃油沿壁面顺气流喷射,在强烈的涡流作用下,在燃烧室壁面上形成一层很薄的油膜。在较低的燃烧室壁温控制下,油膜底层保持液态,表层油膜开始时以较低速度蒸发,加上喷油射束在空间的少量蒸发,形成少量可燃混合气。着火后,随燃烧的进行,油膜受热逐层加速蒸发,使混合气形成速度和燃烧速度加速。这一混合方式中起主要作用的因素是燃烧室壁面温度、空气相对运动速度和油膜厚度。混合气在这一过程中完全是气相的。

3) 两种混合方式的对比

在空间雾化混合中,燃油的喷雾特性对混合起决定性的作用。为提高混合气形成速度,往往要将燃料尽可能喷得很细,分布均匀。这样就会使较多的油滴受热蒸发,在着火延迟期内形成大量的可燃混合气,造成燃烧初期放热率过大,压力急剧升高,工作粗暴,NO_x 排放高。但如果减小着火延迟期内混合气生成量,则势必造成大量燃油在着火后的高温高压下蒸发混合,容易因空气不足而裂解成碳烟。因此,空间雾化混合方式尽管有较高的热效率,但碳烟、NO_x 和燃烧噪声均较高。

油膜蒸发混合的指导思想是利用燃油蒸发速率控制混合气生成速率,燃烧室壁面温度和空气旋流起了主要作用。在喷入燃烧室的燃料量相同的条件下,由于油膜受热蒸发所需时间要比细小油滴长得多,加之燃烧室壁温控制较低,使油膜蒸发混合方式在期内生成的混合气量远小于空间雾化方式。随燃烧进行,在高温和火焰辐射作用下,油膜蒸发加速,使混合气生成速度加快。另外,大部分燃料是在蒸发后以气体状态与空气或高温燃气接触,可以避免空间雾化混合时常有的液态燃油高温裂解问题,使碳烟特别是大颗粒碳烟排放降低。

由于油膜蒸发混合方式存在一些难以解决的问题,所以在实际中应用不多,但它的提出打破了原来空间雾化混合概念的束缚,开阔了发动机混合气形成和燃烧的思路,具有重要的理论意义。例如,有的缸内直喷式汽油机采用这种壁面油膜蒸发混合方式。

2. 缸内气流运动

发动机缸内的气流运动形式可分为涡流、挤流、滚流和湍流四种形式,被分别或组合应用于不同的燃烧系统。

1) 涡流

缸内的涡流运动一直是柴油机混合气形成的主要手段,根据形成方法不同,涡流又可分为进气涡流和压缩涡流。涡流转速与发动机转速之比称为涡流比 Ω,作为衡量涡流强度的指标。

(1) 进气涡流。在进气过程中形成的绕气缸轴线旋转的有组织的气流运动,称为进气涡流。发动机中进气涡流的产生方法一般有四种,即导气屏、切向气道、螺旋气道及组合进气系统。图 19-15 和图 19-16 为切向气道、螺旋气道的原理和进气门出口处的速度分布示意图。

导气屏设置在进气门上,引导进气气流以不同角度流入气缸,在气缸壁面的约束配合下产生涡流。这种方法结构简单,进气道可不作特殊设计,通过改变导气屏的包角和导气屏中点的安装位置,可调节涡流强度,涡流比 $\Omega=0\sim4$,阻力最大,一般用于试验研究用发动机。切向气道形状简单,涡流比 $\Omega=1\sim2$,适用于对涡流强度要求不高的发动机。螺旋气道的形状最复杂,涡流比 $\Omega=2\sim4$,适用于对进气涡流强度要求较高的发动机。

组合式进气系统,是指在两个进气门的发动机上,采用不同类型(例如一个切向气道和一个螺旋气道)或不同角度的两个进气道,以组合出所需要的涡流和流速分布。

进气涡流在压缩过程中,一边旋转一边被挤入燃烧室凹坑。设进气涡流比和压缩终点

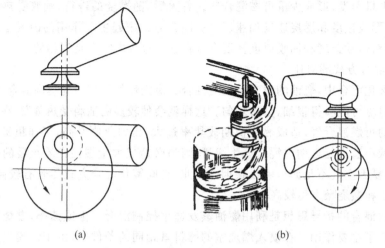

图 19-15   切向气道、螺旋气道的原理

(a) 切向气道；(b) 纯螺旋气道

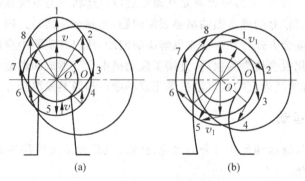

图 19-16   切向气道、螺旋气道的进气门出口处的速度分布

(a) 切向气道；(b) 纯螺旋气道

时燃烧室凹坑内的涡流比分别为 Ω 和 Ω_c，根据动量守恒关系，有

$$\frac{\Omega_c}{\Omega} = \frac{D^2}{d_k^2} \qquad (19\text{-}4)$$

式中：D 和 d_k 分别为气缸直径和燃烧室凹坑入口直径，显然，$\Omega_c > \Omega$，即进气涡流在气缸内有一个发展过程。所以，为加速混合气的形成，不仅应注意进气涡流比 Ω 的大小，更应注意压缩终点时燃烧室内的涡流比 Ω_c，对燃烧过程影响更大的是 Ω_c 以及上止点后的涡流强度。

(2) 压缩涡流。在涡流室燃烧室中，气体在进气过程中并不产生涡流，而在压缩过程中由主燃烧室经连通道进入涡流室时，形成强烈的压缩涡流。虽然这种产生涡流的方式不会使进气阻力增大和进气充量下降，但形成压缩涡流时会伴随不同程度的能量损失，使循环热效率降低。

2）挤流

挤流也是一种有效的缸内气体运动，如图 19-17 所示。在压缩过程中，当活塞接近上止点时，气缸内的空气被挤入活塞顶部的燃烧室凹坑内，由此产生挤压涡流（挤流）。当活塞下行时，凹坑内的燃烧气体又向外流到活塞顶部外围的环形空间，与空气进一步混合燃烧，这种流动也称为逆挤流。

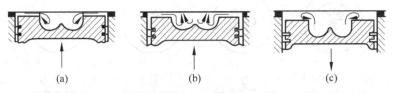

图 19-17　挤流的形成

(a) 无进气涡流或涡流不强时的挤流；(b) 进气涡流强时的挤流；(c) 逆挤流

　　挤流的强度与活塞顶部凹坑喉口直径以及活塞顶间隙有密切关系。活塞顶部凹坑喉口直径和活塞顶间隙越小，则挤流的强度越大。挤流（包括逆挤流）不会影响充量系数，但却有助于混合气的形成。其持续的时间较短（仅在上止点附近），强度与进气涡流相比一般较小，在混合气形成和燃烧中起到配合作用。

　　值得说明的是，挤流在柴油机和汽油机上都得到了广泛的应用。例如，汽油机紧凑型燃烧室都利用较强的挤流运动增强燃烧室的湍流强度，促进混合气快速燃烧。

　　3）湍流

　　在气缸中形成的无规则的小尺度气流运动称为湍流，也称微涡流。湍流可以促进燃油和空气的微混合程度，加速燃烧过程，对柴油机和汽油机都是不可缺少的。活塞运动虽然可以自然形成湍流，但其强度较弱并且无法控制。常用的产生湍流的方式有各种形式的挤流，预燃室中由压缩生成的湍流，非回转体燃烧室中伴随涡流运动产生的边角处湍流等。

　　4）滚流

　　在进气过程中形成的绕垂直于气缸轴线的有组织的空气旋流称为滚流，也称为纵涡或横轴涡流。滚流在压缩过程中动量衰减较少，在活塞接近于压缩上止点时，大尺度的滚流被破碎成许多小尺度的涡流和湍流，可大大改善混合燃烧过程。

3. 柴油机燃烧室

　　柴油机燃烧室可分为两大类：直喷式燃烧室和分隔式燃烧室。

　　1）直喷式燃烧室

　　直喷式燃烧室可根据活塞顶部凹坑的深浅分为半开式燃烧室和开式燃烧室两类。图 19-18 为有代表性的各种直喷式燃烧室的形式。开式燃烧室有浅盆形，半开式燃烧室有 ω 形、挤流口形、各种非回转体形、球形等。

　　浅盆形燃烧室（图 19-18（a））属于开式燃烧室，活塞顶中心呈略有凸起的浅 ω 形或平底的浅盆形，凹坑较浅，凹坑口径与活塞直径之比一般大于 0.7。

　　浅盆形燃烧室中的混合气形成主要依靠燃油的喷射，因此对雾化质量，也就是对喷射系统有很高的要求。开式燃烧室采用较多喷孔数目（常见的为 7～12 孔）的孔式喷油器和较高的喷射压力，最大喷射压力达到 100MPa 以上；一般不组织或只有很弱的涡流，在混合气形成中空气运动所起的作用相对很小。混合气在燃烧室的空间内形成，避免油束直接喷到燃烧室的壁面（油束贯穿率要求小于或约等于 1）。

　　对于浅盆形燃烧室，希望通过油束与燃烧室形状的配合，使燃油尽可能均匀地分布在整个燃烧室的空间中。所以，浅盆形燃烧室属于较均匀的空间混合方式，在着火延迟期内形成

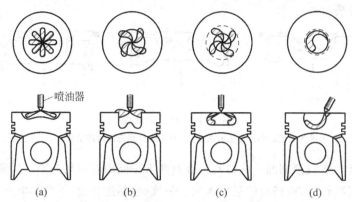

图 19-18　各种直喷式燃烧室形式

(a) 浅盆形；(b) ω 形；(c) 挤流口形；(d) 球形

较多的可燃混合气,因而最高燃烧压力和压力升高率高,工作粗暴,燃烧温度高,NO_x 和排气烟度较高,噪声、振动及机械负荷较大。它的空气利用率相对较低,一般均采用增压来保证较大的过量空气系数(1.5~2.2),以实现完善的燃烧。相反,正是由于不组织空气运动,散热损失和流动损失均小,加之雾化质量好,燃烧迅速,因而其最大优点是经济性好,容易起动。

开式燃烧室一般适用于缸径较大(≥140mm),转速较低(≤2000r/min)的柴油机,随缸径的不同,其结构形状有所不同。

ω 形燃烧室(图 19-18(b))属于半开式燃烧室,尺寸参数如图 19-19 所示,在活塞顶部设有比较深的凹坑,其中,ω 形凹坑的中心凸起是为了帮助形成涡流以及排除气流运动很弱的中心区域的空气而设置的。d_k/D 一般为 0.6 左右,$d_k/h = 1.5 \sim 3.5$。采用 4~6 孔均布的多孔喷油器中央布置(四气门时)或偏心布置(二气门时),喷雾贯穿率一般为 1.05。空气运动以进气涡流为主,挤流为辅。进气涡流比介于最低的浅盘形燃烧室(<1.5)和最高的球形燃烧室(>3)之间,通过减小 d_k/D 和余隙高度 S_0,可使挤流强度增加。由于利用燃油喷射和空气运动两方面的作用形成混合气,因而比浅盘形更容易形成均匀的混合气,空气利用率提高,可在过量空气系数为 1.3~1.5 的条件下实现完全燃烧。

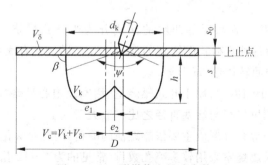

图 19-19　ω 形燃烧室尺寸参数

与浅盘形燃烧室的"油找气"方式相比,ω 形燃烧室采用"油和气相互运动"的混合气形成方式,以满足车用高速柴油机混合气形成和燃烧速度更高的要求。

但是,一般空气运动的强度随着转速的提高而增大,而涡流强度过强或过弱会造成油束贯穿不足或过度,均会影响混合气形成和燃烧,故 ω 形燃烧室对转速的变化较为敏感,一般适用于缸径 80～140mm，转速低于 4500r/min 的柴油机中。若应用于更小缸径的柴油机中，则会在燃油喷射、气流运动与燃烧室形状间的配合上出现困难。同时，喷孔直径过小和喷油压力过高，也给制造和使用提出更高的要求。尽管如此，ω 形燃烧室的应用范围仍在向着小缸径方向发展。

挤流口形燃烧室（图 19-18(c)）也属于半开式燃烧室，混合气形成原理与 ω 形燃烧室基本相同，最大区别就是采用了缩口形的燃烧室凹坑，这就使得挤流和逆挤流运动更强烈，涡流和湍流能保持较长时间。同时，随着 d_k/D 减小，挤流口形燃烧室的"半开式"燃烧特点逐渐明显，并具有燃烧柔和的感觉（类似分隔式燃烧室）。挤流口抑制了较浓的混合气过早地流出燃烧室凹坑内，使初期燃烧在还原气氛中进行，压力升高率较低，因此 NO_x 排放和燃烧噪声均较 ω 形燃烧室低。但是，由于挤流口的节流作用，活塞的热负荷高，挤流口边缘容易烧损，喷孔易堵塞，加工也比一般 ω 形燃烧室复杂。

非回转体燃烧室（图 19-20）中涡流和挤流都是尺度较大的气体运动，适当组织微涡流或湍流可以促进燃油与空气的微观混合。

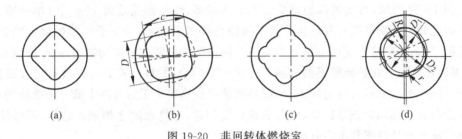

图 19-20　非回转体燃烧室

(a) 四角形；(b) 微涡流 MTCC；(c) Quardram；(d) 花瓣形

图 19-21 为 MTCC 的工作原理，其上部为四角形，下部仍为回转体，在气缸内作涡流运动的气体一边旋转一边进入燃烧室凹坑，在缩口的四个角上以及四角形与回转形的交界处产生微涡流和湍流，将燃油喷向这些区域，可加快混合气形成和燃烧速度。

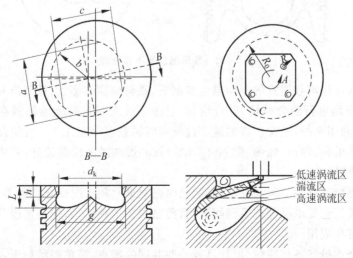

图 19-21　MTCC 的结构和工作原理

　　非回转体燃烧室形状各异,但是基本特点是相同的,即:在半开式燃烧室的基础上,利用燃烧室形状的设计来产生微涡流,改善混合气的形成和燃烧。除大尺度的涡流(如进气涡流和挤压涡流)以外,小尺度的涡流,又称为微涡流或湍流,对混合气形成和燃烧的促进作用已得到公认。微涡流主要是利用大尺度的涡流在燃烧室内不同位置造成的速度差以及流经一些特殊设计的边角、凹凸时产生的气流扰动所形成的。

　　一些特殊设计的边角、凹凸对空气涡流有衰减作用,而且这种衰减作用随空气涡流的增强而增大,对提高柴油机的转速适应性,解决半开式燃烧室中存在的低速涡流太弱、高速涡流太强的问题是有利的,特别适合于车用柴油机在宽广的转速范围内工作的情况。

　　所以,非回转体燃烧室的优点是:着火延迟期较短,压力升高率相对较低,燃烧比较完善,有害排放量较小,对转速变化不太敏感,油耗曲线较平坦等。缺点是:加工相对较复杂,一些突出部位的热负荷较高,影响工作的可靠性。

　　与上述各直喷式燃烧系统的空间混合方式不同,球形燃烧室以油膜蒸发混合方式为主,这种燃烧方式是由德国 MAN 公司的 Meurer 博士在 1951 年提出的,所以也称为 M 燃烧过程。如图 19-22 所示,活塞顶部的燃烧室凹坑为球形,喷油器孔数为 1~2 孔(单一喷孔,或一个主喷孔和一个副喷孔),开启压力低于其他直喷式燃烧室,油束沿球形燃烧室壁面并顺气流喷射,燃油被喷涂在壁面上形成油膜。为保证形成很薄的厚度均匀的油膜,需要很强的涡流(涡流比>3)。在较低壁温的控制下(200~350℃),燃料在着火前以较低速度蒸发,在着火落后期内生成的混合气量较少,因而初期燃烧放热率和压力升高率低。随燃烧的进行,缸内温度和火焰热辐射强度提高,使得油膜蒸发加速,燃烧也随之加速。这样,可以使预混合燃烧阶段的放热速率和压力升高率得到抑制。

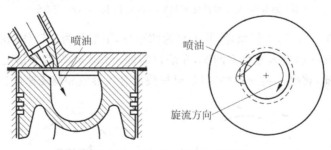

图 19-22　球形燃烧室工作原理

　　在强烈的涡流运动和适宜的壁面温度控制下,燃料油膜按蒸发、被气流卷走、混合、燃烧的顺序十分有序地进行混合燃烧,混合均匀,避免了较大颗粒的燃油暴露在高温下产生裂解。同时,空气利用率好,正常燃烧的最小过量空气系数可降至 1.1。匹配良好的球形燃烧室可以做到工作柔和、轻声、低烟、低 NO_x,动力性和燃油经济性都较好,并能适用于从汽油到柴油的各种燃料。

　　尽管球形燃烧室存在冷起动性能差(起动时壁温低)、随工况变化性能差别大、对涡流强度十分敏感因而工艺要求高等一系列问题,目前已很少单独使用,但是油膜蒸发混合方式的思想却得以保留和应用。

　　直喷式燃烧室虽然各具特色,但却具有一些共同的特点,简单归纳如下:

　　(1) 由于燃烧迅速,故经济性好,有效燃油消耗率低。直喷式柴油机比分隔式柴油机有效燃油消耗率低 10%~20%。

（2）燃烧室结构简单，表面积与容积比小，因此散热损失小，也没有主、副室之间的节流损失，一方面可使冷起动性能较好，另一方面也使经济性好。

（3）对喷射系统的要求较高，特别是开式燃烧室。

（4）半开式燃烧室对进气道有较高的要求。

（5）NO_x 的排放量较分隔式燃烧室柴油机高，特别在较高负荷的区域内，约高 1 倍。

（6）对转速的变化较为敏感，特别是半开式燃烧室，较难同时兼顾高速和低速工况的性能，因而，适用转速较分隔式燃烧室柴油机低。

（7）压力升高率大，燃烧噪声大，工作较粗暴。

2）分隔式燃烧室

分隔式燃烧室的结构特点是除有位于活塞顶部的主燃烧室外，还有位于缸盖内的副燃烧室，两者之间有通道相连。燃油不直接喷入主燃烧室内，而是喷入副燃烧室内。典型的分隔式燃烧室有涡流室燃烧室和预燃室燃烧室。

涡流室燃烧室的结构如图 19-23 所示。涡流室容积占整个燃烧室压缩容积的 50%～60%。涡流室的形状（图 19-24）有一些不同的类型，如近似球形的、上部为半球形下部为圆柱形的等。

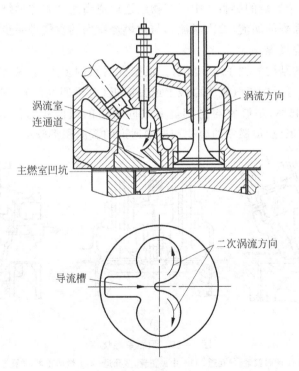

图 19-23　涡流室燃烧室

涡流室与主燃烧室之间通道的截面积为活塞截面积的 1%～3.5%，通道方向与活塞顶成一定的倾斜角度，其截面形状也有许多种。此外，还有采用双倾斜角通道的，即通道由靠主燃烧室一侧较小的倾斜角度的部分和涡流室一侧较大的倾斜角度的部分组成，以降低通道的流动损失和改善混合气形成。

活塞顶部的主燃烧室一般有导流槽或浅凹坑（图 19-23）。在压缩过程中，空气从主燃

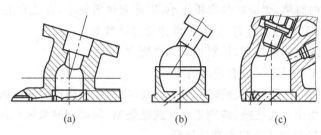

图 19-24　涡流室的形状

(a) 直通道；(b) 斜通道；(c) 双倾斜角通道

烧室经通道流入涡流室，在涡流室内形成强烈的有组织的压缩涡流，压缩涡流在混合气形成中起主要作用。受活塞挤压的空气通过连通道的导流进入副室，形成强烈的有组织的压缩涡流（一次涡流）。燃油顺涡流方向喷入副室，迅速扩散蒸发混合。由于这种混合方式对喷雾质量要求不高，因而对喷油系统要求较低，一般采用轴针式喷油器，开启压力为 10～12MPa，远低于直喷式燃烧室用的孔式喷油器。着火点一般由喷雾的前端开始，火焰在随涡流作旋转运动的同时，很快扩散至整个涡流室（一次混合燃烧）。随涡流室内温度和压力的升高，燃气带着未完全燃烧的燃料和中间产物经连通道高速冲入主燃烧室，在活塞顶部导流槽引导下再次形成强烈的涡流（二次涡流），与主燃烧室内的空气进一步混合燃烧（二次混合燃烧），完成整个燃烧过程。

预燃室燃烧室的结构如图 19-25 所示。根据气门数的多少，预燃室可以偏置于气缸一侧（对于二气门），也可以置于气缸中心线上或其附近（对于四气门）。预燃室容积占整个燃烧室容积的 35%～45%，预燃室与主燃烧室之间通道的截面积为活塞截面积的 0.3%～0.6%。相对涡流室来说，预燃室的容积和连接通道的截面积都较小。

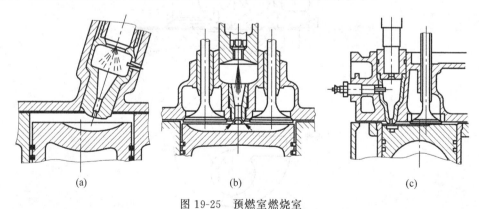

图 19-25　预燃室燃烧室

(a) 倾斜偏置，单孔道；(b) 中央正置，多孔道；(c) 侧面正置，单孔道

预燃室燃烧室的工作原理与涡流室燃烧室相似，都是采用浓稀两段混合燃烧。在压缩过程中，气缸内部分空气流入预燃室内，由于连通道截面积很小，且不与预燃室相切，所以在预燃室内形成强烈的无组织的湍流。湍流使一部分燃油雾化混合，当着火燃烧后，预燃室内的压力和温度迅速升高，利用这部分燃油的燃烧能量，将预燃室内已部分燃烧的浓混合气高速喷入主燃烧室内，并在主燃烧室内形成工质的运动，即燃烧涡流和湍流，促使其余部分的燃油在主燃烧室内迅速与空气混合并燃烧。

分隔式燃烧室柴油机的性能特点：

（1）采用浓、稀两段混合燃烧方式，前段过浓（还原）气氛，抑制了 NO_x 的生成和燃烧温度，而后段的稀燃（氧化）气氛和二次涡流又促进了碳烟的快速氧化，因而 NO_x 和微粒排放均低于直喷式燃烧室，但低负荷下的碳烟排放量较大。

（2）由于初期放热率低，因而压力升高率和最高燃烧压力均低于直喷式燃烧室，燃烧柔和，振动噪声小。

（3）对于涡流室，压缩涡流随发动机转速升高而增强，即转速越高，混合气形成和燃烧速度越高，因此涡流室燃烧室适合于高速柴油机，其转速可高达 5000r/min。

（4）缸内气流运动自始至终比较强烈，空气利用率好，可在过量空气系数 1.2 左右的条件下正常工作。

（5）对喷油系统要求不高，不需要进气涡流，进气道形状简单，因而加工制造成本低，使用故障少。

（6）一般对燃油不太敏感，有较强的适应性。

（7）燃烧室结构复杂，表面积与容积之比较大，加上强烈的空气运动的影响，使散热损失较大，通道节流作用引起的流动损失也较大。因此，分隔式燃烧室柴油机较直喷式燃烧室柴油机热效率低，经济性差。燃油消耗率比直喷式燃烧室高 10%～15%。预燃室燃烧室通道节流损失更大，因而燃油经济性更差一些。

（8）由于散热损失大和喷雾质量不高，冷起动性能不如直喷式燃烧室，一般都要安装电预热塞，用于在冷起动时提高燃烧室内的温度，保证顺利起动。

19.3.3　柴油机的预混合燃烧

柴油机采用均匀充气压燃（预混压燃）（homogeneous charge compression ignition，HCCI）燃烧方式被认为是解决排放和节约能源的最有希望的途径之一。应该说，无论是柴油机还是汽油机，要同时实现高效率和低污染都是困难的。HCCI 燃烧方式改变了传统柴油机的燃烧方式，但保留了柴油机热效率高的优势，成为下一代发动机开发的热点。

1. HCCI 燃烧特性

柴油机采用均匀充气压燃（预混压燃）HCCI 燃烧方式，采用均匀的稀混合气（例如：当量比<0.45，高 EGR 率，约 30%，高进气温度>370℃），几乎是全部混合气同时压缩着火，气缸内燃烧温度并不高，也没有火焰传播，因此 NO_x 生成很少，避免在排气后处理中应用 $DENO_x$、$LeanNO_x$ 等催化转化装置，以实现在富氧条件下 NO_x 的还原。

实现 HCCI 燃烧的最大困难是实现对着火点（initiation of ignition）和燃烧率（rate of combustion）随发动机工况变化的控制。

HCCI 燃烧放热分为两个阶段，第一阶段是低温化学动力学反应，产生冷焰（和）或蓝焰然后经一段滞后时间进入第二阶段主放热阶段。试验表明，HCCI 是多区域同时着火，并没有明显的火焰传播和火焰面，湍流混合的作用也不明显。由于 HCCI 着火的始点与气缸内的气流状况关系较少，因此 HCCI 燃烧方式的循环变动很小。

HCCI 燃烧方式的排放明显改善，由于 HCCI 燃烧方式或在燃烧室内不产生局部高温区,整个气缸的平均温度由于采用十分稀的混合气等原因也比较低,因而 NO_x 排放可比常规柴油机减少 $90\%\sim98\%$,HCCI 的 NO_x 排放随负荷的增加而增加,在高负荷时燃油消耗率 b_e 和 NO_x 激剧增长,其指标比一般发动机差得多,它只适合于中、低负荷,同时也表明 HCCI 高负荷运行技术尚不成熟。同时,由于 HCCI 没有扩散燃烧,也没有过浓区存在,因此 PM 的排放均较低。但是 HC 和 CO 排放比普通柴油机要高,其原因是稀混合气和高 EGR 率,使燃烧温度低,减少了 HC 和 CO 燃烧后再氧化的可能,此外混合气体制备(如向气缸早喷油)可能使油束碰到气缸壁,使 HC 增加。

2. HCCI 实现方法

在柴油机上实现 HCCI 燃烧的主要方法有:采用喷雾范围大、油粒细而均匀的燃油喷雾,以快速形成均匀的混合气浓度场;想方设法大幅度延长着火延迟期,以便在着火前使燃油有充分的蒸发混合时间;控制前期燃烧速度,以抑制 NO_x 生成和高温裂解产生碳烟。

1) 丰田 UNIBUS 燃烧方式

由丰田公司推出的 UNIBUS(uniform bulky combustion system)燃烧方式其实质是均匀扩散预混合燃烧。为了得到均匀预混混合气,通常采用特殊的喷嘴,力求在燃烧室内形成一种油束贯穿距离小、喷雾范围大、油粒细而均匀的燃油喷雾。如图 19-26 所示的多层多孔喷油器,多喷孔喷油器布置在燃烧室的中心,其喷孔直径为 0.08mm,孔数为 $20\sim30$ 个,喷油夹角分别为 $55°$,$105°$ 和 $155°$,喷雾几乎充满了整个燃烧室空间,形成的混合气浓度分布非常均匀;另外为了使着火前燃油有充分的蒸发混合时间,形成均匀的稀混合气,UNIBUS 采用大幅度提前喷油时间的措施等。

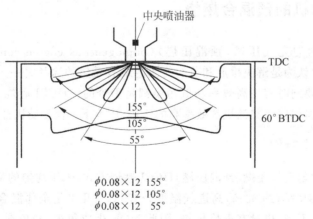

图 19-26　丰田 UNIBUS 的多层多孔喷油器

实验表明,采用 UNIBUS 的柴油机可以大幅度改善柴油机的 NO_x 和碳烟排放。但是仅仅当较小负荷下才得以实现,另外如何控制着火时间也是一个关键问题。

2) 日产 MK 燃烧方式

日产公司开发的 MK(modulated kinetics)燃烧方式,其核心思想是低温预混合燃烧。产生均匀预混合气的主要方法是延长着火落后期和加速混合气形成速度,为此,MK 燃烧中大幅度推迟喷油时间并采用 EGR 率高达 45% 的排气再循环。EGR 在这里不仅是控制燃烧速率和燃烧温度以抑制 NO_x 产生的对策,而且也是控制着火落后期长短的手段。

3. HCCI 技术难点

尽管已有多种柴油机的预混合燃烧方法被提出,如分别由进气吸入和缸内喷入不同燃料、多段组合喷油等方法,但要达到实用化,尚需克服以下技术难点:

(1) 在发动机全工况范围内控制着火定时;

(2) 在发动机全工况范围内控制燃烧率,尤其是高负荷运行时燃烧率的控制(使放热率放慢,限止噪声或过高燃烧压力);

(3) 把 HCCI 向高负荷扩展;

(4) 改善冷起动和瞬态响应特性;

(5) 发展排放控制系统,降低 HC 和 CO 排放;

(6) 发展发动机的控制策略和系统(闭环反馈系统)以及研制相应的传感器;

(7) 开发合适的燃料(包括混合燃料);

(8) 保证多缸机各缸的均匀性;

(9) HCCI 的燃烧模拟。

总的说来,柴油机预混合燃烧方案的提出,极大地拓宽了研究柴油机燃烧的思路。围绕被 NO_x 和微粒排放问题长期困扰的传统柴油机,开始探索到一条有可能打破僵局的途径,其意义是十分重大的。

习　题

1. 以柱塞式喷油泵为例简述柴油机燃料喷射过程。

2. 简述几何供油规律和喷油规律的关系,并解释两者之间的区别与联系。

3. 什么是供油提前角和喷油提前角? 解释两者的关系以及它们对柴油机性能的影响。

4. 什么是喷油嘴流通特性? 说明喷油嘴流通截面对喷油过程和柴油机性能的影响。

5. 柴油机有哪些异常喷射现象? 它们可能出现什么工况? 简述二次喷射产生的原因、危害及消除方法。

6. 喷雾特性与雾化质量的指标和参数有哪些?

7. 试述柴油机燃烧过程,说明压力升高率的大小对柴油机性能的影响。

8. 燃烧放热规律三要素是什么? 什么是柴油机合理的燃烧放热规律?

9. 简述柴油机的混合气形成特点和方式。

10. 简述直喷式燃烧室柴油机的性能特点,并与分隔式燃烧室柴油机做对比。

11. 柴油机燃烧过程优化的基本原则是什么?

12. 什么是柴油机合理的喷油规律?

13. 目前 HCCI 有哪些实现方法? 遇到哪些技术难题?

第20章

发动机排放及控制

20.1 发动机排放的生成机理

空气由氧气、氮气和稀有气体等恒定成分、二氧化碳和水蒸气等可变成分、有害气体及尘埃等部分组成。发动机废气污染是空气中不定组分的最主要来源,已成为城市污染的首要污染源。

在城市人口居住密集的地方,汽车密度大,而且发动机大多工作在低速、频繁起动和制动的高排放工况,再加上建筑物密集使得空气的流动性差,因此控制城市车辆的有害污染物排放十分迫切。随着汽车保有量的增加,我国发动机污染物排放总量也日趋上升。

发动机有害排放物,危害人类健康,污染环境,破坏生态平衡,造成能源浪费,已引起世界各国的重视。因此,研究和降低汽车排放污染问题,对节约能源,减少环境污染,造福人类有着重要意义。

20.1.1 发动机排放污染物的危害

发动机排放污染物有一氧化碳、碳氢化合物、氮氧化物和微粒等,这些污染物对人体健康造成了很大的危害,而且,排出的二氧化碳气体由于造成温室效应,对大气环境有严重影响。

1. 一氧化碳

一氧化碳(CO)是燃料在空气不足情况下的燃烧产物,是发动机排气中浓度最大的有害成分。一般来说,汽车在未采取净化措施前,CO 浓度(体积分数)为 $3\%\sim4\%$。国产车用汽油机怠速时 CO 浓度可达 $4\%\sim6\%$。就地区大气污染来说,美国和日本大气中的 CO $95\%\sim99\%$ 来自汽车。

CO 是无色无臭有窒息性的毒性气体,由于 CO 和血液中有输氧能力的血红蛋白(Hb)的亲和力比氧气和 Hb 的亲和力约大 300 倍,能很快和 Hb 结合形成碳氧血红蛋白(HbCO),同时 HbCO 解离速度却为氧合血红蛋白解离速度的 $1/3600$,且 HbCO 的存在影响氧合血红蛋白的解离,阻碍了氧的释放,导致低氧血症,造成体内缺氧而引起的窒息状态,这种内窒息状态一旦被解除,症状也就随之消失。大气中各种 CO 浓度的毒性如表 20-1 所示。由于 CO 在大气底层停留时间较长,其累积浓度常易超过允许值,因此要特别重视大气中 CO 的危害性。

表 20-1　不同浓度 CO 对人体健康的危害

CO 浓度 / %	对人体健康的危害
0.001	人慢性中毒,贫血,患者心脏、呼吸道恶化
0.003	人在 4～6h 内中毒
0.01	使人头痛、恶心
0.012	人在 1h 内中毒
1	使人死亡

2. 氮氧化物

氮氧化物(NO_x)有 NO、NO_2、N_2O、N_2O_3、N_2O_4、N_2O_5 等。从大气污染的角度来看,最重要的是 NO 和 NO_2,除了 N_2O 在环境中有少量可见外,其余氮氧化物可忽略不计。与环境污染有关的 NO 和 NO_2 总称 NO_x。

发动机排气中的氮氧化物是由于燃烧室内高温燃烧而产生的,空气中的氮经过氧化首先生成 NO,然后与大气中氧相遇又成为 NO_2。

NO_x 除了本身对生物发生危害外,还与 HC 生成光化学过氧化物。

NO 是无色无味气体,只有轻度刺激性,毒性不大,高浓度时会造成中枢神经有轻度障碍。

NO_2 是一种褐色气体有特殊刺激性臭味,是发动机排气中恶臭物质成分之一。它使人中毒的症状是在发生肺水肿的同时,引起独具特点的闭塞性纤维性细支气管炎。对健康人,浓度大约在 0.0016%,10min 期间,肺气流阻力有明显上升。大气中不同浓度 NO_2 对人及生物的影响如表 20-2 所示。由于 NO_x 在大气中几天之内就扩散,下雨时就溶解,其累积浓度不会过高。

表 20-2　不同浓度 NO_2 对人及生物的影响

NO_2 浓度 / $\times 10^{-6}$	对人体健康的影响
0.5	连续 3～12 月,患支气管炎部位有肺水肿出现
1	闻到臭味
2.5	超过 7h,西红柿等作物叶子变白色
5	闻到强烈臭味
50	1min 之内,人的呼吸异常,鼻子受刺激
80	3～5min 引起胸痛
100～150	人在 30～60min,因肺水肿而死亡

3. 碳氢化合物

碳氢化合物(HC)包括未燃和未完全燃烧的燃油、润滑油及其裂解和部分氧化产物,如烷烃、烯烃、芳香烃、醛、酮、酸等数百种成分。烷烃基本无味,对人体健康不产生直接影响。烯烃略带甜味,有麻醉作用,对黏膜有刺激,经代谢转化会变成对基因有毒的环氧衍生物。芳香烃对血液和神经系统有害,特别是多环芳香烃(PAH)及其衍生物有强致癌作用。醛类是刺激性物质,对眼、呼吸道、血液有毒害。

发动机排气中的 HC 浓度随着工况与试验条件的不同差别很大。美国汽车 1966 年前约为 0.085％,怠速时较高,但是和 CO 相比浓度还是低得多。当前,汽车排气中的 HC 和 NO_x 一样,由光化学反应所生成的过氧化物更加引人注目。

4. 光化学烟雾

汽车发动机排气中,作为起因物质的 NO_x 和 HC 在太阳能的作用下进行光化学反应,生成的光化学过氧化物形成的烟雾称为光化学烟雾。光化学反应是一个极其复杂的过程,它的主要产物是臭氧(O_3)及过氧化酰基硝酸盐(PAN)等光化学过氧化物,此外还生成各种游离基、醛、酮、硫酸烟雾等。

光化学氧化物的主要物质是臭氧(O_3),它是一种极强的氧化剂,具有独特的臭味,其嗅觉值在 0.02×10^6 以下,对人体的危害主要表现在刺激和破坏深部呼吸道黏膜和组织,对眼睛也有刺激。其毒害与 NO_2 类似。表 20-3 给出光化学烟雾对人体和生物的影响。

表 20-3　光化学烟雾对人体和生物的影响

O_3 浓度/$\times 10^{-6}$	影响
0.02	5min 内多数人能觉察,1h 内胶片脆化
0.2	人肺的机能减弱,胸部有紧缩感,眼睛红痛
0.2～0.5	3～6h,使人视力减弱
0.5～1	1h 内呼吸紧张,气喘病恶化
1～2	2h 头痛、胸痛、肺活量减少,人慢性中毒
5～10	全身疼痛、麻痹、肺气肿
15～20	小动物 2h 内死亡
＞50	人在 1h 内死亡

5. 微粒

微粒(particulate matter,PM)是指存在于接近大气条件下的,除掉未化合的水以外的任何分散物质。这种分散物质可能是固态的,也可能是液态的,它包括原始颗粒和二次颗粒。原始颗粒是直接来自发动机燃烧产物的颗粒。二次颗粒是在大气条件下,因气态、液态和固态的各化学成分之间发生化学和物理变化所产生的颗粒,例如经催化反应、光化学反应产生的颗粒。

汽油机和柴油机所排放的颗粒是不同的。汽油机主要是铅化物、硫酸、硫酸盐和低分子物质。柴油机的颗粒数量比汽油机多得多,一般要高 30～60 倍,成分也要复杂得多,它是一种类似石墨形式的含碳物质(碳烟)并凝聚和吸附了相当多的高相对分子质量有机物,这些有机物包括未燃的燃油、润滑油以及不同程度的氧化和裂解产物。

下面主要讨论颗粒中的铅化物、碳烟和油雾。

1) 铅化物(Pb)

铅化物是作为抗爆剂加到汽油中的四乙基铅 $Pb(C_2H_5)$ 燃烧后所生成的化合物。从燃烧室排出来的铅化物,一般为粒径小于 $0.2\mu m$ 的小颗粒。排放到大气中的铅化物除燃烧室直接排出的小颗粒外,多数是附着于排气口或排气道、消声器而逐渐长大的粒子,大部分散落在地面。

铅对人体是十分有害的。目前工业发达国家某些大城市中街道空气中含的铅质量浓度相当高,超过 $5\mu g/m^3$ 的法定标准,一般达 $10\mu g/m^3$,有的高达 $100\mu g/m^3$。这样高的含铅气体进入人体,可使人贫血,牙齿变黑,神经麻痹,腕臂不能屈伸,而且提高了便秘、血管病、脑溢血和慢性肾炎的发病率。

铅化物不仅对人体有危害,还因吸附在催化剂表面,显著缩短催化剂寿命,是催化净化的难题之一。

2) 碳烟

碳烟是燃料不完全燃烧的产物。在高压燃烧条件下,过浓混合气在高温缺氧区,燃油被裂解成碳,主要由直径 $0.1\sim10\mu m$ 的多孔性炭粒构成。由于混合及燃烧机理不同柴油机在扩散燃烧阶段易生成碳烟,而汽油机产生碳烟比柴油机少得多。因此碳烟是构成柴油机排放的主要颗粒物。

碳烟往往粘附有 SO_2、致癌物苯并芘等有机化合物及臭气,对人和生物都有危害。一般来说,$2\sim10\mu m$ 的碳烟吸入气管后可排出体外,对身体影响不大。$2\mu m$ 以下的碳烟吸入肺部后会沉淀,而 $0.1\sim0.5\mu m$ 的碳烟,对人体危害最大,除了致癌作用外,这种碳烟吸入肺部,会导致慢性病、肺气肿、皮肤病及变态性疾病。颗粒越小,悬浮于空气中的时间也越长。表 20-4 说明,最小的颗粒沉降时间最长,在空中最长可达一周以上,这就增加了颗粒接触人体的机会,以及颗粒在大气中受阳光和其他物质作用而产生光化学反应的机会。一般柴油机排出颗粒以质量计 90% 的直径上小于 $1\mu m$。这就说明柴油机颗粒的危害比汽油机大。

表 20-4　球形颗粒在静态空气中的沉降速度

颗粒直径/μm	沉降速度/(cm·s^{-1})
1.0	0.3
1.0	0.003
0.1	0.00009

20.1.2　发动机排放污染物的生成机理

发动机排放主要和发动机的混合气形成、燃烧过程及燃烧结束后在排气过程中的化学反应有关,此外,还与燃油的蒸发等因素有关。汽油为 C4~C11 的碳氢燃料,易挥发,化学稳定性好,着火温度高,不易自燃,需靠点火使其燃烧,汽油机是燃油和空气在外部预制成比较均匀的混合气进入气缸后,依靠火花塞点燃,形成火焰核心,化学反应加速,开始进行火焰传播。柴油为 C12~C23 的碳氢化物,不易挥发,着火温度低,化学稳定性差,因而易自燃。柴油机靠压缩提高缸内混合气的温度,使其自燃,由于柴油机是在极短的时间内靠高压将柴油喷入气缸,经过喷雾、蒸发、混合过程形成非均质的可燃混合气,当压缩到自燃温度就会有多处着火而燃烧,燃烧时,仍有燃料正在连续喷射,继续进行喷雾蒸发混合过程,这是扩散燃烧特点。由于汽油机和柴油机的燃烧特点不同,因而它们的污染物生成机理也不同。由表 20-5 可见,汽油机污染物主要是 CO、HC 和 NO_x,而柴油机污染物主要是微粒和 NO_x。

表 20-5 汽油机与柴油机排放污染物的比较

成分	汽油机	柴油机	成分	汽油机	柴油机
$CO/\%$	0.6	0.05~0.50	$NO_x/\times10^{-6}$	2000~4000	700~2000
$HC/\times10^{-6}$	2000	200~1000	微粒$/(g/m^3)$	0.005	0.15~0.30

1. 一氧化碳的生成

对于汽油机,根据燃烧化学反应,在不同空燃比 A/F 下,燃烧产物各成分的计算值如图 20-1 所示。

理论上当过量空气系数 $\phi_a=1(A/F\approx14.8)$ 时,燃料完全燃烧,其产物为 CO_2 和 H_2O,即

$$C_nH_m+(n+m/4)O_2 \Longrightarrow nCO_2+m/2\ H_2O$$

当空气不足,$A/F<14.7$ 时,则有部分燃料不能完全燃烧,生成 CO。

$$C_nH_m+(n/2+m/4)O_2 \Longrightarrow nCO+m/2\ H_2O$$

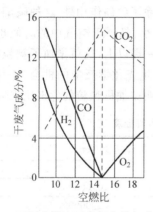

图 20-1 不同空燃比下废气中的各成分变化

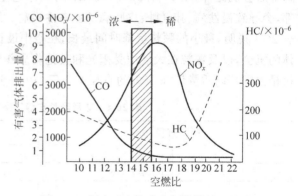

图 20-2 混合比和各有害气体排放量的关系

所以,CO 的排出浓度基本受空燃比支配,图 20-2 为汽油机空燃比与排气浓度变化关系,与图 20-1 是一致的。

理论上当 $\phi_a\geqslant1$ 时,排气中 CO 不存在,而代之产生 O_2。实际上由于混合、分配不均匀,在排气中仍含有少量 CO。即使混合气混合得很均匀,由于燃烧后的温度很高,已经生成的 CO_2 也会有一小部分被分解成 CO 和 O_2,H_2O 也会被部分分解成 H_2 和 O_2,生成的 H_2 也会使 CO_2 还原成 CO,所以,排气中总会有少量 CO 存在。

2. 氮氧化物的生成

关于 NO_x 的生成机理,国外已进行大量研究,研究结果不仅对汽油机而且对柴油机也很有用。

在较低的温度下,NO_2 和 O_2 生成 NO 的机理可以认为是简单的双分子反应,即

$$N_2+O_2 \Longleftrightarrow 2NO$$

但是在高温时,NO 的生成机理按泽尔多维奇(Zeldovich)反应所支配,有以下两个反应:

$$N_2 + O \Longleftrightarrow NO + N$$

$$O_2 + N \Longleftrightarrow NO + O$$

这些反应是连锁反应,分子状态的氮和原子状态的氧碰撞,或者氧分子和氮原子碰撞而生成 NO。NO 的生成量在很大程度上取决于温度,并与温度成指数关系。第一个反应式左边的 O 一部分由第二个反应式右边生成的 O 供给,但是大部分是依靠以下离解反应生成的。

$$O_2 \Longleftrightarrow 2O$$

另外,作为氮原子的生成机理,也提出了 HC 燃烧生成碳氢化合物自由基时产生 N 的可能性,例如:$HC + N_2 \longrightarrow CHN + N$,但多数不予考虑。至于生成 NO 的其他机理还有蓝沃埃(Lavoie)等提出更复杂的、经过 OH 自由基反应生成的,但这些反应不是主要反应。

影响生成 NO 的因素有以下三点。

1)氧的浓度

在高温条件下,氧的浓度是生成 NO 的重要因素。在氧浓度低时,即使温度高,NO 的生成也受到抑制。

2)温度

高温是最重要的条件,即使氧很充足,但燃烧温度不高,氧的分解进行得也很慢,NO 生成浓度低。当反应物温度从 2237℃ 提高到 2337℃ 时,NO 的生成速率几乎可以快 1 倍。燃烧进行得越充分,燃烧温度越高,NO 浓度越高,这也就是 NO 与油耗之间相互有矛盾的原因。因为从燃油经济性观点看,就要求燃烧效率高,燃烧进行得完全,也就是要求燃烧速度快,并使燃烧放热集中在上止点附近,而这样燃烧温度必然很高,因而 NO 生成量也就越多。

3)反应滞留时间

如果燃气在高温富氧的条件下滞留时间长,NO 的生成量必然增加。NO 生成反应是可逆反应,但 NO 在燃气中逆反应速度缓慢,从而使缸内 NO 的实际浓度由于逆向反应速率太低而几乎没有下降,NO 就会"冻结"在一个非平衡的高浓度水平上而从尾气中排出。在柴油机中发生冻结,比在汽油机中更快。

3. 碳氢化合物的生成

汽油机未燃 HC 的生成与排放有三个管道。一是在气缸内的燃烧过程中生成并随排气排出;二是从燃烧室通过活塞与气缸之间的各间隙漏入曲轴箱的窜气,含有大量 HC,称为曲轴箱排放物;三是从发动机和汽车的燃油系统,即汽油箱、燃油供给系等处蒸发的汽油蒸气,称为蒸发排放物。

均匀混合气生成未燃 HC 有下述多种机理。

1)冷激效应

燃烧室壁面对火焰的迅速冷却(称为冷激或淬冷)使火焰不能一直传播到缸壁表面,在表面上留下一薄层未燃烧的或不完全燃烧的混合气。冷激效应造成的火焰淬熄层厚度在 0.05～0.4mm 间变动,小负荷时较厚。不过在正常运转工况下,冷激层中的未燃 HC 在火焰掠过后会扩散到已燃气体主流中,在缸内已基本被氧化,只有极少一部分成为未燃 HC 排放。但在冷起动、暖机和怠速工况时,因燃烧室壁温较低,形成淬熄层较厚,同时已燃气体温度较低及较浓的混合气使后期氧化作用较弱,因此壁面冷激是此类工况未燃 HC 的重要来源。

　　缝隙效应是冷激效应的主要表现。图 20-3 表示燃烧室内缝隙的组成。汽油机燃烧室中各种狭窄的缝隙,例如活塞、活塞环与气缸壁之间的间隙,火花塞中心电极周围、进排气门头部周围以及气缸盖衬垫气缸孔边缘等地方,由于面容比很大,壁面的冷激作用特别强烈,火焰根本不能在其中传播,从而使在压力升高的压缩、燃烧过程中被挤入缝隙内的未燃混合气错过主要燃烧过程,在压力降低的膨胀、排气过程又返回气缸内温度较低的已燃气体中,部分被氧化,其余以未燃 HC 形式排出。虽然缝隙容积较小,但其中气体压力大,温度低,密度大,加上流回气缸时温度已下降,氧化比例小,所以能生成相当多的 HC 排放,据研究可占总量的 50％～70％。图 20-4 是活塞顶环岸缝隙中烃的排出过程。

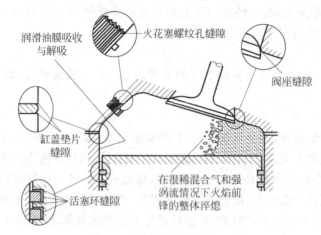

图 20-3　燃烧室内缝隙的组成

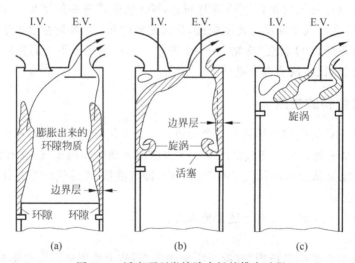

图 20-4　活塞顶环岸缝隙中烃的排出过程

(a) 喷出排气阶段；(b) 强制排气过程；(c) 排气终了(I.V.＝进气门,E.V.＝排气门)

2) 油膜和沉积物吸附

　　在进气和压缩过程中,气缸套壁面和活塞顶面上的润滑油膜会吸附未燃混合气的燃油蒸气,随后当混合气中燃油浓度由于燃烧而降到接近零时,油膜就释放出油气。由于释放时刻较迟,这部分油气只有少部分被氧化。据研究,这种机理产生的 HC 占总量的 25％～

30%。在燃烧室壁面和进、排气门上生成的多孔性含碳沉积物也会吸附燃料及其蒸气,并通过后期释放造成 HC 排放,这部分占总量的 10%。

3) 火焰淬熄

在冷起动和暖机工况下,因发动机温度较低致使燃油雾化、蒸发和混合气形成变差,从而导致燃烧变慢或不稳定,有可能使火焰在到达壁面前因膨胀使缸内气体温度和压力下降造成可燃混合气大容积淬熄,使 HC 排放激增。这种情况在混合气过稀或过浓时,或排气再循环率大时,或怠速和小负荷工况下发生。加、减速瞬态工况更易发生容积淬熄,使 HC 排放量大增。

4) 未燃碳氢化合物的氧化

未燃碳氢化合物会重新扩散到高温的已燃气体主流中,很快被氧化,至少是部分被氧化。所以,排放的 HC 是未燃的燃油及其部分氧化产物的混合物,前者大约占 40%。碳氢化合物也在排气管路中被氧化,占离开气缸的碳氢化合物的百分之几到 40%。发动机产生最高排气温度和最长停留时间的运转工况,使 HC 排放降低最多。推迟点火以提高排气温度,将有利于 HC 后期氧化。促进这种后期氧化的另一途径是降低排气歧管处的热损失,如增大横断面积,对壁面进行绝热(例如用陶瓷涂层)等。

柴油机排放的未燃 HC 则完全由燃烧过程产生。由于柴油机的工作原理与汽油机不同,喷出燃油停留在燃烧室中的时间比汽油机短得多,因而受壁面激冷效应、缝隙效应、油膜吸附、沉积物吸附作用很小,这是柴油机 HC 排放较低的原因。

柴油机燃烧室中由喷油器喷入的柴油与空气形成的混合气可能太稀或太浓,使柴油不能自燃,或火焰不能传播。如在喷油初期的滞燃期内,可能因为油气混合太快使混合气过稀,造成未燃 HC。在喷油后期的高温燃气气氛中,可能因为油气混合不足使混合气过浓,或者由于燃烧淬熄产生不完全燃烧产物随排气排出,但这时较重的 HC 多被碳烟微粒吸附,构成微粒的一部分。

因此,柴油机未燃 HC 的排放主要来自柴油喷注的外缘混合过度造成的过稀混合气地区,结果造成柴油机怠速或小负荷运转时的 HC 排放高于全负荷工况。

喷油器的残油腔容积对 HC 的排放也会有影响,该容积是指喷油器嘴部针阀座下游的压力室容积,加上各喷油孔道的容积(见图 20-5)。在喷油结束时,这个容积仍充满柴油。在燃烧后期和膨胀初期,这部分被加热的柴油部分汽化,并以液态或气态低速穿过喷嘴孔进入气缸,缓慢地与空气混合,从而错过主要燃烧期。残油腔容积中的柴油大概有 1/5 以未燃 HC 的形式排出。

4. 微粒的形成

在汽油机中,含铅汽油中的铅和汽油中的硫形成的硫酸盐,是排气微粒的主要成分。用含铅 0.15g/L 的汽油时,会排放微粒 100~150mg/km,其中一半左右是铅。如果用无铅汽油,加上汽油含硫量一般都很低,可以认为汽油机基本不排放微粒。

柴油机的微粒排放量比汽油机大几十倍。这种微粒由在燃烧时生成的含碳粒子(碳烟)及其表面上吸附的多种有机物组成,后者称为有机可溶成分(soluble organic fractions,SOF)。碳烟粒子形成过程如图 20-6 所示。由于柴油机混合气极不均匀,尽管总体是富氧燃烧,但局部的缺氧还是导致碳烟的生成。一般认为碳烟形成的过程如下:燃油中烃分子

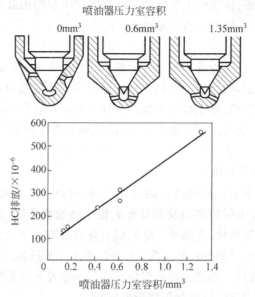

图 20-5   压力室结构对 HC 排放的影响

在高温缺氧的条件下发生部分氧化和热裂解,生成各种不饱和烃类,如乙烯、乙炔及其较高的同系物和多环芳香烃。它们不断脱氢、聚合成以碳为主的直径 2nm 左右的碳烟核心。气相的烃和其他物质在这个碳烟核心表面的凝聚,以及碳烟核心互相碰撞发生凝聚,使碳烟核心增大,成为直径 20～30nm 的碳烟基元。最后,碳烟基元经过聚集作用堆积成直径 1mm 以下的球团状或链状的聚集物。从核的萌发到成长、集聚这一系列生成过程中都伴随着碳烟的氧化。碳烟是可燃的,很大一部分碳烟在燃烧的后续过程中会被烧掉(氧化)。

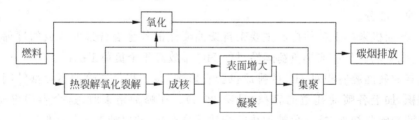

图 20-6   燃烧系统中炭烟粒子的形成过程

图 20-7 是碳烟形成与氧化随曲轴转角变化的情况,碳烟的形成主要是在燃烧的初期和中期,而碳烟的氧化主要是在燃烧的中期和后期。碳烟浓度先是上升到最大值,然后浓度下降表明碳烟的氧化反应加快,碳烟浓度急剧降低。因而柴油机排出缸外的碳烟形成速率是碳烟形成速率与碳烟氧化速率之差。碳烟的氧化过程会一直延续到排气管中。碳烟的氧化速率主要和温度有密切关

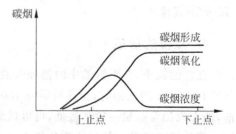

图 20-7   碳烟形成与氧化随曲轴转角的变化

系,同时还和剩余氧,以及在高温下的逗留时间有关。由此可见,尾气中碳烟的浓度是碳烟形成和氧化相竞争的结果。

5. 光化学烟雾

产生光化学烟雾的基本条件是大气中存在一定浓度的 HC 和 NO_x（一次有害污染物），当 HC 的浓度大于 NO_x 浓度的 3 倍时，在强烈的阳光照射的诱发下产生 O_3 和过氧化酰基硝酸盐（peroxyacetyl nitrate，PAN）组成的光化学烟雾。一般这种二次有害污染物常发生在夏秋之间，在污染物多、大气不流畅的大城市或盆地地区，而且在午后 2～3 点，光化学烟雾浓度最高。

20.2 影响汽油机有害排放物生成的主要因素及控制

20.2.1 影响因素

1. 混合气成分

汽油机是一种预混燃烧，其可燃混合气浓度范围比较窄，而且在怠速、满负荷等工况下处于浓混合气工作，因而混合气成分是影响排放的最主要的因素。图 20-8 所示为混合气成分对 CO、HC、NO_x 的影响曲线。随空燃比 α 下降，混合气变浓，燃烧时氧气相对不足，不完全燃烧生成物增加，使 CO、HC 迅速增加，在空燃比 α 大于 14.7 以后，CO 浓度已经很低了，但随空燃比再增加时，因混合气不均匀造成局部缺氧仍有少量 CO 生成。同时，因 CO 氧化反应速度慢，燃烧温度下降，使 HC 排放量也增加。NO_x 浓度峰值出现在理论空燃比靠稀的一侧，反映出高的 NO 生成率必须兼具高温、富氧两个条件。HC 的走向则是两头高，中间低，与燃油消耗率的变化趋势基本一致。当浓混合气逐渐变稀，在缝隙容积与激冷层中混合气燃料比例减少，因此 HC 量减少。处于最佳燃烧的 α 范围内，HC 及油耗均为最低。但当混合气过稀时，火焰有可能熄灭，因而 HC 的生成量又会上升。

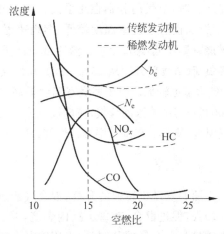

图 20-8 有害排放物浓度与 α 的关系

2. 点火正时

图 20-9 为燃油消耗量和有害排放物随点火提前角变化的关系曲线。点火提前角减小时（推迟点火），后燃增加，膨胀时的温度及排气温度均上升，促进未燃烧成分的氧化，这对降低 HC 很有利。同时减小点火提前角，可以降低燃烧最高温度，减少燃烧反应滞留时间（见图 20-10），对降低 NO_x 十分有利。可见，减小点火提前角对降低 NO 及 HC 均有利，但以牺牲动力性为代价。

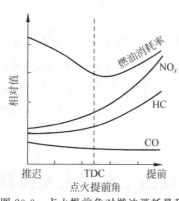

图 20-9　点火提前角对燃油消耗量和
　　　　有害排放物的影响

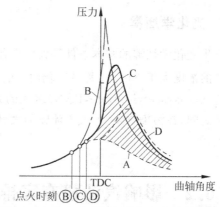

图 20-10　气缸内燃烧压力与点火时刻的关系

3. 负荷

负荷是通过混合气成分对燃烧产物中有害物质发生影响的。汽油机在怠速及小负荷工况运行时,节气门分别在几乎关闭和小开度位置,新气进入量少,废气相对增多,供给的混合气偏浓,而且燃烧室温度较低,燃烧速度慢,易引起不完全燃烧,使 CO 排出量增加;又因为燃烧室温度低,燃烧室壁面激冷现象严重,未燃烧的燃油量增多,致使 HC 排放量增多。在中等负荷(节气门开度从 25%～80%)时,供给经济混合气,容易完全燃烧,废气中 CO 含量最少,HC 含量也较低。由于燃烧室温度提高,NO_x 生成量增多。在满负荷(节气门开度为 80%～100%)时,供给浓混合气,使燃烧气体压力、温度升高,致使 NO 生成量增多;同时还提高了排气温度,使 HC 在排气中继续燃烧,HC 排放量减少;但因混合气较浓,使 CO 排放量增加。

4. 转速

随着发动机转速的升高,混合气经进气系统的流速及活塞运动速度也随之升高,缸内紊流加强,促进混合,改善了缸内燃烧,减少了激冷层的厚度,使 CO、HC 排放减少。NO_x 的生成量与混合气成分有关,当用浓混合气时,由于转速升高散热时间相对缩短,缸内燃烧温度升高,使 NO_x 生成量增加。当用稀混合气时,由于燃烧持续角增加,燃烧温度反而会下降,使 NO_x 生成量减少。

提高怠速转速可使混合气变稀,CO 及 HC 的排放减少。因此,从减少发动机排气污染出发,可适当提高怠速转速,但同时应注意到随着怠速转速升高油耗也会有所上升。

5. 过渡工况

汽车发动机主要是在不稳定工况下工作,包括怠速运转、加速运转、定速运转、减速运转等。不同工况由于混合气浓度不同,有害物的排放量相差很大。表 20-6 示出各种工况下汽油机有害物质的排放浓度。怠速与减速工况是 HC 生成的主要工况。在怠速工况下,燃烧环境温度比较低,缸内残余废气量比较大,混合气比较浓,致使燃烧恶化,HC 排放浓度增加,在减速工况下,很高的进气管真空度使进气管内沉积的燃料油膜大量蒸发,这是 HC 增加的重要原因。

表 20-6　不同工况下的 CO、HC、NO_x 排放浓度

工况/(km/h) 排放量	怠速 0	定速 40	加速 0→40	减速 40→0
CO/%	4.0～10.0	0.5～1.0	0.7～5.0	1.5～4.5
HC/$\times 10^{-6}$	300～2000	200～400	300～600	1000～3000
NO_x/$\times 10^{-6}$	50～100	1000～3000	1000～4000	5～50

6. 废气再循环率

废气再循环(exhaust gas recirculation,EGR)将一部分排气回送至燃烧室,利用排气中的气体比热大的特点,可以抑制燃烧的最高温度,将有利于抑制 NO_x 的生成。在中高速工况时选择恰当的废气再循环率能有效地控制 NO_x 的排放量,如果废气再循环率过大,NO_x 浓度虽然下降,但实际进入缸内的可燃混合气减少,燃烧的有效性降低,动力性会变差。

20.2.2　机内净化技术

机内净化是指改善可燃混合气的品质和燃烧状况,抑制有害气体的产生,降低排气中的有害成分。

1. 废气再循环

废气再循环(EGR)也是一种被广泛应用的排放控制措施,仅对降低 NO_x 有效。其工作原理如图 20-11 所示。一部分排气经 EGR 阀流回进气系统,稀释了新鲜混合气中的氧浓度,导致燃烧速度降低,同时还使新鲜混合气的比热容提高。两者都造成燃烧温度降低,因而可以抑制 NO_x 的生成。

如图 20-12 所示,随 EGR 率的增加,NO_x 排放量迅速下降。由于这是靠降低燃烧速度和燃烧温度得到的,因而会导致在全负荷时最大功率下降;在中等负荷时的燃油消耗率增大,HC 排放上升;小负荷特别是怠速时燃烧不稳定甚至失火。为此,一般在汽油机大负荷、起动及暖机、怠速和小负荷时不使用 EGR,而其他工况时的 EGR 率一般不超过 20%,由此可降低 NO_x 排放量 50%～70%。

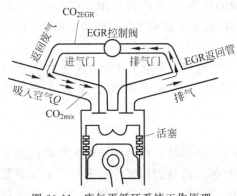

图 20-11　废气再循环系统工作原理

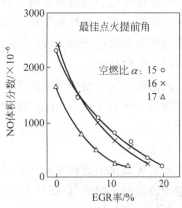

图 20-12　EGR 降低 NO_x 的效果

为了精确地控制 EGR 率,最好采用电子控制 EGR 阀系统。为了增强降低 NO$_x$ 的效果,可采用中冷 EGR。为了消除 EGR 对动力性和经济性的负面影响,往往同时采用一些快速燃烧和稳定燃烧的措施,如图 20-13 所示,通过采用进气涡流和双火花塞点火,使用 EGR 时的燃油消耗率不仅没有恶化反而有所改善。

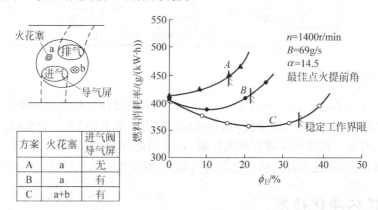

图 20-13　EGR 与其他措施合用的效果

A—仅采用 EGR；B—EGR+增强进气涡流；C—EGR+增强进气涡流+双火花塞点火

实际上,EGR 的这种效果也可以通过不充分排气以增大滞留于缸内的废气量(即增大残余废气系数)来实现。与上述外部循环 EGR 相对应,称这种方法为内部 EGR。

2. 改进发动机设计

1) 冷起动、暖机和怠速

发动机冷起动时,由于温度低,空燃比小,CO 和 HC 排放很高。应尽量缩短起动时间,为此要提高点火能量,增大起动机的功率。暖机期间要使可燃混合气、冷却水和机油尽快热起来。例如,采用进气自动加热系统,有助于改善暖机和寒冷天气运转时的混合气形成。采用进气温度自动调节式空气滤清器,以保证在外界气温变化很大的情况下,使进气温度大致保持在 40℃左右,从而得到较稀的混合气。

发动机润滑系统和冷却系统的设计要保证起动后尽快达到正常运转温度,例如,机油冷却器应有自动控制温度的装置,既保证大负荷下机油得到足够的冷却,又保证暖机时使机油很快热起来。冷却系统除了用节温器控制冷却液的循环外,还广泛应用温控硅油离合器风扇或温控电动风扇,改善冷却系统对温度的适应性,以减少发动机在暖机和小负荷下冷天运转时的污染物排放。

汽油机在实际使用中怠速工况占很大比例,在怠速工况下由于残余废气量大,混合气不得不加浓,导致 CO 和 HC 排放很高。为降低怠速排放可提高怠速转速至 800~1000r/min。

2) 压缩比

增大压缩比是提高发动机热效率的决定因素,一般都是在汽油辛烷值允许的前提下尽可能用较高的压缩比,以获得较好的功率和油耗指标。较高的压缩比带来与较紧凑的燃烧室类似的优点。但高压缩比使燃烧室内温度增加,使 NO$_x$ 反应速度增加,NO$_x$ 排放量增大。传统的汽油机,根据最易发生爆燃的工况(如最大转矩工况)选择压缩比;而现代的汽油机,则选择更高一些的压缩比,在大部分工况下能正常燃烧,在发生爆燃时,通过安装在机体上的爆振传感器接收信号,用电控单元适当推迟点火消除爆燃。

3) 燃烧系统

燃烧室的形状主要影响未燃的 HC 排放物浓度。燃烧室内缝隙、紧挨缸壁的边界层和形状复杂而且表面积大的燃烧室是形成未燃 HC 的主要来源。理想的燃烧室形状应是紧凑、表面积小,并带有一定强度的进气旋流。这样可以形成快速燃烧,降低对辛烷值要求。火花塞处的充气旋流,保证了良好的点火性能,使高压缩比、稀燃发动机成为可能。旋流还可以减少工作过程的波动,改善热传导,缩短燃烧持续时间,对减少 NO_x 来说也是很重要的因素。

燃烧室内火花塞位置是影响排放物生成和油耗的另一重要因素,如图 20-14 所示。火花塞布置在燃烧室中心位置,火焰传播行程短可为快速和相对完全燃烧提供条件,因而可使未燃的 HC 排放物较低。

不论是从改善动力性、经济性出发,还是从降低排放出发,对汽油机燃烧系统的要求都是一致的,即应尽可能使燃烧系统紧凑。汽油机燃烧室形状越紧凑,燃烧过程就完成得越快,CO 和 HC 排放下降。但另一方面,燃烧越快将导致燃烧温度增高,可能使 NO_x 生成量增大,因而采用快速燃烧的同时需采取用 EGR 和推迟点火等降低 NO_x。紧凑燃烧室、快速燃烧加上优化的 EGR 率和点火定时,可能给出动力性、经济性、NO_x 排放之间的最佳折中。

因此,圆盘形、浴盆形、楔形燃烧室越来越让位于半球形、帐篷形等面容比小的紧凑燃烧室。

4) 进气系统

采用每缸三、四或五气门,用涡轮增压代替自然吸气,不仅可以通过增加气缸充量密度、减小泵气损失和机械损失、增大发动机功率来改善动力性和经济性,而且也降低 CO_2 和污染物的排放量,其中 HC 的排放降低较为明显(见图 20-15)。

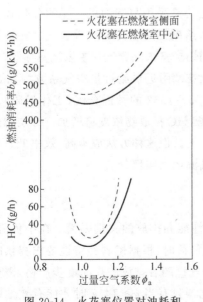

图 20-14　火花塞位置对油耗和
HC 排放物的影响

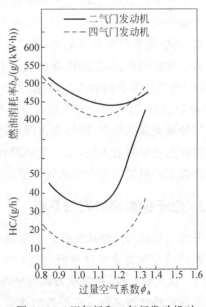

图 20-15　四气门和二气门发动机对
油耗和 HC 排放物的影响

凸轮形状决定气门开启和关闭时刻及气门升程曲线,而这些参数影响发动机的充气过程。进入气缸新鲜混合气的数量,决定发动机的转矩和功率。留在气缸内未燃混合气量和在排气门开启时未被排出的废气量会影响点火性能和燃烧状况。这些都会影响发动机效率、未燃 HC 排放物和 NO_x 排放物的浓度。理想的气门正时,应根据发动机转速和负荷而变化,采用可变配气相位方法。例如,采用可变气门升程和可变气门正时等技术,在高速时增大气门重叠角,以得到高的输出功率,在低速时,采用小的气门重叠角,减少 HC 的排放量。

充气好坏不仅受配气相位的影响,也受进气道、排气道的影响。在进气行程中,在进气道内产生周期性压力波动。这些压力波在进气道内运动,并在进气管的端部反射回来。如果将进气道设计成与气门正时协调,在进气结束前瞬间,压力波峰值到达进气门,这种增压效果可使更多的新鲜混合气进入缸内。对排气道的作用也类似。如果将进气道、排气道设计成在进气门、排气门同时开启时,均为正压差,则不仅能得到较好的充排气效果,同时对排放、功率和油耗都有好处。产生进气旋流的进气道其作用和燃烧室内旋流的作用一样。充气运动使燃烧室内混合气快速燃烧,因而可增加发动机热效率,提高稀燃能力。进气旋流是实现低排放的有效措施之一。

5) 活塞组设计

活塞、活塞环与气缸壁之间形成的间隙,对汽油的 HC 排放有很大影响,因此要在工作可靠的前提下尽量缩小活塞头部与气缸的间隙,尽量缩小顶环到活塞顶的距离,即减小火力岸高度。为此,要寻找热膨胀更小的活塞材料(例如碳纤维复合材料)和耐热性更好的活塞环材料以及合理的结构。

6) 分层稀薄燃烧

为了保证可靠点火,应在火花塞附近形成浓混合气,而在其他区域供给稀混合气,实现分层稀薄燃烧。要实现这样的要求,可采用的办法之一是采用与柴油机一样的分隔式燃烧室形式,副燃烧室内装有火花塞,相当于预燃室作用,给副燃烧室提供浓混合气。在主燃烧室不需要考虑点火,可供给稀混合气。由于发动机副燃烧室浓混合气和主燃烧室稀混合气,使 NO_x 排放浓度有很大降低,如图 20-16 所示,在火花塞附近供给过量空气系数为 $0.85\sim$ 0.95 的浓混合气,主燃烧室供给过量空气系数是 $1.55\sim1.62$ 的稀混合气(工作极限)。由于采用分隔型双燃烧室,燃烧室表面积过大,因而未燃 HC 排放物浓度将增加。分层燃烧也可采用缸内直接喷射方法,在火花塞附近产生浓混合气。但这种方法成本高、效率低。有些分层燃烧发动机采用混合气进入燃烧室时,充气和气流运动实现分层。

3. 电子控制燃油喷射系统

混合气形成的空燃比特性是决定点燃式发动机性能和排放的关键因素。在小负荷时,根据燃烧稳定性要求提供浓混合气;在常用的中等负荷时,根据燃料经济性要求提供略稀混合气;在大负荷时,根据动力性的要求提供浓混合气。随着排放法规的逐步严格,需要使用三效催化转化器来降低汽油机的排放,而这种转化器只有当 $\alpha\approx14.7$ 时才能有效地同时转化 CO、HC 和 NO_x 三种污染物。要很好地控制空燃比,最好的方法就是采用带氧传感器的闭环控制的电子控制燃油喷射发动机。

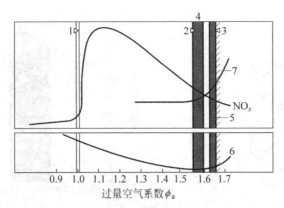

图 20-16　稀燃发动机混合气浓度工作极限

1—采用三效催化转化器 α=14.7 时发动机控制；2—用稀燃传感器控制发动机；
3—用燃烧压力传感器控制发动机；4—发动机处于工作极限下运行；5—工作极
限；6—燃油消耗；7—发动机运行不稳定

4．提高燃油品质

除了限制汽油中铅、硫、磷等各种有害物的含量，提高燃油辛烷值增加抗爆燃能力等方法外，采用醇类或烃类等代用燃料也可改善发动机的排放性能。

20.2.3　机外净化技术

机外净化是指用设置在发动机外部的附加装置使排出的废气净化后再排入大气。

1．三效催化转化器

随着汽油机电子控制燃油喷射系统的不断完善和无铅低硫汽油的燃用，采用三效催化转化器（three way catalyticc onverter，TWC）是控制汽车排放最理想和最重要的措施。

催化转化器主要由载体、催化剂、垫层和壳体组成（见图 20-17），而其中的催化剂是核心部分，常采用铂、铑、钯、碱土和稀土等物质。

利用催化剂的催化作用可以还原 NO_x，并且氧化 HC 和 CO，同时净化这三种主要污染物。它的主要化学反应如下：

$$2CO + O_2 \longrightarrow 2CO_2$$
$$CO + H_2O \longrightarrow CO_2 + H_2$$
$$2C_xH_y + (2x + 0.5y)O_2 \longrightarrow yH_2O + 2xCO_2$$
$$2NO + 2CO \longrightarrow 2CO_2 + N_2$$
$$2NO + 2H_2 \longrightarrow 2H_2O + N_2$$
$$C_xH_y + (2x + 0.5y)NO \longrightarrow 0.5yH_2O + xCO_2 + (x + 0.25y)N_2$$

在过量空气系数 $\phi_a = 1$ 附近，三效催化剂对 CO、HC 和 NO_x 能同时达到较好的净化效果，如图 20-18 所示。

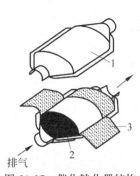

图 20-17　催化转化器结构

1—壳体；2—载体与催化剂；3—减振密封衬垫

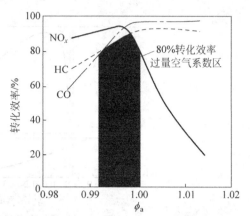

图 20-18　过量空气系数对 TWC 转化效率的影响

2. 曲轴箱强制通风系统

在汽车排放到大气中的 HC 总量中，20％来自曲轴箱窜气，20％来自燃油系统蒸发，其余 60％来自排气管。因此，控制和消除非排气污染物也是十分必要的。

曲轴箱强制通风系统（positive crankcase ventilation system，PCV）如图 20-19 所示，新鲜空气由空滤器进入曲轴箱，与窜气混合后，经 PCV 阀进入进气管，与空气或油气混合气一起被吸入气缸燃烧掉。PCV 阀可随发动机运转状况自动调节吸入气缸的窜气量。在怠速和小负荷时，由于进气管真空度较高，阀体被吸向上方（进气管侧），阀口流通截面减少，吸入气缸的窜气量减少，以避免混合气过稀，造成燃烧不稳定或失火；而在加速和大负荷时，窜气量增多，而进气管真空度变低，在弹簧作用下阀体下移，阀口流通截面增大，使大量的窜气进入气缸被燃烧掉；当发动机高速大负荷运转时，一旦窜气量过多而不能被完全吸净时，部分窜气会从闭式通气口倒入空滤器，经化油器被吸入进气管。

同时，PCV 阀能使曲轴箱内始终保持负压，因而可以减缓润滑油窜入燃烧室（即窜入机油）和通过密封面的渗漏，而窜入燃烧室中的机油是排气中 HC 和微粒的重要成因。

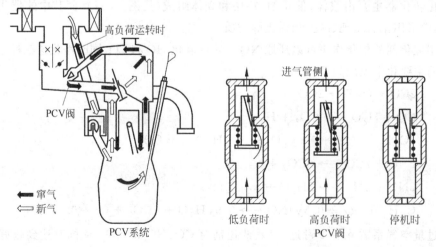

图 20-19　闭式曲轴箱强制通风系统

3. 燃油蒸发控制系统

由于绝大部分汽油蒸发来自化油器和油箱,因而目前燃油蒸发控制措施主要针对这两方面进行。最常用的是活性炭罐式油蒸气吸附装置,其工作原理如图 20-20 所示。由浮子室和油箱蒸发出来的油蒸气,流入炭罐被活性炭所吸附,这一过程称为吸附过程。当发动机工作时,在进气管真空度作用下控制阀开启,被活性炭吸附的油蒸气与从炭罐下部进入的空气一起被吸入进气管,最后进入气缸被燃烧掉,而同时活性炭得到再生,这一过程称为脱附过程。

活性炭是一种由石墨晶粒和无定形炭构成的微孔物质,由于内部有大量 $10^{-10} \sim 10^{-8}$ m 的微孔,因而具有很大的比表面积($500 \sim 2000 \mathrm{m^2/g}$),这就是活性炭吸附能力很强的原因。活性炭对物质吸附具有选择性,燃油蒸气通过活性炭时,其中的 HC 成分几乎完全被吸附,而空气则基本不被吸附。

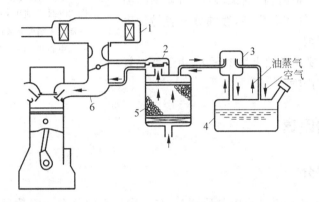

图 20-20　燃油蒸发控制系统
1—空气滤清器;2—控制器;3—储气罐;4—油箱;5—炭罐;6—进气管

20.3　影响柴油机有害排放物生成的主要因素及控制

20.3.1　柴油机有害排放物生成特点

柴油机燃烧是一种多相非均匀混合物不稳定的燃烧过程,喷雾过程、油束形成、混合气的浓度与分布以及燃烧室形式等,对排放物生成均有复杂的影响。由于油束在燃烧室空间的浓度分布、着火部位及局部温度各处都不一样,可以对油束人为地区分并将其与排放物生成的关系作一一说明。

如图 20-21 所示,当油束喷入有进气涡流的燃烧室中时,由于油雾及油蒸气在空间浓度分布不同,油束可大致分为稀燃火焰熄灭区、稀燃火焰区、油束心部、油束尾部和后喷部以及壁面油膜,从油束边缘到油束核心部分,局部空燃比可从无穷大变到零。

根据负荷不同,各区排放物生成的性质也不一样,具体分述如下。

(1) 未燃 HC。在低负荷时,由于喷油量少,混合气稀,缸内温度低,HC 主要产生在稀燃火焰熄灭区;在高负荷时,混合气浓,HC 主要产生在油束心部、油束尾部和后喷部及壁面油膜处。

(2) CO。低负荷时,缸内温度低,部分燃油难以氧化形成 CO_2,主要在稀燃火焰熄灭区及稀燃火焰区的交界面上生成 CO;高负荷时,在油束心部、油束尾部及后喷部,因局部缺氧而产生 CO。

(3) NO_x。在燃烧完全、供氧充分及温度较高的稀燃火焰区及油束心部产生较多。

(4) 碳烟。高负荷时,在油束心部、油束尾部和后喷部的氧浓度低,气体温度高,燃油分子容易发生高温裂解而形成碳烟。

(5) 醛类。主要在稀燃火焰熄灭区,由于低温氧化而产生醛类中间产物。

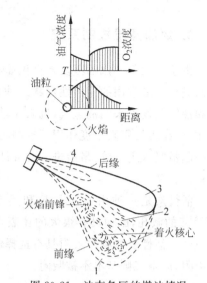

图 20-21　油束各区的燃油情况
1—稀燃火焰熄灭区;2—稀燃火焰区;
3—油束心部;4—油束尾部和后喷部

20.3.2　影响因素

1. 混合气成分

一般来说,柴油机的燃油供给是质调节,在工作过程中总有一定数量的过量空气,而且柴油挥发性比汽油小,因此柴油机的 HC 及 CO 排放浓度一般比汽油机低得多。但在接近满负荷时(α 较小),CO 浓度骤增。如图 20-22 所示,NO_x 生成率最高处仍出现在油量较大的高负荷工况。NO_x 浓度随 α 增加而减少。柴油机排气中有碳烟排出,随着混合气变浓,碳烟浓度增加。

2. 喷油时刻

延迟喷油是降低 NO_x 的主要措施之一。如图 20-23 所示,延迟喷油可减少 NO_x 的生成,但减小喷油提前角将导致燃烧变差,最高爆发压力降低,因而使油耗及排气烟度增加。为了在延迟喷油以后燃烧不致恶化,加强缸内气流运动、促进混合气形成、提高喷油速率以及改善喷雾质量是很有必要的。实践证明,延迟喷油的同时提高喷油速率,比单纯延迟喷油定时的效果好。

3. 燃烧室类型

直喷式及分隔式两类燃烧室的排放特性不同,由表 20-7 可知,分隔式燃烧室生成的 NO_x、CO、HC 和碳烟的排放浓度均低于直喷式的,特别是 NO_x 排放浓度一般比直喷式燃烧室低 50% 左右。

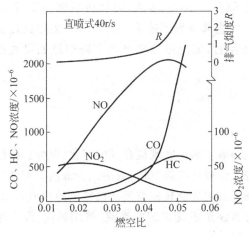

图 20-22　混合气成分与柴油机排放的关系

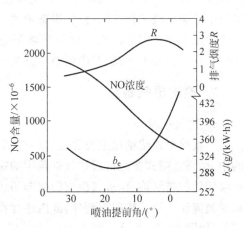

图 20-23　喷油定时对 NO 排放的影响

表 20-7　两种燃烧室有害排放物的比较　　　　　g/(kW·h)

燃烧室类型	排气成分		
	NO_x	CO	HC
直喷式	5.2~9	2~6	1.1~3
分隔式	3~6	1.5~4	0.4~1.5

　　分隔式燃烧室排放低的原因是,这种燃烧室的燃烧及排放物的生成分两个阶段进行。在喷油开始和燃烧初期,副燃烧室的空燃比较小,氧浓度较低,燃料不可能燃烧完全,从而形成较多的 CO 及未燃烃。副燃烧室在着火后温度较高,但氧浓度低,对生成 NO_x 仍有不利的影响。主燃烧室内有充足的新鲜空气,使来自副燃烧室的 CO 及 HC 进一步氧化。高温燃气进入主燃烧室后,温度有所下降,抑制了 NO_x 的生成。

　　然而,在非稳定工况下,一些排放物的浓度比稳定工况高,有的甚至高达 6 倍,分隔式燃烧室起动性能比直喷式差,因此起动工况的排放浓度将会比直喷式高。

20.3.3　机内净化技术

1. 增压中冷技术

　　高压柴油喷柱与空气的混合,要达到分子级的均匀程度是很困难的,因为它受燃油蒸发、扩散等分子运动的自然限制。较现实的办法是增加空气量,即提高空燃比,使柴油分子更容易找到氧分子,保证燃油充分燃烧。通过增压可以加大循环进气量,提高输出功率。而且,增压后,进气温度提高,滞燃期缩短,混合气又可以适当变稀,这些都有利于降低噪声、减少 CO 及 HC 排放;再加上功率提高而机械损失变化不大,泵气功变为正功等原因,油耗有所下降。但是,进气温度上升使 NO_x 增多,空气密度因温度上升而下降,从而使实际进气的质量未达到期望水平。于是出现了将增压后空气再进行冷却的中冷技术,使得进气温度降低,循环进气量更大。这样,增加空燃比改善了柴油机的燃烧,从而降低了微粒排放;同时增加空燃比加上中冷又降低了燃烧温度,从而降低了 NO_x 排放,而且功率进一步增加。增压中冷柴油机参数选配得当,则柴油机大部分性能都会得到改善,试验证明,采用适度的涡轮增压可使车用柴油机的微粒排放下降 50% 左右,加上中冷则可再下降到原始排放的 30%～40%。NO_x 可能下降到 60%～70%。

2. 改进进气系统

1) 进气组织

间接喷射式柴油机主要靠主、副室中的强烈涡流或紊流实现混合气的雾化、混合。传统的中、小型直喷式柴油机通过气缸盖中的螺旋进气道或切向进气道,或多或少都组织有绕气缸轴旋转的进气旋流,进气旋流的强弱用压缩终了缸内旋流转速与发动机转速的比值表示,称为涡流比。除了横向旋流外,缸内还存在各种有组织或无组织的紊流、挤压涡流、纵向滚流等,如图 20-24 所示。

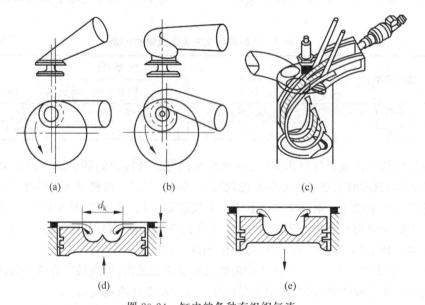

图 20-24　缸内的各种有组织气流

(a) 切向进气道及其产生的旋流;(b) 螺旋进气道及其产生的旋流;(c) 纵向滚流;(d) 压缩时的挤流;(e) 膨胀时的逆流

由于涡流比的大小与进气阻力成正比,强涡流会降低循环进气量,从而降低动力性,增大烟度,所以现在都倾向于加大喷油压力,适当降低涡流比组织燃烧。大、中型柴油机则向无涡流或弱涡流的方向发展。对小缸径的高速柴油机,由于燃烧室太小,为了减小撞壁的燃油量,强化壁面油膜燃烧,一般都要组织一定强度的缸内旋流或紊流。

2) 多气门

车用中、小型柴油机正步汽油机后尘,发展多气门技术,加大循环充气量以改善动力、经济性和排放性能(见图 20-25)。柴油机采用四气门(两进两排)后可增大进气门总通过最小截面,增加循环进气量,提高柴油机功率和转速;可实现喷油嘴正中布置,保证各喷柱的形态和混合条件相同,使得喷注分布和混合气形成更加合理;在低速时可通过关闭一个进气道提高缸内旋流速度,并经过特殊设计,充分利用进气惯性提高低速进气量。这些对减少有害排放物都是有利的。特别是在低速时涡流比和进气量的提高,部分解决了传统机型增压发动机的加速冒烟和低速转矩下降的问题。

3. 改进喷油系统

柴油机中常用的机械燃油喷射系统主要有直列泵系统和转子分配泵系统两大类,电控燃油喷射系统主要有单体泵和泵喷嘴系统。直列泵、单体泵和泵喷嘴系统多用于大、中型车用柴油机。

对喷油系统的要求是对应不同工况有良好喷油规律的前提下,喷出的燃油颗粒要小,雾化要好。相应所采取的方法如下。

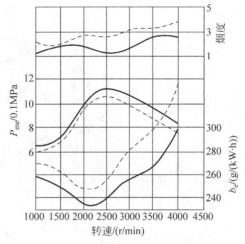

图 20-25　两气门及四气门柴油机性能指标比较图
——四气门;------两气门

1) 高压喷射

提高喷油压力就加大了喷油速率,利用高压喷射可以较好地控制喷油率曲线。压力增高,则喷出的燃油颗粒减小,贯穿距加大,喷雾的总体积加大,紊流增强,促进了燃油与空气的混合,降低了浓混合气成分的比例,减小了微粒的生成。同时喷油率增大必然缩短喷油时期,使燃烧加速,燃烧放热更集中于上止点附近,从而降低了燃油消耗率。但是,燃烧加速,温度上升,NO_x 的排放量会增大。

2) 推迟喷油提前角

喷油提前角减小可使预混油量和混合气量减少,从而使速燃期中压力、温度上升程度降低,因此大大减少 NO_x 排放量。以此可以弥补高压喷射使 NO_x 排放量增大的缺点。同时,由于燃烧中压力升高率的下降,噪声也降低。

3) 减小喷孔直径,增加喷孔数目

燃油喷柱在燃烧室内的分布将更均匀、更充满,可加速燃油与空气的混合,降低微粒的排放。

4) 减小喷嘴压力室容积

压力室容积只要稍有减小,就会大幅降低 HC 的排放量,因而应尽量减小压力室容积或采用无压力室式喷油嘴。

5) 高压共轨电控燃油喷射

共轨式电控燃油喷射技术通过共轨直接或间接地形成恒定的高压燃油,分送到每个喷油器,并借助集成在每个喷油器上的高速电磁开关阀的开启与闭合,定时、定量地控制喷油器喷射至柴油机燃烧室的油量,从而保证柴油机达到最佳的空燃比、良好的雾化和最佳喷油规律,在提高柴油机性能的同时减小了污染物的排放(见图 20-26)。

4. 改进燃烧系统

1) 燃烧室容积比

燃烧室容积比是燃烧室容积对气缸余隙容积(或压缩室容积)之比。应力求提高此容积

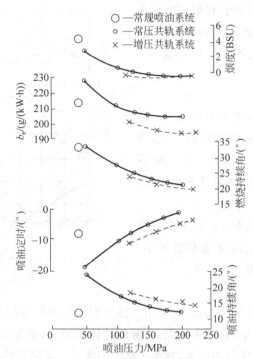

图 20-26　三种燃油系统的喷油压力对烟度及性能的影响

试验条件：转速 1000r/min，$\alpha=17$，NO_x 体积分数为 1200×10^{-6}

比，以提高柴油机的冒烟界限，降低柴油机的碳烟和微粒排放。为此，要避免采用短行程柴油机。而且，长行程、低转速、高增压度的柴油机，其综合性能比短行程、高转速的柴油机好。

2）燃烧室口径比

口径比 d_k/D 小的深燃烧室可在燃烧室中产生较强的涡流，因而可采用孔数较少的喷嘴而获得满意的性能。但涡流要造成能量损失，且低转速时往往显得涡流不足。同时，燃烧室口径比小会增加喷雾碰壁量，造成 HC 排放增加。现在的趋势是除了缸径很小的柴油机（$D\leqslant120mm$）用较小口径比的燃烧室外，一般采用口径比较大的浅平燃烧室（$d_k/D=0.6\sim$ 0.8），配合小孔径的多喷孔喷嘴。

3）燃烧室形状

缩口燃烧室已经取代应用最广的直边不缩口 ω 形燃烧室。缩口燃烧室加强了燃烧室口部的气体湍流，促进扩散混合和燃烧；燃烧室底部中央的凸起适当加大，以进一步提高空气的利用率。不缩口 ω 形燃烧室与缩口 ω 形燃烧室的排放特性如图 20-27 所示。这是因为底部中央气流运动较弱，燃料喷注也不能到达，空气不易被利用。用带圆角的方形或五瓣梅花形（分别配 4 孔和 5 孔喷嘴）代替圆形燃烧室，加强燃烧室中的微观湍流，加速燃烧，减少碳烟生成（见图 20-28）。

4）适当提高压缩比

适当提高柴油机压缩比可降低 HC 和 CO 排放，并结合推迟喷油获得动力性、经济性与 NO_x 排放之间较好的折中。

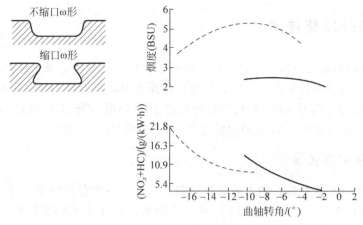

图 20-27 挤流口型与标准型燃烧室的排放特性

-----不缩口 ω 形；——缩口 ω 形

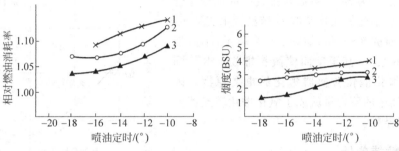

图 20-28 三种燃烧室的烟度及燃油消耗率

1—ω 形燃烧室；2—四角形燃烧室；3—微涡流燃烧室

5. 降低机油消耗

由于柴油机排放的微粒相当部分来自窜入燃烧室的机油的不完全燃烧,所以尽可能减少窜入机油量,保证气缸活塞组的工作可靠性和耐久性,是降低微粒排放的重要方面。为此,必须加强机体刚度,改善气缸盖与机体的连接,尽量减少气缸工作面的变形。要改善活塞、活塞环和气缸表面的设计,可以加强机油控制,保证必要润滑,同时减少机油从气门杆的泄漏。

6. 废气再循环

同汽油机一样,柴油机也可通过废气再循环来降低 NO_x 的排放量。由于柴油机混合气比汽油机稀,特别在低负荷时稀得更多,所以可以使用比汽油机大得多的废气再循环量。

7. 提高燃油品质

应适当提高柴油的十六烷值。柴油十六烷值不足即着火性差,使滞燃期加长,预混合燃烧量过多,导致运转粗暴,噪声加大,NO_x 排放增加。低排放柴油要求降低含硫量,降低柴油含硫量就相应地降低了微粒的排放量。

20.3.4 机外净化技术

与汽油机一样,柴油机单靠燃烧改进等机内净化技术很难满足越来越严格的排放法规要求。排气后处理技术日显重要。目前尽管有多种方案被提出并正在被研制开发中,但有希望达到实用化的有以下几种:氧化催化转化器,用于降低 SOF、HC 和 CO;微粒捕集器,用于过滤和除去排气微粒;NO_x 还原催化剂,用于降低 NO_x 排放。

1. 氧化催化转化器

采用氧化催化转换器的目的主要是降低微粒中的可溶性有机组分 SOF 中的大部分碳氢化合物,以及使本来少量的 HC 和 CO 进一步降低。同时对目前法规尚未限制的一些有害成分(如 PAH、乙醛等)以及减轻柴油机排气臭味也有净化效果。

柴油中所含的硫燃烧后生成 SO_2,经氧化催化转换器氧化后变为 SO_3,然后与排气中的水分化合生成硫酸盐。催化氧化效果越好,硫酸盐生成越多,甚至达到平时的 8～9 倍,如图 20-29 所示,不但抵消掉 SOF 的减少,甚至反而使微粒排放上升。同时,硫也是氧化催化转换器劣化的重要原因。因此,减少柴油中的硫含量就成了氧化催化转换器实用化的前提条件。

2. 微粒捕集器

微粒捕集器也称柴油机排气微粒过滤器(diesel particulate filter,DPF)。这是目前国际上最接近商品化的柴油机微粒后处理技术。一个好的微粒过滤器除了要有高的过滤效率外,还应具有低的流通阻力;所用材料应耐高温并有较长的使用寿命;同时还应尽可能减小 DPF 的体积。

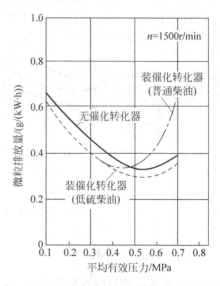

图 20-29 柴油机氧化催化转换器使用效果

作为 DPF 的过滤材料可以是陶瓷蜂窝载体、陶瓷纤维编织物和金属纤维编织物,结构如图 20-30 所示。另外用金属蜂窝载体的也有很多实例。甚至还有用空气滤清器那样的纸滤芯作微粒过滤材料的。其中,图 20-30(a)所示的壁流式陶瓷蜂窝载体微粒捕集器对微粒的过滤效率可达 $60\%～90\%$,实用化的可能性最大。

一般 DPF 只是一种降低排气微粒的物理方法。随过滤下来的微粒的积存,过滤孔逐渐堵塞,使排气背压增加,导致发动机动力性和经济性恶化,因此必须及时除去 DPF 中的微粒。除去 DPF 中积存微粒的过程称为再生,这是目前 DPF 实用化中的最大障碍,其难度极大。目前被认为有希望的 DPF 再生方法可分为两类,即断续加热再生和连续催化再生。后者具有装置简单及不耗费外加能量等优点,有很好的实用前景。

3. NO_x 还原催化剂

针对柴油车开发还原催化剂是一项难度很大的研究工作,目前尚未达到实用阶段,这主

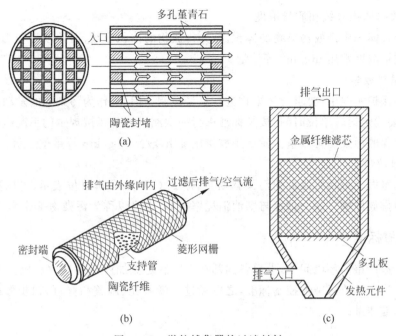

图 20-30　微粒捕集器的过滤材料

（a）陶瓷蜂窝载体；（b）陶瓷纤维编织物；（c）金属线纤维编织物

要存在以下原因。

（1）在柴油机排气这样的高度氧化氛围中进行 NO_x 还原反应，对催化剂性能要求极高。

（2）柴油机排温明显低于汽油机排温。

（3）柴油机排气中含有大量 SO_x 和微粒，容易导致催化剂中毒。

目前，研究开发中的柴油机 NO_x 后处理方法主要有：选择性非催化还原（selective non-catalytic reduction，SNCR）、选择性催化还原（selective catalytic reduction，SCR）、非选择性催化还原（nonselective catalytic reduction，NSCR）和吸附还原催化剂（NO_x storage reduction，NSR 或 lean NO_x trap，LNT）。柴油机废气中的氧化剂有 NO_x 和 O_2。如果只还原 NO_x，称为选择还原，如果同时还原 NO_x 和 O_2 则称为非选择还原。选用催化剂，能降低还原反应的反应温度，催化剂一般采用五氧化二钒（V_2O_5）。因为柴油机的排期温度一般较汽油低，催化剂能使还原反应在较低温度下进行。

20.4　发动机排放标准与测试

20.4.1　排放标准

1. 评定标准

为了评定发动机对环境的污染程度或排放特性，常用下列指标。

1）排放物体积分数和质量浓度

单位排气体积中排放污染物的体积，称为排放物的体积分数，通常以％和 10^{-6}（百万分比）表示，质量浓度常用 mg/m^3 等计量。

2）质量排放量

在环境保护实践中，要求对污染物进行总量控制。因此，作为污染源的发动机或装发动机的车辆，要确定运转单位时间、按某标准进行一次测试或车辆按规定的工况组合行驶后折算到单位里程的污染物排放量。质量排放量用 g/h、g/N 或 g/km 等单位表示。

3）比排放量

发动机每做单位功所排放的污染物质量，用 $g/(kW \cdot h)$ 作单位表示，可以更客观地评价发动机的排放性能。这个指标与燃油消耗率类似，也可以称为污染物排放率。

2. 排放标准

针对日益严重的环境问题，世界各国都在不断制定更加严格的排放法规。我国从 1983 年开始颁布汽车排放污染物控制标准，之后经过不断补充、调整和修订，初步形成了我国的汽车排放标准体系。

20.4.2　排放物测定

1. 排气取样系统

我国规定的排气取样系统是定容取样（constant volume sampling，CVS）系统。定容取样法是一种接近于汽车排气扩散到大气中的实际状态的取样法（见图 20-31）。

定容取样系统能计量稀释排气的总体积，并能连续地按规定容积比例将样气收集在取样袋中。它是用经过滤清的清洁空气对样气进行稀释，经热交换器保持恒温（±5℃），使稀释样气密度保持不变，然后在定容泵作用下，抽取固定容积流量的样气送入大气，在定容泵入口前的流路上，将稀释样气经滤清器、取样泵、针形阀、流量计、电磁阀抽入气袋中，以供分析。取样气体和定容泵的流量之间有严格的比例关系。

2. 测试仪器

世界各国的排放法规规定，CO、CO_2 应采用不分光红外线分析仪（no dispersive infrared analyzer，NDIR）；HC 应采用氢火焰离子分析仪（flame ionization detector，FID）；NO_x 应采用化学发光分析仪（chemiluminescent detector，CLD）。

另外，测量每一种碳氢化合物的含量用气相色谱分析法（gas chromatography，GC），氧气浓度的测量采用顺磁分析仪。我国对烟度的测试常采用滤纸式烟度计，美国和欧洲分别采用全流式稀释通道测量系统和分流式稀释通道测试系统对微粒进行测量。

1）不分光红外线分析仪（NDIR）

NDIR 的工作原理基于大多数非对称分子（不同原子构成的分子）对红外波段中一定波长具有吸收能力，其吸收程度与气体浓度有关。如 CO 能吸收波长 $4.5 \sim 5 \mu m$ 的红外线，CO_2 能吸收波长 $4 \sim 4.5 \mu m$ 的红外线，HC 能吸收波长 $2.3 \mu m$、$3.4 \mu m$、$7.6 \mu m$ 的红外线。

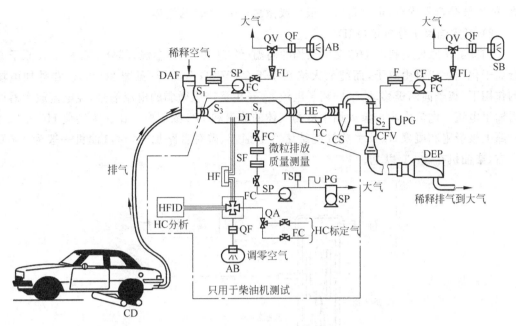

图 20-31　定容取样系统示意图

CD—底盘测功机；$S_1 \sim S_4$—取样探头；F—过滤器；SP—取样泵；FC—流量控制器；PG—压力表；CF—累计流量计；CFV—临界流文杜里管；CS—旋风分离器；HE—换热器；QF—快接管接头；HF—加热过滤器；QV—快速作用阀；SF—测量微粒排放质量取样过滤器；FL—流量计；AB—环境空气取样袋；SB—稀释排气取样袋；DAF—稀释空气滤清器；DT—稀释风道；TC—温度控制器；TS—温度传感器；DEP—稀释排气抽气泵

目前常用的 NDIR 工作原理如图 20-32 所示。由光源发出两束能量相等的平行红外线，其波长为 $2 \sim 7 \mu m$，进入左右两室，左室为基准室，充满不吸收红外线的标准气体，如 N_2，右室为分析室，测量开始前也充入与左室相同的气体，这样红外线穿过两室，射入检测电容器的能量相等。测量时将待测气体通过分析室，由于待测气体吸收红外线，使穿过右室的红外线能量减少，则检测器中金属薄膜右侧的压力减小，薄膜向右凸起，电容量减少，并且正比于待测气体的浓度；然后把电容量调制为超低频交流电压的信号，经放大、整流后在记录仪上显示。

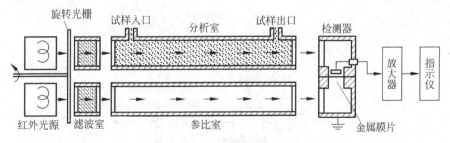

图 20-32　NDIR 的工作原理

为了防止其他气体对被测气体测量的干扰，可在光路上设置滤波室滤掉干扰气体能吸收的波段。如分析 CO 的 NDIR，在滤波室中充以 CO_2、CH_4 等，在分析时就不受排气中 CO_2、CH_4 成分的干扰。同样，分析 CO_2 的 NDIR，要在滤光室中充以 CO、CH_4。由于 NDIR 具有对吸收红外波长的选择性，从而不干扰组成浓度的变化，对待测组成浓度测量没有影响，不需要预先提纯把被测气体与非被测气体分开，而且它还具有灵敏度高，测量精度高,能连续分析等优点,可测量浓度很大或微量(10^{-6} 级)的气体。

2) 氢火焰离子分析仪(FID)

FID 工作原理是利用 HC 在氢火焰的高温(约 2000℃)中燃烧,部分 HC 分子或原子就会离子化而生成自由离子,而纯氢火焰几乎不会产生自由离子(见图 20-33)。在外加电场的作用下,离子向两极移动,形成离子电流,离子电流产生微弱的电流信号,经电流放大器可得输出电流。电流大小与氢火焰中待测气体的流量和 HC 浓度成正比。为避免 HC 在取样管路上被吸附和凝聚,以及水蒸气凝结堵塞毛细管,需对管路加热,对汽油机一般为 150℃左右,柴油机在 200℃以上。

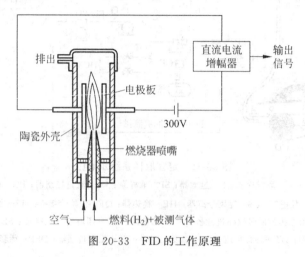

图 20-33　FID 的工作原理

FID 不仅可测量浓度为 $5 \times 10^{-6} \sim 50\,000 \times 10^{-6}$ 的 HC,而且灵敏度高、响应快、稳定性好、线性范围宽,不但能用于稳态工况测试,也可用于瞬态工况测试。

3) 化学发光分析仪(CLD)

CLD 的原理如图 20-34 所示,当 NO 与 O_3 反应生成 NO_2 时,大约有 10% 的 NO_2 处于激化状态(以 NO_2^* 表示)。这些激态分子向基态过渡时,发射出波长为 $0.59 \sim 2.5\mu m$ 的光量子 $h\nu$,其反应式为

$$NO + O_3 \longrightarrow NO_2^* + O_2$$
$$NO_2^* \longrightarrow NO_2 + h\nu$$

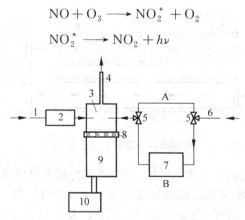

图 20-34　CLD 的工作原理

1—氧气入口;2—臭氧发生器;3—反应室;4—反应室出口;5—转换开关;6—气样入口;7—$NO_2 \longrightarrow NO$ 转化器;8—滤光片;9—检测器;10—信号放大器

化学发光强度,即光电倍增管的光电流大小,与样气中的 NO 浓度成正比。利用光电倍增管将这一光能转变为电信号输出,可推算出 NO 浓度。对于排气中的 NO_2,要通过 $NO_2 \longrightarrow NO$ 转换器分解成 NO 后,再用上述方法分析。要经常检查 NO_2 的转换效率是否低于 90%,否则将影响测试精度。

CLD 灵敏度高,响应性好,其感度可达 0.1×10^{-6},在 $10\,000 \times 10^{-6}$ 范围内输出特性为线性关系,适用于连续分析。应注意,为了提高 CLD 的灵敏度,应尽量增大 O_3 浓度,降低其他成分浓度。O_3 发生器是一种放电装置,也需经常检查 O_3 发生器的效率。

20.5　发动机噪声来源与控制

随着发动机动力装置的数量日益增多,机动车辆的噪声已成为主要的噪声源,占城市环境噪声的 30%～50%。研究结果已证明,45～50dB 的噪声就会影响人们的睡眠;50dB 的噪声能干扰人的思考;60dB 的噪声开始令人心烦;长期生活在 65dB 的噪声中,会使人体的心血管系统、消化系统以及神经系统受到损害;若在 90dB 以上的噪声环境下连续工作将会使人耳聋。因此,国际标准规定,城市住宅噪声的容许声级白天为 42dB,夜间为 37dB。

汽车和其他运输工具在行驶过程中产生交通噪声,而发动机是汽车的主振动源和噪声源。一般来说,柴油机的噪声比汽油机高,这是它的一大缺点,应该加以限制。

20.5.1　发动机噪声的来源

在汽车噪声中,发动机噪声是主要噪声源之一,它对整车噪声级有决定性影响。

发动机的噪声源,按照噪声辐射的方式来分,有通过发动机表面辐射和直接向大气辐射两大类。发动机内部结构的机械振动产生的噪声,是通过发动机表面以及与发动机表面刚性连接的零部件的振动向大气辐射的,因此称作表面噪声。按其产生的机理,又可分为燃烧噪声和机械噪声。

直接向大气辐射的噪声源包括进气噪声、排气噪声和风扇噪声等。是由气流的振动而产生的空气动力噪声。

1. 燃烧噪声

燃烧噪声是在燃烧时,由气缸内压力急剧上升的气体冲击而产生的,其中包括由气缸内压力剧烈变化引起的动力载荷,以及冲击波引起的高频振动。一般认为燃烧噪声由两条路径传播并辐射出来。一条是经过气缸盖及气缸套由气缸体上部向外辐射;另一条是经过曲柄连杆机构,即活塞、连杆、曲轴和主轴承由气缸体下部向外辐射。由于气缸套、机体、气缸盖这些结构件的刚性较大,自振频率处于中、高频范围,低频成分不能顺利传出,因此,人耳听到的燃烧噪声的主要成分处于中、高频范围内。

在功率相同的条件下,柴油机由于压缩比高,压力升高率大,其燃烧噪声比汽油机大得多。柴油机燃烧噪声主要集中在速燃期,其次是缓燃期。

汽油机在压缩比高,汽油质量不良和点火提前角过大时,易引起爆燃,因燃烧室积炭引起表面点火等,都会使燃烧最高压力及压力升高率剧增而产生噪声。柴油机在转速升高,喷油推迟,负荷增大时还会引起工作粗暴产生噪声。在使用过程中,对于结构一定的发动机来说,噪声的强度受发动机转速、负荷、点火或喷油时间、加速运转和不正常燃烧等因素影响。转速升高,负荷加大而噪声增大,点火或喷油推迟噪声减小,加速和不正常燃烧时噪声增大。

2. 机械噪声

机械噪声是指发动机各运动件在工作过程中,由于相互冲击而产生的噪声。发动机的机械噪声随着转速的提高而迅速增强。随着发动机的高速化,机械噪声越来越突出。

1) 活塞敲缸噪声

活塞对气缸壁的敲击往往是发动机最强的机械噪声源。由于活塞与缸壁之间有间隙,在燃烧时气体压力及运动惯性力的作用下,使活塞对缸壁的侧向推力在上下止点处改变方向,且呈现周期性变化,所产生的侧压力敲击不但在上止点和下止点附近发生,而且也发生在活塞行程的其他位置上,从而形成活塞对缸壁的强烈敲击声。当气缸内的最大压力及缸壁间隙增大、转速及负荷提高、缸壁润滑条件变差,敲击声随之增大。此外,活塞对气缸壁的敲击还能引起气缸壁的高频振动。

减小活塞与气缸壁的间隙(如采用可控膨胀活塞);使活塞销孔向气缸壁的主推力面偏移;加长活塞裙部和减少活塞环数量;增加气缸套的刚度;增加活塞敲击气缸壁时的阻尼,如在裙部外表面增加润滑油的积存等方法可以降低活塞敲击噪声。

2) 配气机构噪声

配气机构噪声包括:气门与气门座的冲击;气门间隙引起的机械冲击;配气机构本身在上述周期性冲击力作用下产生的振动。

配气机构产生的噪声在低速和中速发动机中一般并不突出,但对高速发动机来说,往往会在机械噪声源中占有较高比例

降低配气机构噪声可采用顶置凸轮;采用液力挺柱以消除气门间隙;采用新型函数凸轮轮廓线以及对缓冲过渡曲线合理设计,使气门升起和落座时的速度控制在较低值,可以有效地抑制气门跳动。

3) 正时齿轮噪声

正时齿轮噪声是在齿轮啮合过程中,由齿与齿之间的撞击和摩擦产生的。正时齿轮噪声与齿轮的结构形式、设计参数、制造精度及运转状态有很大关系。

正时齿轮一般采用斜齿,由于其重叠系数较大,轮齿上分担的载荷较小,故较直齿噪声大为降低。有些汽油机采用夹布胶木作凸轮轴正时齿轮,也可有效地减小齿轮噪声。

4) 不平衡惯性力引起的机械振动及噪声

发动机中的活塞曲柄连杆机构在运转过程中将产生往复运动惯性力、离心惯性力及惯性力矩。这些周期性变化的惯性力和惯性力矩将通过曲轴主轴颈传给机体及其支承(或动力装置),引起振动和噪声。

出于对发动机运转可靠性、耐久性和动力装置舒适性的考虑,要通过各种平衡措施力求使这些惯性力和惯性力矩尽可能地被减小乃至完全消除,最终达到降低发动机振动和噪声的目的。

此外,曲轴的扭转振动也会引起机体及其支承的附加振动,激发出噪声。这类噪声的大小与发动机的结构参数(缸径、行程、缸数、缸心距、冲程数)、材料、运转参数(转速、功率)、平衡状况以及支承隔振措施等多种因素有关。一般而言,在发动机总体设计规划时就应给予考虑。

5）喷油泵及其他机械噪声

发动机还附加有若干种机械装置,如喷油泵、压气机、发电机、水泵等,它们在运转时同样会产生机械噪声,除喷油泵外,和前述几种机械噪声相比所占比例较小。

除了上述对发动机各主要噪声源采用降噪措施外,按照低噪声的原则设计发动机或者采用局部或整体隔声罩的方法,也可以较大幅度地降低发动机噪声。

3. 进、排气噪声

进、排气噪声是由于发动机在进、排气过程中,气体压力波和气体流动所引起的振动而产生的噪声。主要包括吸气、排气部位放射出的空气声和排气系统的漏气声。对非增压发动机来说,排气噪声最强。进气噪声通常比排气噪声低 8～10dB,对于增压发动机则进气噪声往往超过排气噪声,成为最强的噪声源。

进气噪声主要包括:空气在进气管中的压力脉动,产生的低频噪声;空气以高速通过气门的流通截面,产生高频的涡流噪声;增压发动机增压器中压气机的噪声。进气噪声在很大程度上受气门尺寸、转速和气道结构形式的影响。

排气噪声主要包括:排气在排气管中的压力脉动,产生的低、中频噪声;排气门流通截面处的高频涡流噪声。排气噪声的强弱与发动机的排量、转速、平均有效压力以及排气口的截面积等因素直接有关。

进、排气噪声都随发动机的转速及负荷状态而变化。随发动机转速提高,进、排气噪声增大;随发动机负荷增加,进、排气噪声增大。

4. 风扇噪声

风扇噪声由旋转噪声和涡流噪声组成。旋转噪声是由风扇叶片对空气分子的周期性扰动而产生的,它的强弱与风扇转速和叶片数成正比;而涡流噪声是空气在受叶片扰动后产生的涡流所形成,它的强弱主要与风扇气流速度有关。风扇噪声在空气动力性噪声中,一般都小于进、排气噪声,但由于普遍装设空调系统和排气净化装置,冷却风扇负荷加大,该噪声变得更为严重。

不同形式的发动机,各种噪声源所占发动机噪声的比例是不同的。一般来说,汽油机的主要噪声源是风扇噪声和配气机构噪声;柴油机的主要噪声源是燃烧噪声。

20.5.2　噪声控制措施

发动机噪声可以通过措施控制在法规之内,具体措施如下。

1. 降低燃烧噪声

图 20-35 为通过大量试验得出的喷油定时对噪声的影响,它说明在直接喷油式柴油机上喷油定时每滞后 10℃A,噪声平均降低约 6dB(A)。降低噪声的关键应是将滞燃期内喷入的燃油量减少到只够着火需要,而使主要的燃油量于着火后在受到喷油泵的控制下喷入,从而使气缸内压力上升率不至于过大。

2. 加强结构强度

加固主轴承,使全部机械负荷和振动都由加固了的结构来承受,使油底壳和发动机的两侧壁都连到刚度最大的地方,油底壳和侧壁最好用高度消振的材料制造。在 V 形发动机中,两列气缸的音叉振动方式也可能产生大的噪声,降低噪声的措施是在 V 形空间铸出有足够刚度的横隔板。

通过在曲轴箱中加特殊的筋以及将发射噪声的罩壳增强刚度,可以降低总噪声 3dB(A);对摇臂罩和油底壳采取消振和隔振措施,可使其辐射的噪声降低 10dB(A),这两处噪声有可能是主要噪声声源;通过改进喷油泵的支承,增强支承的刚度和将定时齿轮室盖加筋,以增加刚性可以降低噪声 3dB(A)。

3. 采用隔声罩壳

用钢板和玻璃纤维做成隔声罩壳,在其内部贴一层玻璃纤维和其他吸声材料,将这些隔声罩壳尽可能安装在发动机的主要噪声源处(如曲轴箱侧壁和排气总管)。隔声罩和发动机结构之间用橡胶件支承,这样一般可降低噪声 3~4dB(A)。

4. 采用排气消声器

消声器是声滤波器,其性能随频率发生变化。消声器有阻性、抗性和复合式三大类。常用的基本消声单元如图 20-36 所示。

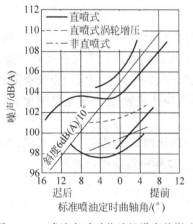

图 20-35　喷油定时对柴油机噪声的影响

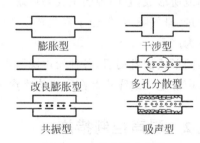

图 20-36　基本消声单元

（1）阻性消声器。其声学性能主要取决于声吸收构件和材料的流阻。这种消声器通常具有较宽广的频带降声特性。

（2）抗性消声器。其声学性能主要取决于它的几何形状,一个或多个空腔,共鸣腔和有限长度管段制成的抗性消声器,使沿通道传播的声能造成阻抗失配。这种阻抗失配使部分声能向声源反射或在空腔内来回,阻碍那部分声能通过消声器向外发散。这种消声器多用于载货汽车。

（3）阻抗复合式消声器。这种消声器一般是在抗性消声器基础上发展成的。这是因为抗性消声器往往在其内部伴随发生交变的声压和质点速度的增强效应,只要用很少的吸声材料便可吸收很大的声能。

5. 低噪声发动机设计

必须强调,产品设计阶段在满足基本性能的前提下,应同时按降声要求选择结构参数,注意结构的细节设计。降低发动机噪声的一般方法有:

(1) 降低发声重要频域内燃烧和机械激振力的数量级;

(2) 提高结构刚度,减少外部声发射表面的振动;

(3) 在结构上引入附加阻尼,衰减振动能量;

(4) 改变激振力的传递途径,在传递途径上隔板;

(5) 减少辐射声表面;

(6) 采用隔声罩。

习　题

1. 发动机有害气体的主要污染源有哪些?

2. 简述汽油机主要排放污染物及其生成机理。

3. 简述柴油机主要排放污染物及其生成机理。

4. 简述汽油机与柴油机混合气形成和燃烧过程的区别,并对比汽油机与柴油机的排放性能。

5. 论述降低汽油机排放污染物的措施。

6. 论述降低柴油机排放污染物的措施。

7. 论述降低排放各种措施对发动机的动力性和经济性带来的影响。

8. 简述我国所采用的发动机排放物的测试方法,以及各种检测仪器的工作原理。

9. 简述发动机噪声的来源。

10. 论述降低发动机噪声的措施,以及这些措施可能会对发动机动力性、经济性等性能带来的影响。

附　　录

附表 1　常用气体的某些基本性质

气体	相对分子质量 M	气体常数 R /(kJ/(kg·K))	密度 ρ(0℃,1atm) /(kg/m³)	定压比热 C_p(25℃) /(kJ/(kg·K))	定容比热 C_v(25℃) /(kJ/(kg·K))	比热比 κ (25℃)
He	4.003	2.077	0.1786	5.196	3.119	1.666
Ar	39.948	0.2081	1.784	0.5208	0.3127	1.665
H_2	2.016	4.1242	0.0899	14.3	10.18	1.405
O_2	32.0	0.2598	1.429	0.917	0.657	1.396
N_2	28.016	0.2968	1.251	1.039	0.742	1.4
空气	28.965	0.2871	1.293	1.005	0.718	1.4
CO	28.011	0.2968	1.25	1.041	0.744	1.399
CO_2	44.011	0.1889	1.977	0.844	0.655	1.289
CH_4	16.043	0.5183	0.717	2.227	1.709	1.303
C_2H_4	28.054	0.2964	1.261	1.551	1.255	1.236
C_2H_6	30.070	0.2765	1.357	1.752	1.475	1.188
NO	38.088	0.277	1.34	1.009	0.721	1.4
H_2O	18.016	0.4615	0.804	1.863	1.402	1.329

附表 2　某些常用气体在理想气体状态下的定压比热与温度的关系式

$$c_p = a_0 + a_1 T + a_2 T^2 + a_3 T^3$$

气体	a_0	a_1	a_2	a_3	适用温度范围/K	最大误差/%
H_2	14.439	−0.9504	1.9861	−0.4318	273−1800	1.01
O_2	0.8056	0.4341	−0.1810	0.02748	273~1800	1.09
N_2	1.0316	−0.05608	0.2884	−0.1025	273~1800	0.59
空气	0.9705	0.06791	0.1658	−0.06788	273~1800	0.72
CO	1.0053	0.05980	0.1981	−0.07933	273~1800	0.89
CO_2	0.5058	1.3590	−0.7955	0.1697	273~1800	0.65
H_2O	1.7895	0.1068	0.5861	−0.1995	273~1500	0.52
CH_4	1.2398	3.1315	0.7910	−0.6863	273~1500	1.33
C_2H_4	0.147	5.525	−2.907	0.6053	273~1500	0.30
C_2H_6	0.180	5.923	−2.307	0.2897	273~1500	0.70

附表 3　几种物质的热焓值

温度/K	物质					
	O$_2$	H$_2$	N$_2$	CO$_2$	CO	H$_2$O
0	0	0	0	0	0	0
260	7566	7370	7558	7979	7558	8627
280	8150	7945	8141	8697	8140	9296
298	8682	8468	8669	9364	8669	9904
300	8736	8522	8723	9431	8723	9966
480	14 151	13 764	13 988	16 791	14 005	16 126
560	16 654	16 107	16 363	20 417	16 339	18 959
600	17 929	17 280	17 563	22 280	17 611	20 402
640	19 219	18 453	18 772	24 190	18 833	21 862
680	20 542	19 630	19 991	26 138	20 068	23 342
720	21 845	20 807	21 220	28 121	21 315	24 848
760	23 178	21 988	22 460	30 315	22 573	26 350
800	24 523	23 171	23 714	32 179	23 844	27 896
840	25 877	24 359	24 974	34 251	25 124	29 454
880	27 242	25 551	26 248	36 347	26 415	31 031
920	28 616	26 747	27 532	38 467	27 719	32 629
960	29 999	27 948	28 826	40 607	29 033	34 274
1000	31 389	29 154	30 129	42 768	30 355	35 882
1040	32 789	30 364	31 442	44 935	31 688	37 542
1080	34 194	31 580	32 762	47 153	33 029	39 223
1120	35 606	32 802	34 092	49 369	34 377	40 923
1160	37 023	34 028	35 430	51 602	35 733	42 642
1200	38 447	35 262	36 770	53 848	37 095	44 380
1240	39 877	36 502	38 129	56 108	38 466	46 137
1280	41 312	37 749	39 466	58 381	39 844	47 912
1320	42 753	39 002	40 853	60 666	41 226	49 707
1360	44 198	40 263	42 227	62 963	42 613	51 521
1400	45 648	41 530	43 605	65 271	44 007	53 351
1480	48 561	44 091	46 377	69 911	46 813	57 062
1520	50 024	45 384	47 771	72 246	48 222	58 942
1600	52 961	47 990	50 576	76 944	51 053	62 748
1680	55 912	50 622	53 339	81 670	53 895	66 614
1760	58 880	53 279	56 227	86 420	56 756	70 535
1800	60 371	54 618	57 651	88 806	58 191	72 513
2000	67 881	61 400	64 810	100 804	65 408	82 593
2200	75 484	68 328	72 040	112 939	72 688	92 940
2400	83 174	75 383	79 320	125 152	80 015	103 508
2600	90 950	82 558	86 650	137 449	87 387	114 273
2800	98 826	89 838	91 014	149 808	94 784	125 198
3000	106 780	97 221	101 407	162 226	102 210	136 264

参 考 文 献

[1] 冯青,李世武,张丽.工程热力学[M].西安:西北工业大学出版社,2013.

[2] 朱明善,刘颖,林兆庄,等.工程热力学[M].2版.北京:清华大学出版社,2011.

[3] 沈维道,童钧耕.工程热力学[M].5版.北京:高等教育出版社,2016.

[4] 戴锅生.传热学[M].2版.北京:高等教育出版社,1999.

[5] 陶文铨.传热学[M].5版.北京:高等教育出版社,2019.

[6] 严家录.工程热力学[M].2版.北京:中国电力出版社,2014.

[7] 卢玫.工程热力学[M].北京:清华大学出版社,2019.

[8] 王建昕,帅石金.汽车发动机原理[M].北京:清华大学出版社,2011.

[9] 吴建华,等.汽车发动机原理[M].北京:机械工业出版社,2005.

[10] 全兴信.内燃机学[M].李钟福,等译.北京:机械工业出版社,2016.

[11] 刘圣华,周龙保,韩永强,等.内燃机学[M].4版.北京:机械工业出版社,2017.

[12] 许锋,隆武强.内燃机原理教程[M].2版.大连:大连理工大学出版社,2015.

[13] 林学东.发动机原理[M].3版.北京:机械工业出版社,2019.

[14] 韩同群.汽车发动机原理[M].2版.北京:北京大学出版社,2012.

[15] 颜伏伍.汽车发动机原理[M].4版.北京:机械工业出版社,2018.

[16] 华永明.工程热力学[M].北京:中国电力出版社,2019.

[17] 谭羽非,吴家正,朱彤.工程热力学[M].6版.北京:中国建筑工业出版社,2016.

[18] STEPHEN TURNS.燃烧学导论:概念与应用(第3版)[M].姚强,李水清,王宇,译.北京:清华大学出版社,2015.

[19] 京特·默克,吕迪格·泰希曼.内燃机原理(原书第7版)[M].高宗英,等译.北京:机械工业出版社,2017.

[20] 克劳斯·莫伦豪尔,赫尔穆特·乔克.柴油机手册(原书第3版)[M].于京诺,宋进桂,杨占鹏,译.北京:机械工业出版社,2017.